DIREITO E INFRAESTRUTURA
PORTOS E TRANSPORTE AQUAVIÁRIO – 20 ANOS DA LEI Nº 10.233/2001

V. 1.

SEBASTIÃO BOTTO DE BARROS TOJAL
JORGE HENRIQUE DE OLIVEIRA SOUZA
Coordenadores

Armando Castelar Pinheiro
Prefácio

DIREITO E INFRAESTRUTURA

PORTOS E TRANSPORTE AQUAVIÁRIO – 20 ANOS DA LEI Nº 10.233/2001

1

Belo Horizonte
FÓRUM
CONHECIMENTO JURÍDICO
2021

© 2021 Editora Fórum Ltda.

É proibida a reprodução total ou parcial desta obra, por qualquer meio eletrônico, inclusive por processos xerográficos, sem autorização expressa do Editor.

Conselho Editorial

Adilson Abreu Dallari
Alécia Paolucci Nogueira Bicalho
Alexandre Coutinho Pagliarini
André Ramos Tavares
Carlos Ayres Britto
Carlos Mário da Silva Velloso
Cármen Lúcia Antunes Rocha
Cesar Augusto Guimarães Pereira
Clovis Beznos
Cristiana Fortini
Dinorá Adelaide Musetti Grotti
Diogo de Figueiredo Moreira Neto (in memoriam)
Egon Bockmann Moreira
Emerson Gabardo
Fabrício Motta
Fernando Rossi
Flávio Henrique Unes Pereira

Floriano de Azevedo Marques Neto
Gustavo Justino de Oliveira
Inês Virgínia Prado Soares
Jorge Ulisses Jacoby Fernandes
Juarez Freitas
Luciano Ferraz
Lúcio Delfino
Marcia Carla Pereira Ribeiro
Márcio Cammarosano
Marcos Ehrhardt Jr.
Maria Sylvia Zanella Di Pietro
Ney José de Freitas
Oswaldo Othon de Pontes Saraiva Filho
Paulo Modesto
Romeu Felipe Bacellar Filho
Sérgio Guerra
Walber de Moura Agra

FÓRUM
CONHECIMENTO JURÍDICO

Luís Cláudio Rodrigues Ferreira
Presidente e Editor

Coordenação editorial: Leonardo Eustáquio Siqueira Araújo
Aline Sobreira de Oliveira

Imagem de capa: www.freepik.com

Av. Afonso Pena, 2770 – 15º andar – Savassi – CEP 30130-012
Belo Horizonte – Minas Gerais – Tel.: (31) 2121.4900 / 2121.4949
www.editoraforum.com.br – editoraforum@editoraforum.com.br

Técnica. Empenho. Zelo. Esses foram alguns dos cuidados aplicados na edição desta obra. No entanto, podem ocorrer erros de impressão, digitação ou mesmo restar alguma dúvida conceitual. Caso se constate algo assim, solicitamos a gentileza de nos comunicar através do *e-mail* editorial@editoraforum.com.br para que possamos esclarecer, no que couber. A sua contribuição é muito importante para mantermos a excelência editorial. A Editora Fórum agradece a sua contribuição.

Dados Internacionais de Catalogação na Publicação (CIP) de acordo com a AACR2

D598	Direito e infraestrutura: portos e transporte aquaviário – 20 anos da Lei nº 10.233/2001/ Sebastião Botto de Barros Tojal, Jorge Henrique de Oliveira Souza (Coord.).– Belo Horizonte : Fórum, 2021. 430p; 17x24cm v. 1. Obra em dois volumes. ISBN: 978-65-5518-210-1 1. Direito Público. 2. Direito Regulatório. 3. Contratos Administrativos. I. Tojal, Sebastião Botto de Barros. II. Souza, Jorge Henrique de Oliveira. III. Título. CDD 341.3 CDU 342.9

Elaborado por Daniela Lopes Duarte - CRB-6/3500

Informação bibliográfica deste livro, conforme a NBR 6023:2018 da Associação Brasileira de Normas Técnicas (ABNT):

TOJAL, Sebastião Botto de Barros; SOUZA, Jorge Henrique de Oliveira (Coord.). *Direito e infraestrutura*: portos e transporte aquaviário – 20 anos da Lei nº 10.233/2001. Belo Horizonte: Fórum, 2021. v. 1, 430p. ISBN 978-65-5518-210-1.

SUMÁRIO

PREFÁCIO
Armando Castelar Pinheiro..13

Agências reguladoras e seus limites
Alexandre de Moraes..27
1 Introdução...27
2 O papel regulatório do Estado e o poder normativo das agências reguladoras...29
3 Agências reguladoras e ADI nº 4.874.......................................33
4 Conclusão..36
  Referências..37

Direito da infraestrutura pelo processo – Um ensaio sobre a tomada de decisão em casos complexos a partir dos princípios previstos no art. 11 da Lei nº 10.233/01
Alexandre Jorge Carneiro da Cunha Filho, André Petzhold Dias...............39
1 Introdução...39
2 Processualização da atividade administrativa e sua repercussão no direito da infraestrutura..............................41
3 Processo de tomada de decisão a partir do art. 11 da Lei nº 10.233/01...45
4 Estudo de caso..47
5 Conclusão..51
  Referências..52

A reversibilidade de bens nos arrendamentos portuários e regimes de transição
Alexandre Santos de Aragão..55
1 Introdução...55
2 O regime jurídico híbrido de contratos de arrendamentos portuários de transição...56

3	Regime de bens de arrendamentos celebrados à luz do art. 27, Decreto-Lei nº 5/1966 57
4	Regime de bens de arrendamentos celebrados à luz da Lei nº 12.815/2013 60
5	Princípios norteadores na definição dos bens reversíveis 66
6	Conclusão 70
	Referências 71

TCU: chegou a hora de respeitar a autonomia regulatória da ANTT e Antaq?
André Rosilho, Jacintho Arruda Câmara, Vera Monteiro 73

1	Introdução 73
2	O discurso do TCU sobre o controle da regulação 76
3	Controle da regulação pelo TCU. O caso da sustação dos efeitos de ato normativo editado pela Antaq 82
4	Resolução TCU nº 315, de 2020, e o esforço de autolimitação do Tribunal 86
	Referências 88

Regulação tarifária e expansão das autorizações: dois avanços, lado a lado, da Lei nº 10.233, de 2001
Bruno de Oliveira Pinheiro, Sandro José Monteiro 91

1	Introdução 91
2	Da definição e da natureza das tarifas portuárias e preços, na ótica da Lei nº 10.233, de 2001 97
3	Mecanismos de incentivo à eficiência em preços 101
3.1	Regulação de preços e eficiência nos títulos autorizativos 104
4	A revisão tarifária e a Lei nº 10.233, de 2001 106
5	Conclusões 112
	Referências 113

Interface entre regulação e antitruste nos setores portuário e ferroviário
Clèmerson Merlin Clève, Melina Breckenfeld Reck 115

1	Introdução 115
2	Setores estratégicos de infraestrutura, criação das agências reguladoras, diferenciação entre serviço público e atividade econômica *stricto sensu* 118

3	Estado regulador e regulação	122
4	Interface entre regulação e antitruste nos portos e ferrovias	126
5	Conclusão	137
	Referências	138

A regulação abduzida: o TCU no exercício da regulação de competência da Antaq

Floriano de Azevedo Marques Neto, Fabio Barbalho Leite 141

1	Para uma introdução: o escopo do trabalho	141
2	Os casos e seus temas	144
2.1	O controle da função regulatória	144
2.2	O controle da gestão contratual	150
2.2.1	Continuidade de contratos de arrendamento e afetação de áreas internas do porto	150
2.2.2	Dever de licitação	151
2.2.3	Instrução do processo licitatório	152
2.2.4	Prorrogação de contrato de arrendamento x licitação	154
2.3	Controle tarifário	160
2.4	A relação porto-cidade	163
3	A atuação do TCU em tema portuário: *mapeamento do programa*	168

O papel da Antaq ante o novo regime de exploração nos portos organizados

Heloísa Armelin 177

1	Introdução	177
2	A minirreforma da Lei dos Portos e o novo regime de exploração portuária: o arrendamento privado	178
2.1	As mudanças promovidas na Lei nº 12.815/2013	178
2.2	Os contratos de arrendamento privados	184
3	O novo papel da Antaq no contexto da desestatização das autoridades portuária: análise a partir do "caso Codesa"	187
3.1	Celebração dos novos contratos de arrendamento privados	189
3.2	Transferência de titularidade dos contratos de arrendamento vigentes	194
3.3	Execução dos contratos de arrendamento	202
4	Conclusões	208
	Referências	210

Antaq – 20 anos!
Igor Sant'Anna Tamasauskas..215
1 Introdução..215
2 Do Estado provedor ao Estado regulador 217
3 Crítica pela possibilidade de captura 221
4 Agência como delegada do legislador: qual norma?............225
5 Horizontes para os próximos 20 anos 228
6 Conclusões...231
 Referências...232

Integração ferro-portuária e os efeitos de uma operação verticalizada dos diferentes modais de transporte – Uma análise acerca das externalidades geradas pela operação verticalizada de modais ferro-portuários
Isadora Cohen, Casemiro Tércio Carvalho, Jéssica Loyola Caetano Rios, Matheus Silva Cadedo..235
1 Introdução..235
2 O escoamento de cargas: a relevância da integração porto-ferrovia...237
3 A verticalização da cadeia de transportes e seus efeitos......240
4 O papel da ANTT e da Antaq no tratamento da verticalização dos sistemas ferro-portuários 245
5 Uma possível alternativa: a proposta da FIPS.......................252
6 Conclusão 254
 Referências 255

Flexibilização dos contratos de arrendamento
Jorge Henrique de Oliveira Souza...257
1 Introdução..257
2 O dinamismo tecnológico e econômico em que estão inseridos os contratos de arrendamento 258
3 Fundamentos jurídicos para maior flexibilidade dos contratos de arrendamento..259
3.1 A mutabilidade dos contratos administrativos....................259
3.2 Os limites para alteração dos contratos administrativos....263
3.3 O princípio da eficiência no setor portuário.........................268
3.4 A possibilidade de competição entre infraestruturas portuárias sujeitas a regimes jurídicos distintos 270

4	Conclusões	272
	Referências	275

O modelo conhecido como *private landlord port* e a concessão de portos no direito brasileiro
Marcos Augusto Perez, João Henrique de Moraes Goulart, Anna Beatriz Savioli 277

1	Introdução	277
2	O *private landlord port* (PLP) e as outras modalidades de gestão portuária	281
2.1	Modelos de exploração portuária	282
2.1.1	*Service port*	283
2.1.2	*Tool port*	284
2.1.3	*Landlord port* (LP)	285
2.1.4	*Fully privatized port*	286
2.1.5	*Private landlord port* (PLP)	287
2.1.5.1	Elementos fundamentais	288
2.1.5.2	Experiências internacionais	290
2.1.5.2.1	O caso do Porto de Melbourne	290
2.1.5.2.2	A concessão do Porto de Pireu	293
3	O direito brasileiro e o modelo *private landlord port*	295
3.1	O desenho constitucional da gestão portuária	296
3.2	Instrumentos para delegação da gestão do porto organizado na Lei nº 12.815/2013	299
4	Conclusões	303
	Referências	304

A regulação do setor aquaviário nacional
Mário Povia 309

A proposta de estímulo ao transporte por cabotagem no Brasil
Rodrigo Pagani de Souza 329

	Introdução	329
1	Como é hoje a disciplina do transporte de cargas por navegação de cabotagem no Brasil	330
1.1	Noção jurídica de cabotagem, empresas autorizadas, tipos de embarcação e modalidades de afretamento	330

1.2 As múltiplas barreiras legais ao incremento da participação estrangeira no mercado brasileiro de cabotagem 333
1.3 As competências regulatórias na Antaq sobre o transporte de cargas por cabotagem 334
2 Da proposição de abertura do mercado à maior participação de embarcações estrangeiras 339
3 Crítica ao esvaziamento das atribuições regulatórias da Antaq sobre a cabotagem 342
Considerações finais 347
Referências 348

Prorrogação dos contratos de arrendamento e a Portaria nº 530/2019 – MInfra: limites à discricionariedade
Sebastião Botto de Barros Tojal, Danielle da Silva Franco 349
1 Introdução 349
2 Breve histórico da legislação portuária 350
3 Prorrogação dos contratos de arrendamento 352
4 Acórdão nº 1.446/2018 – TCU – Plenário: obrigatoriedade de regulamentação do tema 356
5 Portaria nº 530/2019 – MInfra: requisitos para prorrogação dos contratos de arrendamento vigentes 359
6 Prorrogação do contrato de arrendamento: discricionariedade ou vinculação? 364
7 Conclusões 368
Referências 369

Regulação e controle externo do contrato de uso temporário no setor portuário
Sérgio Guerra 371
1 Origem dos contratos operacionais (1966 – 1993) 373
2 Atipicidade dos contratos operacionais (1993 – 2001) 374
3 Regulação dos contratos de uso temporário pela Antaq (2011 – 2017) 378
4 Nulidade dos contratos de uso temporário por decisão judicial (2017 – 2020) 379
5 Positivação dos contratos de uso temporário de bens e instalações do setor portuário (2020) 381
6 Controle de contas sobre a regulação dos contratos de uso temporário 382

6.1	Posicionamento do TCU em 2009 (Acórdão nº 2.896)	382
6.2	Posicionamento do TCU em 2013 (Acórdão TCU nº 1.514)	386
6.3	Posicionamento do TCU em 2020 (Acórdão TCU nº 2.711)	392
	Conclusão	392
	Referências	394

20 anos da regulação independente do setor de logística: avanços e perspectivas
Vitor Rhein Schirato, Luiza Nunes 395

1	Introdução	395
2	A origem da ANTT e da Antaq e os bens jurídicos por elas tutelados	396
3	Acertos e erros: o que vimos em 20 anos?	400
4	O papel da regulação na área de logística e as responsabilidades da ANTT e da Antaq	406
5	Conclusões	409

Restrições de participação em licitações com base em poder de mercado
Vinicius Marques de Carvalho, Eduardo Frade, Anna Binotto...................411

1	Introdução	411
2	As restrições nas concessões de aeroportos	414
3	O caso dos leilões do setor portuário	417
4	Reflexões e conclusões	423
	Referências	424

SOBRE OS AUTORES 425

PREFÁCIO

No início foram os portos, logística essencial para as exportações de matérias-primas, importações de manufaturados e, claro, a chegada dos imigrantes que povoariam nosso Brasil. Depois vieram as ferrovias, em meados do século XIX, e, algumas décadas depois, já no século XX, as rodovias, que com o tempo se tornariam a principal infraestrutura para o transporte de cargas e passageiros do país.

Vastos recursos foram necessários para se criarem essas infraestruturas, essenciais para o desenvolvimento econômico do país. E para isso formas variadas de parcerias foram desenvolvidas entre a Administração Pública e os agentes privados, que ora atuaram como operadores, ora como financiadores desses projetos, trazendo seus recursos e conhecimento.

Essa relação, porém, nunca foi fácil, ainda que em geral proveitosa para os dois lados. Projetos de infraestrutura exigem grandes inversões de capital em ativos afundados, amortizados ao longo de décadas, e há sempre a tentação de expropriação, em especial via a redução de tarifas, que agrada aos usuários, atores importantes na cena política. Por outro lado, quando é o próprio setor público a realizar o investimento, o projeto precisa disputar espaço no orçamento público com outras prioridades, especialmente porque nem sempre há força política suficiente para se cobrarem as tarifas corretas dos usuários.

Esse dilema foi resolvido, a partir dos anos 1950, com o setor público tornando-se o grande investidor nos setores de portos, ferrovias e rodovias, alocando nos três recursos vultosos, que permitiram significativa melhora em nossa infraestrutura logística. Basta ver, por exemplo, que entre 1955 e 1985 a extensão das rodovias pavimentadas aumentou em média 13% ao ano, o dobro do crescimento do PIB no período, que em si também foi espetacular.

Os anos 1970 testemunharam o ápice desse processo, com o investimento em infraestrutura de transportes chegando a uma média anual de 2,36% do PIB, cerca de 60% dos quais em rodovias, 27%, em ferrovias e 7%, em portos. O aumento da carga tributária na segunda metade dos anos 1960, com algumas das receitas vinculadas a setores específicos de infraestrutura, tarifas realistas pelos serviços oferecidos e o amplo acesso ao crédito de bancos públicos e de credores externos foram alguns dos fatores que permitiram esse surto de investimentos, além da prioridade em si atribuída a eles.

Essas inversões ainda permaneceriam relevantes no início dos anos 1980, mas gradualmente foram diminuindo, resultado do fim das vinculações setoriais de receitas tributárias, da corrosão das receitas pela alta inflação, do acesso mais restrito ao crédito externo, e da mudança de prioridades, dos organismos internacionais e, principalmente, do legislador. Assim, em 1981-90 o investimento em infraestrutura de transportes caiu para uma média de 1,26% do PIB e, na década seguinte, para apenas 0,57% do PIB.

Nos anos 1990, o país acordou para o fato de que o modelo anterior não seria capaz de prover os investimentos em infraestrutura de transporte que o país precisava e decidiu recorrer à iniciativa privada para alavancar essas inversões. Datam dessa época a Lei dos Portos (Lei nº 8.630/1993); as concessões de rodovias federais, com as primeiras rodovias sendo privatizadas em 1996; e a separação horizontal e posterior privatização da RFFSA e da Fepasa, entre 1996 e 1998.

Não foi só o Brasil que embarcou nesse processo, que também se deu em outros países latino-americanos e na Europa, entre outros. Era parte das chamadas reformas estruturais, voltadas para reduzir a interferência do Estado na economia e dar mais voz à iniciativa privada, e ao mercado, na alocação de recursos e nas escolhas econômicas. Datam dessa mesma época a liberalização comercial e iniciativas voltadas a desregular e desburocratizar, inclusive com o fechamento de inúmeros conselhos e agências públicas.

Logo se percebeu, porém, que as reformas pró-mercado não se sustentariam em pé sozinhas. Era necessário desenvolver um arcabouço institucional que substituísse aquele criado no período anterior, em que investimento e operações eram comandados pelo Estado, e as funções de desenhar a política pública e regular e realizar as operações comerciais se misturavam em estruturas organizacionais hierárquicas, integradas dentro do setor público.

As leis nºs 8.630/1993 (Lei dos Portos) e 8.897/1995 (Lei das Concessões) foram passos inicias nessa direção, inclusive porque necessárias para instrumentalizar privatizações e concessões. Porém, era necessário mais: precisava-se de novas regras para além das ditadas pelos contratos de concessão e de instituições que fiscalizassem a aplicação dessas regras e preenchem-se as lacunas regulatórias que fossem surgindo, algo inevitável em outorgas tão longas. E não bastava o próprio gestor público setorial fazer isto, pois era preciso restringir o espaço para que o governo de plantão expropriasse o concessionário privado quando isso fosse eleitoralmente interessante.

Eis, pois, que, em 2001, a Lei nº 10.233 criou a Agência Nacional de Transporte Terrestres (ANTT) e a Agência Nacional de Transporte Aquaviários (Antaq), cuja atuação deveria ser regida pelos princípios e diretrizes elencados em seus arts. 11 e 12, e cujos objetivos aparecem listados no art. 20 dessa mesma lei.

Desde então, houve avanços relevantes, mas também uma razoável frustração em algumas dimensões. Entre estas se destaca a dificuldade de elevar mais significativamente a taxa de investimento em infraestrutura de transporte. Assim, nas duas primeiras décadas deste século, o Brasil investiu uma média de 0,69% do PIB na infraestrutura de transporte, sendo 0,38% em rodovias, 0,11% em ferrovias e 0,09% em portos e hidrovias. O principal avanço foi o sucesso em atrair o investidor privado, que respondeu por 42% das inversões realizadas nesses setores na média do biênio 2017-18, proporção que chegou perto de 90% nas ferrovias e nos portos.

As agências criadas pela Lei nº 10.233/2001 foram, claro, atores centrais nesse processo e seu desempenho explica tanto as frustrações como os sucessos observados. Porém, mais se poderia avançar se mais se soubesse sobre como evoluiu a regulação desses setores, e a atuação das agências reguladoras, desde a aprovação da Lei nº 10.233.

É, portanto, mais que oportuno que, passados vinte anos da aprovação da Lei nº 10.233, sejamos brindados com esta portentosa obra, organizada por Sebastião Tojal e Jorge Souza. Nela temos uma detalhada análise dos avanços, desafios e perspectivas da regulação dos setores aquaviário, ferroviário e rodoviário. São ao todo 37 capítulos, distribuídos em dois volumes, escritos por alguns dos principais especialistas no tema, com contribuições que certamente farão muito para o aperfeiçoamento da regulação desses setores e do funcionamento dessas agências.

O primeiro volume colige um total de 18 artigos sobre o setor de portos e o transporte aquaviário, tratando tanto de temas mais específicos como de questões de aplicação mais geral.

O livro abre com o texto do Ministro Alexandre de Moraes, que trata de uma questão central: o grau de discricionariedade das agências e, em especial, até onde vai seu poder para fixar normas? A boa prática regulatória recomenda que as agências gozem de um grau razoável de flexibilidade para decidir como regular, para poderem adaptar sua atuação a mudanças externas, da introdução de novas tecnologias a choques como o trazido pela pandemia do Covid-19.

Também se reconhece, porém, que, para haver essa delegação de poder regulatório, é fundamental também haver o controle social, a ser exercido por instituições como o Judiciário. Este capítulo inicial discute esse tema dos limites da delegação de uma perspectiva conceitual, mas também com uma aplicação prática que ajuda a situar essa questão em um contexto mais concreto. Adicionalmente, o artigo traz elementos que ajudam a conhecer como o Supremo tribunal Federal tem enxergado essa questão.

O artigo de Alexandre Jorge Carneiro da Cunha Filho e André Petzhold Dias, no segundo capítulo, foca na "relevância do processo de tomada de decisão como fonte de excelência de seu resultado, assim entendido como o efetivo atendimento ao interesse público". Os autores apontam como o cuidado com a qualidade do processo e dos procedimentos adotados pelas agências ajuda a disciplinar o jogo de interesses políticos e a deixar mais clara a motivação e a racionalidade das decisões tomadas, facilitando o controle social, em especial pelos órgãos de controle externo.

Para ilustrar seus argumentos, os autores recorrem a um estudo de caso envolvendo a regulamentação pela Antaq da atividade de balseiros que atuam na travessia Manaus-Careiro da Várzea, parte da ligação de Manaus a Porto Velho (BR-319).

Alexandre Santos de Aragão analisa, no terceiro capítulo deste primeiro volume, como o direito administrativo disciplina a reversão de bens ao Poder Concedente ao final dos contratos no setor portuário, e a eventual indenização envolvida. São examinados, de início, os arrendamentos portuários feitos via contratos de transição, que permitem explorar instalações portuárias passíveis de arrendamento até a realização de licitação, cujas regras são contrastadas com as fixadas pelo Decreto-Lei nº 5/1966, pela antiga Lei dos Portos (Lei nº 8.630/1993) e pela Nova Lei dos Portos (Lei nº 12.815/2013).

O artigo mostra como esse tema evoluiu no tempo, concluindo que "o que de fato importa para fins de reversibilidade é a prévia estipulação contratual quanto aos bens que serão reversíveis". E o Poder Público – aí abrangidas a Antaq, a Autoridade Portuária e o TCU – precisa respeitar esse entendimento para que haja segurança jurídica e prevaleça a confiança legítima, ambos princípios reforçados, enfatiza Aragão, pela Lei nº 13.655/2018, que alterou a LINDB, e pela Lei de Liberdade Econômica (Lei nº 13.874/2019).

A relação entre órgãos de controle externo e Administração Pública desperta crescente interesse da academia. No quarto capítulo, André Rosilho, Jacintho Arruda Câmara e Vera Monteiro agregam a essa literatura, avaliando o grau em que o TCU tem limitado a autonomia decisória das agências "na regulação do transporte rodoviário, ferroviário e aquaviário". Os autores focam no que classificam de intervenção sobre a "competência regulamentar", mostrando como essa aumentou nos últimos vinte anos, o que conflita com "a narrativa que o TCU desenvolveu para sua atuação no controle da regulação".

Rosilho, Câmara e Monteiro analisam em detalhe a decisão do TCU de sustar os efeitos de ato normativo editado pela Antaq, em decisão calcada "em interpretação bastante fluída de suas competências", valendo-se "de medida cautelar para se contrapor a decisão de cunho regulatório (tomada pela Antaq), com decisão favorável a seu respeito no TRF da 1ª Região". Os autores analisam ainda a Resolução nº 315/2020 do TCU, que (i) fixa limites às determinações do Tribunal e (ii) aponta a necessidade de adequar a atuação da Corte às disposições introduzidas na LINDB pela Lei nº 13.655/2018. Os autores revelam, porém, não acreditar que essa norma impedirá os excessos vistos nos últimos anos, em que pese considerá-la um passo na direção correta.

No quinto capítulo, Bruno de Oliveira Pinheiro e Sandro José Monteiro exploram as duas áreas que, em sua avaliação, registraram os maiores progressos em termos da regulação portuária: a abertura para o investimento privado em terminais portuários por meio de autorização e as políticas de fixação de tarifas portuárias. Em relação ao tema das autorizações, os autores notam que, desde a criação da Antaq, e crescentemente desde então, tem aumentado o número de outorgas de instalações portuárias autorizadas. Ao todo, no início de 2021 havia 250 instalações autorizadas, compreendendo investimentos previstos de R$51 bilhões. Ao todo, os portos privados já respondiam em 2020 por cerca de dois terços de toda movimentação de cargas no país.

O foco principal do capítulo é, porém, a evolução da política de fixação das tarifas portuárias desde 2001, culminando com a Resolução Normativa nº 32/2019 da Antaq, que dispõe "sobre a estrutura tarifária padronizada das administrações portuárias e requisitos informacionais para reajuste e revisão das tarifas de portos organizados". Os autores desenvolvem uma detalhada análise das práticas a serem adotadas nas atividades de reajuste e de revisão das tarifas, explicam a lógica do ciclo tarifário instituído pela agência e mostram confiança em que a evolução nessa dimensão da regulação portuária vai contribuir para melhorar a saúde financeira dos portos organizados, respeitando por outro lado o interesse do consumidor.

A visão dominante quando da privatização da infraestrutura, nos anos 1990, era que para haver eficiência e modicidade tarifária na provisão desses serviços, classificados como públicos, o caminho era promover a competição pelo mercado, via licitação, por não ser possível contar com a concorrência no mercado, como nas atividades econômicas *stricto sensu*, que é como Clèmerson Merlin Clève e Melina Breckenfeld Reck se referem aos demais setores da economia no seu capítulo, o sexto deste primeiro volume. De lá para cá, porém, tem havido um esforço considerável de introduzir mais competição no mercado nos setores de infraestrutura, recorrendo-se à desverticalização e ao *unbundling* de atividades, por exemplo.

Como notam Clève e Breckenfeld, um elemento adicional desse processo tem sido a simplificação do processo de outorga para operadores de pequena escala nos setores portuário e, de acordo com projeto de lei em análise no Senado, ferroviário. Muda, com isso, a forma como o tema da concorrência deve ser tratado nesses setores, de onde vem o alerta dos autores para a necessidade de ANTT e Antaq cuidarem da interface entre regulação e antitruste nesses setores, para além do que já é regulado pela Lei n° 13.848/2019 (Lei Geral das Agências Reguladoras)

No sétimo capítulo, Floriano Azevedo Marques Neto e Fábio Barbalho Leite fazem um raio-X da minudente intervenção do TCU na atuação regulatória da Antaq, focando tanto na dimensão da modelagem de projetos do setor portuário, como em decisões de caráter regulatório propriamente dito sob temas variados. Para isso os autores recorrem a amplo levantamento e análise de acórdãos do TCU. Estes mostram tanto intervenções em aspectos específicos como em temas recorrentes, como a insistência (i) em que a Antaq colete dados do desempenho de portos internacionais e desenvolva indicadores que permitam compará-los a portos brasileiros, e (ii) que se recorra a "procedimento licitatório como requisito transcendente para formalização de contratos administrativos de qualquer ordem".

Marques Neto e Leite veem esta insistência em sempre licitar como um problema, na medida em que "muitas vezes significa retirar da Administração um instrumento de gestão para oportunização rápida de novos investimentos na infraestrutura portuária arrendada". Nem todas as intervenções do TCU, porém, são avaliadas negativamente, com os autores identificando uma mistura de erros e acertos em que se destaca a forte presença do TCU na "criação de verdadeiras pautas regulatórias cogentes para o agente regulador" e na implementação da regulação portuária. Em suma, "junto às demais instituições governamentais do setor, tem lá a Corte de Contas seus méritos pelos avanços, estagnações e engessamentos do setor portuário do Brasil atual".

No oitavo capítulo, Heloísa Martins Armelin desenvolve extensa análise das inovações trazidas pela Lei n° 14.047/2020, que "conferem fundamento legal à exploração de instalações portuárias públicas sob o regime privado". A autora analisa como essas inovações aproximam a exploração das instalações portuárias públicas em regime privado dos terminais de uso privado, atendendo às demandas do setor e gerando expectativa de "melhoria da eficiência e o aumento da liberdade e da agilidade necessárias para desempenho das atividades portuárias", a ponto de se vislumbrar "um novo capítulo do desenvolvimento da infraestrutura portuária".

Outros problemas surgem, porém, nesse novo ambiente regulatório, mudando o desafio que se impõe à Antaq, fruto da "delegação de funções típicas de planejamento estatal a uma entidade privada, com interesses próprios na gestão do ativo lhe outorgado". Assim, com as empresas privadas assumindo o papel de autoridade portuária, tendem a aumentar os conflitos com os arrendatários e a diminuir a ênfase em promover o interesse público. Nesse contexto, a autora analisa como a Antaq deve se posicionar quando da celebração, renegociação e execução dos contratos de arrendamento, ilustrando com o processo de desestatização da Codesa a natureza dos conflitos a demandar a atenção da agência.

O tema do risco de captura das agências reguladoras brasileiras é o foco do nono capítulo, de autoria de Igor Sant'Anna Tamasauskas. O autor parte de uma difícil questão: se a privatização foi originalmente motivada, em grande medida, por uma percepção de que as estatais estavam capturadas por interesses diversos, seja de agentes privados, seja de políticos, captura que só poderia ser resolvida retirando-as da gestão pública, por que acreditar que isso não se repetiria com as agências reguladoras?

O texto explora várias dimensões dessa "hipótese ficcional" da neutralidade, incluindo a difícil fronteira que precisa ser traçada para "compatibilizar a *neutralidade* técnica das agências reguladoras com a legitimidade haurida das urnas". Questão que se coloca perante o Executivo, mas também o legislador, que em última instância é quem delega o poder regulador à agência: "a possibilidade de interferência na atuação do regulador [...] pode ocorrer em relação ao próprio conteúdo da lei, e principalmente do regulamento, relacionados à atividade". O autor ilustra esses dois pontos discutindo como o Decreto n° 6.620/2008 e a Lei n° 12.815/2013 influíram na forma como a regulação do setor portuário diferenciava a exploração de terminais públicos e terminais de uso privativo misto.

A integração intermodal é o tema do décimo capítulo, de autoria de Isadora Choen, Casemiro Tércio Carvalho, Jéssica Loyola Caetano Rios e Matheus Silva Cadedo. Os autores analisam como a verticalização da operação ferroportuária por uma mesma empresa ou grupo econômico pode impor "entraves desmedidos à concorrência e ao direito de passagem na malha ferroviária". Não há solução simples para essa questão. De um lado, "a operação verticalizada proporciona maior eficiência logística, tendo em vista que a atuação centralizada em um mesmo grupo envolve menores trâmites burocráticos e custos de transação". De outro, porém, "a verticalização desestimula o transporte mais diversificado de cargas, podendo acarretar uma seleção e priorização, por parte do grupo verticalizado, das categorias de insumos e mercadorias que circularão" nesses modais.

Para os autores, a ANTT tem estado mais atenta a garantir o livre acesso às infraestruturas do que a Antaq. Não obstante, concluem, não há "normas direcionadas especificamente à regulamentação da verticalização da logística ferro-portuária e tampouco uma atuação conjunta das agências para o tratamento dessa questão". E, propõem, "seria vantajoso e desejável que a ANTT e Antaq passassem a pensar em estratégias regulatórias conjuntas, bem como em políticas de fiscalização, monitoramento de compartilhamento de dados, de forma a viabilizar o aproveitamento das sinergias existentes entre os sistemas ferroviário e portuário".

Jorge Henrique de Oliveira Souza analisa o tema da flexibilização dos contratos de arrendamento portuário no décimo primeiro capítulo. O autor apresenta os fundamentos jurídicos para dar flexibilidade a esses contratos, para que sua longa duração, necessária à amortização dos investimentos requeridos, não limite sua capacidade de adaptação, necessária para permitir a atualização tecnológica e a compatibilização da operação portuária às melhores práticas internacionais. Em suma, a operação eficiente.

O princípio da eficiência é um dos que o autor inclui entre as *"disposições autorizativas* da possibilidade de alteração dos contratos". Há, de outro lado, disposições limitadoras, entre as quais se destacam a obrigatoriedade da licitação e os princípios da isonomia, da vinculação ao instrumento convocatório, da escolha da proposta mais vantajosa para a Administração Pública, da segurança jurídica e da força obrigatória dos contratos. Ao longo do capítulo, o autor analisa como superar "o grande desafio" de "encontrar o necessário equilíbrio entre as disposições (limitadoras e autorizativas) para a legítima alteração dos contratos de arrendamento". Uma necessidade que, argumenta, tornou-se mais urgente a partir das mudanças no ambiente competitivo trazidas pela Lei nº 12.815/2013 e potencializadas pelas alterações feitas pela Lei nº 14.047/2020.

O objeto da análise desenvolvida por Marcos Augusto Perez, João Henrique Moraes Goulart e Anna Beatriz Savioli no décimo segundo capítulo é o modelo de gestão portuária conhecido como *private landlord port*. Os autores observam que o Governo Federal tem apontado para o uso desse modelo de gestão como solução para os recorrentes déficits financeiros das estatais responsáveis pelos portos públicos brasileiros e colocam a questão de se esse modelo é compatível com a legislação do setor.

Para responder a essa questão, os autores examinam a experiência internacional, descrevendo diferentes modelos de exploração portuária, como o *service port*, o *tool port*, o *landlord port* e o *fully privatized port*. O modelo de *private landlord port*, que os autores observam ser uma relativa novidade também no contexto internacional, é um meio-termo entre os dois últimos tipos, em que o particular faz "o papel da antiga autoridade pública portuária e de 'senhorio' (*landlord*) do porto em relação a todos os seus atores", atuando com "ampla liberdade negocial", sob delegação do "verdadeiro proprietário, o Poder Público". Perez, Goulart e Savioli avançam, então, para examinar a legislação portuária brasileira, concluindo que o modelo de *private landlord port* se assemelha ao do contrato de concessão portuária, sendo, portanto, aderente à legislação do país.

No décimo terceiro capítulo, Mario Povia relata analiticamente a histórica da regulação do setor aquaviário nacional e de sua agência reguladora. O capítulo cobre o período do início do Governo Collor, com a extinção da Portobrás, aos tempos do Covid-19, em que sobressaem as medidas para lidar com a pandemia e iniciativas como o Projeto de Lei da Navegação de Cabotagem (BR do Mar), que o autor avalia positivamente. O artigo mostra ser uma história em que predominam aprendizados e avanços, mas em que também houve tropeços, como a oscilante, incompleta e, por vezes, restritiva regulação dos, então, terminais de uso privativo (TUP).

No todo, portanto, o autor relata transformações que, ainda que matizadas pelo jogo de interesses, melhoraram a regulação do setor. De forma semelhante, Povia vê um crescente fortalecimento, técnico e gerencial, da Antaq. O autor também enfatiza o papel do ministério setorial no progresso observado, concluindo uma mensagem positiva sobre a situação neste início de década: "tanto a pasta ministerial quanto a agência reguladora vivem um momento único, mostrando o que há de melhor em política pública e regulação em prol do setor aquaviário nacional, que conta atualmente com uma legislação moderna e flexível o bastante para a viabilização de empreendimentos portuários, seja em regime jurídico público seja em privado".

A reforma regulatória do transporte de cargas por navegação de cabotagem trazida pelo PL nº 4.199/2020 (BR do Mar) é o foco do décimo quarto capítulo, de autoria de Rodrigo Pagani de Souza. O artigo faz uma detalhada descrição do atual arcabouço legal brasileiro na navegação de cabotagem. Destacam-se aí as barreiras à maior participação estrangeira na oferta desse serviço e o papel da Antaq, enquanto reguladora, na concessão de outorga de autorização, na gestão e na fiscalização desses contratos e na autorização de afretamento de embarcações estrangeiras por empresas brasileiras de navegação de cabotagem. O autor destaca, ainda, "um importante avanço normativo" na Lei nº 10.233/2011, que fixou a prestação do serviço "em ambiente de livre e aberta competição, inclusive sob regime de liberdade de preços, tarifas e fretes", realidade que lamenta não ter prosperado como propugnado.

Na sequência, o autor analisa as mudanças propostas pelo PL nº 4.199, que focam em estimular o transporte de carga por navegação de cabotagem, aumentando "a quantidade de embarcações estrangeiras disponíveis para o transporte de cabotagem, operadas por empresas brasileiras de navegação", dessa forma enfraquecendo, nota Souza, a vinculação com a política de construção naval. No todo, o autor avalia o projeto de lei positivamente, por promover a competição e a melhoria da qualidade dos serviços, mas com ressalvas, por transferir competências sobre essa atividade, hoje da Antaq, para o Executivo Federal, o que "pode comprometer a segurança jurídica do programa".

No décimo quinto capítulo, Sebastião Botto de Barros Tojal e Danielle da Silva Franco trabalham o tema dos limites à discricionariedade do Poder Concedente, examinando o caso da prorrogação de contratos de arrendamento sob a égide da Portaria nº 530/2019 do Minfra. Esta surge para atender a determinações do TCU (Acórdão nº 1.446/2018) e regulamentar o Decreto nº 9.048/2017, "estabelecendo normas e critérios para a prorrogação da vigência, a recomposição do equilíbrio econômico-financeiro e outras alterações nos contratos de arrendamento de instalações portuárias", que se somam "às exigências da Resolução Antaq nº 3.220/2014".

Os autores enfatizam o papel dessas novas regras em atrair o investimento privado para o setor privado e, nesse contexto, se perguntam sobre o grau de discricionariedade que elas dão ao administrador público para prorrogar, ou não, esses contratos de arrendamento. Tojal e Franco concluem que essa liberdade é bastante limitada: "atendidos pelo arrendatário os requisitos estabelecidos pela legislação, o deferimento do pedido de prorrogação seria uma decisão praticamente vinculada do administrador público". É dizer, recai sobre este o ônus da prova: "[e]ventual decisão pela não prorrogação destes contratos deve ser adequadamente motivada, criando-se um verdadeiro ônus para a Administração".

Sergio Guerra, no décimo sexto capítulo, trata dos contratos de uso temporário de áreas e instalações portuárias, "cujo objeto se refere à cessão temporária de áreas ociosas nos portos organizados, mediante o compromisso de investimentos e movimentação mínima de cargas". Como mostra o autor, esses têm longa história, surgindo de início como "contratos operacionais", no âmbito do Decreto-Lei n° 5/1966. Este seria revogado pela Lei n° 8.630/1993, o que "ocasionou um vácuo normativo", levando o TCU a declarar a ilegalidade desses contratos no Acórdão n° 2.896/2009, posição depois revertida, em 2013, por meio do Acórdão n° 1.514.

Em 2011, a Antaq normatizou esse tema, por meio da Resolução n° 2.240, depois substituída pela Resolução n° 7/2016. Tal resolução seria impugnada por decisão judicial, a pedido do MPF, em 2017, "por possibilitar a utilização temporária de áreas e instalações portuárias sem processo licitatório", ainda que dentro do porto organizado. Adicionalmente, entendeu o Judiciário que a Antaq extrapolara sua competência, fixando regra não prevista em lei. O tema só seria pacificado pela Lei n° 14.047/2020, que "disciplinou, expressamente, a dispensa de licitação para a celebração, por meio de autorização, de contratação de uso temporário de áreas e instalações portuárias localizadas na poligonal do porto organizado nos moldes deliberados anteriormente pela Antaq".

O décimo sétimo capítulo, de autoria de Victor Rhein Schirato e Luiza Nunes, analisa "o histórico da Lei Federal n° 10.233/2001 e o papel da regulação realizada pela ANTT e pela Antaq no campo da logística nacional". Os autores concluem que houve "a formação orgânica de bons centros de regulação" nas duas agências, mas que, no todo, "infelizmente, a experiência demonstra que, nos últimos 20 anos, os equívocos superam os acertos".

O artigo foca em dois problemas. Um, a ausência de políticas voltadas para a integração multimodal, comprometendo a eficiência logística. Os autores observam que "os atos normativos emitidos pela ANTT e pela Antaq são, em sua maioria, *independentes* – isto é, dissociados uns dos outros, conversando em pouca ou nenhuma medida". O outro problema é a falta de independência das agências, o que impede a adoção "de políticas contínuas e consistentes, que não se resumam a casos específicos ou a projetos de governo". O resultado tem sido a insegurança jurídica e um ambiente pouco propício ao investimento privado. Schirato e Nunes concluem apontando ser necessário repensar essas práticas, promovendo uma política regulatória integrada e independente dos "câmbios políticos do Governo central".

O primeiro volume desta obra fecha com o capítulo de Vinícius Marques de Carvalho, Eduardo Frade e Anna Binotto, que versa sobre a vedação à participação de agentes com poder de mercado elevado em licitações públicas no setor portuário, para "garantir ou encorajar maiores níveis de concorrência naquele mercado pós-licitação". Tal prática, como colocam os autores, traz o desafio de equilibrar, tanto do ponto de vista econômico como jurídico, a concorrência pelo e no mercado, ou *ex-ante* e *ex-post*, como chamam os autores.

Carvalho, Freire e Binotto analisam o uso desse tipo de restrição nas licitações de aeroportos para, na sequência, compará-la com a experiência do setor portuário, concluindo que, neste, faltaram análises prévias "profundas, por especialistas no mercado-alvo, e com base em técnicas de análise concorrencial adequadas". Os autores criticam não só a falta de fundamento de mérito, mas também a forma de proceder, que deveria sempre se pautar pelos "princípios básicos da licitação pública, como transparência, publicidade, ampla participação [...], ampla defesa e contraditório".

Como se vê, este primeiro volume traz um amplo conjunto de temas e diferentes abordagens, conclusões e recomendações sobre a regulação do setor aquaviário nos dois últimos decênios. Por trás dessa variedade, há, porém, alguns traços comuns que valem à pena realçar.

Há um sentido de evolução, de busca e sucesso em promover aprimoramentos na regulação do setor. Este progresso aparece, em especial, nas novas leis, decretos e resoluções aprovadas nesse período, algumas mais diretamente ligadas ao setor, outras de caráter mais geral, como as alterações na LINDB introduzidas pela Lei nº 13.655/2018. Em certo grau, o que se nota é que, ao longo desses vinte anos, foi feito um grande esforço de deixar para trás as regras do passado, adotando-se um modelo mais aberto, de mais competição e com destaque crescente para a iniciativa privada. Fica claro que esse processo ainda não está concluído.

Também em relação à atuação da Antaq, percebe-se uma avaliação de que houve avanços, como em relação à capacitação dos seus quadros.

Aqui, porém, aparecem avaliações comparativas com outras agências em que essa demonstra uma série de problemas.

Por outro lado, há também problemas que permanecem. E o fato de o investimento na infraestrutura de transporte, aí incluído o setor portuário, permanecer tão aquém do que o país necessita é um claro sinal disso. Não por outro motivo, a segurança jurídica e o estabelecimento de um ambiente que permita atrair investimentos são temas recorrentes nos trabalhos compilados neste primeiro volume.

Somam-se a eles, ainda, a relação do TCU com a Antaq, e com as agências reguladoras em geral, na delimitação dos espaços de cada um; a dificuldade de lidar com questões competitivas na presença de poder de mercado; e a questão do transporte multimodal, cuja regulação é dificultada pela pouca interação entre a ANTT e a Antaq.

Como se verá no segundo volume desta obra, não são problemas que afetam apenas o setor aquaviário. Nem por isso, podem ficar sem atenção. De fato, os artigos aqui compilados apresentam inúmeras sugestões e recomendações de como a regulação do setor aquaviário pode seguir melhorando nos anos à frente.

27 de abril de 2021.

Armando Castelar Pinheiro
Doutor em Economia pela University of California (1989). Mestre em Administração pela Universidade Federal do Rio de Janeiro (1983), e em Matemática pela Associação Instituto Nacional de Matemática Pura e Aplicada (1981). Graduado em Engenharia Eletrônica pelo Instituto Tecnológico de Aeronáutica (1977). Coordenador de Economia Aplicada do Ibre/FGV e professor adjunto da Universidade Federal do Rio de Janeiro.

AGÊNCIAS REGULADORAS E SEUS LIMITES

ALEXANDRE DE MORAES

1 Introdução

A interpretação sobre as competências e os poderes das agências reguladoras está em constante evolução doutrinária e jurisprudencial, principalmente, em virtude do modelo híbrido adotado em nosso ordenamento jurídico. Assim, apesar de o direito brasileiro ter incorporado, principalmente, do direito norte-americano, a ideia de agências reguladoras, há diversas diferenças; pois, enquanto o direito administrativo norte-americano é considerado o "direito das agências", em face de sua organização descentralizada, existindo várias espécies de agências: reguladoras (*regulatory agency*); não reguladoras (*non regulatory agency*); executivas (*executive agency*); independentes (*independente regulatory agency or comissions*);[1] o direito administrativo brasileiro jamais possuiu essa característica, pois, diferentemente do norte-americano, teve forte e decisiva influência francesa e, consequentemente, das ideias de *centralização administrativa* e *forte hierarquia*.

No Brasil, as agências reguladoras foram criadas para realizar as tradicionais atribuições da Administração direta, na qualidade de Poder

---

[1] Cf. CARBONELL, Eloisa; MUGA, José Luis. *Agências y procedimiento administrativo en Estados Unidos de América*. Madri: Marcial Pons, 1996. p. 22 e ss.

Público concedente, nas concessões e permissões de serviços públicos. Derivam, pois, da necessidade de descentralização administrativa e têm como função a regulação das matérias afetas à sua área de atuação. Já no século XIX, Alex de Tocqueville, ao comparar as administrações públicas francesa e norte-americana, apontava ser a principal diferença entre ambas o grau de centralização, tendo destacado que nos Estados Unidos:

> a descentralização foi levada a um grau que nenhuma nação européia seria capaz de suportar, penso eu, sem profundo mal-estar, e que inclusive produz efeitos importunos na América.... A descentralização administrativa produz na América vários efeitos diversos. Vimos que os americanos tinham quase inteiramente isolado a administração do governo; nisso eles parecem-me ter ultrapassado os limites da razão sadia; porque a ordem, mesmo nas coisas secundárias, ainda é um interesse nacional.[2]

A mesma advertência foi feita por Maria Sylvia Zanella Di Pietro, ao lembrar:

> enquanto no sistema europeu-continental, em que se inspirou o direito brasileiro, a Administração Pública tem uma organização complexa, que compreende uma séria de órgãos que integram a Administração Direta e entidades que compõem a Administração Indireta, nos Estados Unidos toda a organização administrativa se resume em agências (vocábulo sinônimo de ente administrativo em nosso direito), a tal ponto que se afirma que o direito administrativo norte-americano é o direito das agências.[3]

Essas características diversas, decorrentes de cada ordenamento jurídico, devem ser levadas em conta, ao analisarmos a evolução das agências reguladoras no direito administrativo brasileiro.

Na ADI nº 4.874/DF, o Supremo Tribunal Federal enfrentou a importante questão referente à amplitude dos poderes das agências reguladoras, analisando a parte final do art. 7º, XV, da Lei Federal nº 9.782/1999, que estabelece a competência da Anvisa para "proibir a fabricação, a importação, o armazenamento, a distribuição e a comercialização de produtos e insumos, em caso de violação da legislação

---

[2] TOCQUEVILLE, Alex. *A democracia na América*. São Paulo: Martins Fontes, 1998. p. 101.
[3] DI PIETRO, Maria Sylvia Zanella. *Direito administrativo*. 13. ed. São Paulo: Atlas, 2001. p. 391.

pertinente ou de risco iminente à saúde"; bem como a Resolução nº 14/2012 da Diretoria Colegiada da Anvisa, por arrastamento ou mesmo por violação direta à Constituição Federal.

A inicial sustentou que seria inconstitucional conferir ao art. 7º, XV, da Lei Federal nº 9.782/1999 interpretação apta a atribuir competência normativa à Anvisa para proibir a produção e o consumo de produtos e insumos de forma geral e abstrata, pois o texto constitucional não admitiria a existência de "delegações legislativas em branco à Administração Pública". Além do mais, referida interpretação violaria "o princípio de liberdade, cuja limitação – sobretudo com viés ablativo – pressupõe a existência de lei formal (arts. 1º, IV e 170, parágrafo único, da CRFB)".

2 O papel regulatório do Estado e o poder normativo das agências reguladoras

O conceito de "lei", em seu sentido clássico no Estado liberal, como resultado da atuação do Parlamento, dentro da ideia de "separação de poderes", tinha como função definir uma ordem abstrata de justiça, com pretensão de estabilidade e permanência, sobre a qual os cidadãos poderiam planejar suas vidas com segurança e certeza, conhecendo os limites da liberdade que a "lei" oferecia e o alcance exato da permissão legal à submissão ao Poder Público. Hoje, diferentemente, a "lei", além de definir uma situação abstrata, com pretensão de permanência, busca a implantação de políticas públicas e o estabelecimento do modo e dos limites de intervenção do Estado na economia, na fiscalização das atividades privadas e, inúmeras vezes, na própria resolução de problemas concretos, singulares e passageiros.

Não poucas vezes, principalmente no campo do direito administrativo, em que se ordenam *políticas públicas singulares*, caracterizadas pela contingência e singularidade de situações específicas, o conteúdo das "leis" passou a se aproximar daqueles tradicionalmente veiculados por "regulamentos", necessários para disciplinar matérias destinadas a articular e organizar fomento do emprego, crescimento econômico, educação, saúde, proteção ao meio ambiente etc.; gerando, no dizer de Garcia de Enterría, uma verdadeira *inflação legislativa*.

Essa *inflação legislativa*, decorrente da ampliação da utilização de "leis formais emanadas do Parlamento" para uma "ampla normatização", foi se acentuando no desenvolvimento do Estado liberal durante o século XIX, em especial com a Revolução Industrial, e, posteriormente, no século XX, com a chegada do Estado do bem-estar social, tornando-se necessário repensar o tradicional conceito de "lei", imaginado pelo pensamento liberal clássico.

Nesse contexto, o Parlamento inglês, em 1834, criou diversos órgãos autônomos com a finalidade de aplicação e concretização dos textos legais. Posteriormente, em virtude da influência do direito anglo-saxão, os Estados Unidos criaram, em 1887, a *Interstate Commmerce Comimission*, iniciando assim a instituição de uma série de agências, que caracterizam o direito administrativo norte-americano como o "direito das agências", em face de sua organização descentralizada, existindo várias espécies de agências: reguladoras (*regulatory agency*); não reguladoras (*non regulatory agency*); executivas (*executive agency*); independentes (*independent regulatory agency or comimissions*).[4]

Nessa mesma direção, houve uma forte expansão da legislação delegada inglesa, em virtude da falta de tempo do Parlamento pela sobrecarga das matérias; caráter técnico de certos assuntos; aspectos imprevisíveis de certas matérias a serem reguladas; exigência de flexibilidade de certas regulamentações; possibilidade de se fazerem experimentos por meio da legislação delegada; situações de extraordinárias emergência, como ressaltado por Nelson Sampaio ao apontar os fundamentos presentes no relatório apresentado pelo *Committee on Ministers' Powers*.[5]

Esse novo panorama administrativo do Estado passou a exigir maior descentralização, trazendo consigo novas exigências de celeridade, eficiência e eficácia fiscalizatórias incompatíveis com o antigo modelo anacrônico.

O aumento da insatisfação com a ineficiência do Estado contemporâneo, sobrecarregado na execução de obras e na deficiente prestação de serviços públicos, ampliou a necessidade de descentralização na prestação de serviços públicos, inclusive por particulares (concessões, permissões) pois, como salientam García de Enterría e Tomás-Ramón Fernandez, as funções e atividades a serem realizadas pela Administração são algo puramente contingente e historicamente variável, que depende essencialmente de uma demanda social, distinta para cada órbita

---

[4] Cf. CARBONELL, Eloisa; MUGA, José Luis. *Agências y procedimiento administrativo en Estados Unidos de América*. Madri: Marcial Pons, 1996. p. 22 e ss.
[5] SAMPAIO, Nelson. *O processo legislativo*. 2. ed. Belo Horizonte: Del Rey, 1996.

cultural e diferente também em função do contexto socioeconômico em que se produz.[6]

Assim, o Poder Público passou a concentrar-se na elaboração de metas e na política regulatória e fiscalizatória de diversos setores da economia, descentralizando a realização dos serviços públicos, permissões ou concessões ao setor privado.[7]

Em relação à produção normativa, portanto, houve uma evolução nas tradicionais ideias decorrentes da tripartição de poderes, mantendo-se, porém, um de seus dogmas salientado nas lições de John Locke, que apontava que "o Poder Legislativo é aquele que tem o direito de fixar as diretrizes de como a força da sociedade política será empregada para preservá-la a seus membros".[8]

A moderna separação dos poderes manteve, em relação à produção normativa do Estado, a *centralização política-governamental* no Poder Legislativo, que decidirá politicamente sobre a *delegação* e seus limites às agências reguladoras, fixando os preceitos básicos e as diretrizes; porém, passou a exigir maior eficiência e eficácia, possibilitando maior *descentralização administrativa*, inclusive no exercício do poder normativo desses órgãos administrativos para a consecução dos objetivos e metas traçadas em lei, como bem salientado por Tércio Sampaio Ferraz Júnior, ao ensinar:

> trata-se, como visto, de uma forma de delegação, com base no princípio da eficiência e por este introduzida no ordenamento constitucional. Afinal, no caso de atividade reguladora, sem ela ficaria vazio o princípio, tanto no sentido de sua eficácia quanto no sentido de controle constitucional. Ou seja, com base na eficiência, a delegação instrumental ganha contornos próprios que garantem à independência das Agências Reguladoras seu supedâneo.[9]

Também, Diogo de Figueiredo Moreira Neto aponta que "o poder normativo das Agências Reguladoras se enquadra como uma variedade de delegação, denominada pela doutrina de deslegalização".[10]

---

[6] GARCÍA DE ENTERRÍA, Eduardo; FERNANDEZ, Tomás-Ramón. *Curso de derecho administrativo*. Madri: Civitas, 2000. v. I.
[7] GORDILLO, Agustin. *Tratado de derecho administrativo*. 3. ed. Buenos Aires: Fundación de Derecho Administrativo, 1998. t. 2. p. 4 e ss.
[8] LOCKE, John. *Dois tratados sobre o governo civil*. São Paulo: Martins Fontes, 1998. p. 514.
[9] FERRAZ JÚNIOR, Tércio Sampaio. Agências reguladoras: legalidade e constitucionalidade. *Revista Tributária e de Finanças Públicas*, São Paulo, v. 35. p. 154.
[10] MOREIRA NETO, Diogo de Figueiredo. *Mutações do direito administrativo*. Rio de Janeiro: Renovar, 2000. p. 182 e ss.

O direito brasileiro incorporou, principalmente do direito norte-americano, a ideia de descentralização administrativa na prestação dos serviços públicos e consequente gerenciamento e fiscalização pelas agências reguladoras, que poderão ser criadas como *autarquias especiais* pelo Poder Legislativo (CF, art. 37, XIX), por meio de lei específica de iniciativa do Poder Executivo, recebendo uma delegação para exercer seu poder normativo de regulação, competindo ao Congresso Nacional a fixação das finalidades, dos objetivos básicos e da estrutura das agências, bem como a fiscalização de suas atividades.[11]

As agências reguladoras não poderão, no exercício de seu poder normativo, inovar primariamente a ordem jurídica sem expressa delegação, tampouco regulamentar matéria para a qual inexista um prévio conceito genérico, em sua lei instituidora (*standards*), ou criar ou aplicar sanções não previstas em lei, pois, assim como todos os poderes, instituições e órgãos do Poder Público estão submetidas ao princípio da legalidade (CF, art. 37, *caput*), como bem destacado por Caio Tácito,[12] "a liberdade decisória das Agências Reguladoras não as dispensa do respeito ao princípio da legalidade e aos demais fixados para a Administração Pública, no art. 37 da Constituição Federal de 1988", não possuindo, portanto, como lembra, um "cheque em branco para agir como bem entendem, divorciada do princípio da legalidade".[13]

Nesse sentido, a jurisprudência do Supremo Tribunal Federal reconhece o papel regulatório do Estado, exigindo, porém, que o ato regulatório apresente "lastro legal", isto é, uma correspondência direta com diretrizes e propósitos afirmados em lei ou na própria Constituição (ADI nº 4.093, Rel. Min. Rosa Weber, Tribunal Pleno, *DJe* de 16.10.2014;

---

[11] DI PIETRO, Maria Sylvia Zanella. *Direito administrativo*. 13. ed. São Paulo: Atlas, 2001. p. 396; MOREIRA NETO, Diogo de Figueiredo. *Mutações do direito administrativo*. Rio de Janeiro: Renovar, 2000. p. 148; TÁCITO, Caio. Agências reguladoras na administração. *Revista de Direito Administrativo*, Rio de Janeiro, v. 221, jul./set. 2000. p. 1; WALD, Arnoldo; MORAES, Luiza Rangel de. Agências reguladoras. *Revista de Informação Legislativa*, Brasília, jan./mar. 1999. p. 145; MATTOS, Mauro Roberto Gomes de. Agências reguladoras e suas características. *Revista de Direito Administrativo*, Rio de Janeiro, v. 218, out./dez. 1999. p. 73; MEDAUAR, Odete. *Direito administrativo moderno*. 2. ed. São Paulo: Revista dos Tribunais, 1998. p. 83; AZEVEDO, Eurico de Andrade. Agências reguladoras. *Revista de Direito Administrativo*, Rio de Janeiro, v. 213, jul./set. 1998. p. 141.

[12] TÁCITO, Caio. Agências reguladoras na administração. *Revista de Direito Administrativo*, Rio de Janeiro, v. 221, jul./set. 2000.

[13] MATTOS, Mauro Roberto Gomes de. Agências reguladoras e suas características. *Revista de Direito Administrativo*, Rio de Janeiro, v. 218, out./dez. 1999. p. 73. Conferir, ainda, em favor da necessidade de observância pela Agência do princípio da legalidade e dos limites da delegação: DI PIETRO, Maria Sylvia Zanella. *Direito administrativo*. 13. ed. São Paulo: Atlas, 2001. p. 397; WALD, Arnoldo; MORAES, Luiza Rangel de. Agências reguladoras. *Revista de Informação Legislativa*, Brasília, jan./mar. 1999. p. 153.

ADI nº 4.954, Rel. Min. Marco Aurélio, Tribunal Pleno, *DJe* de 29.10.2014; RMS nº 28.487, Rel. Min. Dias Toffoli, Primeira Turma, *DJe* de 14.3.2013); na forma do já citado binômio "centralização política-governamental" – "descentralização administrativa".

3 Agências reguladoras e ADI nº 4.874

Analisando a Resolução nº 14/2012 da Diretoria Colegiada da Anvisa, entendi que não houve o respeito aos limites da delegação congressual estabelecidos para sua atuação, cujos *standards* foram fixados pelas Lei nº 8.080/1990 (SUS), Lei nº 9.782/1999 (Sistema Nacional de Vigilância Sanitária, criação e atribuição de competências da Anvisa) e Lei nº 9.294/1996 (Lei Antifumo, com a redação dada pelas leis federais nºs 10.167/2000, 10.702/2003 e 12.546/2011).

O art. 3º, §1º, I, da Lei nº 8.080/90 definiu "vigilância sanitária" como um conjunto de ações capaz de eliminar, diminuir ou prevenir riscos à saúde e de intervir nos problemas sanitários decorrentes do meio ambiente, da produção e circulação de bens e da prestação de serviços de interesse da saúde, abrangendo controle de bens de consumo que, direta ou indiretamente, se relacionem com a saúde, compreendidas todas as etapas e processos, da produção ao consumo.

Por sua vez, a Lei nº 9.782/99, em seus arts. 2º, 7º e 8º, estabeleceu que a Agência Nacional de Vigilância Sanitária, nos termos da lei, exercerá competência de vigilância sanitária podendo normatizar, controlar e fiscalizar produtos, substâncias e serviços de interesse para a saúde (art. 2º, III), atuar em circunstâncias especiais de risco à saúde (art. 2º, VII), estabelecer normas, propor, acompanhar e executar as políticas, as diretrizes e as ações de vigilância sanitária (art. 7º, III), proibir a fabricação, a importação, o armazenamento, a distribuição e a comercialização de produtos e insumos, em caso de violação da legislação pertinente ou de risco iminente à saúde (art. 7º, XV) e, finalmente, respeitada a legislação em vigor, regulamentar, controlar e fiscalizar os produtos e serviços que envolvam risco à saúde pública, entre eles cigarros, cigarrilhas, charutos e qualquer outro produto fumígeno, derivado ou não do tabaco (art. 8º, X), classificados como *produtos que envolvem risco* à *saúde* (*caput* do art. 8º).

Por fim, a *legislação em vigor* mencionada no art. 8º da Lei nº 9.782/99 (como de observância obrigatória pela agência, no exercício de sua atribuição de regulamentar, controlar e fiscalizar os produtos e serviços que envolvam risco à saúde pública, como cigarros, cigarrilhas, charutos e qualquer outro produto fumígeno, derivado ou não do tabaco) é a Lei nº 9.294/1996 (Lei Antifumo, com redação dada pelas leis federais nºs 10.167/2000, 10.702/2003 e 12.546/2011), que fixa como regra principal a *autorização de fabricação, comercialização, importação e uso de cigarros e cigarrilhas, charutos, cachimbos ou qualquer outro produto fumígeno, derivado ou não do tabaco, que, repita-se, foram classificados como produtos que envolvem risco à saúde.*

A própria Lei nº 9.294/96, com posteriores alterações, trouxe as proibições legalmente possíveis: (a) vedação absoluta de venda a menores de 18 anos; (b) vedação absoluta de comercialização por via postal; (c) proibição do uso de cigarros, cigarrilhas, charutos, cachimbos ou qualquer outro produto fumígeno, derivado ou não do tabaco, em recinto coletivo fechado, privado ou público, inclusive as repartições públicas, os hospitais e postos de saúde, as salas de aula, as bibliotecas, os recintos de trabalho coletivo e as salas de teatro e cinema; (d) vedação do uso em aeronaves e veículos de transporte coletivo; (e) vedação, em todo o território nacional, da propaganda comercial de cigarros, cigarrilhas, charutos, cachimbos ou qualquer outro produto fumígeno, derivado ou não do tabaco, com exceção apenas da exposição dos referidos produtos nos locais de vendas, desde que acompanhada das cláusulas de advertência; (f) vedação de distribuição de qualquer tipo de amostra ou brinde; de propaganda por meio eletrônico, inclusive internet; de realização de visita promocional ou distribuição gratuita em estabelecimento de ensino ou local público; (g) vedação a patrocínio de atividade cultural ou esportiva; a propaganda fixa ou móvel em estádio, pista, palco ou local similar; a propaganda indireta contratada, também denominada *merchandising*, nos programas produzidos no país após a publicação desta lei, em qualquer horário; (h) vedação à comercialização em estabelecimento de ensino, em estabelecimento de saúde e em órgãos ou entidades da Administração Pública.

Nota-se, portanto, que a partir do binômio *centralização política-governamental* e *descentralização administrativa*, a delegação congressual desta matéria não fixou como *standard* a possibilidade de proibição total em relação à fabricação, à importação, ao armazenamento, à distribuição e à comercialização de produtos e insumos relacionados a cigarros, cigarrilhas, charutos e qualquer outro produto fumígeno, derivado ou não do tabaco, *mesmo em se tratando de uma de suas espécies.*

Da mesma maneira, essa proibição não é prevista na Convenção-Quadro para o Controle do Tabaco, tratado internacional incorporado ao ordenamento interno pelo Decreto nº 5.658/2006, por meio do qual o Brasil expressamente ratificou a prescrição de adoção de medidas concretas voltadas ao *desestímulo ao tabagismo com a adoção e aplicação de medidas legislativas, executivas e administrativas, ou outras medidas eficazes aprovadas pelas autoridades nacionais competentes* (art. 9º).

Somente pela regulamentação concretizada pela Anvisa por meio da Resolução da Diretoria Colegiada nº 12/2014, ignorando os *standards* legais, houve a vedação de maneira absoluta de utilização de aditivos em todos os produtos fumígenos derivados do tabaco comercializados no Brasil, como também a proibição, de maneira absoluta, da importação e da comercialização no país de produto fumígeno derivado do tabaco que contenha qualquer dos aditivos apontados em seu art. 6º.

Entendi no referido julgamento que, assim agindo, a Anvisa desrespeitou duplamente o princípio da legalidade e os *standards* fixados pelo Congresso Nacional. Primeiramente, por classificar esse produto genericamente na condição de *risco iminente a saúde* (inc. XV, do art. 7º da Lei nº 9.782/99), quando a própria legislação expressamente o classifica como produto que "envolve risco à saúde pública". E, a partir da primeira ilegalidade, na sequência, ao determinar a vedação absoluta de sua utilização, comercialização e importação, quando também a legislação expressamente autoriza, como regra, mas prevê diversas restrições.

Não se nega ao Estado a legitimidade constitucional para restringir a fabricação, o comércio e o consumo de produtos e insumos desde que tal restrição tenha fundamento idôneo, adequado e proporcional à proteção de um bem jurídico com assento na Constituição e realizado pela autoridade competente – na presente hipótese, o Poder Legislativo, diretamente –, ou por delegação expressa, a agência, inexistente na presente hipótese.

No caso, há indiscutível consenso científico em torno dos malefícios proporcionados pelo consumo de tabaco e a repercussão social que a disseminação do tabagismo acarreta, independentemente da presença de substâncias sintéticas e naturais, em qualquer forma de apresentação (substâncias puras, extratos, óleos, absolutos, bálsamos, entre outras), com propriedades flavorizantes ou aromatizantes que possam conferir, intensificar, modificar ou realçar sabor ou aroma do produto, incluindo os aditivos descritos na resolução.

Porém, independentemente dessa constatação, a legislação autoriza a importação e a comercialização no país desses produtos fumígenos derivados do tabaco, *com as restrições já mencionadas*.

Portanto, a alegação dos estudos técnicos desenvolvidos e apresentados no trâmite para a edição da RDC nº 14/2012, que sustentam a afirmação de que a proscrição das substâncias listadas é medida apta a diminuir a atratividade dos produtos do tabaco e, consequentemente, desestimular o consumo de cigarro, especialmente por consumidores menores de idade, não se justifica do ponto de vista legal, uma vez que, repita-se, *existe a expressa vedação legal para a venda de qualquer tipo de cigarro, cigarrilhas, charutos, cachimbos ou qualquer outro produto fumígeno, derivado ou não do tabaco, a menores de dezoito anos.*

O ato normativo da agência pretendeu estender essa proibição a todos, inclusive aos maiores de dezoito anos, para quem existe autorização legal. Ao órgão controlador é permitida a edição de restrições e não a proibição total do acesso ao consumo, pois é garantida por lei a própria opção daqueles que, maiores de idade, decidam-se pela escolha de "sabor e aroma" que mascarem as características sensíveis do cigarro.

Por esses motivos, conclui pela constitucionalidade da lei de regência, porém, pela inconstitucionalidade parcial da resolução, no sentido de declarar a nulidade parcial com redução de texto do art. 1º da resolução da Anvisa, excluindo o texto que diz que essa resolução se aplica à "restrição do uso de aditivos em todos os produtos fumígenos derivados do tabaco comercializados no Brasil", porque a resolução não trata somente disso. A resolução trata de dois assuntos: (i) trata dos níveis máximo e mínimo de nicotina, alcatrão – aí o papel, a meu ver, da agência reguladora, e (ii) aproveita para proibir de forma absoluta a questão dos aditivos. De igual maneira, manifestei-me pela inconstitucionalidade dos arts. 3º, 6º, 7º e 9º da resolução, porque se referem à regulamentação dessa vedação; bem como pela declaração de nulidade parcial com redução de texto do art. 10, excluindo-se somente a menção ao art. 6º.

4 Conclusão

O Plenário do Supremo Tribunal Federal, por ampla maioria (9 x 1), declarou a constitucionalidade da lei, reconhecendo que "a função normativa das agências reguladoras não se confunde com a função regulamentadora da Administração (art. 84, IV, da Lei Maior), tampouco com a figura do regulamento autônomo (arts. 84, VI, 103-B, §4º, I, e 237 da CF)", sendo que:

> a competência para editar atos normativos visando à organização e à fiscalização das atividades reguladas insere-se no poder geral de polícia da Administração sanitária. Qualifica-se, a competência normativa da

ANVISA, pela edição, no exercício da regulação setorial sanitária, de atos: (i) gerais e abstratos, (ii) de caráter técnico, (iii) necessários à implementação da política nacional de vigilância sanitária e (iv) subordinados à observância dos parâmetros fixados na ordem constitucional e na legislação setorial. (ADI n° 4.874/DF. Rel. Min. Rosa Weber, j. 1°.2.2018)

A matéria, contudo, é tão complexa e controvertida que, em que pese a confirmação da constitucionalidade da lei; em relação à resolução, houve empate na Corte (5 x 5), uma vez que um dos integrantes se declarou suspeito, tendo o Tribunal julgado improcedente a ação, em julgamento destituído de eficácia vinculante e efeitos *erga omnes*, por não se ter atingido o quórum exigido pelo art. 97 da Constituição.

A discussão sobre os exatos limites do poder normativo das agências reguladoras, portanto, permanece em constante evolução.

Referências

AZEVEDO, Eurico de Andrade. Agências reguladoras. *Revista de Direito Administrativo*, Rio de Janeiro, v. 213, jul./set. 1998.

CARBONELL, Eloisa; MUGA, José Luis. *Agências y procedimiento administrativo en Estados Unidos de América*. Madri: Marcial Pons, 1996.

DI PIETRO, Maria Sylvia Zanella. *Direito administrativo*. 13. ed. São Paulo: Atlas, 2001.

FERRAZ JÚNIOR, Tércio Sampaio. Agências reguladoras: legalidade e constitucionalidade. *Revista Tributária e de Finanças Públicas*, São Paulo, v. 35.

GARCÍA DE ENTERRÍA, Eduardo; FERNANDEZ, Tomás-Ramón. *Curso de derecho administrativo*. Madri: Civitas, 2000. v. I.

GORDILLO, Agustin. *Tratado de derecho administrativo*. 3. ed. Buenos Aires: Fundación de Derecho Administrativo, 1998. t. 2.

LOCKE, John. *Dois tratados sobre o governo civil*. São Paulo: Martins Fontes, 1998.

MATTOS, Mauro Roberto Gomes de. Agências reguladoras e suas características. *Revista de Direito Administrativo*, Rio de Janeiro, v. 218, out./dez. 1999.

MEDAUAR, Odete. *Direito administrativo moderno*. 2. ed. São Paulo: Revista dos Tribunais, 1998.

MOREIRA NETO, Diogo de Figueiredo. *Mutações do direito administrativo*. Rio de Janeiro: Renovar, 2000.

SAMPAIO, Nelson. *O processo legislativo*. 2. ed. Belo Horizonte: Del Rey, 1996.

TÁCITO, Caio. Agências reguladoras na administração. *Revista de Direito Administrativo*, Rio de Janeiro, v. 221, jul./set. 2000.

TOCQUEVILLE, Alex. *A democracia na América*. São Paulo: Martins Fontes, 1998.

WALD, Arnoldo; MORAES, Luiza Rangel de. Agências reguladoras. *Revista de Informação Legislativa*, Brasília, jan./mar. 1999.

Informação bibliográfica deste texto, conforme a NBR 6023:2018 da Associação Brasileira de Normas Técnicas (ABNT):

MORAES, Alexandre de. Agências reguladoras e seus limites. *In*: TOJAL, Sebastião Botto de Barros; SOUZA, Jorge Henrique de Oliveira (Coord.). *Direito e infraestrutura*: portos e transporte aquaviário – 20 anos da Lei nº 10.233/2001. Belo Horizonte: Fórum, 2021. v. 1, p. 27-38. ISBN 978-65-5518-210-1.

DIREITO DA INFRAESTRUTURA PELO PROCESSO – UM ENSAIO SOBRE A TOMADA DE DECISÃO EM CASOS COMPLEXOS A PARTIR DOS PRINCÍPIOS PREVISTOS NO ART. 11 DA LEI Nº 10.233/01

ALEXANDRE JORGE CARNEIRO DA CUNHA FILHO

ANDRÉ PETZHOLD DIAS

1 Introdução

Observa-se uma atenção crescente por parte dos estudiosos do direito sobre assuntos relativos à viabilização de vultosas obras e ao adequado funcionamento de infraestruturas.

Embora não se possa dizer que o tema seja propriamente novo, já que de certo modo perpassa os avanços tecnológicos que nos permitiram, em termos civilizatórios, ter condições de vida bem mais confortáveis do que as experimentadas pelas pessoas nos séculos XVIII e XIX,[1] verifica-se que ele entra novamente com força na agenda política.

Com o país envolto em crise econômica renitente ao menos desde 2013, os representantes eleitos da população vêm-se premidos a se

---

[1] ORTEGA Y GASSET, José. *A rebelião das massas*. Lisboa: Relógio d'Água Editores, 2013. p. 71 e ss.

organizar em torno de programas de estímulo ao emprego e à renda, cenário no qual o desenvolvimento de grandes projetos vocacionados a oferecer melhores serviços ao cidadão assume papel de destaque.[2]

Se tanto não bastasse, o severo impacto da Covid 19 em praticamente toda a cadeia de produção e consumo passou a exigir atuação direta do Estado na mitigação dos efeitos deletérios advindos do desastre biológico nos meios de subsistência de dezenas de milhares de indivíduos, fenômeno observado não só no Brasil como no mundo inteiro, isso independentemente das inclinações ideológicas dos governos de plantão.[3]

Em nosso país, contudo, a empreitada ganha matizes peculiares.

Pelo menos desde os anos 90 do século XX estamos mobilizados pelas sirenes de uma "reforma administrativa redentora" que enfim possa transformar qualitativamente nossa burocracia,[4] rompendo seu cordão umbilical com uma origem descompassada do ônus de atendimento adequado das carências de seus usuários.[5]

Logo, como o planejamento e a aprovação de redes de transportes, saneamento, telefonia, energia etc. passam pelo Poder Público, o qual na fase subsequente é chamado a disciplinar e resolver disputas que se deem nos respectivos setores, as dificuldades encontradas por nossas

---

[2] Vitor Rhein Schirato, defendendo não ser oportuno que se aprove hoje nova lei para disciplinar a concessão de serviços públicos entre nós, à vista dos resultados positivos experimentados em tal âmbito na vigência das leis nºs 8.987/1995 e 11.079/2004, pondera: "ocorre, contudo, que o momento não é de parada para reflexões em termos de infraestrutura. É de implantação frenética de projetos para tentar compensar a estagnação verificada nos últimos anos (que só fizeram aumentar o abissal déficit do Brasil)". (SCHIRATO, Vitor Rhein. Será que precisamos de uma nova Lei de Concessão de Serviços Públicos agora? *In*: TAFUR, Diego J. V.; JURKSAITIS, Guilherme J.; ISSA, Rafael H. *Experiências práticas em concessões e PPP* – Estudos em homenagem aos 25 anos da Lei de Concessões. São Paulo: Quartier Latin, 2021. p. 482).

[3] Sobre os desafios a serem enfrentados pelo Estado na formulação de políticas econômicas e sociais para combater os efeitos da pandemia, o que entre nós ainda exige um esforço hercúleo para melhorar as condições de habitação de milhares de brasileiros, ver textos que compõem a obra CUNHA FILHO, Alexandre J. C. da; ARRUDA, Carmen Silvia L. de; ISSA, Rafael H.; SCHWIND, Rafael W. (Coord.). *Direito em tempos de crise* – Covid 19. São Paulo: Quartier Latin, 2020. v. II. p. 183 e ss.

[4] O fenômeno, reconheçamos, não é exclusivo do Brasil, como nos dá notícia Luciano Parejo Alfonso, escrevendo no início dos anos 80 do século XX sobre o tema no contexto espanhol, logo após a provação de uma nova Constituição, em 1976, para aquele país: "É uma constante em nossa história política a exigência e clamor por uma reforma da Administração Pública" (PAREJO ALFONSO, Luciano. *Estado social y administracion publica* – Los postulados constitucionales de la reforma administrativa. Madrid: Civitas, 1983. p. 21. Tradução livre).

[5] FAORO, Raymundo. *Os donos do poder* – Formação do patronato político brasileiro. 3. ed. São Paulo: Globo, 2001. p. 198 e ss.

instituições em exercer suas competências de modo eficiente repercute negativamente no êxito de todas essas iniciativas.

No presente ensaio, elaborado por ocasião da comemoração dos 20 anos da Lei nº 10.233/01, vamos discorrer sobre aspecto que, apesar de longe dos holofotes que nossa mídia empresta aos ventos reformistas dirigidos a encantar o grande público, nos parece fundamental para ganhos reais e duradouros no aprimoramento do funcionamento do nosso Estado: a valorização do seu processo de tomada de decisão.

Para tanto contextualizaremos o assunto sob a perspectiva do postulado de processualidade ampla a tocar o agir de qualquer órgão estatal,[6] tecendo comentários sobre sua repercussão naquilo que vem sendo chamado de "direito da infraestrutura".

Em seguida abordaremos a importância do instituto do processo para permitir o diálogo adequado entre os diversos interessados em projetos de infraestrutura de transporte, sob a coordenação do decisor público que, para realizar melhores escolhas atento à concretização dos princípios previstos no art. 11 da Lei nº 10.233/01, encontrará em tal espaço fonte de informações preciosas para bem desencarregar-se do seu mister.

Com o objetivo de testar nossa hipótese apresentaremos apontamentos sobre um caso concreto envolvendo o tema, após o que lançaremos nossas notas conclusivas a respeito.

2 Processualização da atividade administrativa e sua repercussão no direito da infraestrutura

Tema que aportou com algum atraso em nosso sistema foi o da processualidade da atuação administrativa,[7] tido como fundamental para a melhoria do iter de tomada de decisão estatal, já que relevante para a concretização de uma série de valores caros a uma Administração Pública pautada por um agir mais eficiente e legítimo.

A crescente preocupação dos nossos estudiosos do direito com a disciplina do processo no âmbito dos afazeres do Executivo deu-se aqui como reflexo de pesquisas que floresceram no direito público da

---

[6] MEDAUAR, Odete. *O direito administrativo em evolução*. 3. ed. Brasília: Gazeta Jurídica, 2017. p. 285-287.

[7] Que teve seu primeiro grande impulso a partir dos estudos feitos por Odete Medauar, em especial aqueles que redundaram na obra MEDAUAR, Odete. *A processualidade no direito administrativo*. 2. ed. São Paulo: RT, 2008, cuja primeira edição data de 1993.

Europa continental a respeito, já atrasados quanto ao ponto quando comparados ao desenvolvimento do assunto em países de *common law*.[8] Para a doutrina administrativista dos países do *civil law* sempre houve bastante atenção para o ato administrativo, seus elementos/pressupostos, atributos e vícios. O que vinha antes da emissão do ato acabava por ser entendido como questão *interna corporis* da repartição pública, que escaparia ao interesse do jurista.

Em um caminhar que pode ser lido como o da busca por uma progressiva republicanização da função administrativa, não só o ato-realizado, como também o ato-em-potência, o processo vocacionado à escolha do gestor, passou a ser colonizado pelo direito.

No nosso direito positivo, marco notável nessa (eterna) luta pela domesticação do poder[9] veio justamente com a Constituição de 1988, que de modo inequívoco impôs ao Estado como um todo (ou seja, por todos os seus órgãos, em qualquer dos seus poderes constituídos) o ônus de observância a um *devido processo* sempre que suas determinações possam alcançar a liberdade e os bens dos cidadãos.[10]

Não sem resistência, já que a imposição de um devido processo como condição de validade para o ato implica limite ao âmbito de atuação "livre" da autoridade, é inegável que a processualidade administrativa experimentou bastante evolução nos últimos anos, tanto por obra do legislador, como da jurisprudência e do próprio Executivo, em alguma medida, imagina-se, inspirados nos grandes esforços acadêmicos que foram feitos em tal âmbito.

Resta, assim, indagarmo-nos sobre como a processualização do agir administrativo repercutirá no chamado "direito da infraestrutura".

O signo infraestrutura, como um conceito jurídico indeterminado, abarca diferentes realidades, desde o meio ambiente[11] até construções que

---

[8] A Lei de Processo Administrativo dos Estados Unidos data de 1946, tendo sido seguida pela espanhola de 1958, a argentina de 1972 e a alemã de 1976. Para a evolução do tema no direito comparado, ver MEDAUAR, Odete. *A processualidade no direito administrativo*. 2. ed. São Paulo: RT, 2008. p. 170 e ss.

[9] Luta contra as "imunidades do Poder" na feliz expressão de GARCÍA DE ENTERRÍA, Eduardo. *La lucha contra las inmunidades del Poder en el derecho administrativo*: poderes discricionales, poderes de gobierno, poderes normativos. 3. ed. Madrid: Civitas, 1983.

[10] Conforme consta do art. 5º, LIV e LV da Constituição, cuja redação é a seguinte: "LIV - ninguém será privado da liberdade ou de seus bens sem o devido processo legal; LV - aos litigantes, em processo judicial ou administrativo, e aos acusados em geral, são assegurados o contraditório e ampla defesa, com os meios e recursos a ela inerentes" (BRASIL. *Constituição da República Federativa do Brasil de 1988*. Disponível em: http://www.planalto.gov.br/ccivil_03/constituicao/constituicao.htm. Acesso em: 11 fev. 2021).

[11] Para uma abordagem desse tipo, confira-se: ARAGÃO, Alexandra. A natureza também é uma infraestrutura (a infraestrutura verde). *In*: MILARÉ, Édis; MORAIS, Roberta J. de;

servem de suporte para todo tipo de atividade econômica, sendo que, na situação ora examinada, temos em mente grandes edificações necessárias à viabilização de prestações indispensáveis à interdependência social[12] (ou seja, os serviços públicos).

O Estado, que em nossa ordem constitucional tem o ônus de garantir esse tipo de aparato (art. 175 da CR),[13] muitas vezes deve buscar o concurso da iniciativa privada para sua materialização, o que se observa em diversas frentes, como para o respectivo financiamento, edificação ou operação.

Nos dias que correm inclusive começa-se a pensar como a expertise do mundo empresarial pode auxiliar na elaboração de projetos mais adequados à satisfação dos fins perseguidos pela Administração.[14]

Quando voltamos nossa atenção para o direito que disciplina essa complexa atuação estatal, verifica-se que estamos diante de regras e

---

ARTIGAS, Priscila S.; ALMEIDA, André L. C. de (Coord.). *Infraestrutura no direito do ambiente.* São Paulo: RT, 2016.

[12] Aqui nos inspiramos na doutrina de Léon Duguit acerca do Estado como uma organização de serviços públicos a serem prestados em favor do reforço dos laços de interdependência que existem entre os integrantes de uma comunidade (DUGUIT, Léon. *Les transformations du droit public.* Paris: Librairie Armand Colin, 1913. p. 45 e ss.).

[13] Art. 175, *caput* da CR – "Incumbe ao Poder Público, na forma da lei, diretamente ou sob regime de concessão ou permissão, sempre através de licitação, a prestação de serviços públicos" (BRASIL. *Constituição da República Federativa do Brasil de 1988.* Disponível em: http://www.planalto.gov.br/ccivil_03/constituicao/constituicao.htm. Acesso em: 21 fev. 2021).

[14] Na verdade, o interesse da Administração Pública pela expertise privada não se restringe ao esforço para a elaboração de melhores projetos de infraestruturas, passando a abarcar o cumprimento de tarefas variadas, que vão desde a contratação de serviços especializados e o estabelecimento de parcerias estratégicas até a própria regulação de atividades específicas (com o estímulo de modelos de autorregulação ou a criação de mecanismos de autorregulação regulada, por exemplo). Sobre o fenômeno, ver SCHIRATO, Vitor Rhein. Parcerias institucionais no setor de saneamento básico: chance ou ameaça às empresas estatais? *In*: LUNA, Guilherme F. G.; GRAZIANO, Luiz Felipe P. L.; BERTOCCELLI, Rodrigo de P. (Coord.). *Saneamento básico* – Temas fundamentais, propostas e desafios. Rio de Janeiro: Lumen Juris, 2017. p. 476 e ss.; FERRARI, Isabela. A abertura da regulação aos agentes privados: alguns insights sobre a autocertificação à luz da teoria da autorregulação. *In*: ARAGÃO, Alexandre S. de; PEREIRA, Anna Carolina M.; LISBOA, Letícia L. A. (Coord.). *Regulação e infraestrutura.* Belo Horizonte: Fórum, 2018. p. 216 e ss.; DAL POZZO, Augusto N.; FACCHINATTO, Renan Marcondes. O Novo Marco Regulatório do Saneamento Básico e os modelos de emparceiramento com a iniciativa privada: a concessão e a parceria público-privada. *In*: DAL POZZO, Augusto N. (Coord.). *O Novo Marco Regulatório do Saneamento Básico.* São Paulo: RT, 2021; STROPPA, Christianne de C.; BRAGAGNOLI, Renila L. A oportunidade de negócio como alternativa à desestatização das empresas estatais de saneamento básico. *In*: DAL POZZO, Augusto N. (Coord.). *O Novo Marco Regulatório do Saneamento Básico.* São Paulo: RT, 2021. p. 469 e ss.

diretrizes que estão para além da ação administrativa unilateral tendente a concretizar uma disciplina previamente estabelecida pelo legislador.[15] Estamos a discutir como os gestores públicos devem se portar de modo a assegurar a persecução do interesse público de modo dialogado e cooperativo, seja com os particulares que estejam dispostos a contribuir com a empreitada,[16] seja com as demais agências estatais cujas competências de algum modo podem condicionar o seu êxito, seja ainda com os usuários do serviço.[17]

Trata-se, pois, de um direito sobretudo instrumental, o direito do processo de tomada de decisão estatal, sede em que o decisor público se relaciona com outros agentes (públicos e/ou privados) na condução de seus afazeres, que pressupõem o sopesamento de múltiplos interesses e valores,[18] os quais somente conseguem ser publicizados e devidamente contrapostos no palco do procedimento a ser instaurado pela autoridade com tal finalidade.[19] [20]

---

[15] Atividade negocial que, embora marque o agir do Estado contemporâneo em diversos setores, ainda é objeto de pouca reflexão por parte da nossa doutrina. Sobre o tema ver CASSESE, Sabino. *A crise do Estado*. Tradução de Ilse P. Moreira e Fernanda L. Ortale. Campinas: Saberes, 2010. p. 83 e ss.; MARQUES NETO, Floriano de A. A bipolaridade do direito administrativo e sua superação. *In*: SUNDFELD, Carlos Ari; JURKSAITIS, Guilherme J. *Contratos públicos e direito administrativo*. São Paulo: Malheiros, 2015.

[16] No presente caso, os balseiros que fazem a travessia Manaus-Careiro, consoante se verificará adiante.

[17] CASSESE, Sabino. *A crise do Estado*. Tradução de Ilse P. Moreira e Fernanda L. Ortale. Campinas: Saberes, 2010. p. 88 e ss.; MARQUES NETO, Floriano de A. A bipolaridade do direito administrativo e sua superação. *In*: SUNDFELD, Carlos Ari; JURKSAITIS, Guilherme J. *Contratos públicos e direito administrativo*. São Paulo: Malheiros, 2015. p. 396 e ss.

[18] ROSANVALLON, Pierre. *La légitimité démocratique* – Impartialité, réflexivité, proximité. Paris: Éditions du Seuil, 2008. p. 111 e ss.; 125 e ss.; CASSESE, Sabino. *A crise do Estado*. Tradução de Ilse P. Moreira e Fernanda L. Ortale. Campinas: Saberes, 2010. p. 87 e ss.; MARQUES NETO, Floriano de A. A bipolaridade do direito administrativo e sua superação. *In*: SUNDFELD, Carlos Ari; JURKSAITIS, Guilherme J. *Contratos públicos e direito administrativo*. São Paulo: Malheiros, 2015. p. 403 e ss.

[19] "Procedimento é um dos alicerces do Direito Administrativo contemporâneo. Ele é o primeiro a ser afetado em tempos de transição justamente porque é através dele que o Direito Administrativo se realiza" (BARNES, Javier. *Transforming administrative procedure*. Sevilla: Global Law Press, 2015. p. 16. Tradução livre). Sobre a importância do instituto para a ação pública nos dias que correm, registre-se que inclusive há posicionamento no sentido de nulidade do ato administrativo que não tenha sido construído por meio do processo. Nesse sentido, ver PEREZ, Marcos Augusto. *Testes de legalidade* – Métodos para o amplo controle jurisdicional da discricionariedade administrativa. Belo Horizonte: Fórum, 2020. p. 236 e ss.

[20] "A formação da vontade das pessoas coletivas (públicas e privadas) obedece sempre (em maior ou menor grau) a um procedimento, regulado por normas legais, regulamentares, estatutárias ou contratuais. Será no domínio da atuação pública, no entanto, que a toda expressão da vontade se subordina sempre, à luz dos postulados de um Estado de Direito, a um procedimento normativamente disciplinado [...]" (OTERO, Paulo. *Direito do procedimento administrativo*. Coimbra: Almedina, 2016. v. I. p. 21).

3 Processo de tomada de decisão a partir do art. 11 da Lei nº 10.233/01

O art. 11 da Lei nº 10.233/01 tem a seguinte redação:

Art. 11. O gerenciamento da infra-estrutura e a operação dos transportes aquaviário e terrestre serão regidos pelos seguintes princípios gerais:
I - preservar o interesse nacional e promover o desenvolvimento econômico e social;
II - assegurar a unidade nacional e a integração regional;
III - proteger os interesses dos usuários quanto à qualidade e oferta de serviços de transporte e dos consumidores finais quanto à incidência dos fretes nos preços dos produtos transportados;
IV - assegurar, sempre que possível, que os usuários paguem pelos custos dos serviços prestados em regime de eficiência;
V - compatibilizar os transportes com a preservação do meio ambiente, reduzindo os níveis de poluição sonora e de contaminação atmosférica, do solo e dos recursos hídricos;
VI - promover a conservação de energia, por meio da redução do consumo de combustíveis automotivos;
VII - reduzir os danos sociais e econômicos decorrentes dos congestionamentos de tráfego;
VIII - assegurar aos usuários liberdade de escolha da forma de locomoção e dos meios de transporte mais adequados às suas necessidades;
IX - estabelecer prioridade para o deslocamento de pedestres e o transporte coletivo de passageiros, em sua superposição com o transporte individual, particularmente nos centros urbanos;
X - promover a integração física e operacional do Sistema Nacional de Viação com os sistemas viários dos países limítrofes;
XI - ampliar a competitividade do País no mercado internacional;
XII - estimular a pesquisa e o desenvolvimento de tecnologias aplicáveis ao setor de transportes.

A singela leitura do dispositivo em comento não deixa dúvidas quanto à natureza hercúlea da tarefa a cargo do decisor público com atribuição de deliberar sobre o gerenciamento de infraestruturas e operações relativas aos transportes terrestres e aquaviários em território nacional.

Isso para ficarmos só na disciplina prevista para esses tipos de locomoção expressamente em tal diploma, que em situações concretas não raramente deve ser lido em conjunto com outros igualmente abrangentes, em especial quando se está diante de intervenções a serem realizadas no âmbito de cidades populosas, como o Estatuto da

Mobilidade Urbana (Lei nº 12.587/2012),[21] o Estatuto da Cidade (Lei nº 10.257/2001) e o Estatuto da Metrópole (Lei nº 13.089/2015). Refletindo os diferentes interesses e expectativas das pessoas com relação à realização de determinados investimentos públicos, ao oferecimento de utilidades capazes de aprimorar a sua qualidade de vida, a Lei nº 10.233/01 reconhece em seu texto a necessidade de tutela de bens jurídicos potencialmente conflitantes, impondo ao Estado o ônus de devidamente sopesá-los na sua tomada de decisão, resguardando cada qual na maior intensidade possível, em um compromisso prático devidamente fundamentado.

Uma questão transversal a qualquer política de transportes é a preservação do meio ambiente, sendo que grandes infraestruturas rodoviárias, ferroviárias e portuárias normalmente geram impactos relevantes na preservação de recursos naturais, incumbindo à Administração zelar para que a degradação gerada no verde seja somente a estritamente necessária para o funcionamento dessas instalações (art. 11, V).

Na mesma linha dessa tensão é a diretriz para opções que impliquem menor uso de combustíveis fósseis (art. 11, VI), que convive com o ideal de se reduzir congestionamentos (art. 11, VII), o qual, se pensando isoladamente, poderia justificar a ampliação contínua de malha viária urbana, iniciativa que, embora possa representar desenvolvimento econômico (art. 11, I), pode causar maior dano ambiental e incentivar a população a adquirir mais automóveis, desfecho previsível à vista da comodidade oferecida por estes aos respectivos usuários (art. 11, VIII).

A prioridade para transporte coletivo e pedestre (art. 11, IX) impõe, por sua vez, que se evitem investimentos que conduzam a uma maior fluidez de ruas e estradas, isso ao menos no que diz respeito ao transporte individual por carros.

No mais, o princípio, acertado, diga-se, de se buscar, sempre que possível, o financiamento do transporte coletivo por política tarifária[22]

---

[21] Tratando especificamente de mobilidade, a Lei nº 12.587/2012 traz uma série de princípios, diretrizes e objetivos para a Política Nacional e Mobilidade, conforme descrito em seus arts. 5º, 6º e 7º.

[22] Em outra oportunidade um dos autores do presente ensaio problematizou a questão da concessão indiscriminada de acesso gratuito a serviços públicos específicos e divisíveis como fator que não contribui para a sua organização com um padrão de qualidade adequado para a população. Para mais dados acerca desse tipo de perspectiva, ver CUNHA FILHO, Alexandre J. C. da. Serviço público à brasileira: discussão sobre possível repercussão das mudanças experimentadas pelo serviço público francês em nosso país. In: CUNHA FILHO, Alexandre J. C. da; ALVES, Ângela Limongi A.; NAHAS, Fernando W. B.; MELONCINI, Maria Isabela H. (Coord.). Temas atuais de direito público – II – Diálogos entre Brasil e França.

(art. 11, IV), tende a pressionar o valor dessas passagens, conduzindo potenciais consumidores ao uso de outros modais de transporte, quando não à simples evasão.

Como se vê das breves conjecturas ora formuladas, não raramente as escolhas a serem feitas pela Administração seja na elaboração de sua política de transportes, seja na autorização de um empreendimento específico de modo aderente àquela, implicará ganhos para alguns atores e perdas para outros,[23] podendo significar emprego de recursos públicos escassos no fomento de atividades que deveriam ser desestimuladas pelo Estado.

Eis a importância do processo/procedimento para, disciplinando o jogo de interesses em disputa na arena pública,[24] garantir que esta não se dê longe dos olhos da população em geral e dos órgãos de controle em particular, pressuposto para que seja cobrada motivação e racionalidade da decisão estatal proferida em um contexto complexo como o descrito.

4 Estudo de caso

Para demonstrar a relevância dos princípios indicados no art. 11 da Lei nº 10.233/01, aborda-se interessante caso de atuação da Antaq na regulamentação da atividade dos balseiros[25] que fazem a travessia

---

Rio de Janeiro: Lumen Juris, 2017. p. 211-212. Para uma discussão a respeito, com foco na prestação jurisdicional, ver SILVA, Domício W. P. e. O acesso à prestação jurisdicional e a responsabilidade das partes: reflexões sobre o papel da gratuidade processual, dos honorários sucumbenciais e da litigância de má-fé na distribuição da Justiça. In: CUNHA FILHO, Alexandre J. C. da; OLIVEIRA, André T. da M.; ISSA, Rafael H.; SCHWIND, Rafael W. (Coord.). Direito, instituições e políticas públicas – O papel do jusidealista na formação do Estado. São Paulo: Quartier Latin, 2016. p. 679 e ss.

[23] CASSESE, Sabino. A crise do Estado. Tradução de Ilse P. Moreira e Fernanda L. Ortale. Campinas: Saberes, 2010. p. 87.

[24] Sabino Cassese, ao sustentar a necessidade de superação, ao menos em casos complexos, do paradigma bipolar de contraposição entre um interesse público monopolizado pela Administração e um interesse egoístico ostentado pelo particular, pondera: "'Arena pública', no sentido de 'espaço', não prejudica as posições dos sujeitos que nela atuam – segundo o paradigma tradicional, o Estado no alto e os cidadãos embaixo –, não estabelece definitivamente as relações que ali se estabelecem – de oposição, segundo o paradigma tradicional –, não vincula a ação dos sujeitos a um tipo – como o da discricionariedade, válido para a administração pública, e o da liberdade, aplicável ao sujeito privado, segundo o paradigma tradicional. Permite, ao contrário, intercambialidade dos papéis, modificação das relações, comércio de regras e dos princípios ordenatórios" (CASSESE, Sabino. A crise do Estado. Tradução de Ilse P. Moreira e Fernanda L. Ortale. Campinas: Saberes, 2010. p. 90).

[25] "As balsas não servem apenas para a travessia de caminhões carregados de mercadorias produzidas no PIM, mas também como um meio muito utilizado pela população manauense e dos municípios do entorno para a travessia particular de carros, ônibus, caminhões, caminhão-tanque, tratores, motos, ambulâncias, viaturas policiais e outros veículos

Manaus-Careiro da Várzea, que faz parte do traçado da BR-319, rodovia que interliga Manaus até Porto Velho.

As decisões relativas às obras de infraestrutura, como afirma o inc. II, devem ser pautadas no ideal de integração nacional, o que foi reconhecido em acórdão do TCU que analisou as obras de pavimentação e recuperação dessa estrada.[26]

Até o início de 2021, as obras de pavimentação continuavam sem conclusão, o que gerou dificuldades no transporte de oxigênio para o Amazonas, sendo necessária a atuação de força tarefa (DNIT, Polícia Rodoviária Federal e Ministério da Infraestrutura) para transportar o gás na quantidade necessária e no menor tempo possível.[27] Tal questão já havia sido levantada pelo Exército brasileiro no estudo que fundamentou o acórdão do TCU acima citado.[28] Evidenciou-se o problema da lentidão do modal fluvial como alternativa, bem como o alto custo e baixo volume do modal aéreo.

---

motorizados" (SILVA, Jefferson Gil da Rocha. *Os canoeiros no ambiente urbano-fluvial*: entre o Porto da Ceasa e Careiro da Várzea. Dissertação (Mestrado) – Programa de Pós-Graduação em Ciências do Ambiente e Sustentabilidade na Amazônia – PPG/Casa, Universidade Federal do Amazonas, Manaus, 2010. p. 55).

[26] Acórdão nº 275/2010 – TCU – Plenário: "A operacionalização da estrada desencadearia um fluxo de deslocamento de pessoas entre os Estados beneficiados e possibilitaria o acesso a outros centros, ou seja, formará um eixo de integração e combaterá o isolamento dos municípios que ficam em seu trecho, bem como das capitais do Amazonas e Roraima".

[27] DNIT conclui missão de assegurar transporte de oxigênio para Manaus. *Gov.br*, 24 jan. 2021. Disponível em: https://www.gov.br/dnit/pt-br/assuntos/noticias/dnit-conclui-missao-de-assegurar-transporte-de-oxigenio-para-manaus. Acesso em: 21 fev. 2021.

[28] "'A Doutrina Militar Terrestre estabelece que os órgãos envolvidos no apoio logístico às tropas em operações e que estão situados mais à retaguarda deverão realizar esse apoio por intermédio de um Eixo Prioritário de Transporte (EPT). O EPT deverá contemplar necessariamente vários modais de transporte, com intuito de flexibilizar a logística, cirando, dessa forma, alternativas para o apoio às tropas em combate. O eixo Manaus-AM – Porto Velho-RO constitui um EPT de fundamental importância para as Forças Armadas, principalmente para o Exército Brasileiro. Atualmente, esse EPT dispõe apenas de dois modais: o aéreo e o hidroviário. Com a BR-319 ficando em condições de trafegabilidade, o EPT ficaria constituído de três modais de transporte, o que facilitaria sensivelmente o escoamento dos meios necessários para o apoio de forças em combate.' No que concerne aos tempos de paz, o Exército salienta que os modais aéreo e hidroviário, apesar de indispensáveis, apresentam desvantagens que comprometem a eficiência e a rapidez do apoio logístico. O transporte aéreo possui limitações de peso e volume, além de envolver altos custos. Segundo a 12ª Região Militar, a aeronave C-105 tem custo da hora de voo de US\$3.312,20 (três mil e trezentos e doze dólares e vinte centavos) com carga útil de 5,5 toneladas, ao passo que a aeronave C-130 tem custo da hora de voo de US\$2.920,00 (dois mil e novecentos e vinte dólares) com carga útil de 12 toneladas. No que concerne ao modal hidroviário os problemas dizem respeito à lentidão, uma vez que, em média, uma balsa do Centro de Embarcações do Comando Militar da Amazônia leva 9 dias para ir de Manaus a Porto Velho. O Exército Brasileiro, por intermédio da 12ª Região Militar, afirma que a BR-319 será uma alternativa que irá minimizar os problemas dos outros modais existentes".

Integração regional, mas também unidade nacional, são princípios da maior relevância, e, acaso ignorados, podem gerar o isolamento de certas regiões do país com efeitos negativos imprevisíveis (tal qual visto na crise do oxigênio). Sua observância, pois, não é capricho acadêmico ou burocrático, mas verdadeira ferramenta de efetivação de diversos direitos que, sem a infraestrutura necessária, se convertem em promessa distante.

Por se tratar de realidade distante da maioria dos leitores, necessária essa breve contextualização que contribuirá na melhor compreensão do presente trabalho.[29]

Enfim, como já explanado, parte do trajeto a ser percorrido por veículos terrestres na BR-319 depende da travessia do Rio Negro/Rio Amazonas, sendo esse transporte realizado por balsas.

No caso, o serviço prestado pelos balseiros é objeto de autorização da Antaq. Relata-se que em 2016, ante a ausência de atuação efetiva da agência reguladora, os prestadores do serviço, diante de seus problemas, solicitaram intervenção da autarquia relativamente ao serviço de navegação de travessia de veículos nessa localidade.

Tal provocação deu início ao processo administrativo autuado sob o nº 50300.010879/2016-67, justamente na linha dos pressupostos defendidos neste estudo, ou seja, em conformidade com o postulado de processualidade ampla a tocar qualquer exercício de poder estatal, o que, no âmbito do Executivo, significa que a decisão administrativa não se dá num vazio, mas sim decorre de iter a ser observado pela autoridade no desempenho de suas competências.

Na situação examinada, vale ressaltar, o procedimento adotado contou com participação significativa dos diversos atores interessados no desfecho do pleito em questão: dos prestadores de serviço, dos usuários do serviço e do órgão técnico.

No início do processo administrativo, pode se constatar preocupação do decisor público em agir pautado pela consensualidade, cuja importância vem sendo reconhecida no direito administrativo, como bem explica Odete Medauar:

> A Administração volta-se para a coletividade, passando a conhecer melhor os problemas e aspirações da sociedade. A Administração passa

---

[29] A respeito do Porto da Ceasa em Manaus, registre-se que ambos os autores já estiveram no local e presenciaram a realidade local de modo direto, o que contribui para melhor retratar os detalhes do caso.

a ter atividade de mediação para dirimir e compor conflitos de interesses entre várias partes ou entre estas e a Administração.[30]

Nesse sentido, a agência reguladora solicitou, em 23.11.2016, proposta comum dos balseiros, oficiando todas as empresas que realizavam a travessia, a qual já seria fruto do consenso entre eles, mas que, uma vez apresentada, deveria ser examinada à luz dos requisitos técnicos, bem como considerando os interesses dos usuários que não haviam até então se manifestado no processo.

No caso, ante a ausência de consenso, foi determinada a elaboração de esquema operacional da travessia em 13.12.2016. Não obstante infrutífera a tentativa, deve ser registrada como efeito claro da busca de consensualidade no processo administrativo, que deve sim ser reconhecida, ainda que a Lei nº 9.784/99 não a mencione expressamente em nenhum dispositivo:

> Apesar de inexistir previsão para celebração de acordos, ajustes no processo administrativo federal, a consensualidade será garantida no seu conceito amplo, que consiste na permissão da participação popular para colaboração na formulação das decisões administrativas.[31]

Diante desse cenário, a Antaq elaborou minuta de resolução normativa contendo no anexo o regulamento operacional das balsas em questão.

Como não poderia ser diferente, antes da definição da política pública a ser implantada no esquema de funcionamento, foi elaborado estudo pela agência, do qual convém trazer o seguinte trecho:

> Como pode ser observado por meio do Ofício-Circular nº 8/2016/UREMN/SFCANTAQ (SEI 0176430), foram realizadas, sem êxito, diversas tentativas de mediação da Agência para que as empresas autorizadas chegassem ao entendimento mútuo, o que levou a má prestação do serviço aos usuários.

---

[30] MEDAUAR, Odete. *O direito administrativo em evolução*. 2. ed. São Paulo: Revista dos Tribunais, 2003. p. 211.
[31] ALMEIDA, Natália Silva Mazzutti; MELO, Luiz Carlos Figueira de. A consensualidade como elemento do processo administrativo federal brasileiro. *Interesse Público – IP*, Belo Horizonte, ano 14, n. 75, out./dez. 2012. Disponível em: http://www.bidforum.com.br/bid/PDI0006.aspx?pdiCntd=82203. Acesso em: 21 fev. 2021. Sobre o ponto vale registrar que, com o advento do art. 26 da Lei de Introdução às Normas ao Direito Brasileiro, muitos autores estão apontando que hoje inclusive há autorização legal expressa para a Administração buscar resolver disputas com entes públicos ou privados de modo concertado (VIANA, Camila R. Cunha. O artigo 26 da LINDB e a consolidação do direito administrativo consensual. *In*: CUNHA FILHO, Alexandre J. C. da; ISSA, Rafael H.; SCHWIND, Rafael W. *Lei de Introdução às Normas do Direito Brasileiro* – Anotada. São Paulo: Quartier Latin, 2019. v. II. p. 339).

Estabelecido o calendário processual, definiu-se data-limite da consulta pública bem como data da audiência pública, elementos indicadores da efetiva consensualidade nesse processo. A previsão da participação da sociedade civil e dos agentes regulados em processos de edição de normas da Antaq, vale dizer, está disposta na Resolução nº 2.448/2012, sendo elementos anteriores à tomada de decisão, dando-se publicidade ao processo pelo sítio da agência reguladora.

Para demonstrar que não há mera observância de formalidade, as sugestões encaminhadas foram todas analisadas por meio de relatório técnico mencionando 26 contribuições encaminhadas por usuários, 22 enviadas por prestadores e 7 encaminhadas pelo setor público, que resultaram na alteração da norma elaborada.

Finalmente, deve-se ponderar que o ato normativo que resultou do processo (Resolução nº 5.573-Antaq) não é apenas um ato administrativo isolado, mas instrumento para efetivação de uma política pública, o que remete à possibilidade de sua revisão periódica de modo a averiguar a eficiência dessa opção nos ciclos inerentes a esse tipo de intervenção estatal:

> Há, no entanto, proposições de perspectivas mais elaboradas do ciclo de políticas públicas, que especificam momentos e permitem um olhar analítico mais detalhado sobre o processo. Dye (2009, p. 104) identifica os seguintes estágios convencionais do processo político-administrativo: identificar problemas; montar agenda para deliberação; formular propostas de políticas; legitimar políticas; implementar políticas; avaliar políticas. Nessa perspectiva, o foco está no como, não sendo privilegiado o conteúdo das políticas públicas, mas o processo por meio do qual são desenvolvidas, implementadas e *mudadas* (DYE, 2009).[32]

5 Conclusão

Neste ensaio, discorremos sobre como a valoração do processo administrativo no âmbito da burocracia estatal encarregada de temas relativos ao direito da infraestrutura pode contribuir para a realização de melhores escolhas por parte dos nossos gestores e controladores, em cumprimento, ademais, das garantias previstas ao cidadão nos incs. LIV e LV do art. 5º Constituição.

---

[32] HOMERCHER, Evandro T.; BERGUE, Sandro Trescastro. Políticas públicas e transparência: reflexões multidisciplinares. *Interesse Público – IP*, São Paulo, ano 13, n. 68, p. 405-422, jul./ago. 2011. p. 417.

Tendo por pano de fundo os múltiplos interesses potencialmente conflitantes que pairam sobre a construção/operação de redes de transporte rodoviário e aquaviário, defendemos a utilidade do procedimento como ferramenta apta a conferir transparência a esse tipo de disputa, propiciando ao decisor público instrumento adequado para o sopesamento dos diversos bens jurídicos tutelados pelo nosso ordenamento.

O estudo de caso apresentado, por sua vez, tem função apenas exemplificativa para demonstrar a relevância do processo de tomada de decisão como fonte de excelência de seu resultado, assim entendido como o efetivo atendimento ao interesse público. Esse conceito aparentemente vago e muito difícil de ser definido em cada caso concreto pode ser melhor delimitado se cumpridas corretamente as etapas anteriores à decisão estatal.

Ressalte-se ainda que um processo bem conduzido pode ter como resultado a ausência de questionamentos em juízo (ante a falta de interesse dos envolvidos, sejam usuários, sejam prestadores). Ainda que venham a existir tais questionamentos, o processo com participação ampla e acompanhado dos elementos técnicos da situação examinada tende a produzir uma escolha estatal com motivação mais consistente, dado que provavelmente despertará nos órgãos de controle (administrativos ou judiciais) uma maior deferência em relação ao ato impugnado, sendo fonte, portanto, de autocontenção (*self-restraint*) das instâncias de supervisão.

Não se nega, contudo, que muitos agentes que participam desses processos podem ter interesses antagônicos que, em última consequência, podem produzir resultados negativos, principalmente no aspecto temporal, ou seja, na demora da atuação do Estado (como se vê na pavimentação da BR-319, que até hoje é debatida no Judiciário). Todavia, os benefícios parecem sobrepujar os pontos negativos dessa processualização que, oxalá, predominará na atuação estatal.

Referências

ALMEIDA, Natália Silva Mazzutti; MELO, Luiz Carlos Figueira de. A consensualidade como elemento do processo administrativo federal brasileiro. *Interesse Público – IP*, Belo Horizonte, ano 14, n. 75, out./dez. 2012. Disponível em: http://www.bidforum.com.br/bid/PDI0006.aspx?pdiCntd=82203. Acesso em: 21 fev. 2021.

ARAGÃO, Alexandra. A natureza também é uma infraestrutura (a infraestrutura verde). *In*: MILARÉ, Édis; MORAIS, Roberta J. de; ARTIGAS, Priscila S.; ALMEIDA, André L. C. de (Coord.). *Infraestrutura no direito do ambiente*. São Paulo: RT, 2016.

BARNES, Javier. *Transforming administrative procedure*. Sevilla: Global Law Press, 2015.

CASSESE, Sabino. *A crise do Estado*. Tradução de Ilse P. Moreira e Fernanda L. Ortale. Campinas: Saberes, 2010.

CUNHA FILHO, Alexandre J. C. da. Serviço público à brasileira: discussão sobre possível repercussão das mudanças experimentadas pelo serviço público francês em nosso país. *In*: CUNHA FILHO, Alexandre J. C. da; ALVES, Ângela Limongi A.; NAHAS, Fernando W. B.; MELONCINI, Maria Isabela H. (Coord.). *Temas atuais de direito público* – II – Diálogos entre Brasil e França. Rio de Janeiro: Lumen Juris, 2017.

CUNHA FILHO, Alexandre J. C. da; ALVES, Ângela Limongi A.; NAHAS, Fernando W. B.; MELONCINI, Maria Isabela H. (Coord.). *Temas atuais de direito público* – II – Diálogos entre Brasil e França. Rio de Janeiro: Lumen Juris, 2017.

CUNHA FILHO, Alexandre J. C. da; ARRUDA, Carmen Silvia L. de; ISSA, Rafael H.; SCHWIND, Rafael W. (Coord.). *Direito em tempos de crise* – Covid 19. São Paulo: Quartier Latin, 2020. v. II.

DAL POZZO, Augusto N.; FACCHINATTO, Renan Marcondes. O Novo Marco Regulatório do Saneamento Básico e os modelos de emparceiramento com a iniciativa privada: a concessão e a parceria público-privada. *In*: DAL POZZO, Augusto N. (Coord.). *O Novo Marco Regulatório do Saneamento Básico*. São Paulo: RT, 2021.

DUGUIT, Léon. *Les transformations du droit public*. Paris: Librairie Armand Colin, 1913.

FAORO, Raymundo. *Os donos do poder* – Formação do patronato político brasileiro. 3. ed. São Paulo: Globo, 2001.

FERRARI, Isabela. A abertura da regulação aos agentes privados: alguns insights sobre a autocertificação à luz da teoria da autorregulação. *In*: ARAGÃO, Alexandre S. de; PEREIRA, Anna Carolina M.; LISBOA, Letícia L. A. (Coord.). *Regulação e infraestrutura*. Belo Horizonte: Fórum, 2018.

GARCÍA DE ENTERRÍA, Eduardo. *La lucha contra las inmunidades del Poder en el derecho administrativo*: poderes discrecionales, poderes de gobierno, poderes normativos. 3. ed. Madrid: Civitas, 1983.

HOMERCHER, Evandro T.; BERGUE, Sandro Trescastro. Políticas públicas e transparência: reflexões multidisciplinares. *Interesse Público – IP*, São Paulo, ano 13, n. 68, p. 405-422, jul./ago. 2011.

MARQUES NETO, Floriano de A. A bipolaridade do direito administrativo e sua superação. *In*: SUNDFELD, Carlos Ari; JURKSAITIS, Guilherme J. *Contratos públicos e direito administrativo*. São Paulo: Malheiros, 2015.

MEDAUAR, Odete. *A processualidade no direito administrativo*. 2. ed. São Paulo: RT, 2008.

MEDAUAR, Odete. *O direito administrativo em evolução*. 2. ed. São Paulo: Revista dos Tribunais, 2003.

MEDAUAR, Odete. *O direito administrativo em evolução*. 3. ed. Brasília: Gazeta Jurídica, 2017.

ORTEGA Y GASSET, José. *A rebelião das massas*. Lisboa: Relógio d'Água Editores, 2013.

OTERO, Paulo. *Direito do procedimento administrativo*. Coimbra: Almedina, 2016. v. I.

PAREJO ALFONSO, Luciano. *Estado social y administracion publica* – Los postulados constitucionales de la reforma administrativa. Madrid: Civitas, 1983.

PEREZ, Marcos Augusto. *Testes de legalidade* – Métodos para o amplo controle jurisdicional da discricionariedade administrativa. Belo Horizonte: Fórum, 2020.

ROSANVALLON, Pierre. *La légitimité démocratique* – Impartialité, réflexivité, proximité. Paris: Éditions du Seuil, 2008.

SCHIRATO, Vitor Rhein. Parcerias institucionais no setor de saneamento básico: chance o ameaça às empresas estatais? *In*: LUNA, Guilherme F. G.; GRAZIANO, Luiz Felipe P. L.; BERTOCCELLI, Rodrigo de P. (Coord.). *Saneamento básico* – Temas fundamentais, propostas e desafios. Rio de Janeiro: Lumen Juris, 2017.

SCHIRATO, Vitor Rhein. Será que precisamos de uma nova Lei de Concessão de Serviços Públicos agora? *In*: TAFUR, Diego J. V.; JURKSAITIS, Guilherme J.; ISSA, Rafael H. *Experiências práticas em concessões e PPP* – Estudos em homenagem aos 25 anos da Lei de Concessões. São Paulo: Quartier Latin, 2021.

SILVA, Domício W. P. e. O acesso à prestação jurisdicional e a responsabilidade das partes: reflexões sobre o papel da gratuidade processual, dos honorários sucumbenciais e da litigância de má-fé na distribuição da Justiça. *In*: CUNHA FILHO, Alexandre J. C. da; OLIVEIRA, André T. da M.; ISSA, Rafael H.; SCHWIND, Rafael W. (Coord.). *Direito, instituições e políticas públicas* – O papel do jusidealista na formação do Estado. São Paulo: Quartier Latin, 2016.

SILVA, Jefferson Gil da Rocha. *Os canoeiros no ambiente urbano-fluvial*: entre o Porto da Ceasa e Careiro da Várzea. Dissertação (Mestrado) – Programa de Pós-Graduação em Ciências do Ambiente e Sustentabilidade na Amazônia – PPG/Casa, Universidade Federal do Amazonas, Manaus, 2010.

STROPPA, Christianne de C.; BRAGAGNOLI, Renila L. A oportunidade de negócio como alternativa à desestatização das empresas estatais de saneamento básico. *In*: DAL POZZO, Augusto N. (Coord.). *O Novo Marco Regulatório do Saneamento Básico*. São Paulo: RT, 2021.

VIANA, Camila R. Cunha. O artigo 26 da LINDB e a consolidação do direito administrativo consensual. *In*: CUNHA FILHO, Alexandre J. C. da; ISSA, Rafael H.; SCHWIND, Rafael W. *Lei de Introdução às Normas do Direito Brasileiro* – Anotada. São Paulo: Quartier Latin, 2019. v. II.

Informação bibliográfica deste texto, conforme a NBR 6023:2018 da Associação Brasileira de Normas Técnicas (ABNT):

CUNHA FILHO, Alexandre Jorge Carneiro da; DIAS, André Petzhold. Direito da infraestrutura pelo processo – Um ensaio sobre a tomada de decisão em casos complexos a partir dos princípios previstos no art. 11 da Lei nº 10.233/01. *In*: TOJAL, Sebastião Botto de Barros; SOUZA, Jorge Henrique de Oliveira (Coord.). *Direito e infraestrutura*: portos e transporte aquaviário – 20 anos da Lei nº 10.233/2001. Belo Horizonte: Fórum, 2021. v. 1, p. 39-54. ISBN 978-65-5518-210-1.

A REVERSIBILIDADE DE BENS NOS ARRENDAMENTOS PORTUÁRIOS E REGIMES DE TRANSIÇÃO

ALEXANDRE SANTOS DE ARAGÃO

1 Introdução

O presente artigo tem como objeto traçar o panorama geral da reversibilidade de bens em contratos públicos à luz do direito administrativo, em especial do setor portuário, sob o enfoque do papel dos instrumentos contratuais para identificação dos bens que serão transferidos ao Poder Concedente ao seu término.

A primeira seção é dedicada a pormenorizar o regime jurídico dos contratos de transição, disciplinados na Resolução Normativa Antaq nº 7, de 30.5.2016, que regula a exploração excepcional de áreas e instalações portuárias passíveis de arrendamento até que procedimento licitatório seja realizado.

Posteriormente, apresentamos o regime de bens decorrente dos contratos celebrados à luz do Decreto-Lei nº 5/1996, norma que disciplinava a exploração portuária dos arrendamentos considerados por alguns espécie de "locação de direito público". Em seguida, analisaremos as alterações na natureza dos contratos de arrendamento promovidas pela Lei nº 8.630/93 e mantidas pela Lei nº 12.815/2013, bem como a sua repercussão nos institutos contratuais, especialmente a reversibilidade.

Por fim, a questão é debatida sob o prisma do princípio da segurança jurídica e da confiança legítima, bem como das recentes alterações legislativas promovidas por meio da Lei de Liberdade Econômica – Lei nº 13.874/2019 – e a alteração da Lei de Introdução às Normas do Direito Brasileiro – Lei nº 13. 655/2018.

2 O regime jurídico híbrido de contratos de arrendamentos portuários de transição

Uma das questões que mais gera controvérsias ao término de contratos de concessão é a avaliação da reversibilidade de bens implantados pela concessionária, inclusive quanto ao seu eventual direito de indenização.

Isso porque contratos complexos e de longo prazo, gênero no qual se inserem as concessões, frequentemente são celebrados à luz de marcos legais distintos daqueles em vigor na sua extinção, naturalmente refletindo na percepção de certos institutos, a exemplo da reversibilidade.

Especialmente nos arrendamentos portuários, não raro permanecem áreas exploradas por contratos de arrendamento firmados com fundamento no art. 27 do Decreto-Lei nº 5/1966 e arts. 107 e 108 do decreto que o regulamenta, de nº 59.832/1966, que autorizam a locação ou arrendamento de terrenos, armazéns e outras instalações portuárias.

Mesmo com a extinção dos contratos de arrendamento, a Antaq autoriza que excepcionalmente sejam celebrados contratos de transição, nos termos da Resolução Normativa – RN Antaq nº 7, de 30.5.2016.

A RN Antaq nº 7/2016[1] aprova a norma que regula a exploração de áreas e instalações portuárias, no âmbito dos portos organizados, e permite a celebração dos contratos de transição, com vigência de 180 dias cada, até que seja realizado certame para novo arrendamento da área portuária.

O instrumento transitório, em regra, é firmado com o arrendatário anterior sem necessidade de processo seletivo, diante do encerramento de contratos cuja continuidade seja relevante ao porto organizado ou à sua região de influência, justificando o acordo transitório para manutenção das atividades até a conclusão de procedimento licitatório (art. 46 e seguintes, RN nº 7/2016).[2]

---

[1] Até a edição da RN Antaq nº 07/2016, a matéria era regida pelo art. 35, §1º, RN nº 2.240/2011.
[2] RN Antaq nº 07/2016: "Art. 46. A administração do porto, mediante prévia autorização da ANTAQ, poderá pactuar a exploração de uma área ou instalação portuária com o objetivo

Referidos contratos se justificam na medida em que até então não realizado procedimento licitatório para arrendamento da área ocupada pela arrendatária, desde que por motivos alheios à sua vontade, naturalmente.

Apesar de contratos de transição atualmente em vigor terem sido firmados sob a égide da atual Lei dos Portos (Lei nº 12.815/2013), é plausível que façam remissão expressa ao contrato de arrendamento original, justamente por consubstanciarem a continuidade da relação jurídica por ele instrumentalizada, em especial quanto ao regime de bens.

Ocorre que é possível que contratos de arrendamento tenham sido celebrados antes mesmo da edição da anterior Lei dos Portos (Lei nº 8.630/1993), com fundamento no supracitado art. 27 do Decreto-Lei nº 5/1966 e arts. 107 e 108 do decreto que o regulamenta, de nº 59.832/1966.

Daí decorre o regime de certa forma híbrido dos contratos de transição celebrados sob a vigência da atual Lei dos Portos (Lei nº 12.815/2013), voltados que são à transição e continuidade da relação jurídica pactuada à luz de legislações anteriores.

Dessa maneira, quando hoje são discutidas questões em torno da propriedade dos bens empregados em áreas arrendadas, muitas vezes há coexistência de regimes jurídicos diversos a serem observados pelo regulador, in casu, a Agência Nacional de Transportes Aquaviários – Antaq.

Nesses casos devem ser consideradas as consequências advindas do regime de bens das áreas à luz tanto da disciplina de contratos regidos sob o Decreto-Lei nº 5/1966, quanto pela Lei nº 12.815/2013. Passaremos a analisar cada um deles.

3 Regime de bens de arrendamentos celebrados à luz do art. 27, Decreto-Lei nº 5/1966

O arrendamento no direito administrativo, conforme já afirmamos em outra oportunidade,[3] tem as suas raízes como uma "locação de direito público", versando mais sobre o uso e exploração de determinado

---

de promover a sua regularização temporária enquanto são ultimados os respectivos procedimentos licitatórios, nas situações em que o interesse público do porto organizado ou de sua região de influência requeira a manutenção da prestação de um serviço com essa relevância, ou a continuidade de atividade regida por instrumento jurídico rescindido, anulado ou encerrado".

[3] ARAGÃO, Alexandre Santos de. *Direito dos serviços públicos*. 4. ed. Belo Horizonte: Fórum, 2017. Capítulo XIV.4.

bem público do que propriamente sobre a prestação de determinada atividade ao público.

Quando o uso de bem público visa à exploração de frutos ou de serviço, a locação é denominada pelo art. 96 do Decreto-Lei 9.760/1946[4] de arrendamento, originalmente pelo prazo máximo de dez anos (atualmente vinte anos, cf. art. 96, parágrafo único, do Decreto-Lei nº 9.760/1946).

Apenas mais recentemente o arrendamento passou, no setor dos serviços portuários, a ter acepção de uma espécie de delegação de serviço público.

Antes da edição da Lei nº 8.630/1993, os arrendamentos no setor portuário eram disciplinados pelo art. 27 do revogado Decreto-Lei nº 5/1966 e arts. 107 e 108 do Decreto nº 59.832/1966. Assim preveem os dispositivos do mencionado decreto regulamentador:

> Art. 107. Poderão ser locados ou arrendados, a seus usuários ou a outrem, para exploração comercial, adstrita à finalidade a que são destinados, os terrenos, armazéns, depósitos, galpões e demais instalações de serviços portuários, ressalvados os interesses da Segurança Nacional.
> Art. 108. Terão preferência, para o arrendamento a longo prazo dos bens a que se refere o artigo anterior, os interessados que se obrigarem a realizar investimentos na complementação, expansão e reaparelhamento das instalações existentes.

Em linha com o disposto no citado art. 96 do Decreto-Lei nº 9.760/1946, o instrumento em foco foi nominado de arrendamento por envolver a exploração de frutos e serviços, porém, é mais direcionado ao uso do bem do que à prestação de serviço ao público propriamente dita, aproximando-se, portanto, de espécie de "locação de direito público", conforme exposto.

Aludido arrendamento, assim, não tem caráter de delegação de serviço público, razão pela qual sequer são aplicáveis conceitos na atualidade frequentemente relacionados a contratos dessa natureza, como "reversibilidade de bens", "amortização de investimentos" etc.

Dessa forma, disposições contratuais a respeito de eventual transferência de bens do arrendatário ao arrendante ao fim do contrato, com ou sem indenização, sequer configuram disciplina de "reversão de

---

[4] "Art. 96. Em se tratando de exploração de frutos ou prestação de serviços, a locação se fará sob forma de arrendamento, mediante condições especiais, aprovadas pelo Ministro da Fazenda".

bens" sob a ótica publicista padrão propriamente dita, instituto típico das delegações de serviços públicos.

Em qualquer hipótese, o regime de bens desses arrendamentos, regidos pelo Decreto-Lei nº 5/1966, é disciplinado por suas próprias cláusulas, haja vista a modelagem aventada para cada contrato, considerando a preexistência ou não de bens na área, a necessidade de investimentos ou não, o interesse da arrendante na aquisição de bens do arrendatário ao fim do contrato etc. A definição da modelagem a ser utilizada insere-se na relativa liberdade de contratar[5] do Poder Público para estipulação do conteúdo dos contratos, dados os interesses (públicos e privados) envolvidos.

Nada impediria, por exemplo, a modelagem de que ao fim do contrato, caso tenha a arrendante interesse em bens instalados pela arrendatária, seja negociada a manutenção deles na área mediante a devida indenização da contratada.

O fenômeno, aliás, nada tem de original, dando-se em uma série de contratos públicos ou privados (cessão ou concessão de uso de bem público, locação, comodato etc.) em que há a cessão da posse de imóvel no qual se fará a instalação de bens pelo locatário, ao longo da vigência do contrato. Nesses contratos se pode dispor que, findo o seu prazo, todos os bens implantados poderão ser retirados pelo locatário, ou negociados com o proprietário caso tenha interesse em ficar com eles.

A disciplina patrimonial pactuada entre as partes consubstancia ato jurídico perfeito, e, evidentemente, prepondera sobre eventuais orientações genéricas da Administração Pública.

---

[5] Conforme já afirmamos doutrinariamente, o nosso entendimento é que, na teoria geral do direito, as leis não são as únicas fontes de direitos e obrigações. O ordenamento jurídico deixa espaço livre de autonomia para os sujeitos jurídicos estabelecerem voluntariamente vínculos entre si, com obrigações previamente constantes da lei ou previstas apenas no acordo de vontades, desde que não contrarie a lei. Não parece adequado sustentar que essa faculdade negocial jusgenética exista apenas para privados e deixe de existir quando uma das partes for o Estado. Em primeiro lugar, como o acordo pressupõe a adesão voluntária do privado, não há invasão da esfera jurídica individual, que pressuporia a lei; em segundo lugar, em sendo assim, não há razão para se retirar do Estado o acordo de vontades como um instrumento que, a par da lei, também se presta à realização dos interesses públicos, caracterizando-se inclusive "o contrato de concessão como uma espécie de fonte de legalidade administrativa inter partes". "O acordo de vontades como criador de regras jurídico-administrativas faz do sujeito ordinário parte ativa da definição e realização do interesse público, criando verdadeiras relações jurídicas – inclusive de longa duração – baseadas naquelas regras" (ARAGÃO, Alexandre Santos de. Direito dos serviços públicos. 4. ed. Belo Horizonte: Fórum, 2017. Capítulo VIII.6). Sobre o tema, vide: AGUILAR VALDEZ, Oscar. El acto administrativo regulatorio. In: AGUILAR VALDEZ, Oscar et al. Acto administrativo y reglamento. Buenos Aires: Ediciones RAP, 2002. p. 457; e PAREJO ALFONSO, Luciano. Los actos administrativos consensuales. Revista de Direito Administrativo e Constitucional – A&C, v. 13, 2003. p. 15.

Constatada a preponderância do que dispuser cada contrato para disciplina do regime de bens nos arrendamentos ajustados sob a égide do Decreto-Lei n° 5/1966, apreciaremos adiante a questão sob a ótica da legislação vigente.

4 Regime de bens de arrendamentos celebrados à luz da Lei n° 12.815/2013

Desde a entrada em vigor da antiga Lei dos Portos (Lei n° 8.630/1993), e inclusive à luz da Lei n° 12.815/2013, os arrendamentos passaram a ser previstos como meios de delegação da gestão de portos, prevendo várias cláusulas análogas às que caracterizam os contratos de concessão de serviço público, a exemplo de eventual reversão de investimentos realizados nas áreas (art. 5°, VIII, Lei n° 12.815/2013), sem prejuízo da aplicação subsidiária das leis n°s 8.987/1995 e 8.666/1993 (art. 66, Lei n° 12.815/2013).

A esse respeito, Floriano fe Azevedo Marques Neto observa que o arrendamento "caminha-se a caracterizar, a partir do novo regime estabelecido pela Lei dos Portos, uma subconcessão sui generis de serviço público, guardando traços da concessão de uso de bem público que está em sua origem".[6]

O autor[7] baseia sua conclusão no fato de que atreladas ao arrendamento encontram-se exigências relativas a quantidades, padrões e metas mínimas, e no fato de que a exploração e percepção de frutos decorrentes desse serviço pelo particular constituem um dever, e não apenas uma faculdade oferecida ao arrendatário.

Com efeito, a redação original da Lei n° 10.233/2001 – lei criadora da Antaq – já previa que o arrendamento poderia se vincular à concessão de serviço público,[8] justamente pela acepção publicista conferida pelo marco legal.

---

[6] MARQUES NETO, Floriano de Azevedo. Peculiaridades do contrato de arrendamento portuário. *Revista de Direito Administrativo – RDA*, v. 231, 2003. p. 279.

[7] MARQUES NETO, Floriano de Azevedo. Peculiaridades do contrato de arrendamento portuário. *Revista de Direito Administrativo – RDA*, v. 231, 2003. p. 279.

[8] "Art. 13. As outorgas a que se refere o inciso I do art. 12 serão realizadas sob a forma de: [...] I - concessão, quando se tratar de exploração de infra-estrutura de transporte público, precedida ou não de obra pública, e de prestação de serviços de transporte associados à exploração da infra-estrutura; [...] Art. 14. O disposto no art. 13 aplica-se segundo as diretrizes [...] §3° As outorgas de concessão a que se refere o inciso I do art. 13 poderão estar vinculadas a contratos de arrendamento de ativos e a contratos de construção, com cláusula de reversão ao patrimônio da União".

Dessa forma, a doutrina reconhece os arrendamentos portuários celebrados desde a Lei nº 8.630/1993 como instrumentos análogos aos contratos de concessão, inclusive quanto ao regime de bens, que, via de regra, são passíveis de reversão.

Conforme já afirmou o Superior Tribunal de Justiça – STJ:

> o conceito de reversão envolve transferência de bens do domínio privado para o público, assim da concessionária para o poder concedente, o que ocorre, em geral, a título gratuito, mas, em casos excepcionais, mediante compensação, para preservação do próprio equilíbrio patrimonial, quando, por exemplo, não for possível a amortização do investimento aplicado pelo curto prazo de concessão ou baixo custo das tarifas praticadas.[9]

Em regra, com o advento do termo contratual, o objeto concedido juntamente com os bens previamente vinculados revertem ao poder concedente.[10]

Em princípio, a reversão dos bens é gratuita, pois se presume que, durante o prazo contratual, com a remuneração pactuada, a concessionária obtém o retorno do capital investido e certa margem de lucro. Mas os bens reversíveis que, porventura, não tiverem sido amortizados, deverão ser indenizados (art. 35, §4º, c/c art. 36, Lei nº 8.987/1995). Em caso de investimentos muito altos, já se sabendo de antemão que não serão amortizados até o fim do contrato (em razão do curto prazo contratual, da baixa tarifa etc.), pode-se se estabelecer previamente no contrato uma indenização para a reversão dos bens.[11]

Também podem ocorrer situações em que no momento da celebração do instrumento o Poder Concedente ainda não possa definir se terá ou não, ao fim do contrato, interesse na manutenção de todos os bens investidos, razão pela qual a modelagem contratual é estruturada não considerando a reversão, que serão indenizados caso pretenda o contratante mantê-los.

Importante pontuar, ainda, que mesmo nas concessões o próprio interesse da Administração Pública pode ser contrário à reversão de

---

[9] STJ. AgInt nos EDcl na TutPrv no REsp nº 1.648.886. Rel. Min. Francisco Falcão, j. 16.10.2019.

[10] "A reversão não é, portanto, uma causa de extinção da relação de concessão, é antes, um efeito que se liga a esse momento (seja qual for a causa extintiva) e que se concretiza mediante a entrega efetiva de certos bens ao concedente" (GONÇALVES, Pedro. *A concessão de serviços públicos*. Coimbra: Almedina, 1999. p. 332).

[11] MOREIRA NETO, Diogo de Figueiredo. *Curso de direito administrativo*: parte introdutória, parte geral e parte especial. 16. ed. Rio de Janeiro: Forense, 2014. p. 489.

certos bens. Em muitos casos, os ativos se tornam obsoletos, são desnecessários, ultrapassados ou exigem complexa e custosa manutenção, o que pode fazer com que não seja interessante, da perspectiva da Administração Pública, a assunção destes bens, como é o caso, por exemplo, dos ônibus nas delegações dos serviços públicos de transporte de passageiros.

Tecnicamente, a reversão é do objeto da concessão (ou do arrendamento). A reversão dos bens a ele afetados, nos termos do contrato, é consequência. Se, por exemplo, no fim do prazo de uma concessão já tiver sido celebrada uma nova concessão, os bens seguirão diretamente para o novo concessionário.

Evidentemente, em regra, não são todos os bens envolvidos na execução do contrato que são objeto da reversão, uma vez que ao menos parte dos bens constitui patrimônio definitivamente privado da concessionária, a exemplo de bens que já eram dela e passaram a ser empregados na atividade delegada, ou bens investidos pela concessionária cuja remoção ao fim da avença é autorizada pelo contrato.

Tanto é assim que a Lei n° 8.987/1995, que disciplina o regime de concessão e permissão de serviços públicos, classifica como cláusulas essenciais dos editais e dos contratos de concessão as relativas aos bens considerados reversíveis:

> Art. 18. O edital de licitação será elaborado pelo poder concedente, observados, no que couber, os critérios e as normas gerais da legislação própria sobre licitações e contratos e conterá, especialmente: [...]
> X - a indicação dos bens reversíveis;
> XI - as características dos bens reversíveis e as condições em que estes serão postos à disposição, nos casos em que houver sido extinta a concessão anterior; [...]
> Art. 23. São cláusulas essenciais do contrato de concessão as relativas: [...]
> X - aos bens reversíveis; [...].

Idêntica *ratio* é replicada no vigente marco regulatório do setor portuário, conforme disposição expressa da Lei n° 12.815/2013:

> Art. 5° São essenciais aos contratos de concessão e arrendamento as cláusulas relativas: [...]
> VIII - à reversão de bens; [...]
> §2° Findo o prazo dos contratos, os bens vinculados à concessão ou ao arrendamento reverterão ao patrimônio da União, na forma prevista no contrato.

Ressaltamos que nenhum dos dispositivos acima estabelece uma disciplina de reversibilidade, delegando-a ao contrato.

Acerca das normas relativas à reversão de bens, Bruna R. Colombarolli, Flávio Henrique Unes Pereira e Marilda de Paula Silveira aduzem:

> a incompletude da disciplina legal não pode ser encarada unicamente como deficiência do sistema jurídico, mas como algo positivo e proposital, que tem como escopo conferir maior plasticidade ao emprego do instituto da reversão nos mais variados contratos.[12]

No mesmo sentido, Caio Mário da Silva Pereira Neto, Mateus Piva Adami e Felipe Moreira de Carvalho explicam:

> tudo o que faz a Lei é prever que a cláusula que trate de bens reversíveis é essencial ao contrato de concessão. *Nada impede, em nosso juízo, que o contrato trate do tema de modo a não estabelecer qualquer reversão*, ou que estabeleça reversão apenas parcial, que não opere sobre a integralidade dos direitos de usar, fruir e dispor do bem atrelado à prestação do serviço público.[13]

Assim, na delegação do transporte rodoviário de passageiros, por exemplo, os ônibus empregados no transporte público delegado geralmente não são reversíveis, já que "não possuem uma vida útil longa em termos do que se considera satisfatório para a prestação do serviço público, sendo inconveniente a sua reversão".[14]

Seria viável, por exemplo, que o contrato estipulasse a restituição dos bens preexistentes na área arrendada ao Poder Concedente, ao término contratual, ao passo que os bens investidos e instalados pelo arrendatário poderiam ser levantados, salvo indenização, hipótese em que seriam considerados não reversíveis.

Nesse contexto, inexiste suposta teoria geral da reversibilidade em direito administrativo, capaz de ordenar a aferição de quais bens

---

[12] COLOMBAROLLI, Bruna R.; PEREIRA, Flávio Henrique Unes; SILVEIRA, Marilda de Paula. A identificação dos bens reversíveis: do ato ao processo administrativo. *In*: DIAS, Maria Tereza Fonseca *et al.* (Coord.). *Estado e propriedade*: estudos em homenagem à professora Maria Coeli Simões Pires. Belo Horizonte: Fórum, 2015. p. 232.

[13] PEREIRA NETO, Caio Mario da Silva; ADAMI, Mateus Piva; CARVALHO, Felipe Moreira de. Reversibilidade de bens em concessões de telecomunicações. *Revista de Direito Público da Economia – RDPE*, Belo Horizonte, ano 14, n. 55, p. 73-110, jul./set. 2016. Grifos nossos.

[14] ARAGÃO, Alexandre Santos de. *Direito dos serviços públicos*. 4. ed. Belo Horizonte: Fórum, 2017. Capítulo XIV.2.

seriam ou não transferidos ao Poder Público na generalidade das situações, uma vez que essa qualidade (de ser reversível ou não) deve advir de previsão contratual antecedente.

Afinal, conforme asseveram Carlos Ari Sundfeld e Jacintho Arruda Câmara:

> a determinação do rol exato de bens reversíveis nos contratos de concessão específicos não pode ser feita a partir de uma teoria geral da reversibilidade em direito administrativo, aplicável a quaisquer casos. Tal teoria é impossível, pois a extensão e modo da reversibilidade – e até sua própria existência – dependem de aspectos que variam de setor a setor, de contrato a contrato.[15]

Por um lado, é natural, em princípio, que os bens originariamente do poder público lhe sejam restituídos ao fim da concessão; por outro, é possível que os bens adquiridos ou instalados pelo concessionário (ou arrendatário) durante a execução contratual, ainda que em alguma medida relacionados ao objeto da concessão, não sejam revertidos,[16] salvo disposição contratual pretérita em contrário.

É o que bem esclarece Antônio Carlos de Araújo Cintra, em obra específica sobre a reversibilidade de bens, compilando diversas visões doutrinárias nesse mesmo sentido:

> *A extinção da concessão e a reversão dos serviços não implicam a reversão de bens de propriedade do concessionário, ainda que empregados na prestação do serviço público*, pois tal reversão não lhes é essencial ou inerente [...], nem está prescrita em lei. Para que a reversão dos serviços seja acompanhada de reversão de bens de propriedade do concessionário é *preciso que esta seja ajustada no contrato* de concessão de serviço público. Assim, RUY CIRNE LIMA escrevia que, na ausência de cláusula de reversão, o concessionário, findo o prazo da concessão, continua proprietário de todo o material aplicado à exploração do serviço, posto não mais o possa utilizar em tal

---

[15] SUNDFELD, Carlos Ari; CÂMARA, Jacintho Arruda. Bens reversíveis nas concessões públicas: a inviabilidade de uma teoria geral. *Revista da Faculdade de Direito – UFPR*, Curitiba, v. 61, n. 2, maio/ago. 2016. p. 171.

[16] Sobre a natureza jurídica dos bens afetados aos serviços públicos, que são os bens reversíveis, dependendo de como se considere os bens reversíveis – de propriedade do poder concedente ou da concessionária –, também a natureza jurídica da reversão se modificará, constituindo, respectivamente, uma mera transferência da posse direta ao Estado ou uma verdadeira transferência da propriedade. Apenas na primeira hipótese teríamos reversão – no sentido de devolução – propriamente dita. Na segunda haveria mesmo a transferência da propriedade do bem do concessionário para o Estado (cf. GONÇALVES, Pedro. *A concessão de serviços públicos*. Coimbra: Almedina, 1999. p. 330-338; 356).

exploração" (Princípios de Direito Administrativo, p. 181). Igualmente, FRANCISCO CAMPOS sustentava que 'a reversão só se efetua quando expressamente pactuada no contrato' (Direito Administrativo, p. 184) e MÁRIO MASAGÃO lecionava que a 'a reversão decorre de cláusula contratual" (Curso de Direito Administrativo, p. 294). Desse entendimento não se afasta JOSÉ CRETELLA JR. que, expressamente, adota a lição de RUY CIRNE LIMA a respeito da matéria (Tratado de Direito Administrativo, vol. III, p. 166 e Dos Contratos Administrativos, p. 166). No mesmo sentido, manifesta-se JOSÉ DOS SANTOS CARVALHO FILHO (Manual de Direito Administrativo, p. 246).[17]

Seguindo essa mesma lógica, em tese sobre o assunto, Márcio Monteiro Reis conclui:

> será necessário que a cláusula contratual relacionada aos bens reversíveis – de inserção obrigatória nos contratos de concessão, como se viu – contenha a disciplina do regime desses bens e os procedimentos previstos para a sua possível desafetação, assim como os parâmetros que deverão ser aplicados para o reconhecimento como reversíveis dos bens que venham a ser adquiridos no curso da concessão.[18]

Nesse sentido, ao passo que inexiste suposta "teoria geral" dos bens reversíveis, tampouco existem bens por sua própria natureza suscetíveis ou não à reversão, uma vez que é a partir das disposições contratuais que devem ser identificados os bens a serem transferidos em cada instrumento contratual.

A propósito, o Superior Tribunal de Justiça – STJ já reconheceu, por unanimidade, o papel determinante dos instrumentos contratuais para definição de quais bens serão ou não reversíveis, em cada caso. Na oportunidade, a Corte assentou que edificações – que são bens geralmente considerados reversíveis – erigidas pela contratada não seriam revertidas ao Poder Público, justamente por inexistir previsão contratual expressa nesse sentido:

> [...] É fácil observar que o bem imóvel em questão, alienado pela Brasil Telecom ao Sindicato do Comércio Varejista de Joinville, *não estava*

---

[17] CINTRA, Antônio Carlos de Araújo. Apontamentos sobre a reversão de bens públicos na concessão de serviço público. *Revista Forense*, Rio de Janeiro, v. 345, 1999. p. 17. Grifos nossos.

[18] REIS, Márcio Monteiro. *A regulação contratual dos serviços públicos e o prazo dos contratos de concessão*: fixação, prorrogação e extinção. Tese (Doutorado) – Universidade Estadual do Rio de Janeiro, 2020. p. 457.

incluído no rol de bens reversíveis fixado no contrato de concessão celebrado com a Anatel, como exigido pelo art. 23, X, da Lei 8.987/95, nem foi posteriormente incluído na Relação de Bens Reversíveis, como prevê o art. 5º da Resolução 447/2006, mesmo depois da auditoria realizada pela Agência Reguladora sobre os bens da Prestadora. Assim, *qualquer que seja o ângulo pelo qual se examine a questão, não há dúvida de que o bem discutido na ação popular não se inclui no conceito de bem reversível.*[19]

Assim, o que de fato importa para fins de reversibilidade é a prévia estipulação contratual quanto aos bens que serão reversíveis, naturalmente, pois não se pode simplesmente presumir que, ao longo da concessão, a propriedade de todo e qualquer bem instalado e mantido pelo concessionário seria transferida ao concedente, seja ele atrelado ou não ao serviço. A afetação ou não ao serviço só pode ser vista como uma diretriz em princípio aos modeladores do contrato, não como uma determinação supralegal para os contratos. As leis editadas a respeito não contemplaram essa diretriz, remetendo a matéria integralmente a cada disciplina contratual individualmente considerada.

Afinal, conforme assevera Sérgio Guerra em estudo monográfico sobre a reversibilidade de bens, "se quisesse o Poder Concedente apropriar-se de todos os bens da concessionária, indiscriminadamente, configurar-se-ia um autêntico processo de desapropriação, não só dos bens da empresa, mas também do seu capital".[20]

Dessa forma, também à luz da legislação vigente, o que é determinante para a definição de quais bens serão reversíveis ou não é o que foi acordado entre as partes em cada contrato, que evidentemente se sobrepõe a quaisquer eventuais orientações genéricas da Administração ou do próprio particular sobre o assunto.

5 Princípios norteadores na definição dos bens reversíveis

Como visto, tanto a Lei nº 12.815/2013 quanto os diplomas normativos precedentes delegam ao instrumento contratual a delimitação de quais bens reverterão ao Poder Público, e a observância a disciplina patrimonial pactuada decorre da imprescindibilidade de a Administração Pública pautar seus atos no princípio da segurança jurídica.

---

[19] STJ, 2ª T. AgRg no REsp nº 971.851/SC. Rel. Min. Castro Meira, j. 10.6.2008. Grifos nossos.
[20] GUERRA, Sérgio. A reversibilidade dos bens nas concessões de serviços públicos. *Revista de Direito Público da Economia – RDPE*, Belo Horizonte, ano 2, n. 8, out./dez. 2004.

Um dos mais clássicos princípios gerais de direito, o princípio da segurança jurídica, que, junto à ideia geral de Justiça, compõe o grande binômio axiológico do direito (justiça-segurança), também possui grande importância no direito administrativo, eis que corolário do próprio Estado democrático de direito (art. 1º, *caput*, CF).

J. J. Gomes Canotilho afirma que o princípio da segurança se desenvolve em torno de duas ideias básicas:

> (1) estabilidade ou eficácia ex post da segurança jurídica: uma vez adotadas, na forma e procedimento legalmente exigidos, as decisões estatais não devem poder ser arbitrariamente modificadas, sendo apenas razoável alteração das mesmas quando ocorram pressupostos materiais particularmente relevantes.
>
> (2) previsibilidade ou eficácia ex ante do princípio da segurança jurídica que, fundamentalmente, se reconduz à exigência de certeza e calculabilidade, por parte dos cidadãos, em relação aos efeitos jurídicos dos atos normativos.[21]

Dessa forma, o princípio da segurança jurídica impõe à Administração Pública o dever de garantir aos particulares previsibilidade com relação aos atos daquela, sobretudo com relação ao que foi pactuado previamente acerca de direitos patrimoniais.

A noção de segurança jurídica, apesar de multifacetária, não é difícil de intuir, e circunscreve-se num amplo espectro que vai desde a existência de instituições garantidoras dos direitos fundamentais (Judiciário, Administração) ao respeito a acordos firmados e à clareza das normas jurídicas, consistente essa exigência de clareza no princípio da determinação/clareza das normas, que impõe que as regras sejam claras e determinadas.

Nesse contexto, a disciplina patrimonial pactuada no contrato de arrendamento define não só quais bens reverterão ao Poder Público, mas também a natureza dos investimentos a serem realizados e o prazo para sua amortização, sendo fator determinante para a qualidade do serviço portuário prestado.

Sob esse prisma, afirma-se também na doutrina que, sob a ótica do princípio da segurança jurídica, há a necessidade de a Administração Pública observar o princípio da proteção da confiança legítima por ela despertada nos particulares.

---

[21] CANOTILHO, J. J. Gomes. *Direito constitucional*. 6. ed. Coimbra: Almedina, 1995. p. 380.

Proveniente da jurisprudência alemã, o princípio da proteção da confiança (*Vertraensschutzprinzip*) tem como finalidade "proteger o cidadão, que, confiando em um ato do Estado, planeja-se de acordo com essa atuação estatal, sendo posteriormente surpreendido com a revogação ou alteração daquele ato, sua base de confiança".[22]

Nesse sentido, explica Humberto Ávila:

> mais que meramente significar que o princípio da proteção da confiança se refere a uma dimensão individual e concreta do princípio da segurança jurídica, isso significa que ele se fundamenta também nos direitos fundamentais individuais, notadamente nos direitos à liberdade e de exercício de atividade econômica. Esses direitos, conjuntamente com o princípio do Estado de Direito, protegem a confiança colocada em prática pelo cidadão com base causal tanto nas normas jurídicas quanto na credibilidade da atuação estatal, com os quais se ligam as suas expectativas e a configuração da sua liberdade.[23]

Para Ana Cristina Aguilar Viana:

> o pano de fundo da confiança assenta na necessidade de estabilização das relações entre administração pública e os sujeitos, sendo uma tendência a ampliação de garantias ligadas à previsibilidade. É por meio desta inteligência que o princípio da confiança para a ganhar maior notoriedade no Brasil.[24]

Conforme já afirmamos em sede doutrinária, a proteção da confiança legítima é intimamente ligada à noção de a praxe administrativa ser uma fonte do direito administrativo. Significa, em essência, que o Estado se autovincula quando, por comportamentos firmes e estáveis, cria uma expectativa legítima do cidadão em relação à continuidade daquela postura.[25]

É dizer: à luz do princípio da confiança legítima, é vedado que o Poder Público contrarie os pactos firmados, inclusive porque, reitera-se,

---

[22] CAMPOS, A. S. S. Requisitos de aplicação do princípio da proteção da confiança. *Revista Controle – Doutrina e Artigos*, v. 10, n. 2, p. 282-303, 31 dez. 2012. p. 283.

[23] ÁVILA, Humberto. *Segurança jurídica*: entre permanência, mudança e realização no direito tributário. São Paulo: Malheiros, 2011. p. 365-366.

[24] VIANA, Ana Cristina Aguilar. A Administração Pública na racionalidade da previsibilidade: ensaio sobre a aplicação do princípio da confiança. In: VALIATI, Thiago Priess; HUNGARO, Luis Alberto; CASYELLA, Gabriel Moretinni (Coord.). *A Lei de Introdução e o direito administrativo brasileiro*. São Paulo: Lumen Juris, 2019. p. 656.

[25] ARAGÃO, Alexandre Santos de. *Curso de direito administrativo*. 2. ed. Rio de Janeiro: Forense, 2013. p. 165.

vultosos investimentos foram realizados com base na credibilidade do instrumento contratual.

Recentemente, o vetor da segurança jurídica tem sido potencializado por meio de alterações legislativas que visam direcionar a atuação da Administração Pública, especialmente quando envolvem investimentos privados em bens públicos, a exemplo da Lei de Liberdade Econômica (Lei nº 13.874/2019) e a alteração da Lei de Introdução às Normas do Direito Brasileiro (Lei nº 13.655/2018).

De acordo com Francisco Zardo, a Lei nº 13.874/2019, cuja finalidade é justamente promover as diversas atividades econômicas, investimentos e empreendimentos, "pode ser conceituada como norma de sobredireito, isto é, lei sobre leis, visto que pretende orientar a interpretação e a aplicação de outras normas",[26] devendo orientar, portanto, toda a atuação estatal.

O citado diploma tem caráter interpretativo da própria Constituição Federal, que coloca a liberdade econômica como princípio e um dos próprios fundamentos da República (art. 1º, IV, CF) e da ordem constitucional econômica (arts. 170, *caput* e parágrafo único, e 174), constituindo requisito para o desenvolvimento sustentável da nação.

Naturalmente, o exercício da liberdade econômica pressupõe a garantia da segurança jurídica necessária à atuação dos agentes, cuja boa-fé se presume, como prevê inclusive o art. 1º, §2º, da Lei de Liberdade Econômica: "Interpretam-se em favor da liberdade econômica, da boa-fé e do respeito aos contratos, aos investimentos e à propriedade todas as normas de ordenação pública sobre atividades econômicas privadas".

Em sentido semelhante, o art. 3º, inc. V, da referida lei, prevê ser direito de toda pessoa, natural ou jurídica, essencial para o desenvolvimento e o crescimento econômicos do país, observado o disposto no parágrafo único do art. 170 da Constituição Federal:

> [...] V - gozar de presunção de boa-fé nos atos praticados no exercício da atividade econômica, para os quais as dúvidas de interpretação do direito civil, empresarial, econômico e urbanístico serão resolvidas de forma a preservar a autonomia privada, exceto se houver expressa disposição legal em contrário.

Ainda antes da aprovação da Lei de Liberdade Econômica, a preocupação com a atuação da Administração Pública motivou

---

[26] ZARDO, Francisco. A Lei de Liberdade Econômica e alguns reflexos sobre o direito administrativo. *In*: GOERGEN, Jerônimo (Org.). *Liberdade econômica*. [s.l.]: [s.n.], 2020. p. 58.

inclusive a promulgação da Lei nº 13.655/2018, que alterou a Lei de Introdução às Normas do Direito Brasileiro – LINDB para a promoção de um comportamento do Poder Público mais atrelado às exigências da segurança jurídica, inserindo, por exemplo, o art. 30:

> Art. 30. As autoridades públicas devem atuar para *aumentar a segurança jurídica* na aplicação das normas, inclusive por meio de regulamentos, súmulas administrativas e respostas a consultas.
> Parágrafo único. Os instrumentos previstos no caput deste artigo terão caráter vinculante em relação ao órgão ou entidade a que se destinam, até ulterior revisão.

Comentando o dispositivo, Egon Bockmann Moreira e Paula Pessoa Pereira asseveram:

> por meio do art. 30, torna-se patente o *dever de incrementar a segurança jurídica por meio de atos regulamentares e não regulamentares*, formalizando a segurança e estabilidade indispensáveis para o Estado de Direito. Demais disso, é celebrada a Administração autovinculante – em verdadeira proibição ao venire contra factum proprium – e se confere legitimidade reforçada às suas decisões.[27]

Baseando-se nesses ditames principiológicos, o contrato se afigura como instrumento correto na definição de bens reversíveis, justamente porque garante a previsibilidade e segurança necessárias aos investimentos na sua execução.

6 Conclusão

Conforme demonstrado ao longo deste trabalho, há arrendamentos portuários operados mediante a assinatura de contratos de transição sob a égide da Lei nº 12.815/2013, mas com remissão expressa ao Decreto-Lei nº 5/1996, especialmente quanto ao regime de bens.

Independentemente dessas remissões, fato é que, tanto à luz do Decreto-Lei nº 5/1966 (art. 27) quanto da Lei nº 12.815/2013 (art. 5º, VIII e §2º), o que é determinante para a definição do regime patrimonial de cada arrendamento é a própria disciplina contratual. Nenhum

---

[27] MOREIRA, Egon Bockmann; PEREIRA, Paula Pessoa. Art. 30 da LINDB – O dever público de incrementar a segurança jurídica. *Revista de Direito Administrativo*, Rio de Janeiro, p. 243-274, nov. 2018. Grifos nossos.

dos dispositivos daqueles diplomas estabelece uma disciplina de reversibilidade precisa, outorgando-a ao contrato.

Inexiste uma suposta, completa e vinculante teoria geral da reversibilidade em direito administrativo, capaz de individualizar quais bens seriam ou não transferidos ao Poder Público na generalidade das situações. Essa qualidade (de ser reversível ou não) pode advir preponderantemente de previsão contratual antecedente.

Além disso, o princípio da segurança jurídica e da confiança legítima, vetores que motivaram a promulgação da Lei de Liberdade Econômica (Lei nº 13.874/2019) e a alteração da Lei de Introdução às Normas do Direito Brasileiro (Lei nº 13.655/2018) prezam pelo respeito aos acordos, inclusive como forma de incentivar investimentos privados.

Assim, órgãos e entidades públicos envolvidos na definição dos bens reversíveis – seja a Antaq, TCU ou Autoridade Portuária – devem se pautar primordialmente nos contratos de arrendamento, tendo em vista que as relações jurídicas se desenvolveram pela disciplina patrimonial previamente pactuada.

Referências

AGUILAR VALDEZ, Oscar. El acto administrativo regulatorio. *In*: AGUILAR VALDEZ, Oscar *et al*. *Acto administrativo y reglamento*. Buenos Aires: Ediciones RAP, 2002.

ARAGÃO, Alexandre Santos de. *Curso de direito administrativo*. 2. ed. Rio de Janeiro: Forense, 2013.

ARAGÃO, Alexandre Santos de. *Direito dos serviços públicos*. 4. ed. Belo Horizonte: Fórum, 2017.

ÁVILA, Humberto. *Segurança jurídica*: entre permanência, mudança e realização no direito tributário. São Paulo: Malheiros, 2011.

CAMPOS, A. S. S. Requisitos de aplicação do princípio da proteção da confiança. *Revista Controle – Doutrina e Artigos*, v. 10, n. 2, p. 282-303, 31 dez. 2012.

CANOTILHO, J. J. Gomes. *Direito constitucional*. 6. ed. Coimbra: Almedina, 1995.

CINTRA, Antônio Carlos de Araújo. Apontamentos sobre a reversão de bens públicos na concessão de serviço público. *Revista Forense*, Rio de Janeiro, v. 345, 1999.

COLOMBAROLLI, Bruna R.; PEREIRA, Flávio Henrique Unes; SILVEIRA, Marilda de Paula. A identificação dos bens reversíveis: do ato ao processo administrativo. *In*: DIAS, Maria Tereza Fonseca *et al*. (Coord.). *Estado e propriedade*: estudos em homenagem à professora Maria Coeli Simões Pires. Belo Horizonte: Fórum, 2015.

GONÇALVES, Pedro. *A concessão de serviços públicos*. Coimbra: Almedina, 1999.

GUERRA, Sérgio. A reversibilidade dos bens nas concessões de serviços públicos. *Revista de Direito Público da Economia – RDPE*, Belo Horizonte, ano 2, n. 8, out./dez. 2004.

MARQUES NETO, Floriano de Azevedo. Peculiaridades do contrato de arrendamento portuário. *Revista de Direito Administrativo – RDA*, v. 231, 2003.

MOREIRA NETO, Diogo de Figueiredo. *Curso de direito administrativo*: parte introdutória, parte geral e parte especial. 16. ed. Rio de Janeiro: Forense, 2014.

MOREIRA, Egon Bockmann; PEREIRA, Paula Pessoa. Art. 30 da LINDB – O dever público de incrementar a segurança jurídica. *Revista de Direito Administrativo*, Rio de Janeiro, p. 243-274, nov. 2018.

PAREJO ALFONSO, Luciano. Los actos administrativos consensuales. *Revista de Direito Administrativo e Constitucional – A&C*, v. 13, 2003.

PEREIRA NETO, Caio Mario da Silva; ADAMI, Mateus Piva; CARVALHO, Felipe Moreira de. Reversibilidade de bens em concessões de telecomunicações. *Revista de Direito Público da Economia – RDPE*, Belo Horizonte, ano 14, n. 55, p. 73-110, jul./set. 2016.

REIS, Márcio Monteiro. *A regulação contratual dos serviços públicos e o prazo dos contratos de concessão*: fixação, prorrogação e extinção. Tese (Doutorado) – Universidade Estadual do Rio de Janeiro, 2020.

SUNDFELD, Carlos Ari; CÂMARA, Jacintho Arruda. Bens reversíveis nas concessões públicas: a inviabilidade de uma teoria geral. *Revista da Faculdade de Direito – UFPR*, Curitiba, v. 61, n. 2, maio/ago. 2016.

VIANA, Ana Cristina Aguilar. A Administração Pública na racionalidade da previsibilidade: ensaio sobre a aplicação do princípio da confiança. *In*: VALIATI, Thiago Priess; HUNGARO, Luis Alberto; CASYELLA, Gabriel Moretinni (Coord.). *A Lei de Introdução e o direito administrativo brasileiro*. São Paulo: Lumen Juris, 2019.

ZARDO, Francisco. A Lei de Liberdade Econômica e alguns reflexos sobre o direito administrativo. *In*: GOERGEN, Jerônimo (Org.). *Liberdade econômica*. [s.l.]: [s.n.], 2020.

Informação bibliográfica deste texto, conforme a NBR 6023:2018 da Associação Brasileira de Normas Técnicas (ABNT):

ARAGÃO, Alexandre Santos de. A reversibilidade de bens nos arrendamentos portuários e regimes de transição. *In*: TOJAL, Sebastião Botto de Barros; SOUZA, Jorge Henrique de Oliveira (Coord.). *Direito e infraestrutura*: portos e transporte aquaviário – 20 anos da Lei nº 10.233/2001. Belo Horizonte: Fórum, 2021. v. 1, p. 55-72. ISBN 978-65-5518-210-1.

TCU: CHEGOU A HORA DE RESPEITAR A AUTONOMIA REGULATÓRIA DA ANTT E ANTAQ?

ANDRÉ ROSILHO

JACINTHO ARRUDA CÂMARA

VERA MONTEIRO

1 Introdução

É sintomático eleger o Tribunal de Contas da União (TCU) como protagonista de um artigo para celebrar os 20 anos da criação da Antaq e da ANTT. Duas décadas de regulação do setor de transportes trazem uma experiência marcante e reveladora. E uma das constatações possíveis é a de que essas agências não estão sós no papel de entidades administrativas incumbidas de normatizar e fiscalizar seus respectivos setores. Durante esse período, a Corte de Contas, muito mais do que avaliar a gestão dessas autarquias federais, de examinar o cumprimento das normas financeiras e orçamentárias, as contratações realizadas para atendimento de suas necessidades de custeio, a admissão de pessoal, eventuais aposentadorias concedidas, tem se ocupado com afinco na avaliação da atividade-fim a elas atribuídas. Qualquer um que acompanhe a dinâmica desses setores terá percebido o papel relevante que determinações e recomendações do TCU provocaram na regulação do transporte rodoviário, ferroviário e aquaviário. O fenômeno não é privilégio dessas áreas. A intervenção do TCU na regulação estatal tem sido notada em diversos assuntos de Estado.

Em relação à intervenção do TCU sobre a regulação estatal de serviços públicos, é possível separar duas formas mais sistêmicas, que atingem naturalmente o exercício das competências da ANTT e da Antaq. Uma delas recai sobre a *modelagem* de cada setor. A outra atinge a própria *competência regulamentar* das agências.

Na intervenção sobre a modelagem, o TCU emprega sua atribuição legal para verificar a legalidade de editais de licitação e, nessa oportunidade, antes mesmo de ser celebrado um contrato de concessão ou de arrendamento ou expedida a autorização de serviços, a Corte de Contas checa, avalia e sugere ajustes na estrutura de exploração privada dos serviços concebida pelas agências. Por vezes a intervenção atinge regras puramente procedimentais, da licitação em si; não há nisto uma intervenção regulatória. Há, contudo, deliberações que sugerem (ou impõem) mudanças no conteúdo dos atos de outorga, vale dizer, que induzem mudanças no cerne do modelo de exploração do serviço público durante o longo prazo da outorga. Nesses casos, mais do que rever a legalidade do procedimento de outorga (algo que estaria no seu campo natural de atuação), o TCU se porta como partícipe da elaboração do modelo de outorga a ser adotado pela agência. Temas como o do regime tarifário e das outras fontes de receita do explorador privado, obrigações de expansão dos serviços, padrão de qualidade, entre outros, passam pelo crivo da Corte de Contas.

Esse método de promover uma intervenção regulatória no momento de aprovação das regras de licitação para a outorga dos serviços está sedimentado pela prática administrativa e do controle. Os entes reguladores federais se sujeitam, sem resistência explícita, à normatização editada pelo próprio TCU que impõe o encaminhamento prévio de minutas de editais e de estudos técnicos antes da abertura de cada procedimento de outorga. Nessa oportunidade, eventual discordância do TCU em relação à modelagem proposta pela agência setorial será motivo para a sustação do procedimento. É identificável, nesse ponto, um evidente controle prévio exercido pelo TCU.[1]

---

[1] Para uma análise acurada sobre os riscos e fragilidades do que denominamos de intervenção regulatória na modelagem dos serviços delegados, v. JORDÃO, Eduardo. A intervenção do TCU sobre editais de licitação não publicados – Controlador ou administrador? *R. Bras. de Dir. Público – RBDP*, Belo Horizonte, ano 12, n. 47, p. 209-230, out./dez. 2014.

A outra forma de intervenção do TCU na regulação setorial tem se mostrado mais direta. Existem casos nos quais, invocando sua competência para realizar o controle operacional da Administração Pública, o TCU assume a revisão da legalidade dos atos normativos produzidos pelas agências reguladoras. Pouco importa a matéria regulada, o exame de legalidade da atuação da agência justifica a manifestação do TCU, na interpretação que ele próprio tem feito de suas competências. O presente ensaio tem como objeto esta segunda forma de intervenção do TCU sobre a regulação. O propósito não é questionar as competências ou expor a fragilidade das justificativas empregadas pela Corte de Contas ao fazê-lo. Existem estudos relevantes apontando as incongruências dessa prática. A ideia é trazer, na celebração do aniversário de duas décadas da ANTT e da Antaq, um movimento que pode restaurar a autonomia decisória dessas instituições em sede administrativa. Partindo da premissa que reconhece uma relevante atuação do TCU em matéria regulatória, levanta-se a hipótese de que, no atual estágio de maturação institucional dos reguladores e do próprio controlador, esteja no início uma fase de reconhecimento das agências reguladoras como instância decisória última na seara administrativa, proporcionada pelo reconhecimento dos limites de suas competências pelo TCU.

A Corte de Contas, a bem da verdade, jamais assumiu de modo expresso um papel de partícipe da regulação setorial. No item 2 deste artigo será descrita a narrativa que o TCU desenvolveu para sua atuação no controle da regulação. O mote de como seria a participação do controle na regulação, como se verá, foi fixado em acórdão que teve a ANTT como objeto. Embora exista essa narrativa que aponta limites importantes ao poder exercido pelo TCU sobre a atuação regulatória das agências, a atuação do órgão de controle foi se consolidando numa postura bem mais invasiva.

No item 3 será apresentada decisão que ilustra de modo significativo o quão atuante é o TCU sobre matéria regulatória. Trata-se de decisão que avaliou a legalidade de resolução editada pela Antaq. Na oportunidade, como se verá, a Corte de Contas assumiu o papel de revisor da regulação editada pela agência e impôs condições à aplicação do texto normativo, proferindo, na prática, a última palavra na esfera administrativa sobre a legalidade de atos normativos setoriais. O caso demonstra que a narrativa comedida do TCU para descrever sua competência em matéria regulatória não expressa com precisão o alcance que a prática controladora tem atingido.

No item 4 será apresentada proposta conclusiva do ensaio, que sugere o início de um movimento institucional que tende a resgatar a autonomia decisória das agências reguladoras na esfera administrativa. Trata-se da edição da Resolução nº 315 do TCU, que fixa balizas para a expedição de determinações pela entidade. A norma estabelece critérios de autolimitação das atribuições do controle externo e que tem o potencial de inibir iniciativas que coloquem o TCU no papel de corregulador ou de cogestor, ao invés de instância puramente controladora. Para demonstrar o potencial desta recente normativa, será feito um teste de compatibilidade entre as novas diretrizes editadas pelo TCU e a decisão analisada no item 3.

2 O discurso do TCU sobre o controle da regulação

Em abstrato, o TCU costuma afirmar que não lhe cabe interferir em atividades-fim das agências reguladoras. Essa linha argumentativa foi fixada pela primeira vez no Acórdão nº 1.703, julgado em 3.11.2004 (Rel. Min. Benjamin Zymler), que se firmou como *leading case* na jurisprudência do Tribunal sobre o controle da regulação.

O Acórdão nº 1.703/04 envolvia pedido de reexame interposto por concessionária de rodovia. A decisão recorrida dispunha sobre auditoria realizada no extinto Departamento Nacional de Estradas de Rodagem (DNER) "com o objetivo de verificar a adequação dos valores do pedágio cobrado na rodovia Rio-Teresópolis, acompanhar a execução do contrato de concessão e avaliar a manutenção do seu equilíbrio econômico-financeiro". O pedido de reexame foi motivado por determinações endereçadas pelo TCU à Agência Nacional de Transportes Terrestres – ANTT (a agência, com a extinção do DNER, assumiu suas funções em relação às concessões rodoviárias federais) no sentido de que ela (ANTT) adotasse "providências visando estabelecer a Taxa Interna de Retorno – TIR obtida a partir do fluxo de caixa não alavancado como o indicador do equilíbrio econômico-financeiro do contrato". Na opinião da concessionária, o TCU, ao agir dessa maneira, teria invadido a esfera de autonomia conferida por lei à agência.

Ao elaborar seu voto, o relator parece ter utilizado o caso concreto como "veículo" para desenvolver uma espécie de "roteiro", ou "guia", que pudesse, no futuro, balizar o TCU quando do controle dos atos praticados e das atividades desenvolvidas pelas agências reguladoras.

Para o relator, não haveria dúvida quanto à possibilidade de a Corte controlar as atividades-meio das agências reguladoras, o que lhe permitiria, por exemplo, determinar, com tranquilidade, "a adoção de um procedimento referente a uma licitação para a aquisição de bens de consumo ou à concessão de uma determinada vantagem salarial aos servidores desses entes reguladores".

No que tange às atividades-fim das agências reguladoras, o TCU, segundo o relator, também poderia desempenhar função fiscalizatória.[2] No entanto, teria de observar certos limites. Nas suas palavras:

> O TCU deve atuar de forma complementar à ação das entidades reguladoras no que concerne ao acompanhamento da outorga e da execução contratual dos serviços concedidos. Afinal, o fato de o Poder Concedente deter competência originária para fiscalizar a atuação das concessionárias não impede a atuação *cooperativa* e *suplementar* do TCU, que pode, assim, fiscalizar a prestação dos serviços públicos delegados. Por outro lado, a Corte de Contas *não pode substituir o* órgão *regulador, sob pena de atuar de forma contrária* à *Constituição Federal*. Nesse sentido, cumpre reiterar que a *fiscalização do Tribunal deve ser sempre de segunda ordem*, sendo seu objeto a atuação das agências reguladoras como *agentes estabilizadores e mediadores do jogo regulatório*. Logo, essa fiscalização não deve versar sobre o jogo regulatório em si mesmo considerado.[3]

(Grifos nossos)

---

[2] O controle do TCU sobre as atividades finalísticas das agências estaria autorizado pelo ordenamento jurídico por ao menos cinco razões distintas. São elas: 1) "além do exame da legalidade, os órgãos controladores devem verificar a eficiência e a economicidade da atuação das agências reguladoras", poder-dever que defluiria das "competências constitucionais da Corte de Contas Federal, especialmente daquela que autoriza a realização de auditorias operacionais (art. 71, IV da Carta Magna)"; 2) "a emissão pelo TCU de pareceres técnicos bem fundamentados pode ajudar a esclarecer muitas questões controvertidas relativas à regulação"; 3) os atos praticados por qualquer entidade pública podem ser analisados pelo prisma da eficiência, vez que o princípio da eficiência foi consagrado "como um dos Princípios fundamentais da Administração Pública" (Emenda Constitucional nº 19/1998); 4) "o TCU deve exercer o controle das agências reguladoras tanto sob o enfoque liberal (concernente à fiscalização da legalidade) quanto sob o enfoque gerencial (concernente ao incremento da eficiência da Administração Pública); e 5) deve-se considerar que a atuação do TCU, analisando detalhadamente os atos praticados pelas agências e divulgando o resultado de seus trabalhos, facilita sobremaneira o exercício do controle social".

[3] O TCU tomou decisões nesse sentido em diversas outras ocasiões. Confira-se: *Acórdão nº 1.757 – Plenário*, julgado em 10.11.2004 (Rel. Min. Walton Alencar Rodrigues). O voto condutor do acórdão foi proferido pelo Ministro Revisor Benjamin Zymler. A decisão foi provocada por embargos de declaração opostos pelo diretor-presidente da Agência Nacional de Energia Elétrica – Aneel contra o Acórdão TCU nº 556/2007. O tema de fundo dizia respeito à possibilidade ou impossibilidade de a Corte de Contas obrigar a Aneel a levar em consideração "os efeitos do pagamento de juros sobre o capital próprio nos processos de revisão tarifária periódica das concessionárias de distribuição de energia elétrica". A Corte, nos termos do voto do ministro revisor, decidiu apenas "recomendar à Aneel que, no estudo específico que aquela agência vem conduzindo no contexto do processo de revisão tarifária periódica, avalie a oportunidade, a conveniência e a forma mais adequada de consideração dos efeitos do benefício fiscal decorrente da distribuição de juros sobre o capital próprio,

O caráter suplementar da atuação do TCU nos setores regulados é reforçado pelo ministro ao afirmar que, no passado, o Tribunal *indevidamente exerceu funções típicas de* órgão *regulador*. Em sua opinião, "Essa atuação [...] foi necessária quando as agências reguladoras, por se encontrarem em sua fase inicial de implantação, ainda não dispunham das condições necessárias para exercer plenamente as respectivas competências". Isso não justificaria, contudo, que a Corte voltasse a "invadir o âmbito da competência das agências reguladoras, ainda que

---

na forma prevista na Lei nº 9.247/1995". Um dos fundamentos da decisão foi que "O TCU deve atuar de forma complementar à ação das entidades reguladoras no que concerne ao acompanhamento da outorga e da execução contratual dos serviços concedidos", sendo que "a fiscalização do Tribunal deve ser sempre de segunda ordem".
Acórdão nº 715 – Plenário, julgado em 23.4.2008 (Rel. Min. Augusto Nardes). O caso envolvia o acompanhamento, pela Secretaria de Fiscalização de Desestatização – Sefid, dos atos da Agência Nacional de Transportes Terrestres – ANTT de revisão da metodologia e da database do reajuste tarifário dos serviços de transporte rodoviário interestadual de passageiros. O diagnóstico da Sefid era o de que a ANTT teria utilizado critérios falhos no processo de reajuste e, em razão disso, pediu ao TCU que fizesse, à ANTT, uma série de determinações. O TCU, ao final, decidiu fazer à ANTT "meras recomendações", pois, entre outros motivos, "o TCU, na fiscalização das atividades-fim das agências reguladoras, não deve substituir-se aos órgãos que controla, nem estabelecer o conteúdo do ato de competência do órgão regulador [...]".
Acórdão nº 3.068 – Primeira Câmara, julgado em 5.6.2012 (Rel. Min. Walton Alencar Rodrigues). O caso envolvia prestação de contas da ANTT de 2007, relativamente à qual propôs a 1ª Secretaria de Controle Externo o julgamento pela regularidade com ressalvas. Entre as ressalvas, destaco a "ausência de edição de norma regulamentadora [por parte da ANTT] das receitas alternativas auferidas nas concessões ferroviárias". Em relação a ela, afirmou o relator (em posição chancelada pela Corte) que "entendo que a matéria é intrínseca ao jogo regulatório e às competências das agências reguladoras, o que implica, segundo precedentes desta Corte (*e.g.*, Acórdão 1.703/2004 – TCU – Plenário), não admitir controle pelo TCU de primeira ordem (sobre o jogo regulatório em si), mas apenas de segunda ordem (a atuação das agências reguladoras como agentes estabilizadores e mediadores do jogo regulatório)".
Acórdão nº 402 – Plenário, julgado em 6.3.2013 (Rel. Min. Raimundo Carreiro). O caso dizia respeito à denúncia, convertida em representação, formulada pela Federação Nacional dos Portuários para a apuração de supostas irregularidades envolvendo os terminais privativos de uso misto (TUPM) e a atuação da Agência Nacional de Transporte Aquaviário – Antaq. Afirmou o relator, em voto seguido pela Corte, que "Sem embargo de reconhecer que as orientações advindas das análises técnicas efetivadas pelo Tribunal contribuem para as agências reguladoras pautarem-se dentro dos princípios constitucionais da legalidade e da eficiência, enfatizo que o controle do TCU é de segunda ordem, na medida que o limite a ele imposto esbarra na esfera de discricionariedade conferida ao ente regulador. Portanto, entendo que, neste processo, são duas as preocupações deste Tribunal: primeira, verificar se a Antaq violou o ordenamento jurídico, quando da prática dos atos que ora se analisa; segunda, não invadir a esfera de discricionariedade da Antaq nem pretender substituí-la".
Acórdão nº 2.121 – Plenário, julgado em 27.92017 (Rel. Min. Bruno Dantas). O caso envolvia representação formulada pela Secretaria de Fiscalização de Infraestrutura de Aviação Civil e Comunicações em face de supostas irregularidades na potencial celebração de termos de compromisso de ajustamento de conduta – TAC pela Anatel. O relator, em voto seguido pela Corte, afirmou que o controle exercido pelo tribunal seria "de segunda ordem", com "o objetivo de verificar a regularidade da atuação da agência no exercício de suas atividades finalísticas, jamais substituindo o regulador".

movida pela busca do interesse público". O TCU, caso agisse dessa maneira, contribuiria "para o incremento da 'incerteza jurisdicional', que gera o receio de que os contratos não serão cumpridos na forma em que foram celebrados e implica o incremento do custo indireto de transação dos investimentos internacionais". Por isso, afirma que, "daqui por diante, o TCU deve procurar restringir sua atuação de forma a adequá-la aos parâmetros constitucionais e legais".

Na sequência do seu voto, o ministro delineou parâmetro de análise dos atos praticados pelas agências reguladoras no âmbito de concessões de serviços públicos. Segundo aduziu:

> no exercício do controle externo das concessões de serviços públicos, o TCU se defronta com dois tipos de atos praticados pelas agências reguladoras: os *vinculados* e os *discricionários*. Quando os atos supostamente irregulares forem do primeiro tipo, ou seja, quando as entidades reguladoras tiverem violado expressa disposição legal, o Tribunal pode *determinar* a esses entes que adotem as providências necessárias à correção das irregularidades detectadas. Por outro lado, quando se tratar de atos discricionários, praticados de forma motivada e visando satisfazer o interesse público, esta Corte de Contas pode unicamente *recomendar* a adoção de providências consideradas por ela mais adequadas. Afinal, nessa última hipótese, a lei conferiu ao administrador uma margem de liberdade, a qual não pode ser eliminada pelo Tribunal de Contas da União. (Grifos nossos)

O TCU, ainda segundo a opinião do ministro, somente poderia avaliar o conteúdo do ato discricionário e determinar às agências a adoção de providências que considerar adequadas na hipótese de identificação de *vício de legalidade*.[4]

---

[4] Este parâmetro de análise foi empregado pelo TCU em muitos outros casos posteriores. Para ilustrar, citamos os seguintes exemplos:
Acórdão nº 1.757/2004, já mencionado. O Ministro Revisor Benjamin Zymler repetiu, na íntegra, os argumentos transcritos do *leading case*. No entanto, houve um pequeno acréscimo quanto à possibilidade de o TCU fixar determinações em relação a atos discricionários ilegais. Confira-se: "Contudo, se o ato discricionário sob enfoque contiver vício de ilegalidade ou se tiver sido praticado por autoridade incompetente, se não tiver sido observada a forma devida, se o motivo determinante e declarado de sua prática não existir ou, ainda, se estiver configurado desvio de finalidade, esta Corte de Contas será competente para avaliá-lo e para determinar a adoção das providências necessárias ao respectivo saneamento, podendo, inclusive, determinar a anulação do ato em questão".
Acórdão nº 620 – Plenário, julgado em 9.4.2008 (Rel. Min. Benjamin Zymler). O caso, em síntese, envolvia "denúncia [a identidade do denunciante foi preservada] sobre autorização da ANEEL para que a Companhia Energética de São Paulo – CESP venda energia para comercializadores e consumidores livres em montantes e prazos que transcendem o prazo de vigência do atual contrato de concessão". Requeria o denunciante a concessão de medida

Em síntese, o TCU criou um padrão no qual se admitem as seguintes possibilidades: 1) atos vinculados tidos por irregulares produzirão "determinações"; 2) atos discricionários eivados de vício de legalidade produzirão "determinações"; e 3) atos discricionários não eivados de vício de legalidade poderão, no máximo, gerar "recomendações". Este "padrão" está escorado em duas premissas. A primeira delas é a de que recomendar não seria a mesma coisa que determinar – em tese, recomendações seriam menos interventivas (ou invasivas) do que determinações. A segunda premissa é a de que ao TCU seria vedado impor às agências reguladoras medidas que interferissem na

---

cautelar para "sustar os efeitos dos despachos da Aneel que autorizam as vendas em tela" e que "o TCU dê publicidade a essa decisão e determine à Aneel que comunique tal fato à CESP". O TCU decidiu indeferir o pleito do denunciante. Um dos argumentos centrais utilizados pela Corte foi que inexistiria "vedação legal à autorização em tela", sendo permitido que a Aneel "adote decisões discricionárias sobre a matéria, o que afasta, em tese, a competência do TCU para determinar a revisão dessas decisões. Afinal, o controle exercido pelo Tribunal de Contas da União sobre a área-fim das agências reguladoras deve ser um controle de segunda ordem, vocacionado para exarar determinações apenas quando for constatada a prática de atos ilegais".

Acórdão nº 210 – Plenário, julgado em 20.2.2013 (Rel. Min. José Jorge). O caso envolvia solicitação do Congresso Nacional, apresentada pela Comissão de Meio Ambiente, Defesa do Consumidor e Fiscalização e Controle do Senado Federal, para a realização, pelo TCU, de auditoria operacional "na execução dos contratos de concessão de serviços públicos de telefonia fixa e móvel, mormente no que tange aos mecanismos de cobrança aos usuários". A unidade técnica do TCU propôs que se determinasse à Anatel que, no prazo de 240 dias, promovesse auditoria nos sistemas de cobrança e faturamento das prestadoras de serviço móvel pessoal (SMP), contemplando as questões de auditoria apresentadas na solicitação do Congresso Nacional. Em relação a esta proposição, disse o relator (em posicionamento acolhido pela Corte) que "Com as devidas vênias, entendo que não compete ao Tribunal efetuar determinação com esse teor à Anatel. Como disse alhures, a atuação desta Corte de Contas em matérias afetas às agências reguladoras deve ser feita com ponderação, respeitando os limites de atuação e a autonomia funcional daquelas entidades. Assim, ao fiscalizar a atividade-fim dessas autarquias especiais, não deve o Tribunal substituir a entidade controlada, tampouco estabelecer o conteúdo do ato de competência da agência reguladora, determinando-lhe a adoção de medidas, salvo quando for constatada ilegalidade ou omissão no cumprimento de normas jurídicas pertinentes".

Acórdão nº 435 – Plenário, julgado em 4.3.2020 (Rel. Min. Augusto Nardes). O caso versava sobre representação, com pedido de medida cautelar, formulado por empresas farmacêuticas a respeito de possíveis irregularidades no Ministério da Saúde, relacionadas à aquisição de medicamentos por valor superior ao preço máximo de venda ao Governo da Câmara de Regulação do Mercado de Medicamentos (CMED/Anvisa). A representação foi parcialmente acolhida, resultando em determinações à Anvisa. Contudo, ao fundamentar seu voto, o relator, em posicionamento seguido pela Corte, afirmou que "a jurisprudência desta Corte de Contas tem firmado entendimento no sentido de que quando os atos irregulares praticados pelas agências reguladoras forem vinculados, caberá ao TCU realizar determinações com o objetivo de que sejam corrigidas as irregularidades detectadas e na hipótese em que os atos sejam discricionários, o Tribunal deve realizar recomendações. Todavia, caso o ato discricionário contenha vício de ilegalidade, a Corte de Contas será competente para avaliá-lo e para determinar a adoção das providências necessárias ao respectivo saneamento, podendo, inclusive, determinar a sua anulação".

discricionariedade técnica delimitada por suas leis de criação. Com base nestes pressupostos, o relator decidiu dar provimento parcial ao recurso. O Acórdão nº 1.703/04, como visto, fixou, para o TCU, parâmetros que deveriam pautar a fiscalização de atividades abrangidas pelas competências legalmente previstas para as agências reguladoras, compondo o que se poderia chamar de "regras de etiqueta" do controle no ambiente regulatório – as quais continuam sendo defendidas pela Corte. Consolidou no TCU um discurso segundo o qual o Tribunal, ao desempenhar suas competências constitucionais, não poderia adentrar na esfera de autonomia própria das agências reguladoras – nesses casos, a elas seria reservado um controle "de segundo plano", subsidiário, admissível apenas em hipóteses específicas.

Mas será que o discurso segundo o qual o TCU deve ter atuação discreta e subsidiária em matérias regulatórias corresponde à prática do Tribunal?

Pesquisas indicam que o TCU tem sido mais do que um órgão de controle de segunda ordem no ambiente da regulação.[5] Na sequência, apresentamos caso concreto que mostra esse TCU que participa da regulação, exercendo o papel de revisor e posicionando-se como um "regulador de segunda ordem".

---

[5] V., por exemplo, MONTEIRO, Vera; ROSILHO, André. Agências reguladoras e o controle da regulação pelo Tribunal de Contas da União. In: PEREIRA NETO, Caio Mario da Silva; PINHEIRO, Luiz Felipe Valerim (Coord.). Direito da infraestrutura. São Paulo: Saraiva, 2017. v. 2. Série GVlaw. p. 27-62; PEREIRA NETO, Caio Mário da Silva; LANCIERI, Filippo Maria; ADAMI, Mateus Piva. O diálogo institucional das agências reguladoras com os poderes Executivo, Legislativo e Judiciário: uma proposta de sistematização. In: SUNDFELD; Carlos Ari; ROSILHO, André (Org.). Direito da regulação e políticas públicas. São Paulo: Malheiros, 2014. p. 140-185; MARQUES NETO, Floriano de; PALMA, Juliana Bonacorsi de; REHEM, Danilo; MERLOTTO, Nara; GABRIEL, Yasser. Reputação institucional e o controle das agências reguladoras pelo TCU. Revista de Direito Administrativo, Rio de Janeiro, v. 278, n. 2, p. 37-70, maio/ago. 2019; PEREIRA, Gustavo Leonardo Maia. O TCU e o controle das agências reguladoras de infraestrutura: controlador ou regulador? Dissertação (Mestrado) – FGV Direito SP, 2019. Disponível em: https://bibliotecadigital.fgv.br/dspace/bitstream/handle/10438/27366/Disserta%C3%A7%C3%A3o%20-%20Gustavo%20Maia%20-%20Vers%C3%A3o%20Biblioteca.pdf. Acesso em: 15 mar. 2021; SALLES, Alexandre Aroeira; FUNGHI, Luís Henrique Baeta. Substituição do regulador pelo controlador? A fiscalização do TCU nos contratos de concessão rodoviária. In: SUNDFELD; Carlos Ari; ROSILHO, André (Org.). Tribunal de Contas da União no direito e na realidade. São Paulo: Almedina, 2020; LODGE, Martin; VAN STOLK, Christian; BATISTELLA-MACHADO, Julia; HAFNER, Marco; SCHWEPPENSTEDDE, Daniel; STEPANEK, Martin. Regulação da infraestrutura logística no Brasil. Center for Analysis of Risk and Regulation (CARR), London School of Economics and Political Science (LSE). Disponível em: http://www.lse.ac.uk/accounting/assets/CARR/documents/Impact/Regulation-of-Logistics-Infrastructures-in-Brazil/Brazil-infrastructure-logistics-translated-FINAL.pdf. Acesso em: 15 mar. 2021; e DUTRA, Pedro; REIS, Thiago. O soberano da regulação – o TCU e a infraestrutura. São Paulo: Singular, 2020.

3 Controle da regulação pelo TCU. O caso da sustação dos efeitos de ato normativo editado pela Antaq

O Acórdão nº 380/2018 – Plenário (Rel. Min. Bruno Dantas) tem origem em representação formulada ao TCU, com pedido de cautelar, sobre supostas irregularidades na Resolução Normativa Antaq nº 1/2015 – o diploma teria limitado as possibilidades de afretamento de embarcação estrangeira.[6]

Segundo a empresa denunciante, a resolução seria ilegal, pois: 1) extrapolaria os limites do poder regulamentar da agência reguladora (teria criado restrição não constante da Lei nº 9.432, de 1997); 2) violaria o princípio da livre concorrência, beneficiando grupo de empresas supostamente hegemônicas no setor de navegação e impedindo que

---

[6] Confiram-se os dispositivos pertinentes da Lei nº 9.432/1997: "Art. 9º O afretamento de embarcação estrangeira por viagem ou por tempo, para operar na navegação interior de percurso nacional ou no transporte de mercadorias na navegação de cabotagem ou nas navegações de apoio portuário e marítimo, bem como a casco nu na navegação de apoio portuário, depende de autorização do órgão competente e só poderá ocorrer nos seguintes casos: I - quando verificada inexistência ou indisponibilidade de embarcação de bandeira brasileira do tipo e porte adequados para o transporte ou apoio pretendido; II - quando verificado interesse público, devidamente justificado; III - quando em substituição a embarcações em construção no País, em estaleiro brasileiro, com contrato em eficácia, enquanto durar a construção, por período máximo de trinta e seis meses, até o limite: a) da tonelagem de porte bruto contratada, para embarcações de carga; b) da arqueação bruta contratada, para embarcações destinadas ao apoio. Parágrafo único. A autorização de que trata este artigo também se aplica ao caso de afretamento de embarcação estrangeira para a navegação de longo curso ou interior de percurso internacional, quando o mesmo se realizar em virtude da aplicação do art. 5º, §3º. Art. 10. Independe de autorização o afretamento de embarcação: I - de bandeira brasileira para a navegação de longo curso, interior, interior de percurso internacional, cabotagem, de apoio portuário e de apoio marítimo; II - estrangeira, quando não aplicáveis as disposições do Decreto-lei 666, de 2 de julho de 1969, e suas alterações, para a navegação de longo curso ou interior de percurso internacional; III - estrangeira a casco nu, com suspensão de bandeira, para a navegação de cabotagem, navegação interior de percurso nacional e navegação de apoio marítimo, limitado ao dobro da tonelagem de porte bruto das embarcações, de tipo semelhante, por ela encomendadas a estaleiro brasileiro instalado no País, com contrato de construção em eficácia, adicionado de metade da tonelagem de porte bruto das embarcações brasileiras de sua propriedade, ressalvado o direito ao afretamento de pelo menos uma embarcação de porte equivalente". O dispositivo da resolução normativa Antaq nº 1/2015 que teria violado o diploma legal é este: "Art. 5º Nos afretamentos de embarcação estrangeira que dependem de autorização da Antaq, a empresa brasileira de navegação só poderá obtê-la nos seguintes casos: [...] III - na navegação de cabotagem, nas modalidades a casco nu sem suspensão de bandeira, por espaço, por tempo ou por viagem, quando: a) verificada, mediante circularização, inexistência ou indisponibilidade de embarcação de bandeira brasileira do tipo e porte adequados, nos prazos consultados, admitindo-se o bloqueio parcial, nas modalidades por espaço, por tempo em uma única viagem ou por viagem, cuja autorização será limitada ao quádruplo da tonelagem de porte bruto das embarcações de registro brasileiro em operação comercial pela empresa afretadora, a qual também deverá ser proprietária de ao menos uma embarcação de tipo semelhante à pretendida".

empresas brasileiras de navegação pudessem se estabelecer e competir; 3) contrariaria os princípios e finalidades do sistema de transporte aquaviário e o interesse nacional; 4) atentaria contra o princípio da eficiência (art. 37, *caput*, da Constituição); 5) teria sido editada sem prévio estudo de impacto regulatório; e 6) seria fruto de atos com vícios de finalidade.

Consta dos autos a existência de inquérito civil instaurado pela Procuradoria da República do Distrito Federal para apurar possíveis atos de improbidade administrativa de servidores da Antaq, e o deferimento de medidas liminares no âmbito de mandados de segurança, depois confirmadas por sentença, em que a Justiça Federal de Brasília teria concluído que a Resolução Antaq 1/2015 seria ilegal.

A unidade técnica do TCU e a Antaq se manifestaram antes de o Tribunal decidir sobre a cautelar.

Para a unidade técnica, não haveria fumaça do bom direito a justificar a concessão da cautelar. Na avaliação dos auditores do controle externo, a agência, ao editar normas, não estaria limitada "a apenas delimitar o que consta expressamente da lei". Do contrário, ela ficaria impedida de exercer sua competência – isto é, de regular, editar normas a partir do que dispõe a lei em sentido formal.

Calcada nessa premissa, concluiu a unidade técnica que a norma editada pela Antaq seria, em princípio, compatível com o direito, pois teria trazido "novas limitações, justificando-as na proteção dos interesses da política marítima nacional, ao entender que as operações de 'venda de bandeira' dificultariam investimentos e representariam potencial burla à regra geral de deter embarcações próprias". Além disso, a resolução teria passado "por todos os procedimentos institucionalizados pela agência para sua emissão, incluindo audiência pública presencial".

Na avaliação dos auditores do controle externo, tampouco haveria perigo da demora a justificar a concessão da cautelar. Isso porque a norma impugnada já vigorava "há mais de três anos", de modo que a urgência, no caso, teria sido mitigada. Haveria, por fim, perigo da demora reverso, pois a cautelar, se fosse concedida, traria insegurança jurídica e prejuízos imediatos à política de fomento à armação nacional.

O relator iniciou seu voto procurando justificar a competência do TCU para se manifestar sobre o tema. Para o ministro, a "natureza jurídica de serviço público atribuída ao transporte aquaviário, bem como o caráter de ato administrativo da outorga de autorizações de afretamento", atrairiam o direito administrativo e colocariam o tema "no âmbito da competência do TCU". Ademais, procurou justificar a competência do TCU para dar a cautelar no caso concreto a partir do que dispõe o art. 276 do Regimento Interno do Tribunal. Na sua avaliação:

> em caso de urgência, de fundado receio de grave lesão ao Erário, ao interesse público, ou mesmo de risco de ineficácia da decisão de mérito, [pode o TCU] adotar medida cautelar determinando, entre outras providências, a suspensão do ato ou do procedimento impugnado, até que o Tribunal aprecie o mérito da questão, devendo tal providência ser implementada quando presentes o *fumus boni juris* e o *periculum in mora*.

No restante do voto, o relator se pôs, de um lado, a avaliar se a Antaq teria, ou não, exorbitado seu poder regulamentar. De outro lado, a aferir se a medida adotada pela agência teria sido legítima.

Para o ministro, a Antaq não poderia ter criado novas condições para o afretamento de embarcações estrangeiras via resolução, pois a Constituição Federal, no art. 178, teria instituído reserva de lei para o tema. Assim, a resolução teria violado o princípio da legalidade e criado restrição à competição e à livre iniciativa. Haveria, pois, fumaça do bom direito a justificar a concessão da cautelar.

Sustentou o ministro que a vigência do dispositivo regulamentar "editado em desconformidade com os limites estabelecidos pela lei e pela constituição, configura[ria] *periculum in mora* bastante para justificar a concessão de medida cautelar". Na sua avaliação, não haveria que se falar em perigo da demora reverso, pois "com a suspensão dos dispositivos impugnados, a regulação dos serviços públicos continuará sendo realizada à luz dos requisitos que vigeram por anos antes de 2015".

O Ministro Weder de Oliveira, em declaração de voto, divergiu. Para ele, "as exigências técnicas expressas na resolução normativa questionada para o afretamento de embarcações estrangeiras [estariam] em conformidade com o disposto no art. 9º da Lei 9.432/1997", não havendo "indícios de que a Antaq tenha exorbitado de suas competências legais; ao contrário, o ato normativo da agência [estaria revestido] de aparente legalidade e legitimidade". O ministro lembrou, ainda, que entendimento semelhante constaria de decisão proferida pelo à época Desembargador Federal Kássio Marques, confirmada pela 6ª Turma do TRF da 1ª Região.

Ao final, decidiu o TCU, com base no art. 45 da Lei Orgânica do TCU[7] c/c art. 276 do Regimento Interno do Tribunal,[8] determinar à Antaq que se abstivesse

> de exigir as limitações de quádruplo de tonelagem e de propriedade de embarcações do tipo semelhante à pretendida previstas no art. 5º, inciso III, alínea "a", da Resolução Normativa ANTAQ 1/2015, por ausência de amparo legal, até que o Tribunal decida sobre o mérito das questões suscitadas nestes autos.

Ou seja, ao invés de diretamente determinar a suspensão do ato normativo, determinou à Antaq que se abstivesse de cumprir o teor da norma.

---

[7] Confira-se o dispositivo da Lei Orgânica do TCU: "Art. 45. Verificada a ilegalidade de ato ou contrato, o Tribunal, na forma estabelecida no Regimento Interno, assinará prazo para que o responsável adote as providências necessárias ao exato cumprimento da lei, fazendo indicação expressa dos dispositivos a serem observados. §1º No caso de ato administrativo, o Tribunal, se não atendido: I - sustará a execução do ato impugnado; II - comunicará a decisão à Câmara dos Deputados e ao Senado Federal; III - aplicará ao responsável a multa prevista no inciso II do art. 58 desta Lei. §2º No caso de contrato, o Tribunal, se não atendido, comunicará o fato ao Congresso Nacional, a quem compete adotar o ato de sustação e solicitar, de imediato, ao Poder Executivo, as medidas cabíveis. §3º Se o Congresso Nacional ou o Poder Executivo, no prazo de noventa dias, não efetivar as medidas previstas no parágrafo anterior, o Tribunal decidirá a respeito da sustação do contrato".

[8] Confira-se o dispositivo do Regimento Interno do TCU: "Art. 276. O Plenário, o relator, ou, na hipótese do art. 28, inciso XVI, o Presidente, em caso de urgência, de fundado receio de grave lesão ao erário, ao interesse público, ou de risco de ineficácia da decisão de mérito, poderá, de ofício ou mediante provocação, adotar medida cautelar, com ou sem a prévia oitiva da parte, determinando, entre outras providências, a suspensão do ato ou do procedimento impugnado, até que o Tribunal decida sobre o mérito da questão suscitada, nos termos do art. 45 da Lei nº 8.443, de 1992. §1º O despacho do relator ou do Presidente, de que trata o caput, bem como a revisão da cautelar concedida, nos termos do §5º deste artigo, será submetido ao Plenário na primeira sessão subsequente. §2º Se o Plenário, o Presidente ou o relator entender que antes de ser adotada a medida cautelar deva o responsável ser ouvido, o prazo para a resposta será de até cinco dias úteis. §3º A decisão do Plenário, do Presidente ou do relator que adotar a medida cautelar determinará também a oitiva da parte, para que se pronuncie em até quinze dias, ressalvada a hipótese do parágrafo anterior. §4º Nas hipóteses de que trata este artigo, as devidas notificações e demais comunicações do Tribunal e, quando for o caso, a resposta do responsável ou interessado poderão ser encaminhadas por telegrama, facsímile ou outro meio eletrônico, sempre com confirmação de recebimento, com posterior remessa do original, no prazo de até cinco dias, iniciando-se a contagem do prazo a partir da mencionada confirmação do recebimento. §5º A medida cautelar de que trata este artigo pode ser revista de ofício por quem a tiver adotado ou em resposta a requerimento da parte. §6º Recebidas eventuais manifestações das partes quanto às oitivas a que se referem os parágrafos anteriores, deverá a unidade técnica submeter à apreciação do relator análise e proposta tão somente quanto aos fundamentos e à manutenção da cautelar, salvo quando o estado do processo permitir a formulação imediata da proposta de mérito".

4 Resolução TCU nº 315, de 2020, e o esforço de autolimitação do Tribunal

O caso relatado no item anterior ilustra o modo expansivo de atuação do TCU. Consta do próprio Acórdão nº 380/2018 que o conflito em torno da Resolução Normativa Antaq nº 1/2015 já tinha chegado no Judiciário, com decisão de segunda instância pela validade da norma.

O objetivo não é discutir o mérito da resolução, se editada nos limites da competência da Antaq, mas apontar que o padrão criado até então pelo TCU para o controle da regulação era pouco eficaz. No *leading case* relatado no item 2, o TCU fixou a tese de que sua fiscalização sobre as agências reguladoras deveria ser sempre "de segunda ordem", de modo a não versar "sobre o jogo regulatório em si mesmo considerado".

Aplicado este padrão ao caso Antaq, o entendimento do TCU, de que a resolução seria ilegal (por ser ato discricionário eivado de vício de legalidade), o que lhe competiria fazer seria avaliar o conteúdo do ato discricionário (a norma) e determinar à agência a adoção de providências que considerasse adequadas na hipótese de identificação de *vício de legalidade*.

No caso Antaq, porém, o TCU, calcado no voto do relator, partiu de uma visão bem estreita do poder normativo das agências para concluir que, no caso, a agência teria exorbitado suas competências (conclusão essa contrária à da unidade técnica responsável pela instrução processual e ao Judiciário). Na prática, a cautelar esvaziou a eficácia da norma editada pela agência, pois determinou à Antaq que se abstivesse de cumprir o teor da norma. O efeito da cautelar foi o de suspender o ato normativo.

É interessante a base normativa invocada pelo TCU para justificar sua competência para decidir no caso concreto (art. 45 da Lei Orgânica e art. 276 do Regimento Interno). O art. 45, §1º, I, da Lei Orgânica do TCU, repetindo o teor do art. 71, X, da Constituição, disse que o Tribunal poderá sustar "a execução do ato impugnado" caso a ilegalidade que tiver identificado não seja sanada. Ocorre que o ato a que a legislação se refere é o de efeitos concretos (ato administrativo) – e não há, na literatura jurídica, quem sustente algo diferente disso. Ato normativo geral e abstrato só poderia ter seus efeitos sustados pelo Judiciário. Portanto, a via de controle eleita pelo Tribunal (que, na prática, retira a eficácia da norma) não encontra respaldo no ordenamento.

Além disso, o TCU não pareceu especialmente preocupado em explicitar e detalhar os fundamentos jurídicos que o autorizariam a exercer poder cautelar. A postura talvez esteja conectada ao fato de o

Supremo Tribunal Federal ter afirmado, em decisões esparsas, que os tribunais de contas teriam "poder geral de cautela", a despeito de a legislação ter reservado essa competência ao Poder Judiciário (art. 5º, XXXV).[9] O marco inicial dessa jurisprudência é o MS nº 24.510, de 2003.[10]

O que se nota é que o TCU, calcado em interpretação bastante fluida de suas competências, valeu-se de medida cautelar para se contrapor à decisão normativa de cunho regulatório (tomada pela Antaq), com decisão favorável a seu respeito no TRF da 1ª Região. A partir do caso concreto, fica bem ilustrado que, na prática, o papel do TCU no ambiente da regulação destoa do próprio padrão que criou para atuar em casos que envolvam regulação, além de ser fora do que foi definido para o controle externo pela Lei Geral de Agências Reguladoras (Lei nº 13.848, de 2019).

De acordo com o diploma, o relatório global de atividades da agência é o instrumento pelo qual órgãos de controle externo, como o TCU, poderiam acompanhar a atuação regulatória (art. 15). A lei, com isso, reforça que o controle de contas não pode, ao fiscalizar contas ou operações administrativas, interferir em medidas pontuais de regulação tomadas pelas agências, substituindo-se ao regulador.

No caso Antaq, o TCU, afinal, não exerceu controle de segunda ordem. Interferiu diretamente no próprio jogo regulatório, exercendo funções típicas de órgão regulador (ou do Judiciário). Na prática, o padrão criado pelo TCU para se autolimitar não funcionou. O Tribunal exerceu sua função fiscalizatória sem se submeter aos limites por ele próprio anunciados. Fez uso de retórica comum (violação a princípios), tendo se autoatribuído poder para suspender a validade de ato normativo editado por agência reguladora.

Casos como o da Antaq contribuíram, certamente, para a edição, pelo próprio TCU, da Resolução nº 315, de 22.4.2020. Como bem apontou

---

[9] Para uma defesa da possibilidade de exercício do poder geral de cautela pelo TCU, ver FORTUNADO, Eduardo. O poder geral de cautela dos tribunais de contas nas licitações e nos contratos administrativos. *Interesse Público*, Belo Horizonte, ano 8, n. 36, 2006. Em sentido contrário, Carlos Ari Sundfeld e Jacintho Arruda Câmara entendem que "não [...] parece compatível com a Constituição de 1988 o reconhecimento de um genérico 'poder cautelar' para o Tribunal de Contas, pois isso implicaria, na prática, a avocação para si de decisão expressamente reservada ao Poder Legislativo" (SUNDFELD, Carlos Ari; CÂMARA, Jacintho Arruda. Competências de controle dos Tribunais de Contas – possibilidades e limites. *In*: SUNDFELD; Carlos Ari (Org.). *Contratações públicas e seu controle*. São Paulo: Malheiros, 2013. p. 204).

[10] A despeito de o STF ter afirmado em diversas ocasiões que os tribunais de contas teriam poder geral de cautela, há registro de uma série de decisões monocráticas em que ministros do STF reviram medidas cautelares de diversos tipos adotadas pelo TCU (v. MS nº 34.357, MS nº 34.392, MS nº 34.421, MS nº 34.410 e MS nº 35.192).

André de Castro Braga, o art. 45 da Lei Orgânica (que lhe dá competência para, diante de situação de ilegalidade, determinar "providências necessárias ao exato cumprimento da lei") tem sido amplamente usado pelo Tribunal para determinar as mais variadas ações. Esta resolução, afirmou o autor, parece ser o resultado do reconhecimento de que essa ampla liberdade na definição do conteúdo de suas decisões pode gerar efeitos negativos e, por isso, deve ser autocontida.[11]

Em síntese, é exatamente isso que faz a Resolução nº 315: estabelece limites às determinações do próprio Tribunal. Nos seus considerandos reconhece "a permanente necessidade de aprimorar a qualidade das deliberações do Tribunal" e "a necessidade de adequação da atuação do TCU às disposições contidas na Lei de Introdução às Normas do Direito Brasileiro". E estabelece, por exemplo, que não deve "adentrar em nível de detalhamento que restrinja a discricionariedade do gestor" (art. 5º). Estabelece também que "A unidade técnica instrutiva deve oportunizar aos destinatários das deliberações a apresentação de comentários sobre as propostas de determinação e/ou recomendação, solicitando, em prazo compatível, informações quanto às consequências práticas da implementação das medidas aventadas e eventuais alternativas" (art. 14).

É o reconhecimento, em norma, de que o TCU tem de ser cauteloso ao decidir, preservando o espaço próprio do gestor. Não acreditamos que a norma será suficiente para impedir excessos, mas é um movimento correto em prol da segurança jurídica que, na matéria, reside no reconhecimento da autonomia decisória das agências, em sede administrativa, sobre as matérias próprias à regulação.

Referências

BRAGA, André de Castro. Resolução 315 do TCU: início de uma revolução no controle? *Jota*, 10 mar. 2021. Disponível em https://www.jota.info/opiniao-e-analise/colunas/controle-publico/resolucao-315-do-tcu-inicio-de-uma-revolucao-no-controle-10032021. Acesso em: 15 mar. 2021.

DUTRA, Pedro; REIS, Thiago. *O soberano da regulação* – o TCU e a infraestrutura. São Paulo: Singular, 2020.

FORTUNADO, Eduardo. O poder geral de cautela dos tribunais de contas nas licitações e nos contratos administrativos. *Interesse Público*, Belo Horizonte, ano 8, n. 36, 2006.

---

[11] BRAGA, André de Castro. Resolução 315 do TCU: início de uma revolução no controle? *Jota*, 10 mar. 2021. Disponível em https://www.jota.info/opiniao-e-analise/colunas/controle-publico/resolucao-315-do-tcu-inicio-de-uma-revolucao-no-controle-10032021. Acesso em: 15 mar. 2021.

JORDÃO, Eduardo. A intervenção do TCU sobre editais de licitação não publicados – Controlador ou administrador? *R. Bras. de Dir. Público – RBDP*, Belo Horizonte, ano 12, n. 47, p. 209-230, out./dez. 2014.

LODGE, Martin; VAN STOLK, Christian; BATISTELLA-MACHADO, Julia; HAFNER, Marco; SCHWEPPENSTEDDE, Daniel; STEPANEK, Martin. *Regulação da infraestrutura logística no Brasil*. Center for Analysis of Risk and Regulation (CARR), London School of Economics and Political Science (LSE). Disponível em: http://www.lse.ac.uk/accounting/assets/CARR/documents/Impact/Regulation-of-Logistics-Infrastructures-in-Brazil/Brazil-infrastructure-logistics-translated-FINAL.pdf. Acesso em: 15 mar. 2021.

MARQUES NETO, Floriano de; PALMA, Juliana Bonacorsi de; REHEM, Danilo; MERLOTTO, Nara; GABRIEL, Yasser. Reputação institucional e o controle das agências reguladoras pelo TCU. *Revista de Direito Administrativo*, Rio de Janeiro, v. 278, n. 2, p. 37-70, maio/ago. 2019.

MONTEIRO, Vera; ROSILHO, André. Agências reguladoras e o controle da regulação pelo Tribunal de Contas da União. *In*: PEREIRA NETO, Caio Mario da Silva; PINHEIRO, Luiz Felipe Valerim (Coord.). *Direito da infraestrutura*. São Paulo: Saraiva, 2017. v. 2. Série GVlaw.

PEREIRA NETO, Caio Mário da Silva; LANCIERI, Filippo Maria; ADAMI, Mateus Piva. O diálogo institucional das agências reguladoras com os poderes Executivo, Legislativo e Judiciário: uma proposta de sistematização. *In*: SUNDFELD; Carlos Ari; ROSILHO, André (Org.). *Direito da regulação e políticas públicas*. São Paulo: Malheiros, 2014.

PEREIRA, Gustavo Leonardo Maia. *O TCU e o controle das agências reguladoras de infraestrutura*: controlador ou regulador? Dissertação (Mestrado) – FGV Direito SP, 2019. Disponível em: https://bibliotecadigital.fgv.br/dspace/bitstream/handle/10438/27366/Disserta%C3%A7%C3%A3o%20-%20Gustavo%20Maia%20-%20Vers%C3%A3o%20%20Biblioteca.pdf. Acesso em: 15 mar. 2021.

SALLES, Alexandre Aroeira; FUNGHI, Luís Henrique Baeta. Substituição do regulador pelo controlador? A fiscalização do TCU nos contratos de concessão rodoviária. *In*: SUNDFELD; Carlos Ari; ROSILHO, André (Org.). *Tribunal de Contas da União no direito e na realidade*. São Paulo: Almedina, 2020.

SUNDFELD, Carlos Ari; CÂMARA, Jacintho Arruda. Competências de controle dos Tribunais de Contas – possibilidades e limites. *In*: SUNDFELD; Carlos Ari (Org.). *Contratações públicas e seu controle*. São Paulo: Malheiros, 2013.

Informação bibliográfica deste texto, conforme a NBR 6023:2018 da Associação Brasileira de Normas Técnicas (ABNT):

ROSILHO, André; CÂMARA, Jacintho Arruda; MONTEIRO, Vera. TCU: chegou a hora de respeitar a autonomia regulatória da ANTT e Antaq?. *In*: TOJAL, Sebastião Botto de Barros; SOUZA, Jorge Henrique de Oliveira (Coord.). *Direito e infraestrutura*: portos e transporte aquaviário – 20 anos da Lei nº 10.233/2001. Belo Horizonte: Fórum, 2021. v. 1, p. 73-89. ISBN 978-65-5518-210-1.

REGULAÇÃO TARIFÁRIA E EXPANSÃO DAS AUTORIZAÇÕES: DOIS AVANÇOS, LADO A LADO, DA LEI N° 10.233, DE 2001

BRUNO DE OLIVEIRA PINHEIRO

SANDRO JOSÉ MONTEIRO

1 Introdução

A existência de tarifas reguladas no setor portuário decorre da intervenção indireta na economia do Estado, bem como da delegação de atividades próprias dos governos para particulares. Temos aqui o chamado "serviço público" em sentido amplo,[1] de competência e titularidade estatais. Daí os preços públicos estarem sempre sujeitos ao controle das agências governamentais, dada a relevância para o interesse público e para o cumprimento de garantias constitucionais básicas.

Além disso, a estrutura tarifária dos portos influi diretamente sobre as navegações brasileiras, impactando no preço final dos produtos para os consumidores finais. Não só no Brasil, como destacam Chen e Yang (2016). Portanto, quando falamos de modernização e competição à luz dos avanços da Lei n° 10.233, de 2001, falamos também de

---

[1] E será por isso que a Lei n° 9.897/1995 é uma referência para nós, se não bastasse o art. 66 da Lei n° 12.815/2013: "Art. 66. Aplica-se subsidiariamente às licitações de concessão de porto organizado e de arrendamento de instalação portuária o disposto nas Leis nºs 12.462, de 4 de agosto de 2011, 8.987, de 13 de fevereiro de 1995, e 8.666, de 21 de junho de 1993".

tarifas adequadas e coerentes, que incentivem a maior movimentação possível dentro dos portos públicos, sustentando uma infraestrutura de qualidade, pois a ordem do dia é a redução do "custo Brasil".

Evidentemente, da Lei n° 10.233, de 2001, existem múltiplos níveis de intervenção nos preços públicos de transporte aquaviário. Podem ser controlados de forma mínima (por meio de um simples "acompanhamento da evolução dos preços"), ou de forma máxima (pela própria fixação prévia de valores). Tudo isso passando por diferentes mecanismos de verificação da regularidade dos reajustes de preços ou de repressão dos abusos.

É o que explica Leila Cuéllar (2004), ao revelar que o modelo econômico brasileiro é do tipo capitalista, fundado na livre iniciativa, mas com previsão da possibilidade de intervenção do estado na economia. Essa liberdade de iniciativa – que, evidentemente, não é irrestrita – pressupõe liberdade de acesso ao mercado, o exercício da generalidade das atividades econômicas sem prévia autorização, bem como a subsidiariedade da exploração das atividades econômicas pelo Estado. Nesse modelo, o que se protege é a livre concorrência, pressupondo a autorização para os agentes econômicos ingressarem no mercado e agirem livremente na conquista da clientela, assim como a liberdade de os consumidores escolherem os produtos e serviços ofertados. Mas, sempre, com a possibilidade de o Estado intervir para impor limites à atuação individual e reprimir condutas tendentes a dificultar ou eliminar a concorrência.

Nesse contexto, o Poder Público vale-se de mecanismos de regulação, como regulação de preços (tanto o preço ao consumidor como o preço de interligação de redes e cadeias verticais), restrições de quantidade, controle do número de empresas atuantes, estabelecimento de padrões mínimos de qualidade e imposição de limites mínimos de investimento, entre outros. Num segundo momento, quando a competição estiver até certo grau estabelecida, cessa a regulação intensa, que dá lugar à regulação do mercado através de outros meios de intervenção, como a utilização de instrumentos de transparência de atos e decisões e a utilização dos mecanismos de defesa da concorrência (com atuação não só das agências setoriais, mas especialmente através dos demais órgãos específicos de defesa da concorrência).

Aliás, quando tratamos de tarifas portuárias, estamos nos referindo a uma atividade pública,[2] porém, prestada não só pela Administração

---

[2] Apesar de o art. 175 da CF88 só se utilizar da expressão *serviços públicos*, quis abranger, também, os casos de delegação de obras públicas, mesmo porque – deve admitir o intérprete –

Pública, privativamente, mas também por particulares, se (e quando) houver. E justamente por se tratar de pública (ou de interesse público) a atividade, há interferência estatal na determinação do valor do produto oferecido à coletividade – que, no caso, será de interesse de toda a coletividade, porque a lei a definiu como sendo de natureza pública.

Por outro lado, a Lei nº 10.233, de 2001, ao reestruturar o transporte aquaviário, no seu art. 13, deu maior sentido aos títulos de outorgas autorizativos, isto é, à exploração de infraestruturas de uso privativo (incluindo a construção e a exploração das instalações portuárias privadas e a prestação de serviço de transporte aquaviário). Caberia às empresas brasileiras prover tal infraestrutura, concorrendo com a infraestrutura pública, completando esse mercado.

A Lei nº 10.233, de 2001, decorre, nesse aspecto, da diversificação dos serviços derivados do processo constituinte de 1987-1988, fruto de profundas alterações no processo econômico-social, quando houve uma extinção da uniformidade de regimes tarifários e foram sendo editados diplomas legislativos disciplinando setores específicos e determinados. Isso possibilitou a distinção entre os modelos tarifários, refletindo a concepção de que as concessões de serviços públicos não podiam sujeitar-se a normas idênticas àquelas previstas para as contratações administrativas genéricas ou distintas, tendo em conta as regras adequadas às circunstâncias e natureza correspondentes. É o que ocorreu com o setor portuário, quando, em 1993, foi promulgada a Lei nº 8.630, a Lei de Modernização dos Portos. Tal marco revogou o Decreto nº 24.508, de 1934, cuja preocupação era definir os serviços prestados pelas administrações dos portos organizados, uniformizando as taxas portuárias, quanto à sua espécie, incidência e denominação.

Singelamente, assim dizia o art. 51 da Lei nº 8.630, de 1993:

> Art. 51. As administrações dos portos organizados devem adotar estruturas de tarifas adequadas aos respectivos sistemas operacionais, em substituição ao modelo tarifário previsto no Decreto nº 24.508, de 29 de junho de 1934, e suas alterações.

Contudo, não houve regulamentação posterior sobre o que era uma "tarifa adequada". Na prática, havia certa "liberdade tarifária".

---

existem concessões tanto de serviços públicos como de obras públicas e a Constituição, por certo, não quis proibir esta última, ao se utilizar, tão somente, da expressão *serviços públicos* – que, já se vê, não pode aqui ser tomada em sua acepção estrita.

O texto original da Lei nº 10.233, de 2001, trouxe avanços, assim afirmando:

> Art. 27. Cabe à ANTAQ, em sua esfera de atuação: [...]
> VII - aprovar as propostas de revisão e de reajuste de tarifas encaminhadas pelas Administrações Portuárias, após prévia comunicação ao Ministério da Fazenda; [...].

Para as autorizações, à Lei nº 10.233, de 2001, coube ainda um contraponto marcante em relação às administrações portuárias:

> Art. 43. A autorização, ressalvado o disposto em legislação específica, será outorgada segundo as diretrizes estabelecidas nos arts. 13 e 14 e apresenta as seguintes características: (Redação dada pela Lei nº 12.815, de 2013) [...]
> II - é exercida em liberdade de preços dos serviços, tarifas e fretes, e em ambiente de livre e aberta competição; [...].

Ao publicarem análise dos gargalos no setor portuário após a Lei nº 8.630, de 1993, Padua e Serra (2006, p. 83) ressaltaram que, antes da reforma do setor de transporte aquaviário, "a situação geral portuária brasileira era precária e ultrapassada", mas é duvidoso, se até antes da edição da Lei nº 10.233, de 2001, houve algum repasse dos ganhos de produtividade aos usuários (considerando o custo logístico total), que, em muitos casos, provavelmente não se beneficiaram da redução de custos. Na verdade, a situação do subfinanciamento da infraestrutura na área comum dos portos públicos restou como questão ainda pendente de soluções no setor até 2013, com o advento da Lei nº 12.815.

Dos 36 (trinta e seis) portos públicos em atividade,[3] poucos foram aqueles que, ao longo do período de 1993 até 2012 apresentaram lucro positivo em alguns dos anos. A maioria deles sempre passou por dificuldade financeira, dependente de subvenções da União, seja para custeio de pessoal seja para investimentos. Segundo o Tribunal de Contas da União (TCU, 2009), após auditoria operacional, o órgão constatou que sete dos oitos portos estudados tinham passivos de grande monta, inclusive com bloqueios judiciais da receita.

De acordo com o texto original da Lei nº 10.233, de 2001, a agência tinha um papel relativamente passivo no estímulo à eficiência de tarifas. Até então, de acordo com a Lei nº 8.630 de 1993, exista o Conselho de

---

[3] Segundo a Antaq (TARIFAS das autoridades portuárias. *Antaq*. Disponível em: http://portal.antaq.gov.br/index.php/tarifas-das-autoridades-portuarias/).

Autoridade Portuária (CAP),[4] com poder de veto sobre os reajustes tarifários e outros mecanismos de promoção de eficiência. Não foi sem motivo que Tribunal de Contas da União emitiu o seu Acórdão Plenário n° 1.904/2009.[5] A Corte de Contas determinou o seguinte:

> 9.1.2. à Agência Nacional de Transportes Aquaviários, com fulcro no art. 27, II, VII e XIV, da Lei 10.233/2001, que estabeleça regras claras para a revisão e o reajuste das tarifas portuárias com base em estudos fundamentados sobre os custos das administrações portuárias, prevendo mecanismos para compartilhar com os usuários os benefícios gerados com possíveis aumentos de eficiência, prezando pela modicidade tarifária e pelo equilíbrio econômico-financeiro das administrações portuárias; [...].

A redação mais recente (de 2013) do art. 27, VII, reconheceu equívoco histórico dessa "liberdade tarifária", reforçando a atribuição da Antaq na Lei n° 10.233, de 2001:

> Art. 27. Cabe à ANTAQ, em sua esfera de atuação: [...]
> VII - promover as revisões e os reajustes das tarifas portuárias, assegurada a comunicação prévia, com antecedência mínima de 15 (quinze) dias úteis, ao poder concedente e ao Ministério da Fazenda; (Redação dada pela Lei n° 12.815, de 2013) [...].

As ações a partir de então culminaram, em 2019, com a edição da Resolução Normativa Antaq n° 32 (RN n° 32/2019), dispondo sobre a estrutura tarifária padronizada das administrações portuárias e requisitos informacionais para reajuste e revisão das tarifas dos portos organizados. A norma criou diversos novos conceitos, entre eles: modalidade tarifária, receita requerida, segmentação de mercado, período de referência (antecedente e subsequente) e grupo tarifário. Um grande avanço foi conquistado quando a Antaq normatizou que cabia à administração portuária o "equilíbrio de suas contas". A resolução consagrou duas tipologias processuais: a "revisão tarifária", que poderá ser extraordinária ou ordinária, e o "reajuste tarifário". Informou elementos de análise, inaugurando um modelo de revisão tarifária baseado no equilíbrio de receitas futuras com os custos médios projetados de cada serviço para o período subsequente de 36 (trinta e seis) meses.

---

[4] O poder de veto do CAP foi extinto pela Lei n° 12.815, de 2013. Atualmente, tem função apenas consultiva.
[5] Veja aqui o Acórdão TCU n° 1.904/2009.

A Antaq pretende, a partir de agora, melhor intervir para garantir que os usuários estão pagando pelos custos em regime de eficiência, nos termos relatados nos capítulos seguintes.

Do outro lado, a intervenção de 2001 se mostrou correta também no sentido de incentivar a exploração eminentemente privada. Segundo dados o Painel de Outorgas da Antaq,[6] percebe-se um ponto de inflexão no interesse empresarial nesse ano. Conforme a Tabela 1, a média anual de outorgas nos oito anos anteriores ao marco de 2001 era de 4,8. Nos oito anos seguintes ao marco, a média foi de 7,5 (crescimento de 56%), e nos oito anos subsequentes, de 11,6 (crescimento de 141%).[7] Dados de fevereiro de 2021 indicam 250 instalações autorizadas,[8] em contraste com 36 portos organizados. De acordo com esse mesmo painel, estão previstos investimentos de R$51,26 bilhões nas outorgas de autorização. Das 250 instalações, 87% já estão operacionais, e 23% em construção concluída, iniciada ou a iniciar.

TABELA 1
Quantidade de outorgas de instalações portuárias autorizadas, por período

Período	Outorgas	Média anual de outorgas
1993-2001	38	4,8
2002-2009	60	7,5
2010-2017	93	11,6

Fonte: Painel de Outorgas da Antaq (fev. 2021).

Dados do Anuário Estatístico Aquaviário[9] demonstram que, em 2020, os portos privados já respondem por 66% de toda a movimentação de cargas, em toneladas.

---

[6] PAINEL de monitoramento de instalações privadas. *Antaq*. Disponível em: http://bit.ly/painel_instalacoes_privadas_v2.
[7] No terceiro período, captura-se também o efeito da Lei nº 12.815, de 2013, inviável de isolar.
[8] Incluindo os terminais de uso privado, estações de transbordo de carga e instalações portuárias de turismo.
[9] ESTATÍSTICO aquaviário. *Antaq*. Disponível em: http://web.antaq.gov.br/ANUARIO/.

2 Da definição e da natureza das tarifas portuárias e preços, na ótica da Lei n° 10.233, de 2001

A Lei n° 10.233, de 2001, sabiamente transformou a matéria concorrencial, da eficiência e da modicidade em preços e tarifas uma questão regulatória. Vejamos o art. 28:

> Art. 28. A ANTT e a ANTAQ, em suas respectivas esferas de atuação, adotarão as normas e os procedimentos estabelecidos nesta Lei para as diferentes formas de outorga previstos nos arts. 13 e 14, visando a que:
> I - a exploração da infra-estrutura e a prestação de serviços de transporte se exerçam de forma adequada, satisfazendo as condições de regularidade, eficiência, segurança, atualidade, generalidade, cortesia na prestação do serviço, e modicidade nas tarifas;
> II - os instrumentos de concessão ou permissão sejam precedidos de licitação pública e celebrados em cumprimento ao princípio da livre concorrência entre os capacitados para o exercício das outorgas, na forma prevista no inciso I, definindo claramente: [...]
> b) limites máximos tarifários e as condições de reajustamento e revisão.

O art. 4°, incs. IV, V, VI e VII do Decreto n° 4.122, de 2002, posteriormente regulamentaram os poderes regulatórios no campo econômico e de preços. Não sem razão, pois é fato que a formação de preços é central para a tarefa da regulação: concentra as questões sobre a distribuição de custos para os consumidores, incluindo subsídios, isto é, a política alocativa. Entre as mais nobres atribuições do regulador, destaca-se a fixação de regras tarifárias que conciliem o interesse dos consumidores e da firma regulada. Ato contínuo, o Ministério da Fazenda emitiu a Portaria MF n° 118, de 2002 (revogada recentemente), tratando também da matéria de reajustes e revisões no âmbito da Lei n° 10.233, de 2001, a qual serviu de base para a Antaq até que fosse editado normativo próprio da agência, em 2019.

Nesse contexto, definimos "tarifa portuária" como o preço público ofertado pelas administrações portuárias brasileiras pelos fornecimentos dentro do respectivo porto organizado sob sua gestão comercial. Consta de uma tabela de preços, chamada, dentro do jargão setorial, de "tabela tarifária". É concretizada mediante requisição, usualmente verbal, ou seja, sob demanda, sem qualquer espécie de contrato individual entre as partes. A requisição verbal é viabilizada pela existência do regulamento do porto, que é uma espécie de contrato de adesão, que disciplina o funcionamento normal das operações.

É também considerada um preço público, não uma taxa[10] (espécie de tributo). Nesse escopo, o setor portuário muito se preocupa com o nome da coisa (ex.: tarifa, tarifa de serviço, preço público, preço privado etc.) sem de fato se deter na essência. Por essa razão, as constantes incorreções técnicas dos legisladores e administradores públicos não determinam o regime a ser aplicado: o nome não define o regime jurídico regulador da exação, ou melhor, o rótulo não determina o conteúdo; é o conteúdo que vale (BALEEIRO, 2015).

No setor portuário, o preço público tem origem em um contrato firmado entre uma pessoa jurídica e a União, para que esse obtenha o direito (e o dever) de explorar uma área e prestar um serviço, geralmente um serviço público *ou* uma atividade privada, ainda que de interesse público ou parte significativa de uma infraestrutura essencial a outras atividades econômicas, estas, sim, com potencial de afetar a sobrevivência ou a qualidade de vida humana.

Naturalmente, em nosso caso, o valor da transação é assumido voluntariamente ou facultado por quem tem a intenção de usar um serviço disponibilizado, não se tratando, portanto, de obrigação compulsória proveniente da legislação. Logo, afastada a natureza de tributo ou de taxa (taxa no sentido estrito, pois permitida sim a utilização da palavra no sentido usual do jargão setorial, que é oposto à definição doutrinária) das cobranças portuárias.

Não associamos as tarifas portuárias ao conceito tradicional de taxa. No contexto portuário, tarifa, ou preço, ao contrário da taxa, sempre se refere a um serviço efetivamente prestado e usufruído a qualquer título, isto é, depende de uma contraprestação efetiva. É serviço específico e divisível, prestado ao usuário mediante remuneração justa e razoável.

Em outros termos, a tarifa portuária é devida somente por aquele que se aproveita economicamente do serviço prestado, exatamente por não ser compulsória. Como tal tarifa não está sujeita ao contexto tributário, portanto, não há que se falar em lei prévia para sua instituição nem imunidade recíproca entre os entes federados e tão pouco nas vedações previstas no arts. 150 a 156 da Constituição de 1988, embora muitos dos princípios gerais (generalidade, cumulatividade, equidade, universalidade e progressividade, por exemplo) e outros conceitos (como o do sujeito passivo e ativo, além da substituição) que ali constam sejam aplicados (e aplicáveis) à prática portuária, em virtude, principalmente,

---

[10] Súmula nº 545 do STF: "Preços de serviços públicos e taxas não se confundem, porque estas, diferentemente daqueles, são compulsórias e têm a sua cobrança condicionada a prévia autorização orçamentária, em relação à lei que as instituiu".

do contexto histórico dos portos e a sua ligação intrínseca com a aduana e a arrecadação de impostos de importação ou exportação.

O requisito da divisibilidade defendido por Hely Lopes Meirelles (2002) endossa a visão clássica, assumida pelos normativos, de que existem serviços *ut singuli* e os *ut universi*. Divisível (*ut singuli*) é o serviço com usuário determinado, que pode ser dividido em unidades autônomas de beneficiários. Nessa linha, divisível é aquele serviço de interesse imediato do indivíduo, pois, se o benefício é da coletividade, deveria ser remunerado de outra maneira.

Outra, e mais importante, diferença é que, nas tarifas, tem-se a prática de um serviço privativo do Estado, logo, o controle estatal do valor dos preços cobrados poderá ser muito mais rígido, já que, em sendo dessa natureza, ele, necessariamente, deverá ser acessível a todos.

Daí decorre, inclusive, o princípio da modicidade das tarifas. Para aumentar o valor das tarifas, o concessionário terá que obter, antes, a necessária aquiescência do poder que delegou a atividade, podendo resultar também, mais modernamente, num controle mais flexível, que se limitará a fixar tetos máximos de aumento de preços ou a invalidar aumentos abusivos.

Diante dessa natureza, os órgãos fiscalizadores da atividade portuária consideram, entre outros princípios regulatórios (ver MONTEIRO, 2020), vedadas as seguintes ações relacionadas à cobrança portuária, as quais são as "seis vedações elementares" da Figura 1.

FIGURA 1
Vedações elementares da tarifa portuária

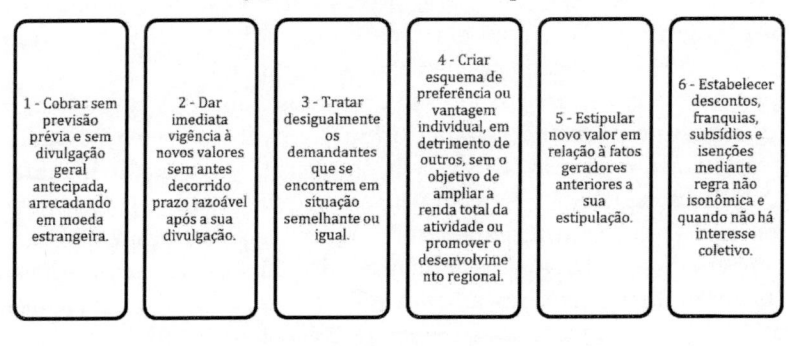

1 - Cobrar sem previsão prévia e sem divulgação geral antecipada, arrecadando em moeda estrangeira.	2 - Dar imediata vigência à novos valores sem antes decorrido prazo razoável após a sua divulgação.	3 - Tratar desigualmente os demandantes que se encontrem em situação semelhante ou igual.	4 - Criar esquema de preferência ou vantagem individual, em detrimento de outros, sem o objetivo de ampliar a renda total da atividade ou promover o desenvolvimento regional.	5 - Estipular novo valor em relação à fatos geradores anteriores a sua estipulação.	6 - Estabelecer descontos, franquias, subsídios e isenções mediante regra não isonômica e quando não há interesse coletivo.

Fonte: Adaptado de Monteiro (2020).

Logicamente, as tarifas portuárias não se submetem também ao princípio da anterioridade, pois estão estreitamente vinculadas à manutenção do equilíbrio econômico-financeiro do contrato, requerendo uma maior flexibilidade quanto a sua alteração para atenderem à dinâmica e constante alteração dos fatos na evolução contratual.

Veja que as tarifas portuárias poderão apresentar, em sede do primeiro momento de análise, uma aparente natureza contratual, em razão dessa sua ligação com a manutenção do equilíbrio econômico-financeiro do contrato. Porém, também sofre forte regulação do Poder Público. Tudo isso reduz a margem de liberdade negocial entre as partes envolvidas na concessão, seja entre concessionário e usuário, ou entre aquele e o poder concedente. Por essa razão, muito embora as cobranças "façam parte da equação econômico-financeira das concessões, elas podem vir a ser alteradas unilateralmente pelo poder concedente, assumindo, por este prisma, caráter regulamentar, e não contratual" (CÂMARA, 2009).

Daí, passamos pelo fato de que, fora as tarifas portuárias *stricto sensu* (aquelas das administrações portuárias), nas demais modalidades de exploração portuária, o princípio da modicidade do valor é mitigado, já que a atividade exercida não precisa ser acessível a todos, o que resulta num controle mais flexível pelas agências, que se limitarão, quando tanto, a fixar tetos máximos de aumento de preços ou a impedir (ou até mesmo invalidar) aumentos abusivos – não sendo necessário ao autorizado ou arrendatário, igualmente, requisitar qualquer permissão prévia para promover o aumento do valor do serviço prestado.

Noutra ponta temos os preços livremente estabelecidos para as outorgas autorizativas. Para esses, vale adentrar-se na doutrina da economia. Segundo Varian (2010), preços-teto podem gerar problemas de ineficiências alocativas, em especial se estiverem abaixo do que seria um preço utilizado no mercado. Krugman e Well (2009) alegam que muitas vezes preços-teto são adotados porque o governo não consegue compreender que, ao procurar aumentar a eficiência, estará possivelmente criando outras ineficiências com esse tipo de medida. Outros autores (VERNON, 2004) afirmam que a regulação de preços-teto diminui a receita (atual e esperada) das empresas e, com isto, diminui, também, os incentivos para elas investirem em inovação e em pesquisa em geral, além de gerar escassez de oferta, deteriorar a qualidade dos bens e serviços e inflar, artificialmente, os custos dos produtores. No Brasil, essas teorias encontram eco significativo nos agentes do mercado. Ao colocar o preço abaixo do que seria ótimo do ponto de vista social, é possível gerar um desabastecimento do mercado (*shortage*), já que os produtores não estarão dispostos a produzir ao preço estabelecido.

Situação totalmente diferente ocorre quando o próprio Estado ao prestar o serviço público, tendo ele como fim último o alcance do bem comum e sendo essa finalidade a única razão de sua existência, que é de sua titularidade e responsabilidade direta, não pode visar outra coisa que não o bem-estar de seus indivíduos. Está, portanto, afastado o intuito meramente lucrativo nas hipóteses de o próprio Estado ser o prestador do serviço ou o executor da obra pública.

Ao transferir para terceiros, alheios ao quadro da Administração Pública, a prestação de atividade de sua titularidade, por meio da delegação, busca o Estado aumentar a eficiência no desempenho da atividade, enquanto o terceiro visa à exploração dela, com o intuito de lucrar. A eficiência, portanto, é a pedra fundamental de toda análise.

Na realidade, toda e qualquer delegação irá traduzir um interesse duplo. Por isso se afirma que as delegações são, na verdade, uma via de mão dupla. Por um lado, quer o Estado disponibilizar a prestação de um bom serviço, acreditando que a pessoa delegada irá fazê-lo melhor do que ele. Daí a obrigação constitucional que possui o delegado de serviço público, por força do art. 175, parágrafo único, da Carta da República, de prestar um serviço adequado.

3 Mecanismos de incentivo à eficiência em preços

Após a edição da Lei n° 10.233, de 2001, tornou-me mais clara a preocupação com o ambiente de competição e com a eficiência de preços numa perspectiva dos serviços prestados pelos terminais portuários privados (via terminais autorizados ou arrendamentos) e pelos armadores nas respectivas linhas de navegação de longo curso, especialmente na movimentação de contêineres. Em linha, por exemplo, com Gartner, Rocha e Granemann (2012).

De acordo ainda com o World Bank (2012):

> Tariffs differ from port to port as they tend to be a reflection of the services offered (for example, container handling, tug assist, and pilotage), the facilities being provided (for example, gantry cranes, storage yard, or sheds), the party that incurs the tariff charge (for example, the carrier or ship's agent, or the shipper), and the basis on which a tariff item is calculated (for example, pilotagem charges based on the vessel's gross registered tons or vessel draught). Because of these differences, tariffs may seem highly fragmented and complex, but there is a core set of

essential services required for handling ships and cargoes that all ports typically offer. These can be referred to as basic services. Regulators tend to focus on these services because they represent the bulk of the total charges and are commonly offered by all ports.

A Figura 2 demonstra o *range* percentual, de acordo com World Bank, representando as diferentes cobranças de serviços básicos em terminais típicos no estrangeiro. Verifica-se que o maior percentual de encargos está justamente na fase de manuseio de contêiner (*cargo handling*), situação que deve ser encarada como normal pelo regulador.

FIGURA 2
Pesos relativos de diferentes cobranças portuárias

Box A-1: Relative Weights of Different Port Charges

Item	Percent of total charges
Port tariffs on the use of infrastructure	5–15
Berthing services	2–5
Cargo handling	70–90
Freight Forwarding	3–6

Fonte: World Bank (2014).

Tal preocupação acadêmica está despertando dentro do nosso país. Andriotti e Kliemann (2019) apontam o aumento, em número, de estudos visando criar ferramentas ou melhorar a governança dos portos, principalmente devido às recentes mudanças no ordenamento jurídico. Segundo os pesquisadores:

> a consequência destas mudanças é que as Autoridades Portuárias (AP) ao redor do mundo, assim como no Brasil, estão modificando sua natureza e papel, tornando-se mais ativas no que tange à governança do sistema logístico e adotando um comportamento gerencial e empreendedor.

Tais mudanças recentes nos remetem à Lei nº 12.815, de 2013 – a Nova Lei dos Portos –, tendo o novo marco compreendido que as administrações portuárias, na maioria das vezes, são detentoras de poder de monopólio na atividade, de modo que o preço eficiente não surge da interação normal entre a demanda e a oferta, cabendo à agência reguladora arbitrar preços.

Possibilidade recorrente na doutrina microeconômica (VARIAN, 2010) é a tarifa cobrir apenas os custos incrementais no fornecimento de unidade a mais do produto ofertado, ou seja, preço (P) igual ao custo marginal[11] (Cmg): $P = C_{mg}$.

Embora a teoria clássica informe tal método como eficiente nos monopólios naturais de infraestrutura de transportes (*first best solution*), somente a Administração Pública, diretamente, poderia suportar muito tempo essa condição (ou seja, o contribuinte estaria financiando indiretamente a solvência da exploração). Não pode ser aplicado aos portos, porque o Cmg é muito pequeno – embora os custos totais de produção sejam altíssimos, cuja origem é o investimento inicial necessário para montar a infraestrutura como um todo, relacionados aos chamados "custos afundados". O custo fixo é igualmente alto, embora o custo variável seja quase inexistente. Em outros termos, existindo poucos ou centenas de usuários, o custo de produção é quase sempre o mesmo. O custo para atender a um usuário a mais é quase nulo. Logo, nunca permitiria a recuperação de investimentos. Déficits seriam recorrentes, afugentando o capital e a melhoria da infraestrutura (MONTEIRO, 2017).

Assim, dado que existem certos elementos estruturais que desaconselham o estabelecimento da regra de preço igual ao custo marginal para avaliar a eficiência de preços, qual seria, então, o esquema ótimo que garantisse a eficiência econômica? Um *second best price solution* minimiza as perdas numa economia que visa garantir o bem-estar de todos. Define qual seria o preço mais eficiente acima do Cmg, e que menos reduz as distorções alocativas nas decisões dos usuários. A técnica, porém, depende das demais políticas e premissas.

A base dos demais, como preço referencial, é o preço (P) igual ao custo médio (CMe), isto é: $P = C_{me} = \dfrac{\text{Custo total de produção}}{\text{Quantidade produzida}}$.

Aliás, nos regimes de tarifação mais simples, aqueles que existiam antes do surgimento das agências reguladoras, quando predominava a intervenção direta (por meio de *holdings*), tínhamos não um P = CMe específico de cada serviço como uma solução, mas, sim, pela

---

[11] Lembrando que custo marginal é o dispêndio da empresa para produzir uma quantidade a mais do seu produto. Por essa regra, simula-se um mercado altamente competitivo, otimizando ao máximo a alocação de recursos. É o que menos distorce as decisões dos usuários – a mais neutra.

simplicidade do cálculo, da receita total igual ao custo total (RT = CT). Com o desenvolvimento da moderna teoria econômica do bem-estar, a partir dos anos 1970, tal paradigma mudou. Passamos a reconhecer com maior força a necessidade de o setor público (e estatais) equilibrar as contas, bem como assegurar a minimização das perdas de eficiência. Essa solução intermediária, do P = CMe, tem outra vantagem: como a demanda é elástica, ou seja, pode variar, principalmente se o preço subir acima do esperado, temos um incentivo automático à redução de custos. Além disso, não há necessidade de subvenções governamentais (cuja origem é o contribuinte, não o consumidor), de forma que o usuário do serviço pagará pelo custo total, e nenhuma parcela de custo irá para a sociedade, implicando, portanto, um maior controle sobre o desempenho da firma e de seus preços, pois, acima de todos, o melhor vigilante da eficiência da empresa são os seus consumidores. Quando todos os custos estão refletidos na tarifa, a percepção do usuário sobre o serviço é maior.

3.1 Regulação de preços e eficiência nos títulos autorizativos

Cediço a regulação fazer-se necessária nos setores onde há predomínio de uma estrutura de monopólio natural. Neste tipo de estrutura, os altos custos fixos e os baixos custos marginais levam a uma situação em que o alcance da eficiência na quantidade produzida (preço igual a custo marginal) não é suficiente para cobrir o custo médio. Além disso, as economias de escala de produção, distribuição e gerencial inviabilizam a fragmentação em um mercado atomizado, o que comprometeria seu fornecimento e aumentaria seus custos. A regulação do monopólio natural é justificável, teoricamente, porque há expectativa de ganhos de custos unitários da firma monopolística que compensem os custos e riscos de ineficiência da regulação.

A regulação estaria, de certo modo, privilegiando a eficiência econômica em detrimento de uma estrutura de mercado mais competitiva. Para tanto, como bem aponta Frischtak (1997), devem-se seguir cinco princípios: i) a utilização de controle se torna mais efetiva na medida em que se introduz vetores de preço e mecanismos de mercado; ii) quando esses vetores de preço ou mercado forem insuficientes para cumprir o objetivo do regulador, devem-se utilizar restrições quantitativas; iii) deve-se considerar os recursos técnicos, gerenciais e administrativos de acordo com a complexidade no setor – que é notável no setor portuário; iv) a elaboração de um arcabouço jurídico adequado; v) a busca de transparência nas decisões de regulação, com possibilidade recurso judicial. Em suma, o regulador deve ter um perfil institucional forte o bastante para garantir as decisões sobre os regulados e os devidos processos legais.

A defesa dos usuários dos serviços públicos é uma das principais atribuições do Estado moderno, ou seja, regular as atividades econômicas privadas, de modo a garantir a livre concorrência e a livre iniciativa, bem como bem-estar ao cidadão-cliente. Os aumentos de produtividade das firmas e o desenvolvimento tecnológico possibilitam maior produtividade da economia, que passa a operar de forma mais eficiente e integrada.

Tal papel estatal passa necessariamente pela definição de eficiência. Como apontam Possas, Pondé e Fagundes (1997), a eficiência abrange três conceitos: produtivo, distributivo e alocativo. A eficiência alocativa trata do conceito mais comum, consistindo na alocação dos recursos com o máximo rendimento e mínimo custo possível de determinada capacidade produtiva instalada e respectiva tecnologia. Já a eficiência distributiva relaciona-se com a eliminação dos ganhos monopolísticos ou temporários por agentes individuais, por meio da concorrência de mercado.

O conceito de eficiência alocativa tem origem na concepção paretiana de um "ótimo" alocativo, o Ótimo de Pareto.[12] Para Musgrave e Musgrave (1980):

> dado um certo arranjo econômico, esse é eficiente (em Pareto) se não puder existir um rearranjo que deixe alguém em melhor situação sem piorar a posição dos outros. [...] Na prática, porém, as condições do Ótimo de Pareto são de difícil averiguação. A regulação e a defesa da concorrência atuam justamente na aproximação da realidade aos critérios paretianos. Essa alternativa é considerada um *second best* aceitável para o agente regulador.

A eficiência estática não é, contudo, o único critério para a ação da defesa regulatória. A eficiência dinâmica considera as relações e *trade-offs* intertemporais entre eficiência produtiva e capacidade de inovação de um lado, e de preços e margens de lucro de outro. Possas, Pondé e Fagundes (1997, p. 2), apontam dentro dessa abordagem a visão neoschumpeteriana do mercado como ambiente seletivo, levando

---

[12] O Ótimo de Pareto presume uma concorrência perfeita entre os agentes econômicos e um mercado atomizado, em equilíbrio geral que, aplicado a determinado mercado, implica o custo marginal igual ao preço.

a uma eficiência seletiva, isto é, a eficiência resultante da seleção das inovações no ambiente competitivo do mercado, capaz de promover futuras diminuições nos custos e preços, bem como a melhoria dos produtos. Na perspectiva de Schumpeter, certo grau de concentração poderia, até mesmo, ser benéfico, pois permitiria investimentos em pesquisa e desenvolvimento.

4 A revisão tarifária e a Lei n° 10.233, de 2001

A revisão tarifária, apesar de ser um procedimento de reequilíbrio econômico-financeiro, não se confunde com o instituto do reequilíbrio contratual (repactuação), pois, apesar de considerar todas as receitas e gastos da concessão, tem como resultado apenas mudanças na estrutura tarifária, sem qualquer poder sobre a duração de contratos ou de retificar valores de outorga, dispensando aditivos contratuais (*vide* §8°[13] do art. 65 da Lei n° 8.666, de 1993).

A revisão encontra assento no art. 65 da Lei n° 8.666, de 1993, alínea "d" do inc. II, além dos §§5° e 6° do mesmo artigo. Mas a Lei n° 10.233, de 2001, no seu art. 35, também nos auxilia quando tratamos de concessão e tarifas:

> Art. 35. O contrato de concessão deverá refletir fielmente as condições do edital e da proposta vencedora e terá como cláusulas essenciais, ressalvado o disposto em legislação específica, as relativas a: [...]
> VII - *tarifas*;
> VIII - *critérios para reajuste e revisão das tarifas*;
> IX - receitas complementares ou acessórias e receitas provenientes de projetos associados;
> §1° Os critérios para revisão das tarifas a que se refere o inciso VIII do caput deverão considerar:
> a) os aspectos relativos à redução ou *desconto de tarifas*;
> b) a transferência aos usuários de perdas ou ganhos econômicos decorrentes de fatores que afetem custos e receitas e que não dependam do desempenho e da responsabilidade do concessionário.

---

[13] Lei n° 8.666/1993, art. 65: "§8° A variação do valor contratual para fazer face ao reajuste de preços previsto no próprio contrato, as atualizações, compensações ou penalizações financeiras decorrentes das condições de pagamento nele previstas, bem como o empenho de dotações orçamentárias suplementares até o limite do seu valor corrigido, não caracterizam alteração do mesmo, podendo ser registrados por simples apostila, dispensando a celebração de aditamento".

No setor portuário, do ponto de vista regulatório, definimos revisão tarifária como um procedimento que visa reavaliar e examinar todos os custos e receitas da empresa regulada, podendo inclusive repactuar novo nível de rentabilidade para os futuros investimentos, sem quaisquer índices prévios, com o objetivo de garantir o equilíbrio econômico-financeiro do contrato (ou seja, a saúde das contas da empresa, de modo que os custos com a prestação do serviço não superem a arrecadação que deriva da tarifa). Pode ter periodicidade regular ou não (sugere-se que o primeiro ciclo seja de três anos, podendo ser alongado para quatro no segundo e cinco anos no terceiro), a depender do modelo de contrato firmado com o Poder Concedente.

Existem muitas hipóteses de revisão; a mais comum é quando um montante significativo de novos encargos ou novos investimentos (não previstos originalmente no "contrato") for determinado pelo Poder Concedente para a ampliação ou expansão dos serviços concedidos. Nessa ocasião, os preços existentes não serão suficientes para cobrir os custos de produção.

Em termos de referências internacionais, Tae-Woo Lee e Flynn (2011), Bandara, Nguyen e Chen (2013), Lam e Notteboom (2014) se atentam à questão da precificação dentro do setor portuário. Tais autores divergem sobre qual custo deve ser considerado para a formação de tarifas: apenas o custo operacional (modelo europeu subsidiado pelo Estado), ou o custo total (modelo britânico sem subsídio). Tae-Woo Lee e Flynn (2011) ainda argumentam que, por vezes, para estimular a demanda em determinado porto, é feito um subsídio cruzado entre portos, diferentemente do que ocorre no Brasil, onde o senso comum diz que podem existir subsídios cruzados entre tarifas, mas não entre portos. Para Bandara, Nguyen e Chen (2013), a ferramenta de custeio integra as estratégias do porto. Em Cheng e Yang (2017), a precificação e o planejamento da capacidade de um porto são os principais aspectos a serem mais bem desenvolvidos na busca da melhoria da eficiência.

Nesse contexto, até meados dos anos 1980, de acordo com Saintive e Chacur (2006, p. 8), o método mais empregado na maioria dos países para revisão tarifária era a regulação de preços de acordo com o custo do serviço, também denominada regulação por taxa de retorno (TIR). O método generalizou-se a partir da experiência norte-americana iniciada no final do século passado, com a regulação de monopólios privados de serviço público. Nos demais países não existia a tradição de regulação explícita, pois as operadoras dos serviços eram, na maioria, de propriedade pública, sendo o lucro de monopólio apropriado pelo Estado, como no Brasil.

Assim, a regulação por taxa de retorno implica dizer que, por exemplo, uma empresa concessionária de um acesso aquaviário é autorizada a fixar tarifa de pedágio de maneira que cubra os custos de operação (que inclui o pagamento de funcionários, combustível, aluguel de máquinas, despesas com água e energia elétrica, manutenção de equipamentos e do asfalto etc.), e que pague os empréstimos necessários para as aquisições destinadas à expansão da infraestrutura, além de sustentar uma taxa de lucro razoável sobre os investimentos e despesas.

Nele, o órgão regulador decide quais despesas e investimentos são aceitáveis para compor o cálculo, não sendo essa uma tarefa simples, principalmente por causa da assimetria de informação, na qual a firma tem sempre mais dados que o regulador. A cada período, a partir dos dados contábeis, da política de depreciação e da inflação no período, fixam-se níveis tarifários sob dadas hipóteses de mercado. Pode haver negociações sobre diversos aspectos, em particular sobre o que fazer com os desvios de rentabilidade no período anterior com relação ao previsto (pode se criar uma rubrica de resultados a compensar e incluí-la nas revisões tarifárias).

O lucro da empresa regulada não será tão grande de modo que o consumidor se sinta lesado, mas não será tão pequeno que o empresário se sinta desconfortável (ou desincentivado) em aplicar elevados recursos na concessão. A TIR deve ser adequada para facilitar a tomada de empréstimos (logo, tem que ser maior que os juros de mercado, ou ao contrário o empréstimo deverá ser subsidiado pelos bancos estatais) destinados a aperfeiçoar os serviços ou expandir a infraestrutura. Nesse ínterim, Xavier (1970) informa que a análise dos mercados concretos demonstra que os agentes preferem adotar estratégias que se sustentem no longo prazo ao invés de maximizarem os lucros imediatos.

Para evitar lucros arbitrários, o regulador, em geral, determina a taxa de retorno através de um processo de negociação com a prestadora do serviço ou com representantes do setor, ouvindo o grupo de usuários afetados. Na verdade, a autoridade regulatória precisa ficar atenta ao mercado, isto é, à taxa que o empresariado está esperando (o papel das expectativas é tema central dentro da economia). Uma taxa abaixo do esperado gera pouca atratividade aos investimentos, reduz o valor da concessão e apresenta leilões com poucas ofertas e baixa competitividade na disputa pelo mercado. Numa espécie de regulação pelo *benchmarking*, o regulador, ao avaliar as tarifas propostas na revisão, compara os preços do projeto com os portos semelhantes, ou mesmo com o menor preço conhecido, tido como o mais eficiente, provavelmente.

Santive e Cachur (2006, p. 8), por seu turno, relatam as dificuldades técnicas de aplicação da revisão tarifária com base em custos, destacando cinco: i) dimensão do capital investido, ou seja, uma discricionariedade do regulador na admissão de ativos a serem remunerados pela tarifa; ii) taxa interna de retorno que remunere adequadamente a firma conforme os investimentos realizados; iii) assimetria de informação, pois a avaliação das despesas operacionais requer uma boa contabilidade regulatória e um alto conhecimento técnico do processo produtivo do setor regulado; iv) necessidade de estimação correta da demanda por parte do regulador; e v) método, ao garantir uma taxa interna de retorno mínima, não induz, sozinho, as empresas à busca pela eficiência produtiva.

O procedimento de revisão tarifária é bem mais complexo quando existem vários bens ou serviços fornecidos pela firma. Neste caso, a definição dos diversos níveis tarifários exige rateio dos custos comuns (despesas e investimentos incorridos independentemente do *mix* de bens e serviços), de modo a obter preços relativos consistentes e que reflitam a alocação eficiente.

Nesses casos mais complexos, como nos portos organizados, há três métodos mais usuais de cumprir as fórmulas de rateios: i) segundo os custos específicos dos diversos bens ou serviços; ii) segundo as receitas obtidas pelos diversos bens ou serviços; iii) segundo as quantidades dos diversos bens ou serviços vendidos no último período. Todos os três são arbitrários em algum nível (e os dois últimos são circulares, podendo gerar um círculo vicioso de erros constantemente somados um ao outro) e podem levar a ineficiências e ao exagero nos subsídios cruzados (RIPOLL, 2012).

Explicitado tudo isso, é necessário enfim afirmar: aplicar tais métodos sempre é difícil para as agências governamentais. Além disso, diante da inevitável assimetria de informações, o regulador estaria impelido a coletar dados com os próprios regulados, individualmente. Porém, da célebre teoria da agência (presente nela o problema do agente-principal), depreendemos que os regulados têm vários incentivos para apresentarem comportamentos de *moral hazard*, de maneira que os regulados sempre saberão mais que o regulador sobre o mercado e sobre a própria firma. Nesse cenário, as incertezas e os riscos aumentam, de sorte que as decisões da agência poderiam inclusive aumentar as ineficiências, em vez de mitigá-las.[14] A racionalidade limitada nos impele,

---

[14] No arcabouço teórico de Stiglitz (1985), é relevante observar, no entanto, que enquanto a noção de incerteza e risco aponta para a percepção de risco como um fator comum a todos

portanto, para decisões mais incrementais, ou melhor, suficientemente boas: aquelas que atendam a um nível aceitável de performance (STIGLITZ, 1985).

Diante dessas questões cabe ao regulador definir um esquema de regulação por incentivos minimizador das incertezas e redutor da assimetria informacional, sendo o principal motor dos incentivos o espaço de tempo decorrido entre as revisões tarifárias propriamente e o período no qual as tarifas se mantêm constantes em termos reais, também denominado ciclo tarifário. Durante os intervalos entre as revisões tarifárias, o regulador poderá aplicar a metodologia de reajustes pelo preço-teto. Nesse modelo, adotado pela RN n° 32/2019, é imposto um ciclo tarifário, que consiste no período de tempo correspondente entre duas revisões tarifárias ordinárias, compreendendo um período mínimo de 3 (três) anos e no máximo 5 (cinco) anos. O primeiro ciclo, nos contratos existentes, inicia-se por revisão extraordinária.

No modelo da RN n° 32/2019, a tarifa terá um preço-teto baseado na composição de três dimensões: custo (gastos para entregar o produto), performance (nível de capacidade e produtividade da infraestrutura) e valor (utilidade percebida ou elasticidade do consumidor). Na formação de preços com base em custos, estão envolvidos o conhecimento dos custos de seus serviços e também fatores de mercado como grau de elasticidade da demanda, preços concorrentes e substitutos, estratégia de *marketing*, estrutura de mercado, entre outros. Para desenvolver a análise de precificação baseada em custos, utiliza-se o conceito de *mark-up*, ou seja, a margem agregada ao custo para cobrir tributos, comissões, lucro esperado e despesas financeiras. Importante observar que o *mark-up* deve englobar um percentual para cobrir gastos não incluídos no custo calculado (isto é, o *mark-up*, no caso, não se equivale ao BDI, conhecido como benefícios e despesas indiretas, muito utilizado na precificação de obras).

A modelagem em uso fundamenta-se no conceito de margem de contribuição[15] (parcela do preço que está disponível para cobertura dos gastos e pode gerar lucro; representa quanto cada produto/serviço contribui para cobrir as despesas e formar o lucro) e de *mark-ups*

---

os agentes nas suas decisões de portfólios, a noção de assimetrias de informações estabelece que os agentes diferem em suas percepções de riscos.

[15] A margem de contribuição é a diferença entre receita e custos variáveis. Apresenta como vantagem a facilidade de visualizar a potencialidade de cada serviço/produto, identificando como cada um contribui para a amortização de gastos fixos e despesas para depois formar o lucro propriamente dito.

individuais, e depende de uma contabilidade regulatória efetivamente implantada, incluindo a classificação dos custos e o seu adequado registro conforme os objetos de custos previamente definidos. O ponto de equilíbrio será dado pelo nível de lucro operacional. O equilíbrio geral é a condição que iguala os custos (e despesas) à margem de contribuição, buscando-se uma tarifa que satisfaça essa equação (BRUNSTEIN, 2005). Dado que a receita depende da tarifa cobrada, o conceito de ponto de equilíbrio determina, então, que para determinado volume de demanda pelos serviços a tarifa deve ser ajustada de modo a equilibrar essa equação.

Além da margem bruta (montante arrecadado acima dos custos, sem considerar os impostos), como indicadores de avaliação do projeto de revisão (ou de reajuste tarifário), podem ser utilizadas as seguintes medidas: reajuste médio (variação % das arrecadações tarifárias, considerando o momento anterior); efeito médio (variação % da arrecadação total, considerando o momento anterior); e taxa de retorno (rentabilidade do negócio em dado período, calculada em relação ao capital investido).

Em resumo, podemos sintetizar os seguintes avanços decorrentes do marco regulatório.

FIGURA 3
Avanços setoriais proporcionados pela RN n° 32/2019 e Lei n° 10.233, de 2001, na questão de preços e tarifas

Redução da incertezas na instrução dos pleitos tarifários, diminuindo o tempo gasto no rito aprovatório e mitigando margens para questionamentos dos órgãos de controle e dos usuários	**Presença de estímulos adequados** à boa governança da arrecadação, investimentos eficientes, práticas isonômicas e ao aumento da **produtividade** via uma política comercial competitiva.
Avanços da RN 32/2019 e da Lei nº 10.233, de 2001 na questão de preços e tarifas	
Aumento da transparência na alocação de recursos dentro das tarifas (quem está subsidiando quem). Garantia quanto ao equilíbrio das contas no longo prazo.	**Sistematização** ou modelagem quanto ao formato, conteúdo e métricas das cobranças, **facilitando o monitoramento da fiscalização**, a comparação (benchmarking) entre portos e a **defesa da concorrência**

Para efeitos comparativos, temos a tabela a seguir, tratando da evolução quantitativa dos procedimentos de revisão e reajuste tarifário.

TABELA 2
Estatística processual das revisões e reajustes tarifários (2005 a fev. 2021)

Período	Quantidade de revisões	Quantidade de reajustes	Tempo médio da instrução técnica (dias)
2005 – 2019	40	39	≈ 80
2020 – fev. 2021[16] (após a RN nº 32/2019)	-	09	53

Fonte: Elaboração própria.

Vale destacar que a primeira tabela tarifária padronizada nos moldes da RN nº 32/2019 foi aprovada na 496ª Reunião Ordinária de Diretoria da Antaq em 11.3.2021.

5 Conclusões

O modelo desenvolvido de regulação de preços, tanto em portos organizados, como nas outorgas de autorização, reduziu, a partir de 2001, as incertezas nos mercados e demonstrou algo viável na alocação eficientemente dos recursos produtivos, respeitando as expectativas do mercado de usuários dos portos organizados. Incentivou o investimento na infraestrutura econômica, pois não retirou a possibilidade de um lucro positivo e de se estabelecer uma política comercial visando à maximização da receita total. E provê maior transparência e previsibilidade aos investidores e aos agentes regulados.

Não foi em vão que o art. 175 da CF88 previu que a fixação tarifária para os serviços deve ser "política". Isso significa que a tarifa deverá também estar dirigida a assegurar a máxima generalidade possível de cobertura, a custo acessível, e harmonizando todos os interesses econômicos e sociais em jogo. O momento para discussão sobre o tema é oportuno, pois, a partir de 2019, o Ministério da Infraestrutura iniciou estudos de desestatização de portos públicos, mantendo-os públicos por meio de uma delegação por concessão. O modelo regulatório de tarifas permanece ainda aberto, ou melhor, é possível que cada concessão contenha regras específicas e particulares.

---

[16] Maiores detalhes em: TARIFAS das Autoridades Portuárias. *Gov.br*, 16 nov. 2020. Disponível em: https://www.gov.br/antaq/pt-br/assuntos/instalacoes-portuarias/portos/tarifas-das-autoridades-portuarias.

Referências

ANDRIOTTI, Rafael Fontoura; KLIEMANN NETO, Francisco José. Análise dos fatores internos e externos que afetam a competitividade dos portos públicos brasileiros. *In*: CONGRESSO INTERNACIONAL DE DESEMPENHO PORTUÁRIO, VI, 2019, Florianópolis. *Anais eletrônicos*... Campinas: Galoá, 2019. Disponível em: https://proceedings.science/cidesport-2019/papers/analise-dos-fatores-internos-e-externos-que-afetam-a-competitividade-dos-portos-publicos-brasileiros.

BALEEIRO, Aliomar. *Direito tributário brasileiro*. 13. ed. atual. por Misabel Abreu Machado Derzi. Rio de Janeiro: Forense, 2015.

BANDARA, Y. M.; NGUYEN, Hong-Oanh; CHEN, Shu-Ling. Determinants of port infrastructure pricing. *The Asian Journal of Shipping & Logistics*, v. 29, n. 2, p. 187-206, 2013.

BRUNSTEIN, I. *Economia de empresas*: gestão econômica de negócios. São Paulo: Atlas, 2005.

CÂMARA, Jacintho Arruda. *Tarifa nas concessões*. São Paulo: Malheiros, 2009.

CHENG, Jiannan; YANG, Zhongzhen. The equilibrium of port investment in a multi-port region in China. *Transportation Research Part E: Logistics and Transportation Review*, v. 108, p. 36-51, 2017.

CUÉLLAR, Leila. Abuso de posição dominante no direito de concorrência brasileiro. *In*: CUÉLLAR, Leila; MOREIRA, Egon Bockmann. *Estudos de direito econômico*. Belo Horizonte: Fórum, 2004.

FRISCHTAK, Cláudio R. O novo papel do Estado. *In*: SEMINÁRIO CONCESSÕES DE SERVIÇOS PÚBLICOS E REGULAMENTAÇÃO, 1996, Belo Horizonte. *Anais*... Belo Horizonte: Fundação João Pinheiro, 1997.

GARTNER, Ivan Ricardo; ROCHA, Carlos Henrique; GRANEMANN, Sérgio Ronaldo. Modelagem multicriterial aplicada a problemas de regulação em áreas portuárias privatizadas. *Rev. Adm. Contemp.*, v. 16, n. 4, p. 493-517, 2012. ISSN 1982-7849.

LAM, Jasmine Siu Lee; NOTTEBOOM, Theo. The greening of ports: a comparison of port management tools used by leading ports in Asia and Europe. *Transport Reviews*, v. 34, n. 2, p. 169-189, 2014.

LEE, Paul Tae-Woo; FLYNN, M. Charting a new paradigm of container hub port development policy: the Asian doctrine. *Transport Reviews*, v. 31, n. 6, p. 791-806, 2011.

MEIRELES, Hely Lopes. *Direito administrativo brasileiro*. 27. ed. atual. por Eurico de Andrade Azevedo. São Paulo: Malheiros, 2002.

MONTEIRO, Sandro José. Um estudo sobre os custos da administração portuária e a tarifa pelo custo marginal. *In*: CONGRESSO INTERNACIONAL DE DESEMPENHO PORTUÁRIO, VII, 2017. *Anais*... [s.l.]: [s.n.], 2017.

MONTEIRO, Sandro José; MELLO, Fabiane. Princípios da regulação tarifária do setor portuário: uma abordagem segundo os normativos da Agência. *In*: CONGRESSO INTERNACIONAL DE DESEMPENHO PORTUÁRIO, VII, 2020. *Anais*... [s.l.]: [s.n.], 2020.

MUSGRAVE, R.; MUSGRAVE, P. B. *Finanças públicas*. Rio de Janeiro: Campus, 1980.

PADUA, Claudio de Alencar; SOUZA, Eduardo Gonçalves. Superação dos gargalos logísticos do setor portuário. *Revista do BNDES*, Rio de Janeiro, v. 13, n. 26, p. 55-88, dez. 2006.

POSSAS, M.; PONDÉ, J.; FAGUNDES, J. *Regulação da concorrência nos setores de infraestrutura no Brasil*. Rio de Janeiro: IPEA, 1997.

RIPOLL, Vicente M. *Contabilidade de custos*. Curitiba: Juruá, 2012.

SAINTIVE, Marcelo Barbosa; CHACUR, Regina Simões. *A regulação tarifária e o comportamento dos preços administrados*. Brasília: Seae – Ministério da Fazenda. 2006.

STIGLITZ J. E. Information and economic analysis; a perspective. *Economic Journal*, v. 95 (o), p. 21-41, 1985. Supl.

TRIBUNAL DE CONTAS DA UNIÃO (TCU). *Acórdão Plenário nº 1904/2009*. Auditoria Operacional dos Portos. Brasília, 2009.

VARIAN, H. *Intermediate microeconomics* – A modern approach. 8. ed. Nova York: W. W. Norton & Company, 2010.

VERNON, John A. Examining the link between price regulation and pharmaceutical R&D investment. *Health Economics*, 2004.

WORLD BANK. *Port Reform Took Kit* – Module 6: Port Regulation: Overseeing the Economic Public Interest in Ports. 2. ed. [s.l.]: World Bank, 2012.

XAVIER, Alberto Pinheiro. *Subsídios para uma lei de defesa da concorrência*. Lisboa: Centro de Estudos Fiscais da Direção Geral das Contribuições e Impostos, 1970.

Informação bibliográfica deste texto, conforme a NBR 6023:2018 da Associação Brasileira de Normas Técnicas (ABNT):

PINHEIRO, Bruno de Oliveira; MONTEIRO, Sandro José. Regulação tarifária e expansão das autorizações: dois avanços, lado a lado, da Lei nº 10.233, de 2001. In: TOJAL, Sebastião Botto de Barros; SOUZA, Jorge Henrique de Oliveira (Coord.). *Direito e infraestrutura:* portos e transporte aquaviário – 20 anos da Lei nº 10.233/2001. Belo Horizonte: Fórum, 2021. v. 1, p. 91-114. ISBN 978-65-5518-210-1.

INTERFACE ENTRE REGULAÇÃO E ANTITRUSTE NOS SETORES PORTUÁRIO E FERROVIÁRIO

CLÈMERSON MERLIN CLÈVE

MELINA BRECKENFELD RECK

1 Introdução

Nas últimas décadas, mercê de recorrentes episódios de crise econômica (*v.g.*: crise de 2008, crise decorrente do Covid-19) que ultrapassam fronteiras nacionais, não tem sido rara a preocupação com a atuação interventiva do Estado nas atividades econômicas.

A necessidade de intervenção estatal, ao ser defendida, é atrelada ao tema da regulação e à existência de instituições estatais eficientes que regulem as atividades econômicas *lato sensu* e que se destinem a conciliar objetivos às vezes colidentes, por exemplo: estabilidade dos mercados, segurança jurídica (notadamente mediante o respeito às regras e aos contratos) e proteção e defesa de direitos dos cidadãos.

Na década de 90, houve, no Brasil, uma redefinição do modelo de intervenção estatal com o aprofundamento dos mecanismos de intervenção indireta (aprofundamento esse que vem sendo, aliás, ressuscitado diante dos efeitos ensejados pela pandemia do Covid-19). No bojo das emendas constitucionais que se realizaram, constaram justificativas relativas (i) à tese da incapacidade financeira do Estado (esgotamento do padrão de financiamento do setor público) para intervir diretamente no domínio econômico e (ii) à necessidade seja de robustecimento de suas atividades reguladora, fiscalizadora e fomentadora, seja de desmonte do Estado prestador e produtor (agente econômico).

Todavia, essa redefinição do papel do Estado não elide, nem pode mitigar o papel necessário e indispensável do Estado como instrumento de efetivação dos objetivos fundamentais da República Federativa do Brasil (art. 3º, da CF, entre eles o desenvolvimento nacional). Ainda que tenha sido reduzida[1] a atuação estatal como provedora de bem ou serviço (intervenção direta), isto é, como agente econômico, o Estado não só pode como deve exercitar integralmente a intervenção indireta por meio da regulação jurídica e do fomento.

A propósito, ponderam Vital Moreira e Maria Manuel Leitão Marques:

> O regresso, nas duas últimas décadas, ao paradigma da economia de mercado, depois de uma longa fase de forte regulação e intervenção estadual directa na economia, significa desde logo a revalorização da economia privada, da concorrência e do mercado. As palavras-chave são privatização, liberalização, desregulação. Mas seria errôneo pensar que a privatização e liberalização do sector público se traduz necessariamente num processo de desregulação e devolução pura e simples para as leis do mercado. Longe disso. A desintervenção económica do Estado não quer significar o regresso ao 'laissez-faire' e ao antigo capitalismo liberal. Pelo contrário: o abandono da actividade empresarial do Estado e o fim dos exclusivos públicos provocou em geral um reforço da actividade regulatória do Estado.[2]

Nessa seara, importante lembrar a confluência dos arts. 170, 173, 174 e 175[3] da Constituição Federal no que concerne à atuação estatal

---

[1] Ainda que de forma subsidiária e excepcional, não se olvide que o art. 173 admite a exploração direta de atividade econômica pelo Estado quando necessária aos imperativos da segurança nacional ou a relevante interesse coletivo.

[2] MOREIRA, Vital; MARQUES, Maria Manuel Leitão. A mão visível: mercado e regulação. Coimbra: Almedina, 2003. p. 13.

[3] "Art. 170. A ordem econômica, fundada na valorização do trabalho humano e na livre-iniciativa, tem por fim assegurar a todos existência digna, conforme os ditames da justiça social, observados os seguintes princípios: I - soberania nacional; II - propriedade privada; III - função social da propriedade; IV - livre concorrência; V - defesa do consumidor; VI - defesa do meio ambiente, inclusive mediante tratamento diferenciado conforme o impacto ambiental dos produtos e serviços e de seus processos de elaboração e prestação; VII - redução das desigualdades regionais e sociais; VIII - busca do pleno emprego; IX - tratamento favorecido para as empresas de pequeno porte constituídas sob as leis brasileiras e que tenham sua sede no País. Parágrafo único: É assegurado a todos o livre exercício de

sobre e no domínio econômico, bem como o equilíbrio compromissório que a Carta Magna estabelece na tutela das atividades econômicas *lato sensu* (serviços públicos e atividades econômicas *stricto sensu*). No parágrafo único, do art. 170, assegura-se a livre iniciativa, porém não se descarta a possibilidade de a *lei* exigir prévia autorização de órgãos públicos para o desempenho de determinada atividade econômica. Trata-se de ressalva semelhante à realizada pelo art. 5°, XIII, em relação ao livre exercício de qualquer trabalho, ofício ou profissão, e que demanda a aplicação do regime da reserva de lei qualificada,[4] ou seja, além de eventual restrição ser necessariamente veiculada em lei *formal*, deverá ser razoável e proporcional, não se admitindo o esvaziamento da livre iniciativa ou, conforme o caso, do livre exercício profissional.

Aliás, o escopo primordial da regulação estatal (intervenção indireta nas atividades econômicas *lato sensu*) e, inclusive, da criação das agências reguladoras, em razão, por exemplo, de privatizações, reside no compromisso de não somente conciliar a lógica privada do lucro com a adequada prestação de serviços públicos e com as regras e princípios que integram a ordem econômica constitucional, mas também de erigir mecanismos que promovam o desenvolvimento econômico e propiciem a universalização de tais serviços (evitando-se que a oferta se concentre nos segmentos mais atrativos da demanda) e a concretização desses princípios.

Estabelecidas essas ponderações introdutórias, promover-se-á, no presente ensaio, uma análise da interface entre regulação e antitruste, ao ensejo desses 20 anos de existência dos entes reguladores ANTT/ Antaq e no tocante aos portos e ferrovias.

---

qualquer atividade econômica, independentemente de autorização de órgãos públicos, salvo nos casos previstos em lei. [...] Art. 173. Ressalvados os casos previstos nesta Constituição, a exploração direta de atividade econômica pelo Estado só será permitida quando necessária aos imperativos da segurança nacional ou a relevante interesse coletivo, conforme definidos em lei. [...] §4° A lei reprimirá o abuso do poder econômico que vise à dominação dos mercados, à eliminação da concorrência e ao aumento arbitrário dos lucros; [...]. Art. 174. Como agente normativo e regulador da atividade econômica, o Estado exercerá, na forma da lei, as funções de fiscalização, incentivo e planejamento, sendo este determinante para o setor público e indicativa para o setor privado; [...]. Art. 175. Incumbe ao Poder Público, na forma da lei, diretamente ou sob regime de concessão ou permissão, sempre através de licitação, a prestação de serviços públicos".

[4] Cf. CLÈVE, Clèmerson Merlin. *Soluções práticas de direito* – Pareceres. São Paulo: RT, 2012. v. I. p. 141 e ss.; MENDES, Gilmar Ferreira. *Direitos fundamentais e controle de constitucionalidade*: estudos de direito constitucional. São Paulo: Celso Bastos, 1998. p. 34; STEINMETZ, Wilson Antônio. *Colisão de direitos fundamentais e princípio da proporcionalidade*. Porto Alegre: Livraria do Advogado, 2001. p. 35.

2 Setores estratégicos de infraestrutura, criação das agências reguladoras, diferenciação entre serviço público e atividade econômica *stricto sensu*

A disciplina jurídica dos setores de infraestrutura é fruto da experiência histórica da sociedade brasileira. Isto é, a matéria sempre oscilou entre a participação da iniciativa privada e a forte presença do Poder Público na construção e operação desses setores.

Por se tratar de setores estratégicos ao desenvolvimento e soberania nacionais, a Carta Magna pretende, quando erige tais atividades como serviço público, uma regulação apropriada, específica, intensa e apartada da regra de liberdade inerente às relações econômicas privadas.

De outro lado, é inegável e primordial a atuação do Estado brasileiro para solucionar os chamados gargalos de infraestrutura em setores estratégicos (ferrovias, rodovias, energia elétrica, saneamento, portos etc.), deficiências que impedem consideravelmente o desenvolvimento econômico, que enfraquecem a indústria nacional.

Deveras, diante desse quadro e das vicissitudes sociais e econômicas brasileiras, a intervenção regulatória indireta do Estado no domínio econômico deve promover o equilíbrio entre os interesses privados e públicos. Deve propiciar serviços adequados e tarifas módicas, assegurar a livre iniciativa e a livre concorrência, impedir o exercício abusivo do poder econômico. Enfim, garantir a observância dos princípios que regem a ordem econômica constitucional.

Sob o argumento de concretizar tais propósitos, recorreu-se, no Brasil, à criação de agências reguladoras que, embora não se possam negar avanços já obtidos, ainda possuem um longo e árduo caminho. E que, diante de especificidades de determinados segmentos econômicos estratégicos e de tipicidades de monopólio naturais e legais, emergiram no bojo da chamada intervenção estatal setorial e não prescindem da aplicação dos mecanismos previstos no capítulo da ordem econômica constitucional (art. 170 e seguintes).

Na redefinição do modelo interventivo do Estado brasileiro e diante da escassez, na década de 90 e também na última década, de recursos públicos, operou-se (i) a delegação da prestação de ampla gama de serviços públicos para a iniciativa privada; (ii) a transformação de alguns serviços públicos em atividades econômicas *stricto sensu* (permitindo a ampliação das hipóteses sujeitas à autorização ao invés da concessão e/ou permissão); (iii) a criação das agências reguladoras.

Como registra Luís Roberto Barroso, a privatização:

trouxe drástica transformação no papel do Estado: em lugar de protagonista na execução dos serviços, suas funções passam a ser as de planejamento, regulação e fiscalização. É nesse contexto histórico que surgem, como personagens fundamentais, as agências reguladoras.[5]

Não obstante a origem das agências reguladoras no Brasil esteja muito vinculada ao fato de que a execução dos serviços públicos foi transferida à iniciativa privada, tais autarquias especiais, dotadas de prerrogativas próprias e caracterizadas por sua autonomia em relação ao Poder Público, não têm sua atuação restringida aos serviços públicos, sendo também relevantes no âmbito das atividades econômicas *stricto sensu*, consoante, aliás, o previsto no art. 174 da Constituição da República.

O regime especial autárquico conferido às agências reguladoras brasileiras, com, de um lado, estabilidade e mandato assegurados aos seus dirigentes e, de outro, a previsão de um regime de incompatibilidade e da quarentena, visa a impedir ingerências indevidas do Poder Executivo, injunções político-partidárias e, também, *lobbies* dos grandes grupos empresariais, bem como a preservar a natureza técnica das funções executivo-administrativas, normativas e decisórias desempenhadas pelas agências reguladoras.

De outro lado, no que se refere às espécies atividade econômica em sentido estrito e serviço público, convém lembrar que definir serviço público é uma tarefa consideravelmente árdua e hercúlea, que tem merecido, há anos, especial e profunda atenção dos juristas.[6]

Todavia, mercê de tal definição encontrar-se inserida em debates, inerentes à ciência política, sobre os escopos, limites de atuação, funções

---

[5] BARROSO, Luís Roberto. Introdução. *In*: MOREIRA NETO, Diogo Figueiredo. *Direito regulatório*. Rio de Janeiro: Renovar, 2003. p. 31.

[6] Essa questão é abordada, a título de exemplo, nas seguintes obras: ARAGÃO, Alexandre Santos de. *Direito dos serviços públicos*. Rio de Janeiro: Forense, 2007; DUGUIT, Léon. *Las transformaciones del derecho publico*. Tradução de Adolfo Posada e Ramón Jaen. 2. ed. Madrid: F. Beltran, 1926; GRAU, Eros Roberto. Constituição e serviço público. *In*: GRAU, Eros Roberto; GUERRA FILHO, Willis Santiago (Coord.). *Direito constitucional*: estudos em homenagem a Paulo Bonavides. São Paulo: Malheiros, 2001; GROTTI, Dinorá Adelaide Musetti. *O serviço público e a Constituição brasileira de 1988*. São Paulo: Malheiros, 2003; JUSTEN FILHO, Marçal. *Teoria geral das concessões de serviços públicos*. São Paulo: Dialética, 2003; JUSTEN, Mônica Spezia. *A noção de serviço público no direito europeu*. São Paulo: Dialética, 2003; LAUBADÈRE, André de. *Direito público econômico*. Coimbra: Almedina, 1985; LIMA, Ruy Cirne. *Princípios de direito administrativo*. 7. ed. São Paulo: Malheiros, 2007; BANDEIRA MELLO, Celso Antônio. *Curso de direito administrativo*. 17. ed. São Paulo: Malheiros, 2004; ARIÑO ORTIZ, Gaspar. *Princípios de derecho público econômico*. Bogotá: Universidad Externado de Colômbia, 2003.

e papéis do aparato estatal, trata-se de noção que se altera no tempo. Já foi considerada verdadeiro mito na França,[7] já passou por crises. Há definições amplas, restritas e ecléticas. É atingida pelo advento de figuras novas, *v.g.*: na Comunidade Europeia, fala-se em serviços universais e atividades econômicas de interesse geral.

A noção de serviço público, tal como os institutos jurídicos em geral, é conformada pelas relações, entre o Estado e a sociedade, existentes em determinado momento histórico, as quais são dinâmicas e mutáveis de acordo com as vicissitudes ideológicas, políticas, sociais e econômicas que se apresentam em distintas épocas e em diferentes países.

A propósito, mercê de sua natureza compromissária, a Constituição de 1988 almeja conciliar os interesses públicos e privados com a efetivação dos objetivos fundamentais nela plasmados. Tal feição repercute na problemática relativa à noção de serviço público, na medida em que este, por ser atividade econômica *lato sensu*[8] (art. 175, da Constituição Federal), substancia, de certo modo, o marco divisório das esferas pública e privada.

Não obstante a relevância da explanação acerca da noção de serviço público, aprofundar, nesta oportunidade, a sua análise implica extrapolar o objeto do presente ensaio. De qualquer modo, é oportuno reforçar que o enquadramento de determinada atividade como serviço público envolve consideração a respeito da concepção do Estado e de seu papel em determinado momento histórico, bem como que, neste ensaio, por conta da tendência, seja em recentes leis (*v.g.*, Nova Lei dos Portos – Lei nº 12.815/2013), seja em projetos de lei (*v.g.*: PLS nº 261/2018 – Marco Legal das Ferrovias; PL nº 4.476/2020 – Nova Lei do Gás) de ampliação da utilização de autorizações ao invés de concessões, será abordada a problemática ensejada pelo advento, no bojo das reformas constitucionais da década de 90, da figura da *autorização*, prevista no art. 21 da Constituição da República.

O art. 21 da CF integra, como se sabe, o capítulo que trata dos bens e das competências legislativas e materiais da União e que contempla uma gama variada de atividades cometidas a esse ente federativo, sem haver referência expressa a elas como sendo *serviço público*.

---

[7] CHEVALLIER, Jacques. *Le service public*. Paris: PUF, 1997. p. 7-8.
[8] Conferir nesse sentido o magistério do Ministro Eros Roberto Grau: GRAU, Eros Roberto. *A ordem econômica na Constituição de 1998* – Interpretação e crítica. 9. ed. rev. e atual. São Paulo: Malheiros, 2004. p. 92-101.

De outra parte, no capítulo da Constituição que cuida dos princípios gerais da atividade econômica (art. 170 e ss.), denota-se o enquadramento dos serviços públicos como atividade econômica *lato sensu* e, outrossim, encontra-se o único dispositivo constitucional que disciplina os serviços públicos de forma genérica (irradiando efeitos ao todo da Carta). Está a se falar da regra que se extrai do art. 175 e que prevê: incumbir ao Poder Público a prestação dos serviços públicos, a qual pode realizar-se diretamente ou sob regime de concessão ou permissão, sempre mediante licitação.

Com efeito, na hipótese de o Estado decidir delegar a prestação (não a titularidade) do serviço público à iniciativa privada, deverá fazê-lo sempre mediante licitação, seja para efeito de concessão, seja para a permissão. Aliás, mencione-se, por oportuno, que, mesmo antes da Constituição de 1988, em 1979, o Excelso Pretório, ao apreciar os autos do RE nº 89.217-6 – que diziam respeito à discussão relativa a hotel do estado de Santa Catarina que se encontrava arrendado à iniciativa privada –, vinculou serviço público e concessão, constando no v. acórdão a seguinte assertiva: "não deve ser considerado serviço público aquele que outro particular pode prestar independentemente de concessão".

Vale dizer, sem embargo de os serviços públicos também possuírem dimensão econômica por estarem relacionados com bens escassos, eles, ao contrário das atividades econômicas *stricto sensu*, estão ligados mais estreitamente aos fundamentos, princípios e objetivos fundamentais da República Federativa do Brasil. Cingem-se a critérios diferentes quanto à oportunidade e conveniência de serem prestados em determinadas condições, sob prerrogativas e sujeições especiais. Atinem ao espaço público e supõem que a atividade, qualificada como serviço público, foi excluída das regras de mercado, vez que não pode ser afetada e condicionada por tais forças, pelo valor de troca segundo a lógica mercantil simples.

Partindo da premissa da impossibilidade de adoção de interpretação literal do disposto no art. 21 da Constituição Federal, necessário lembrar que esse dispositivo não busca tratar genericamente do serviço público, mas sim realizar *distribuição de competência entre os entes federados*.

Em decorrência dessas duas premissas, já se poderia concluir que o art. 21, incs. XI e XII, não contempla apenas serviços públicos, isto é, as atividades nele mencionadas não são todas redutíveis a essa condição.

Entretanto, a par disso, a figura da *autorização* não compadece com a existência de um serviço público, vulnera o previsto no art. 175 da Constituição, e apenas é cogitada, *ex vi* do parágrafo único do art.

170, para certas atividades econômicas *stricto sensu*, cuja natureza e importância exigem fiscalização mais ampla e intensa do Estado. Por isso, as atividades estratificadas nos diversos incisos do art. 21 da CF/1988 poderão ou não ser qualificadas como serviços públicos de acordo com as circunstâncias e segundo a estruturação que se verificar como necessária. Certo, ainda, que o critério essencial para essa definição reside na correlação entre a atividade desempenhada e a satisfação de necessidades direta e imediatamente relacionadas com a dignidade da pessoa humana e com finalidades políticas essenciais (*v.g.*: objetivos fundamentais da República).

Inclusive porque as autorizações cingem-se à possibilidade de exercício de atividades no próprio interesse do particular; ao revés, na permissão e concessão, o escopo precípuo é o atendimento de necessidades coletivas. Ademais, nessa esteira, os serviços públicos devem ser proporcionados em condições não discriminatórias; logo, na autorização, não se aplicam os princípios inerentes à prestação de serviços públicos, tampouco prerrogativas públicas.

Em última análise, as hipóteses contidas nos incs. X, XI e XII, do art. 21, da Constituição, podem conduzir à emergência tanto de serviço público, quanto de atividade econômica *stricto sensu*.

3 Estado regulador e regulação

O termo *regulação* possui natureza polissêmica, que lhe propicia certa abrangência e, ao mesmo tempo, fluidez, ensejando, inclusive, a necessidade de se externar o que se pretende dizer ao se utilizar a expressão *Estado regulador*.

Como se sabe, na seara jurídica, a utilização de expressões deve ser permeada de muita parcimônia, mormente quando o intento é explicar um conceito ou instituto jurídico. No que se refere ao termo *regulação*, essa cautela inclusive deve ser redobrada, eis que se constata que ele vem sendo utilizado, hodiernamente, de forma generalizada seja por profissionais de outras ciências (economia, administração, jornalismo etc.), seja pelos cidadãos e representantes políticos em geral.

Embora se trate de expressão amplamente conhecida, não se pode dizer que possua um sentido unívoco, bem pelo contrário, há uma ampla gama de significados e nem sempre a expressão é utilizada com o mesmo sentido, razão pela qual, no presente ensaio, faz-se oportuno estabelecer um acordo semântico, isto é, definir qual o significado que se adota na utilização do termo.

A propósito, mercê do contido no art. 174 da Constituição Federal, não se pode definir regulação como sendo o mero estabelecimento de regras jurídicas,[9] visto que, com esse significado, não se estaria retratando todo o contexto que permeia hodiernamente a atividade regulatória do Estado, inclusive em razão do surgimento das agências reguladoras. Isto é, há que se partir da premissa de que a expressão *regulação*, atualmente, cinge-se a fenômeno recente que se espraiou internacionalmente baseado na criação das chamadas autoridades independentes (chamadas no Brasil de agências reguladoras) e na implantação de um novo modelo de Estado oriundo de processos de privatização e liberalização da economia mediante a relativização de monopólios estatais.

Portanto, a compreensão do termo *regulação* encontra-se vinculada ao significado que se atribui, também em tempos atuais, à expressão *Estado regulador*, a qual, diga-se de passagem, igualmente, não se resume ao sentido de o Estado ter a prerrogativa de estabelecer normas jurídicas, afinal, se o significado abrangesse apenas esse aspecto, ter-se-ia sempre o Estado como "regulador".

Partindo-se da premissa de que o significado dos termos *regulação* e *Estado regulador* decorre da estreita relação entre ambos, no presente

---

[9] A propósito, Floriano Azevedo Marques Neto assevera: "cumpre separar a atividade regulatória da atividade regulamentar. O baralhamento entre os dois conceitos leva alguns doutrinadores a reduzir a atividade de regulação estatal ao seu caráter meramente normativo. Esta mesma confusão está também na base de posições doutrinárias que procuram identificar o processo de reforma regulatória (e o crescimento dos mecanismos de nova regulação estatal) com processos de desregulamentação ou de desregulação. A atividade de regulação estatal envolve – dentro das balizas acima divisadas – funções muito mais amplas que a função regulamentar (consistente em disciplinar uma atividade mediante a emissão de comandos normativos, de caráter geral, ainda que com abrangência meramente setorial). A regulação estatal envolve, como veremos adiante mais amiúde, atividades coercitivas, adjudicatórias, de coordenação e organização, funções de fiscalização, sancionatórias, de conciliação (composição e arbitragem de interesses), bem como o exercício de poderes coercitivos e funções de subsidiar e recomendar a adoção de medidas de ordem geral pelo poder central. Sem essa completude de funções não estaremos diante do exercício de função regulatória. Porém, não fosse essa plêiade de atividades intrínseca à função de regulação, a sua distinção da atividade meramente normativa e regulamentar, entre nós, já estaria patente do próprio texto constitucional. Com efeito, o art. 174 da CF imputa ao Estado o papel de 'agente normativo e regulador da atividade econômica' (a qual, nos parece, é aqui utilizada no sentido amplo, compreendendo tanto as atividades econômicas em sentido estrito como aquelas consideradas serviços públicos). Ora, ao Constituinte se arvorou no dever de distinguir os dois papéis do Estado em face da ordem econômica, separando a atividade regulamentar (normativa) da atividade regulatória (esta última compreendendo o detalhamento dos aspectos de fiscalização, incentivo e planejamento), é certo que, para a ordem constitucional brasileira, regular não é sinônimo de regulamentar" (MARQUES NETO, Floriano de Azevedo. *Agências reguladoras independentes* – Fundamentos e seu regime jurídico. Belo Horizonte: Fórum, 2005. p. 37-38).

estudo, ao utilizá-los, almeja-se referir ao atual modelo estatal, em que são, consideravelmente, estabelecidas regras jurídicas no processo de abertura econômica e no qual se forja um novo modelo de intervenção estatal na economia mediante a redução da atuação empresarial do Estado. Ressalve-se, no entanto, que não se trata de modelo estatal padronizado, e sim dinâmico e mutante conforme as vicissitudes históricas, culturais, econômicas e sociais.

Afinal, como assevera Marçal Justen Filho:

> fala-se muito mais de um "modelo regulador" de Estado para indicar uma situação variável, que se concretiza de diversos modos. A propósito do Estado, poderiam ser aplicadas as palavras de Eros Grau, no sentido de que "A cada sociedade corresponde *um direito*, integrado por determinadas regras e determinados princípios". Não obstante podemos, no plano abstrato, falar de certos *modelos de direito*.[10]

Saliente-se, outrossim, que, para Calixto Salomão Filho,[11] o emprego do termo não se resume à regulação dos serviços públicos, englobando "toda a forma de *organização da atividade econômica* através do Estado, seja a *intervenção* através da concessão de serviço público ou o exercício do *poder de polícia*", vez que:

> no campo econômico, a utilização do conceito de *regulação* é a correspondência necessária de dois fenômenos. Em primeiro lugar, a redução da intervenção direta do Estado na economia, e em segundo o crescimento do movimento de concentração econômica.

Em suma, no presente texto, a utilização da expressão *Estado regulador* implica a aceitação de que, nessa nova arquitetura de Estado, houve a modificação não dos fins, mas sim dos mecanismos por meio dos quais o Poder Público intervém nas atividades econômicas para alcançar os fins almejados pelo Estado democrático de direito.[12] Isto é:

---

[10] JUSTEN FILHO, Marçal. *O direito das agências reguladoras independentes*. São Paulo: Dialética, 2002. p. 24-25.

[11] SALOMÃO FILHO, Calixto. *Regulação da atividade econômica* – Princípios e fundamentos jurídicos. São Paulo: Malheiros, 2001. p. 14.

[12] Nesse sentido, Alexandre Santos de Aragão ressalta não ter havido "uma mudança nos objetivos – a maioria deles de sede constitucional – destas atividades, mas sim nos meios delas os alcançarem: de uma titularidade estatal exclusiva e unicidade de prestador sob uma intensa regulação, para uma pluralidade de prestadores insujeitos à regulação estatal em uma série de importantes aspectos de suas atividades" (ARAGÃO, Alexandre. Serviços públicos e concorrência. *Revista de Direito Público da Economia*, Belo Horizonte, n. 2, p. 54-124, abr./jun. 2003. Esp., p. 63).

a regulação incorpora a concepção da *subsidiariedade*. Isso importa reconhecer os princípios gerais da livre-iniciativa e da livre empresa, reservando-se ao Estado o instrumento da regulação como meio de orientar a atuação dos particulares à realização de valores fundamentais.[13]

Pois bem, a respeito desse desenho regulatório, podem ser elencados alguns escopos:
(i) liberalização de atividades até então monopolizadas pelo Estado, para viabilizar ampla disputa pelos particulares em regime de mercado;
(ii) predomínio da competência regulatória: permanece o Estado presente no domínio econômico, não como agente econômico, mas sim se valendo do instrumento normativo e de suas competências políticas para induzir os particulares à realização dos fins necessários ao bem comum;
(iii) a atuação regulatória propugnada admite a possibilidade de intervenção destinada a propiciar a realização de certos valores políticos e sociais, sendo que a relevância dos interesses coletivos envolvidos (serviços públicos, por exemplo) impede a prevalência da pura e simples busca do lucro;
(iv) instituição de mecanismos de disciplina permanente e dinâmica em relação à atividade econômica privada;
(v) intervenção para criar condições de concorrência, inclusive, quando possível, no âmbito dos serviços públicos, vez que esta, quando devidamente monitorada pelo Estado, substancia importante instrumento para atingir a justiça social, plasmada constitucionalmente com a consagração dos direitos fundamentais, não representando, assim, um fim em si mesmo.

Tais escopos encontram-se atrelados aos principais motivos do advento desse novo modelo de intervenção estatal, entre eles:
(i) a insuficiência do Estado de providência na atuação direta na economia (como promotor, gestor e planejador) decorrente inclusive do fato de o Estado não possuir todas as informações relevantes e necessárias para dirigir a economia;
(ii) o sofisma do mercado livre, isto é, o reconhecimento de que a mão invisível de Adam Smith não dispensa a necessidade

---
[13] JUSTEN FILHO, Marçal. *O direito das agências reguladoras independentes.* São Paulo: Dialética, 2002. p. 21.

de o Estado intervir para garantir a concorrência entre os agentes, notadamente em razão de existência das chamadas *falhas de mercado* (ex.: externalidades negativas, assimetrias de informação, monopólios naturais etc.);

(iii) a necessidade de proteção aos consumidores, identificados como o lado hipossuficiente nas relações econômicas mantidas com produtores e distribuidores;

(iv) necessidade de assegurar as obrigações de serviço público.

4 Interface entre regulação e antitruste nos portos e ferrovias

Por se considerar que a concorrência não é um fim em si mesmo e, em verdade, imbrica-se com os demais princípios e fins na ordem econômica constitucional,[14] é utilizada, neste ensaio, a expressão *antitruste* no lugar de *concorrência*. Concorda-se, aliás, com o magistério de Paula Forgioni, no sentido de que o antitruste é

> técnica de que lança mão o Estado contemporâneo para implementação de políticas públicas, mediante a repressão ao abuso do poder econômico e a tutela da livre concorrência[15] [...] o antitruste já não pode ser visto apenas como um arranjo inteligente de normas destinado a evitar ou neutralizar os efeitos autodestrutíveis, criados pelo próprio mercado, mas, ao contrário, deve ser encarado como um instrumento de implementação de políticas públicas.[16]

---

[14] "O direito da concorrência no Brasil – seja no aspecto de seu texto normativo, seja no de sua efetiva aplicação – é determinado pelos princípios jurídicos conformadores da ordem econômica constitucional. Observe-se, assim, que a ordem econômica constitucional não é estabelecida apenas pelas regras dispostas no Título VII da Constituição, pois diversas disposições tratadas em outros títulos referem-se a essa ordem. Essas regras em conjunto é que devem ser interpretadas e aplicadas como um todo para a concreção das normas constitucionais. [...] Ressalvando-se que as questões concretas podem suscitar a consideração de outros princípios no momento da aplicação da lei antitruste, pode-se enumerar os mais relevantes à matéria, dentro do enfoque deste trabalho: livre-iniciativa, livre concorrência, repressão ao abuso do poder econômico; e bem-estar do consumidor" (NUSDEO, Ana Maria de Oliveira. *Defesa da concorrência e globalização econômica* – O controle da concentração de empresas. São Paulo: Malheiros, 2002. p. 232-234).

[15] FORGIONI, Paula. *Os fundamentos do antitruste*. 2. ed. São Paulo: Revista do Tribunais, 2005. p. 23-24.

[16] FORGIONI, Paula. *Os fundamentos do antitruste*. 2. ed. São Paulo: Revista do Tribunais, 2005. p. 24.

Ao tratar de competição no mercado de gás doméstico e de fornecimento de energia, Cosmo Graham[17] salienta que a definição de políticas públicas sobre o tamanho dos mercados competitivos implica opções em termos de valores substanciais, por exemplo, em que os usuários dos respectivos serviços devem ser vistos como consumidores ou cidadãos. Isto é, na hipótese de, como no caso da Lei Antitruste brasileira que contempla repasse de parte relevante, ser determinado que os benefícios da concorrência devem ser espraiados de forma equânime entre os consumidores, haveria certa limitação nos preços adotados pelas empresas, ou seja, instintos de concorrência temperados pela preocupação com a justiça social.

Na reforma do Estado brasileiro realizada na década de 1990, foram defendidas, entre outras medidas, o fim de monopólios públicos e a abertura de campo para a iniciativa privada, sob o argumento de que a concorrência configuraria um mecanismo eficiente[18] a possibilitar desenvolvimento econômico, vez que propiciaria ganhos de qualidade significativos, menores preços e possibilidades de escolha para o consumidor.

No entanto, não se pode defender que a eliminação de monopólios públicos enseje a criação de monopólios privados,[19] tampouco a possibilidade de exercício abusivo de poder econômico. Vale dizer, não se pode cogitar que a concorrência baste por si mesma e torne desnecessária a regulação estatal, pelo contrário há (e deve haver) uma intensa e permanente relação entre regulação e antitruste.

A relação de dependência entre regulação e antitruste também é reconhecida por Vital Moreira e Maria Leitão Marques quando abordam a nova economia de mercado:

---

[17] GRAHAM, Cosmo. *Regulating public utilities*: a legal and constitucional approach. Oxford: Hart Publishing, 2000. p. 169.

[18] Conferir sobre o assunto: SUNDFELD, Carlos Ari. Serviços públicos e regulação estatal: introdução às agências reguladoras. *In*: SUNDFELD, Carlos Ari (Coord.). *Direito administrativo econômico*. São Paulo: Malheiros, 2002. p. 35.

[19] "a abertura à concorrência não consistiu unicamente em um processo 'liberalizador' (eliminação de barreiras de entrada ao exercício da atividade). Pelo contrário, nestes setores, a privatização e a liberalização foi acompanhada de um novo modelo de regulação para a concorrência, pois dadas as características de monopólio natural, presente em alguma fase de sua atividade e as tendências colusivas de muitos desses setores, a privatização e teórica liberalização poderiam posteriormente desembocarem um monopólio privado, tão ineficiente ou mais que o serviço público monopolizado de titularidade estatal" (ARIÑO ORTIZ, Gaspar; CASTRO GARCÍA-MORATO, Lucía Lopez de. *Derecho de la competência en sectores regulados*: fusiones y adquisiciones – Control de empresas y poder político. Granada: Comares, 2001. p. 5-6. Tradução livre).

ao contrário da economia baseada na intervenção econômica do Estado e nos serviços públicos directamente assegurados pelos poderes públicos, a nova economia de mercado, baseada na iniciativa privada e na concorrência, depende essencialmente da regulação pública não somente para assegurar o funcionamento do próprio mercado mas também para fazer valer os interesses públicos e sociais relevantes que só por si o mercado não garante.[20]

Tercio Sampaio Ferraz Júnior,[21] por seu turno, além de ressalvar que livre iniciativa nem sempre se traduz em livre concorrência (e vice-versa), destaca a necessidade da presença do

> Estado regulador e fiscalizador, capaz de regular o livre mercado para fomentar a competitividade enquanto fator relevante na formação de preços, do dinamismo tecnológico, do uso adequado de economia de escala etc., impedindo, assim, que a competitividade, num mercado livre que a desvirtua, se torne instrumento de restrição estratégica à livre-iniciativa dos concorrentes.

De mais a mais, a adoção de medidas que propiciem desenvolvimento econômico depende dessa estreita relação entre regulação estatal e antitruste, até porque não se cogita mais a possibilidade de inércia estatal ou que o Estado não possa atuar, por meio da regulação, para propiciar um regime concorrencial possível.[22]

Como se vê, a introdução da concorrência,[23] em setores de infraestrutura antes monopolizados, ainda que seja um forte argumento

---

[20] MOREIRA, Vital; MARQUES, Maria Manuel Leitão. *A mão visível*: mercado e regulação. Coimbra: Almedina, 2003. p. 15.

[21] FERRAZ JÚNIOR, Tercio Sampaio. Abuso de poder econômico por prática de licitude duvidosa amparada judicialmente. *Revista de Direito Público da Economia*, n. 1, p. 215-225, jan./mar. 2003. Esp., p. 216.

[22] Marie-Anne Frison Roche ressalta que "Quando a liberalização dos setores coincide com a criação de regulações, esta é a consequência da constatação de que não basta declarar a concorrência, é preciso construí-la. Disso decorre uma regulação dita 'assimétrica', ou seja, que visa abertamente a enfraquecer o poder de mercado do operador histórico, frequentemente público, para tornar o setor atrativo a novos operadores. O acesso ao setor é então considerado como uma espécie de porta aberta, a regulação funcionando então temporariamente como o degrau de acesso à concorrência" (ROCHE, Marie-Anne Frison. Os novos campos da regulação. *Revista de Direito Público da Economia*, n. 10, abr./jun. 2005. p. 199).

[23] Defendendo a necessidade de mecanismos regulatórios próprios e independentes da lógica da concorrência em termos de busca da universalização de infraestruturas, Diogo Rosenthal Coutinho assevera: "o estímulo à concorrência, ainda que bem-sucedido, não é suficiente para garantir a universalização. É mais fácil imaginar que um regime concorrencial leve à rivalidade de firmas na utilização da infraestrutura já construída do que a uma rivalidade

utilizado no bojo da reforma do Estado brasileiro, não elimina a atuação regulatória do estado, mesmo porque muitas vezes a assimetria regulatória (como sucede, no âmbito das ferrovias e portos, em que convivem os institutos da concessão e da autorização) pode ensejar distorções na dinâmica concorrencial e, assim, emerge a necessidade de as agências reguladoras setoriais (*v.g.*: Antaq e ANTT) restarem bem atentas para não colocarem em condições diferenciadas agentes que concorrem no mesmo mercado relevante (art. 36, §3º, inc. X).

Inclusive, na recente Lei nº 13.848/2019 (chamada de Lei Geral das Agências Reguladoras), ao se disciplinar sobre a gestão, organização, o processo decisório e o controle social das agências reguladoras, há nítida presença da interface entre a regulação e o antitruste quando se trata da relação dos entes reguladores com o sistema de defesa da concorrência em seu Capítulo III, intitulado "Da interação entre as agências reguladoras e os órgãos de defesa da concorrência":

> Art. 25. Com vistas à promoção da concorrência e à eficácia na implementação da legislação de defesa da concorrência nos mercados regulados, as agências reguladoras e os órgãos de defesa da concorrência devem atuar em estreita cooperação, privilegiando a troca de experiências.
> Art. 26. No exercício de suas atribuições, incumbe às agências reguladoras monitorar e acompanhar as práticas de mercado dos agentes dos setores regulados, de forma a auxiliar os órgãos de defesa da concorrência na observância do cumprimento da legislação de defesa da concorrência, nos termos da Lei nº 12.529, de 30 de novembro de 2011 (Lei de Defesa da Concorrência).
> §1º Os órgãos de defesa da concorrência são responsáveis pela aplicação da legislação de defesa da concorrência nos setores regulados,

---

na expansão da rede (exceto se a expansão se justificar em razão de interesse comercial concreto na área a ser alcançada). Da mesma forma, não se verifica que a rivalidade incipiente entre firmas brasileiras prestadoras de serviço público chegue a um grau de acirramento tal que a oferta de serviços mais baratos para as classes pobres desponte como um elemento diferenciador para o consumidor consciente. Em outras palavras, a concorrência, altamente benéfica para o consumidor já incluído do mercado, não é capaz de, por si só, incluir cidadãos alijados do acesso às redes, nem tampouco atingiu um grau de sofisticação tal que a diferenciação de produtos se dê por meio da avaliação do nível de comprometimento social da empresa prestadora do serviço. Fato é que a concorrência e a universalização seguem lógicas muito distintas, que não podem ser substituídas e, em algumas situações, se contrapõem. Empresas privadas não investem em universalização a não ser (a) quando esta apresenta perspectivas concretas – e excepcionais de rentabilidade futura que justifique inversões ou (b) quando são obrigadas a isso pelas regras de regulação que tenham, entre seus escopos, objetivos redistributivos" (COUTINHO, Diogo Rosenthal. Privatização, regulação e o desafio da universalização do serviço público no Brasil. *In*: FARIA, José Eduardo (Org.). *Regulação, direito e democracia*. São Paulo: Fundação Perseu Abramo, 2002. p. 83-84).

incumbindo-lhes a análise de atos de concentração, bem como a instauração e a instrução de processos administrativos para apuração de infrações contra a ordem econômica.

§2º Os órgãos de defesa da concorrência poderão solicitar às agências reguladoras pareceres técnicos relacionados a seus setores de atuação, os quais serão utilizados como subsídio à análise de atos de concentração e à instrução de processos administrativos.

Art. 27. Quando a agência reguladora, no exercício de suas atribuições, tomar conhecimento de fato que possa configurar infração à ordem econômica, deverá comunicá-lo imediatamente aos órgãos de defesa da concorrência para que esses adotem as providências cabíveis.

Art. 28. Sem prejuízo de suas competências legais, o Conselho Administrativo de Defesa Econômica (Cade) notificará a agência reguladora do teor da decisão sobre condutas potencialmente anticompetitivas cometidas no exercício das atividades reguladas, bem como das decisões relativas a atos de concentração julgados por aquele órgão, no prazo máximo de 48 (quarenta e oito) horas após a publicação do respectivo acórdão, para que sejam adotadas as providências legais.

Os portos e ferrovias representam, na cadeia logística dos meios de transporte, elos fundamentais nas trocas comerciais, tanto no âmbito interno quanto em sede de comércio internacional. Substanciam verdadeiros agentes econômicos, promovendo o fluxo de produtos e viabilizando a presença deles nos mercados. Os modais de transportes podem alterar os valores dos bens/produtos, gerar riquezas e influenciar diretamente o custo das mercadorias.

A relevância do sistema portuário para o intercâmbio comercial torna-o canal essencial e de singular importância para a consecução do desenvolvimento econômico. No caso brasileiro, a posição geográfica, a dimensão continental e o extenso litoral conferem aos transportes terrestres e marítimos natureza indispensável.

Ademais, na condição de elo fundamental da cadeia de transportes, os portos são as estruturas básicas para o intercâmbio comercial, interno e externo, na medida em que, nas instalações portuárias, perfazem-se as indispensáveis interligações modais entre os transportes terrestres e marítimos, desempenhando imprescindível função no desenvolvimento nacional e regional, gerando a necessidade de outros serviços, receitas tributárias e postos de trabalho.

De tal sorte, ante objetivos de significativa expansão da presença brasileira nos mercados internacionais, a ampliação e a adequação da infraestrutura portuária e ferroviária substanciam temas que demandam atuação efetiva do Estado brasileiro.

Pois bem, tal como nos demais setores em que as redes de infraestrutura são imprescindíveis para sua realização, as atividades ferroviárias e portuárias atrelam-se a dois fatores conexos: essencialidade e altos investimentos iniciais. De um lado, o acesso aos serviços públicos portuários e ferroviários deve dar-se indistinta e ininterruptamente a todo o mercado, independentemente do porte econômico do usuário, e mediante tarifas acessíveis. De outra parte, importam serviços cuja ausência, eventual ou sistemática, tem forte impacto sobre o desenvolvimento econômico. Por fim, envolvem a construção de enormes redes e malhas de infraestrutura, exigindo investimentos iniciais nem sempre recuperáveis. Logo, é possível afirmar-se, na linguagem econômica, que essas redes e malhas de infraestrutura muitas vezes têm características de *monopólios naturais*.[24]

De mais a mais, o investimento em setores estratégicos de infraestrutura está relacionado diretamente ao crescimento econômico, tanto que

> a experiência brasileira das décadas de 80 e 90 do século XX demonstrou que a queda da taxa média de crescimento do PIB (8,2% na década de 70, 4,5% nos anos 1980, contra 3,2% nos anos 1990) esteve acompanhada da diminuição dos investimentos na economia [...] e no caso dos portos e ferrovias os investimentos não foram capazes de recompor nem mesmo a depreciação do capital. Em portos, as inversões de 1995 não chegaram a 20% do valor alcançado em 1990.[25]

Na década passada, o Governo Federal lançou o PAC – Programa de Aceleração do Crescimento, com a pretensão de investir em infraestrutura, em especial a de transportes, distribuindo-se os recursos em três eixos estratégicos: (i) infraestrutura logística, envolvendo a construção e ampliação de rodovias, ferrovias, portos, aeroportos e hidrovias e infraestrutura; (ii) infraestrutura energética, correspondendo à geração

---

[24] A existência de monopólios naturais remonta a situações em que há significativas economias de escala e/ou de escopo em relação ao tamanho do mercado, calculado para um preço no nível do custo médio mínimo (escala mínima eficiente). Tais condições tornam impeditiva a existência de mais uma rede, isto é, tornam sem sentido econômico sua duplicação. Os monopólios naturais associam-se ao setor de infraestrutura de um país, eis que permitem a circulação de bens elementares para a população e para a vida econômica. Sobre o assunto, conferir: PINHEIRO, Armando Castelar; SADDI, Jairo. *Direito, economia e mercados*. Rio de Janeiro: Campus, 2005. p. 262 e ss.

[25] FRÓES, Fernando. Infra-estrutura pública: conceitos básicos, importância e a intervenção governamental. *In*: CARDOZO, José Eduardo Martins; QUEIROZ, João Eduardo Lopes; SANTOS, Márcia Walquíria Bastista dos. *Curso de direito administrativo econômico*. São Paulo: Malheiros, 2006. v. 2. p. 235.

e transmissão de energia elétrica, produção, exploração e transporte de petróleo e, por fim, (iii) infraestrutura social e urbana, englobando saneamento, habitação e metrôs.

Diante da inegável necessidade de ampliação das infraestruturas portuária e ferroviária, tal como sucede em outras searas (gás, saneamento etc.), emergiram propostas legislativas, nos últimos anos e década, que defendem a significativa ampliação das hipóteses de autorização para o desempenho das atividades portuárias e ferroviárias.

Afinal, em razão desses desafios do chamado *custo Brasil*, é comum a defesa da necessidade de implantar-se um ambiente concorrencial nos portos/ferrovias que traga eficiência (alocativa, produtiva, distributiva). Porém, não se pode cogitar a existência de concorrência sem bases isonômicas, com prestadores que não coexistam de forma harmônica e não predatória. Não se pode descartar a necessidade de um ambiente concorrencial saudável, sob pena de prejuízos consideráveis em termos de eficiência em curto, médio e longo prazos a agentes econômicos, ao Estado, a trabalhadores e consumidores/usuários.

No âmbito portuário, a nova lei (n° 12.815), que já foi editada em 2013 (o que, aliás, ensejou a perda de objeto de ADPF na qual se questionava a possibilidade de terminais portuários privativos de uso misto[26] (sujeitos à autorização) movimentarem carga de terceiros em detrimento dos terminais de uso público (sujeitos à concessão)), prevê,

---

[26] Em 2008, Antonio Delfim Netto defendeu, no *Valor Econômico*, que os terminais de uso misto dificultariam a regulação: "Essa observação parece importante no momento em que se discute uma mudança de legislação, que eventualmente autorizará a instalação de terminais estritamente privados (sem a saudável exigência de carga própria significativa), que poderão movimentar cargas de terceiros: os estranhos terminais privativos de 'uso misto'. Quando há carga própria significativa, a razão para a carga de 'terceiros' é que ela reduz os custos operacionais pelos ganhos de dimensão. Tais terminais competiriam com terminais verdadeiramente de 'uso público', que são arrendados por licitação pública, por período bem definido e com a obrigação de devolver os ativos ao Estado uma vez findo o contrato. A não-exigência de carga própria em volume significativo possibilitaria ao autorizado, com um pequeno sofisma, exercer as funções de terminal público e operar contêineres de terceiros com evidente desrespeito à pré-condição de uma licitação com custos e obrigações de uma operação efetivamente pública. No longo prazo, suas consequências podem ser desastrosas para a regulação da atividade. No caso de exportação de produtos agrícolas, nada impede que os pequenos produtores (que desejam livrar-se da pressão exercida pelas exportadoras que têm terminais de 'carga própria') organizem-se na forma de cooperativas (ou outros arranjos) e possam também operar em terminais de 'carga própria' significativa e, com investimentos adequados, manipular carga de terceiros para reduzir os seus custos. A mesma solução podem encontrar os pequenos exportadores de produtos minerais. Não há, portanto, a necessidade de terminais de 'uso misto', que podem pôr em risco a eficácia da agência reguladora" (O PAC e os portos – Delfim Neto, artigo publicado no jornal Valor Econômico. *Portos & Mercados*, 27 jun. 2008. Disponível em https://www.portosmercados. com.br/o-pac-e-os-portos-delfim-netoartigo-publicado-no-jornal-valor-economico/).

expressamente, em seu art. 3º, o objetivo de *aumentar a competitividade e o desenvolvimento do país*. Contempla, em seu art. 2º, inc. XII, a autorização como sendo a "outorga de direito à exploração de instalação portuária localizada fora da área do porto organizada e formalizada mediante contrato de adesão", sendo, por força de seu art. 8º, "precedida de chamada ou anúncio públicos e, quando for o caso, processo seletivo público" e restando a Antaq incumbida, no §3º do art. 8º, de adotar "as medidas para assegurar o cumprimento dos cronogramas de investimento previstos nas autorizações". E, em seus arts. 4º e 5º-B, reforça a necessidade de prévia licitação respectivamente, para a concessão de bem público destinado à exploração do porto organizado e para o arrendamento de bem público destinado à atividade portuária.

De outro lado, no que atine ao setor ferroviário, o novo marco legal (PLS nº 261/2020), embora ainda tramite no Congresso Nacional, também confere nítida ênfase à autorização que, aliás, é retratada, em relatório do Senado, como um dos três principais assuntos tratados no projeto:

> O projeto original foi estruturado em 69 artigos, distribuídos em oito capítulos, que tratam de três assuntos distintos e inter-relacionados:
> 1. outorga de autorização à iniciativa privada para construir ou adquirir ferrovias e explorar o transporte sobre os trilhos de sua propriedade, em regime de direito privado;
> 2. autorregulação ferroviária, que cria a possibilidade de que o próprio mercado promova a gestão e a SF/20356.00352-17 2 coordenação do trânsito de pessoas e de mercadorias por linhas de diferentes empresas, cabendo ao Poder Público atuar apenas em caso de conflitos não conciliados pelas partes; e
> 3. segurança do trânsito e do transporte ferroviários, assunto atualmente disposto no Regulamento dos Transportes Ferroviários, aprovado pelo Decreto nº 1.832, de 4 de março de 1996.
> [...] Em sua justificativa o Senador José Serra esclarece que buscou aproveitar mecanismos bem-sucedidos na legislação nacional de outras áreas de infraestrutura, adaptando dispositivos presentes na Lei nº 9.472, de 16 de julho de 1997, que introduziu os serviços de telecomunicações em regime privado; na Lei nº 9.648, de 27 de maio de 1998, que disciplina o Operador Nacional do Sistema Elétrico (ONS); e na Lei nº 12.815, de 5 de julho de 2013, que instituiu a figura da autorização do Terminal de Uso Privado. Também foram criados instrumentos urbanísticos já adotados no Japão e em diversos países asiáticos para viabilizar o surgimento do transporte de passageiros privado. [...]
> A matéria será analisada nos aspectos de constitucionalidade, juridicidade, mérito e técnica legislativa. O projeto é constitucional, uma vez que

é calcado nos arts. 22, XI (legislar privativamente acerca de transporte e trânsito) e 21, XII, d (explorar diretamente ou mediante autorização, concessão ou permissão o transporte ferroviário de âmbito federal) [...] Quanto ao mérito, estamos de acordo com a justificação do nobre Senador José Serra, cuja iniciativa é digna de louvor. Infelizmente, o transporte ferroviário em nosso País está muito aquém de suas potencialidades, e, concordamos com ele, é necessário um extenso avanço no marco regulatório do setor, de forma a atrair investimentos para aumentar a oferta de infraestrutura ferroviária, impedir a concentração do mercado, reduzir os custos logísticos e promover a concorrência no setor ferroviário, ao passo que se salvaguarda a segurança jurídica.

Dessa forma, entendemos bem-vinda a proposta de disciplinar em lei uma nova modalidade de outorga para a exploração de ferrovias em nosso marco regulatório. Ao autorizarmos a exploração de ferrovias, estamos, de fato, reconhecendo que há um grande espaço para que essa modalidade de transporte possa operar com benefício da liberdade de empreender, em que os investidores têm maior latitude para aplicar e gerir seus recursos, mas que, em contrapartida, os obriga a assumir todos os investimentos e todos os riscos do negócio.

É importante registrar que, embora os preços cobrados no regime de autorização não sejam previamente estipulados pelo regulador, as autorizatárias sujeitam-se ao controle dos órgãos de defesa do consumidor e da concorrência, que têm autoridade para coibir a cobrança de preços abusivos. [...]

Com essas constatações iniciais, consideramos oportuno e necessário organizar o transporte ferroviário em uma lei específica, o que, aliás, já estava previsto na própria Lei nº 10.233, de 5 de junho de 2001, cujos arts. 13 e 14 fazem referência a essa possibilidade. Foi sob essa inspiração que promovemos um rearranjo na estrutura do projeto, trazendo para seu corpo a reorganização das regras para outorga da gestão da infraestrutura ferroviária e da operação dos transportes ferroviários, então contidas nos arts. 13 e 14 daquela Lei. A organização do setor ferroviário, então, compõe o Capítulo III do nosso substitutivo, que também inclui as regras de outorga do transporte ferroviário associado ou não associado à infraestrutura, de cargas ou de passageiros, executado em regime público ou em regime privado. Em outro caminho, promovemos pequenas alterações na parte da Lei nº 10.233, de 2001, relativas às competências da ANTT, de modo a não restringir a área de atuação da Agência apenas às ferrovias concedidas. Afinal, nos termos do inciso II de seu art. 20, é objetivo da Agência "regular ou supervisionar, em suas respectivas esferas e atribuições, as atividades de prestação de serviços e de exploração da infraestrutura de SF/20356.00352-17 11 transportes".

Sendo assim, levamos para essa lei o conteúdo especificado no art. 50

da proposição original, exceto em relação aos dispositivos que tratavam da autorregulação.[27]

Apesar de ainda não estar aprovado o projeto do novo marco legal ferroviário, relevante destacar que, desde a privatização da Vale do Rio Doce na década de 90, não são raros, no Conselho Administrativo de Defesa Econômica – Cade, feitos em que se discute o controle da Vale em relação a ferrovias e portos que escoam sua produção de minério de ferro, ou seja, a questão concorrencial já está presente há bastante tempo em relação às ferrovias e portos brasileiros. A título de exemplo, colhem-se, em relatório exarado em 2019 no Cade, os seguintes excertos:

> A Vale S.A. é uma sociedade anônima de capital aberto brasileira, integrante do "Grupo Vale", que atua na produção de minério de ferro, pelotas de minério de ferro e níquel. Produz, ainda, minério de manganês, ferroligas, carvão térmico e metalúrgico, cobre e subprodutos de metais do grupo da platina, ouro, prata e cobalto. Subsidiariamente às suas operações de mineração, a Vale opera um sistema de logística no Brasil e em outras regiões do mundo, incluindo ferrovias, terminais e portos marítimos. Ademais, possui investimentos nos setores de energia e siderurgia, diretamente e por intermédio de coligadas e *joint ventures*. [...]
> Antes de adentrar a análise do presente Ato de Concentração, gostaria de relembrar a atuação do Cade, discorrendo brevemente sobre sua finalidade e sobre seus limites.
> A atividade do Cade é disciplinada pela Lei nº 12.529/2011, que estrutura o Sistema Brasileiro de Defesa da Concorrência e dispõe sobre a prevenção e repressão às infrações contra à ordem econômica, orientada pelos ditames constitucionais de liberdade de iniciativa, livre concorrência, função social da propriedade, defesa dos consumidores e repressão ao abuso do poder econômico.
> Nesse sentido, o Cade possui como função primordial zelar pela existência de condições de livre-concorrência e livre-iniciativa nos mercados. Nesse sentido, como ensina a Professora Paula Forgioni, a livre-iniciativa visa garantir o *acesso* dos agentes às oportunidades de troca, enquanto a livre-concorrência visa assegurar a existência de *disputa* nos diferentes mercados[3].
> Assim, o Cade atua essencialmente de forma (i) repressiva, por meio na instauração, instrução e aplicação de sanções em processos administrativos que investigam infrações à ordem econômica; e (ii) preventiva, por

---

[27] BRASIL. Comissão de Serviços de Infraestrutura. *Parecer nº de 2020*. Disponível em https://legis.senado.leg.br/sdleg-getter/documento?dm=8906757&ts=1605715577342&dispositio n=inline. Acesso em: 20 jan. 2020.

meio da análise de Atos de Concentração que preencham os requisitos fixados pela Lei nº 12.529/2011. Em ambos os casos, a missão da Autarquia é zelar pela existência de um ambiente competitivo.

Note-se que se submetem ao escrutínio antitruste as operações envolvendo diferentes mercados, sejam eles regulados ou não. Cada um desses mercados possui características e dinâmicas de funcionamento diferentes, não sendo papel autoridade concorrencial atuar como agência reguladora de um ou de outro mercado. Isso não significa que não caiba ao Cade compreender as nuances de cada mercado para avaliar como tais disposições influenciam a dinâmica competitiva daquele segmento específico, mas não cabe à autoridade antitruste definir todos os aspectos regulatórios e/ou legais que disciplinam o correspondente setor. Pensemos, por exemplo, em um mercado em que um agente dependa de licenças ambientais para que possa operar. Não caberia ao Cade conceder ou não a licença, ou tampouco implementá-la. Porém, se insere no âmbito da competência da Autarquia, por exemplo, avaliar em que medida essa imposição constitui uma barreira relevante à entrada naquele mercado e como essa imposição poderia afetar a dinâmica competitiva. Note-se que são avaliações claramente distintas.

Assim, ainda que o presente caso, como tantos outros, possa envolver diversas questões regulatórias, sociais, ambientais, entre outras, creio que o Cade deve buscar se ater às questões concorrenciais, certamente dentro de seu espectro de sua competência. Não se pode esperar que a autoridade antitruste seja demandada a responder sobre todos esses outros aspectos, pois (i) não possui competência para tanto; e (ii) há órgãos com atribuições específicas de fazer análises muito mais aprofundadas sobre cada uma dessas matérias. Sendo assim, consigno que o presente voto se restringirá às questões concorrencialmente relevantes ao caso, sem adentrar a aspectos estranhos às atribuições deste Conselho.[28]

Pois bem, tanto com relação à Antaq, quanto à ANTT, na comemoração de duas décadas de existência, destacam-se a importância e necessidade de regulação das atividades ferroviárias e portuárias que interaja/coopere com o antitruste e considere seja a convivência gradual e remanescente entre a autorização e a concessão, seja as demandas que se lhes impõem para propiciarem segurança, certeza, estabilidade, concorrência justa e adequada, tutela do(s) consumidor/

---

[28] BRASIL. Ministério da Justiça e Segurança Pública – MJSP; Conselho Administrativo de Defesa Econômica – Cade. *Ato de Concentração nº 08700.007101/2018-63*. Disponível em: https://sei.cade.gov.br/sei/modulos/pesquisa/md_pesq_documento_consulta_externa.php?mYbVb954ULaAV-MRKzMwwbd5g_PuAKStTlNgP-jtcH5MdmPeznqYAOxKmGO9r4mCfJlTXxQMN01pTgFwPLudA_Ayco-hk7GWBTyyYphfkuuHYNKTU2LXupL9A5DnSciN. Acesso em: 20 jan. 2020.

usuários, condições tão caras e essenciais (embora, lamentavelmente, nem sempre existentes) ao desenvolvimento econômico.

5 Conclusão

Destarte, é relevante e oportuno articular regulação e antitruste com o escopo de modernização dos modais de transporte e de redução dos gargalos logísticos. Contemplar a questão concorrencial na disciplina normativa, nos editais e contratos de adesão das autorizações e nos contratos de concessão, promover a estabilidade regulatória, com certeza, previsibilidade, enfim, com a necessária segurança jurídica. Não prescindir da intervenção regulatória do Estado brasileiro.[29] Buscar, nos certames licitatórios, a modicidade tarifária e não a arrecadação de recursos para o erário público. Evitar que a concorrência se realize entre agentes sujeitos a condições diferenciadas ou que se realize em detrimento de concessionários de serviço público, para que não haja desestímulos aos investimentos. Ter como meta perene assegurar igualdade de condições e convivência harmônica e equilibrada entre os responsáveis pelos modais, propiciando um ambiente concorrencial saudável[30] que considere as contínuas modificações oriundas do

---

[29] "o mercado deixado sem controle, também causa ineficiências, pois não se autorregula com justiça, e tende a concentrar renda, monopolizar e criar distorções sistêmicas na economia. Ao mesmo tempo, afastar totalmente o Estado da economia incorre no risco de dar condições a agentes políticos propositalmente eximirem o Estado de suas funções obrigatórias. O advento da recente crise econômica mundial comprovou esta tese. Neste sentido, os críticos do mercado dão importante contribuição, pregando a necessidade de melhores mecanismos de controle estatal com participação da sociedade civil de forma mais descentralizada" (DIAS, Ricardo Macedo; ALMEIDA, Sérgio Roberto de Porto. A participação estatal no porto de Santos como política para viabilizar a atividade portuária. Redige – Senai, v. 2. n. 2, ago. 2011. p. 427).

[30] A propósito, relevante mencionar que, no PLS nº 261/2020, em seu art. 4º, colhe-se disciplina que enfatiza ainda mais a interface regulação e antitruste: "A política setorial, a construção, a operação, a exploração, a regulação e a fiscalização das ferrovias em território nacional devem seguir os seguintes princípios: I - proteção e respeito aos direitos dos usuários; II - preservação do meio ambiente; III - redução dos custos logísticos; IV - aumento da oferta de mobilidade e de logística; V - integração da infraestrutura ferroviária; VI - compatibilidade de padrões técnicos; VII - eficiência administrativa; VIII - distribuição de rotas de determinada malha ferroviária entre distintas operadoras ferroviárias, de modo a impedir a concentração de origens ou destinos; IX - defesa da concorrência; X - regulação equilibrada Parágrafo único. Além dos princípios relacionados no caput, aplicam-se ao transporte ferroviário associado à exploração da infraestrutura ferroviária em regime privado os princípios da livre concorrência, da liberdade de preços e da livre iniciativa de empreender". E, no art. 5º, constam as diretrizes a serem seguidas pelo transporte ferroviário: "I - promoção de desenvolvimento econômico e social por meio da ampliação da logística e da mobilidade ferroviárias; SF/20356.00352-17 21 II - expansão da malha ferroviária, modernização e atualização dos sistemas, e otimização da infraestrutura ferroviária; III - adoção e difusão das

dinamismo das atividades econômicas e seja convergente, de forma proporcional, com os escopos da ordem econômica constitucional.

Referências

ARAGÃO, Alexandre Santos de. *Direito dos serviços públicos*. Rio de Janeiro: Forense, 2007.

ARAGÃO, Alexandre. Serviços públicos e concorrência. *Revista de Direito Público da Economia*, Belo Horizonte, n. 2, p. 54-124, abr./jun. 2003.

ARIÑO ORTIZ, Gaspar. *Princípios de derecho público econômico*. Bogotá: Universidad Externado de Colômbia, 2003.

ARIÑO ORTIZ, Gaspar; CASTRO GARCÍA-MORATO, Lucía Lopez de. *Derecho de la competência en sectores regulados*: fusiones y adquisiciones – Control de empresas y poder político. Granada: Comares, 2001.

BANDEIRA MELLO, Celso Antônio. *Curso de direito administrativo*. 17. ed. São Paulo: Malheiros, 2004.

BARROSO, Luís Roberto. Introdução. *In*: MOREIRA NETO, Diogo Figueiredo. *Direito regulatório*. Rio de Janeiro: Renovar, 2003.

BRASIL. Comissão de Serviços de Infraestrutura. *Parecer nº de 2020*. Disponível em: https://legis.senado.leg.br/sdleg-getter/documento?dm=8906757&ts=1605715577342&disposition=inline. Acesso em: 20 jan. 2020.

BRASIL. Ministério da Justiça e Segurança Pública – MJSP; Conselho Administrativo de Defesa Econômica – Cade. *Ato de Concentração nº 08700.007101/2018-63*. Disponível em: https://sei.cade.gov.br/sei/modulos/pesquisa/md_pesq_documento_consulta_externa. php?mYbVb954ULaAV-MRKzMwwbd5g_PuAKStTlNgP-jtcH5MdmPeznqYAOxKmGO9r4mCfJlTXxQMN01pTgFwPLudA_Ayco-hk7GWBTyyYphfkuuHYNKTU2LXupL9A5DnSciN. Acesso em: 20 jan. 2020.

CHEVALLIER, Jacques. *Le service public*. Paris: PUF, 1997.

CLÈVE, Clèmerson Merlin. *Soluções práticas de direito* – Pareceres. São Paulo: RT, 2012. v. I.

COUTINHO, Diogo Rosenthal. Privatização, regulação e o desafio da universalização do serviço público no Brasil. *In*: FARIA, José Eduardo (Org.). *Regulação, direito e democracia*. São Paulo: Fundação Perseu Abramo, 2002.

---

melhores práticas do setor ferroviário, garantia da qualidade dos serviços e da efetividade dos direitos dos usuários; IV - estímulo à modernização e ao aprimoramento da gestão da infraestrutura ferroviária, à valorização e à qualificação da mão de obra ferroviária e à eficiência das atividades prestadas; V - promoção da segurança do trânsito ferroviário em áreas urbanas e rurais; VI - estímulo ao investimento em infraestrutura, integração de malhas ferroviárias e eficiência dos serviços; VII - estímulo à ampliação do mercado ferroviário na matriz de transporte de cargas e de passageiros; VIII - estímulo à concorrência intermodal e intramodal como inibidor de preços abusivos ou práticas não competitivas; IX - estímulo à autorregulação fiscalizada, regulada e supervisionada pelo poder público; X - incentivo ao uso racional do espaço urbano, mobilidade eficiente e à qualidade de vida nas cidades".

DIAS, Ricardo Macedo; ALMEIDA, Sérgio Roberto de Porto. A participação estatal no porto de Santos como política para viabilizar a atividade portuária. *Redige – Senai*, v. 2. n. 2, ago. 2011.

DUGUIT, Léon. *Las transformaciones del derecho publico*. Tradução de Adolfo Posada e Ramón Jaen. 2. ed. Madrid: F. Beltran, 1926.

FERRAZ JÚNIOR, Tercio Sampaio. Abuso de poder econômico por prática de licitude duvidosa amparada judicialmente. *Revista de Direito Público da Economia*, n. 1, p. 215-225, jan./mar. 2003.

FORGIONI, Paula. *Os fundamentos do antitruste*. 2. ed. São Paulo: Revista do Tribunais, 2005.

FRÓES, Fernando. Infra-estrutura pública: conceitos básicos, importância e a intervenção governamental. *In*: CARDOZO, José Eduardo Martins; QUEIROZ, João Eduardo Lopes, SANTOS, Márcia Walquíria Bastista dos. *Curso de direito administrativo econômico*. São Paulo: Malheiros, 2006. v. 2.

GRAHAM, Cosmo. *Regulating public utilities*: a legal and constitucional approach. Oxford: Hart Publishing, 2000.

GRAU, Eros Roberto. *A ordem econômica na Constituição de 1998* – Interpretação e crítica. 9. ed. rev. e atual. São Paulo: Malheiros, 2004.

GRAU, Eros Roberto. Constituição e serviço público. *In*: GRAU, Eros Roberto; GUERRA FILHO, Willis Santiago (Coord.). *Direito constitucional*: estudos em homenagem a Paulo Bonavides. São Paulo: Malheiros, 2001.

GROTTI, Dinorá Adelaide Musetti. *O serviço público e a Constituição brasileira de 1988*. São Paulo: Malheiros, 2003.

JUSTEN FILHO, Marçal. *O direito das agências reguladoras independentes*. São Paulo: Dialética, 2002.

JUSTEN FILHO, Marçal. *Teoria geral das concessões de serviços públicos*. São Paulo: Dialética, 2003.

JUSTEN, Mônica Spezia. *A noção de serviço público no direito europeu*. São Paulo: Dialética, 2003.

LAUBADÈRE, André de. *Direito público econômico*. Coimbra: Almedina, 1985.

LIMA, Ruy Cirne. *Princípios de direito administrativo*. 7. ed. São Paulo: Malheiros, 2007.

MARQUES NETO, Floriano de Azevedo. *Agências reguladoras independentes* – Fundamentos e seu regime jurídico. Belo Horizonte: Fórum, 2005.

MENDES, Gilmar Ferreira. *Direitos fundamentais e controle de constitucionalidade*: estudos de direito constitucional. São Paulo: Celso Bastos, 1998.

MOREIRA, Vital; MARQUES, Maria Manuel Leitão. *A mão visível*: mercado e regulação. Coimbra: Almedina, 2003.

NUSDEO, Ana Maria de Oliveira. *Defesa da concorrência e globalização econômica* – O controle da concentração de empresas. São Paulo: Malheiros, 2002.

O PAC e os portos – Delfim Neto, artigo publicado no jornal Valor Econômico. *Portos & Mercados*, 27 jun. 2008. Disponível em https://www.portosmercados.com.br/o-pac-e-os-portos-delfim-netoartigo-publicado-no-jornal-valor-economico/.

PINHEIRO, Armando Castelar; SADDI, Jairo. *Direito, economia e mercados*. Rio de Janeiro: Campus, 2005.

ROCHE, Marie-Anne Frison. Os novos campos da regulação. *Revista de Direito Público da Economia*, n. 10, abr./jun. 2005.

SALOMÃO FILHO, Calixto. *Regulação da atividade econômica* – Princípios e fundamentos jurídicos. São Paulo: Malheiros, 2001.

STEINMETZ, Wilson Antônio. *Colisão de direitos fundamentais e princípio da proporcionalidade*. Porto Alegre: Livraria do Advogado, 2001.

SUNDFELD, Carlos Ari. Serviços públicos e regulação estatal: introdução às agências reguladoras. *In*: SUNDFELD, Carlos Ari (Coord.). *Direito administrativo econômico*. São Paulo: Malheiros, 2002.

Informação bibliográfica deste texto, conforme a NBR 6023:2018 da Associação Brasileira de Normas Técnicas (ABNT):

CLÈVE, Clèmerson Merlin; RECK, Melina Breckenfeld. Interface entre regulação e antitruste nos setores portuário e ferroviário. *In*: TOJAL, Sebastião Botto de Barros; SOUZA, Jorge Henrique de Oliveira (Coord.). *Direito e infraestrutura*: portos e transporte aquaviário – 20 anos da Lei n° 10.233/2001. Belo Horizonte: Fórum, 2021. v. 1, p. 115-140. ISBN 978-65-5518-210-1.

A REGULAÇÃO ABDUZIDA: O TCU NO EXERCÍCIO DA REGULAÇÃO DE COMPETÊNCIA DA ANTAQ

FLORIANO DE AZEVEDO MARQUES NETO

FABIO BARBALHO LEITE

1 Para uma introdução: o escopo do trabalho

Não é exagero dizer que o direito portuário brasileiro, até como regramento jurídico com alguma peculiaridade na vastíssima área do direito administrativo, alcançou outra dimensão de relevo para além muros da burocracia do próprio Estado quando se deu o processo de parcial desestatização do setor com delegação de parcela das atividades incumbidas ao agente empresarial estatal direto no setor – a generalidade das companhias de docas nacionais – para o setor privado. Antecedido por contratações como prestadores de serviços para as companhias de docas, o ingresso dos particulares no setor portuário de forma mais estável e consistente deu-se com o advento da Lei nº 8.630/93, via contratos de arrendamento portuário e instrumentos aproximados.

Passados praticamente vinte anos de aplicação daquela lei, se, de um lado, a experiência dela surgida tinha produzido investimento privado com manutenção do modelo de titularidade pública do porto, também estavam já então um tanto patentes as insuficiências do modelo, valendo destacar: ainda pouca competição, com conceitos jurídicos – como a célebre distinção entre "carga própria" e "cargas de terceiros" para fins de delimitação de operação de terminais privados – que criavam gargalos à competitividade; a descentralização não tinha respondido ao passivo de licitações pendentes para geração de novos contratos e investimentos e um ainda remanescente grande passivo de investimento em infraestrutura portuária.

O governo então respondeu a esse estado de coisas com uma novel legislação, editada inicialmente por intermédio de medida provisória – MP nº 595, de dezembro de 2012 –, convertida na Lei nº 12.815, de 5.6.2013, que segue sendo o marco legal vigente do setor portuário. No passivo de licitação e investimento ali constatado, respondeu-se com um modelo de gestão governamental centralizador, trazendo-se à então Secretaria de Portos da Presidência da República – órgão estatal incumbido da gestão da política nacional para o setor, que, no que já vai virando uma "tradição", muda de *status* entre secretaria e ministério a depender do governo de ocasião e de sua necessidade de composição de bancada congressual – competências antes insertas naquelas da agência setorial (Antaq) e até mesmo das administrações portuárias locais (as autoridades portuárias). Esse caminho de centralização respondia à ambição de se acelerar um maciço programa de licitações de novos arrendamentos. Também se extinguiu a distinção entre "carga própria" e "carga de terceiros" para fins de operação dos TUP, ampliando-se assim fortemente a possibilidade de competição entre portos privados ou TUP e portos públicos. Inovou-se também se explicitando maior plasticidade para a gestão dos contratos de arrendamento, com possibilidade de alteração de área, investimento em infraestruturas públicas fora da área arrendada, antecipação de aditivos de prorrogação contratual mediante aprovação de plano de novos investimentos.

Aproximando-se novamente uma vintena de legislação portuária em aplicação, é sempre útil a reflexão que busque identificar avanços e eventuais insuficiências da política pública e da economia privada ligadas ao setor portuário. Nesse mister, pode-se analisar o desempenho de vários atores envolvidos no setor, todos eles eficientes em promover avanços ou estagnações. Fala-se do governo e seu ministério ou secretaria, agência reguladora, instituições estatais em geral (Cade, Judiciário etc.), empresas dos distintos setores atuantes no setor etc.

Direcionando-se a pesquisa para análise do desempenho da regulação setorial nesse período, o agente institucional protagonista, a princípio, obviamente deveria ser a Agência Nacional de Transportes Aquaviários – Antaq. Aqui, porém, a práxis jurídica e institucional brasileira impõe uma correção de rumo. É que, sem desconhecer a atuação da Antaq, o registro fidedigno da história institucional do setor portuário leva à constatação de que outro ator institucional, ao se pôr como controlador externo da agência reguladora segundo uma compreensão que, em rigor, pouco encontrando limites de conteúdo competencial, resultou instaurar o órgão de controle como um efetivo coautor da agenda regulatória portuária no país.

O objetivo do presente estudo é pôr olho sobre o papel que esse ator em particular – afastado da operação econômica direta e da gestão da política pública – tem desempenhado na atividade portuária, inegavelmente *de forte impacto*: a atuação do Tribunal de Contas da União (TCU), órgão de controle externo por excelência em face da atuação da máquina estatal federal. E, na medida da força de seus conceitos e de sua intervenção controladora sobre a atuação da Administração federal, não é exagero retórico ver o TCU como relevante coautor da política pública setorial inaugurada pela lei, debulhada em nível regulamentar, operacionalizada pela agência reguladora e, agora, pela Secretaria Especial de Portos do Ministério da Infraestrutura.

À luz do impacto das decisões do TCU no setor, a Corte de Contas há de ser reconhecida como um dos atores centrais de sua conformação jurídica e, assim, dos rumos que tem tomado no presente nacional. Eis, pois, o ângulo de onde adiante se passa a olhar o direito portuário vigente: *como tem entendido o TCU, as possibilidades de gestão e investimento no setor, os limites e condicionantes do exercício regulatório, a política tarifária, os requisitos formais de contratação, renovação e alteração das avenças firmadas entre Estado e particulares*. A fonte de pesquisa para tanto é a jurisprudência produzida pela própria atuação da Corte de Contas federal, da qual sacados acórdãos tratando variado temário, passando por: gestão contratual (destinação de área portuária, licitação, reequilíbrio econômico-financeiro, aditamento contratual de prazo); preços (controle de tarifa, o caso da *terminal handling charge* – THC), controle de função reguladora; relação porto-cidade e o caso emblemático do controle realizado pelo TCU em torno do Decreto n° 9.048 de 2017.

Antes, a tarefa é registrar o entendimento concreto da Corte de Contas federal sobre aspectos relevantes da aplicação-operação da Lei n° 12.815/13. Em arremate, embora episódicos e atomizados os casos vertidos em acórdãos, será tentada uma compreensão das grandes linhas exegéticas que proclama o Tribunal de Contas da União em torno do tema portuário e algumas hipóteses sobre as consequências daí advindas para a operação e gestão do setor.

Mas se pode adiantar uma consequência inexorável desse papel desempenhado pelo TCU: junto às demais instituições governamentais do setor, tem lá a Corte de Contas seus méritos pelos avanços, estagnações e engessamentos do setor portuário do Brasil atual.

2 Os casos e seus temas

2.1 O controle da função regulatória

Sem desconhecimento da autonomia da função regulatória e da competência concernente cabentes à Agência Nacional de Transportes Aquaviários – Antaq (Lei nº 10.233-2001, arts. 27 e ss.), o Tribunal de Contas da União tem intervindo na atuação dessa, escudando-se para tanto na competência geral de controle da Administração Pública federal (CF, art. 71) à luz da legalidade e, para tanto, operando a distinção entre mérito do ato regulatório (espaço a princípio imune à intervenção do órgão de controle, desde que não presente flagrante afronta à legalidade no conteúdo da decisão reguladora) e *procedimento decisório regulatório*, o qual deve observar uma série de requisitos que conformaria a boa técnica regulatória. Neste segundo aspecto, sobretudo, caberia ampla sindicância de parte do controle externo, que, constatando desrespeito ao bom *iter* procedimental regulatório, pode anular ou sustar a eficácia de decisões regulatórias.

A orientação geral da Corte pode ser conhecida, entre outros, ao ensejo do Acórdão nº 715/2008 – TCU – Plenário, sob relatoria do Min. Augusto Nardes:

> [...] o TCU, na fiscalização das atividades-fim das agências reguladoras, não deve substituir-se aos órgãos que controla, nem estabelecer o conteúdo do ato de competência do órgão regulador, determinando-lhe a adoção de medidas, *salvo quando verificar a ocorrência de ilegalidade ou de omissão da autarquia no cumprimento das normas jurídicas pertinentes, conforme acórdãos* 1.703/2004, 1.926/2004, 2.022/2004, 2.067/2004, 556/2005 e 649/2005, todos do Plenário.

Ou, ainda, nos termos da seguinte proclamação ementada pelo Acórdão nº 435/2020 – Plenário, sob relatoria do Min. Augusto Nardes:

> REPRESENTAÇÃO COM PEDIDO DE MEDIDA CAUTELAR. PREGÃO ELETRÔNICO PARA REGISTRO DE PREÇOS PE 60/2018 DO MINISTÉRIO DA SAÚDE. AQUISIÇÃO DO MEDICAMENTO IMUNOGLOBULINA HUMANA 5G INJETÁVEL. CELEBRAÇÃO DO 3º TERMO ADITIVO AO CONTRATO 238/2018-MS. CONHECIMENTO. OITIVA PRÉVIA. DILIGÊNCIA. REPRESENTAÇÃO PARCIALMENTE PROCEDENTE.

RISCO DE DESABASTECIMENTO DO MEDICAMENTO. PRESENÇA DO PERICULUM IN MORA AO REVERSO. INDEFERIMENTO DO PEDIDO DE MEDIDA CAUTELAR. DECISÃO DA ANVISA NÃO DEVIDAMENTE MOTIVADA. *LIMITES DA COMPETÊNCIA DO TCU, NA FISCALIZAÇÃO DAS ATIVIDADES REGULATÓRIAS.* DETERMINAÇÕES. RECOMENDAÇÃO. ARQUIVAMENTO. *1. Ao exercer o controle externo das atividades finalísticas das agências reguladoras, a fiscalização do Tribunal dá-se em segundo plano. 2. Em se tratando de atos discricionários de agência reguladora, o TCU limita-se a recomendar a adoção de providências consideradas por ele mais adequadas. 3. Em se tratando de atos vinculados em que a agência tenha agido em violação à disposição legal ou tenha se omitido na prática de ato que lhe incumbe executar, o TCU exerce sua jurisdição plena, determinando as providências necessárias ao cumprimento da lei* (Acórdãos 1.166/2019, 1.201/2009, 1.131/2009, 715/2008, 620/2008, 602/2008, 1.369/2006 e 1.703/2004, todos do Plenário).

Assim, a atuação desse controle sobre a função reguladora pode ser constatada em três operações distintas.

Primeiro, a Corte de Contas federal não titubeia na operação mais singela. Fazendo controle de legalidade dos atos administrativos, aí também incluídos os atos de regulação, a Corte desconhece eficácia ou mesmo cassa atos administrativos que exorbitem o fundamento legal a que devem aderir. Exemplo dessa operação está no Acórdão nº 380/2018 – Plenário, de relatoria do Min. Bruno Dantas:

Assunto: Representação formulada a partir de denúncia, com pedido de cautelar, versando sobre indícios de irregularidade na Resolução Normativa – Antaq 1/2015. Tal normativo conteria exigência de requisitos não previstos na Lei 9.432/1997, que dispõe sobre a ordenação do transporte aquaviário nacional, o que estaria violando a livre concorrência no setor. *Sumário*: REPRESENTAÇÃO. ILEGALIDADE DE DISPOSITIVO DA RESOLUÇÃO NORMATIVA - ANTAQ 1/2015. INCLUSÃO DE LIMITAÇÕES AO AFRETAMENTO DE EMBARCAÇÕES ESTRANGEIRAS SEM AMPARO LEGAL. INCIDÊNCIA DO PRINCÍPIO DA RESERVA LEGAL ABSOLUTA. *EXTRAPOLAÇÃO DO PODER REGULAMENTAR DA AGÊNCIA*. PREJUÍZO À LIVRE CONCORRÊNCIA NO SETOR DE TRANSPORTE AQUAVIÁRIO. PRESENÇA DOS PRESSUPOSTOS PARA A CONCESSÃO DE MEDIDA CAUTELAR. DETERMINAÇÃO PARA QUE A AGÊNCIA SE ABSTENHA DE EXIGIR OS LIMITES NÃO PREVISTOS EM LEI ATÉ QUE O TRIBUNAL APRECIE O MÉRITO DA QUESTÃO. OITIVA DA ANTAQ.

No caso, a Corte de Contas determinou cautelarmente que a Antaq se abstivesse de "exigir as limitações de quadruplo de tonelagem e de propriedade de embarcação do tipo semelhante à pretendida previstas no art. 5º, inciso III, alínea 'a', da Resolução Normativa Antaq 1/2015, por ausência de amparo legal" para fins de autorização de afretamento de embarcação estrangeira em território nacional. Conquanto diga mais respeito a um tema de *direito marítimo* (condicionamentos regulatórios do contrato de afretamento no sistema jurídico brasileiro), o raciocínio empregado pelo TCU e o destinatário dele indicam segura orientação para casos outros que repitam envolvendo a Antaq e regulações sobre a legislação portuária, notadamente os atos negociais surgidos sob sua aplicação.

Além das considerações de admissibilidade constitucional e legal da resolução à luz da legalidade estrita, o julgado do TCU adentrou por uma interessante e útil verificação de presença e suficiência de fundamentação técnica para a decisão reguladora de modo a demonstrar atendimento à adequação e proporcionalidade. Nessa senda, concluiu-se que aqueles requisitos não tinham sido cumpridos dada a ausência no processo administrativo de elaboração da resolução normativa sob censura de dados estatísticos sobre a quantidade de afretamentos, tonelagem, frequência e a correlação desses dados com a frota da empresa regulada. A ausência de elementos técnicos desse teor impossibilitava avaliar a proporcionalidade da restrição trazida no ato normativo da agência.

Conforme o voto proferido:

> é tormentoso para o Tribunal abonar os atos de autorização de afretamento emitidos pela Antaq a partir de condicionantes que se desbordam do que foi estabelecido pelo legislador, sobretudo por se tratar de matéria reservada exclusivamente à lei, agravado ainda pela ausência de evidências que nortearam a discricionariedade técnica do regulador.

Segundo, a Corte de Contas igualmente condena e intervém em situações geradas pelo que entende se dar ao ensejo de *omissão regulatória*. É o exemplo do julgado nos acórdãos nºs 1.439/2016 – Plenário, Rel. Min. Ana Arraes, e 923/2019 – Plenário, Rel. Min. Benjamin Zymler.

Nesse caso, o TCU examinou denúncia formulada em razão de três irregularidades, sendo estas: aumento das tarifas praticadas no arrendamento portuário sem homologação pela Antaq; cobrança de tarifa *terminal handling charge* (THC) sem comprovação de seu caráter de ressarcimento; e omissão da Antaq na fiscalização e na regulação dos armadores estrangeiros.

Diante das irregularidades apontadas, o Tribunal de Contas da União reconheceu a procedência da denúncia e, nos termos do Acórdão nº 923/2019 – Plenário, determinou:

9.2. dar à Agência Nacional de Transportes Aquaviários ciência de que a definição do limite de 10% entre as faixas dos valores cobrados pela Libra Terminal Rio S.A. para os períodos de armazenagem previstos no Edital de Notificação de 24/2/2014, sem fundamentação técnica adequada e suficiente, que considere os custos e benefícios da decisão, pode acarreta r impactos negativos para o mercado regulado, tanto para arrendatários quanto para usuários;
9.3. determinar à Agência Nacional de Transportes Aquaviários que: [...]
9.3.2. em um prazo de 60 dias, apresente a esta Corte de Contas um plano de ação detalhado com o objetivo de coibir abusos e, em especial, garantir o respeito ao caráter de ressarcimento expressamente atribuído pela agência reguladora ao THC, assegurando que o valor dispendido pelos usuários corresponda efetivamente ao que foi pago pelos armadores aos operadores portuários;
9.3.3. em um prazo de 60 dias, informe a este Tribunal os resultados obtidos em decorrência das fiscalizações empreendidas após a edição da Resolução Normativa Antaq 18/2017, no que concerne à detecção e apuração de eventuais abusos praticados pelos armadores, informando se foram efetivamente aplicadas sanções;
9.3.4. em um prazo de 90 dias, elabore e divulgue amplamente a relação de serviços mínimos que devem ser suficientes para atender às necessidades dos usuários, com o fito de padronizar as rubricas dos serviços básicos prestados pelos terminais de contêineres, definir as diretrizes acerca dos serviços inerentes, acessórios ou complementares, minimizar a ocorrência de práticas abusivas e conferir a necessária transparência;
9.3.5. requeira dos arrendatários o encaminhamento para a Antaq dos dados relativos aos custos incorridos na prestação dos serviços mencionados no item anterior deste acórdão, com o fito de avaliar a eficiência da operação portuária;
9.3.6. em um prazo de 60 dias, encaminhe a este Tribunal um plano de ação detalhado referente à atuação da agência com vistas a assegurar, em conformidade com o disposto no art. 11, V, da Lei 12.233/2001, que os usuários paguem pelos custos dos serviços prestados em regime de eficiência;
9.3.7. em cumprimento ao disposto no art. 178 da Constituição Federal, institua procedimento que ateste e assegure que os armadores e as empresas de navegação de países que firmaram acordos bilaterais com o Brasil estão cumprindo as regras estabelecidas nesses acordos, em

especial no que concerne à observância da reciprocidade, dando ampla publicidade aos resultados desse procedimento;

9.3.8. institua procedimento que ateste e assegure que os armadores e as empresas de navegação, que atendem aos portos brasileiros, independentemente da existência de acordos bilaterais entre o Brasil e os respectivos países de origem, estão respeitando os direitos dos demais agentes setoriais e prestando um serviço adequado, em especial aos usuários, dando ampla publicidade aos resultados desse procedimento;

9.3.9. em um prazo de 60 dias, apresente ao TCU um plano de ação detalhado com vistas ao atendimento das determinações contidas nos itens 9.3.7 e 9.3.8 deste acórdão;

9.3.10. com fulcro no art. 20, II, alínea "b", da Lei 10.233/2001 e no princípio da promoção do desenvolvimento econômico e social previsto no art. 11 da mesma lei, apresente, em 90 (noventa) dias, plano de ação voltado à regulação, ordenação e supervisão da navegação de longo curso nos portos brasileiros, de forma a permitir o controle dessa atividade, contemplando, dentre outras questões que considere pertinentes: o registro de armadores estrangeiros; o registro de preços de frete, extra-frete e demais serviços; estudos comparativos de rotas e preços praticados pelos armadores estrangeiros e normas para aplicação de sanção aos armadores estrangeiros em caso de omissões injustificadas de portos;

9.3.11. em 180 (cento e oitenta) dias, realize estudos, inclusive comparativos com portos estrangeiros, para atestar a modicidade tarifária nas THC cobradas dos usuários brasileiros, nos termos do art. 27, inciso II, da Lei 10.233/2001, de forma a permitir o estabelecimento de teto para esses serviços portuários; [...].

Em outra oportunidade, nas palavras da Min. Ana Arraes:

É desejável que autorregulação e regulação coexistam. Mas, ao se identificarem *lacunas*, a atuação regulatória da agencia é necessária para que se evitem abusos de poder econômico. No presente caso, a *inércia* da Antaq propiciou situações de mercado nas quais um dos agentes, que se encontra em posição singular, endereçou cobranças do preço que lhe convinha a outro agente que não tinha condições de negociação. (Grifos nossos)

Terceiro, a Corte de Contas, sem admitir adentrar no mérito da decisão reguladora, também avoca a si a competência de controle e intervenção restauradora de legalidade ali onde *o exercício da competência reguladora não tenha observado um itinerário de boa técnica procedimental decisória.* Em vários desses casos impugna o ato regular resultante porque não escorado em *boa técnica decisória*. Ademais, se entendido que o ato regulador gerou resultados prejudiciais, pode este ser sustado e mesmo cassado pela Corte. Essa linha de raciocínio está subjacente ao julgado no Acórdão n° 1.704/2018 – Plenário, Rel. Min. Ana Arraes, que resultou na cominação de multa contra ex-diretores da Antaq por falha no proceder de sua função regulatória. Essencialmente, foi configurada a falha porque aqueles, divergindo de texto normativo proposto e referendado pela área técnica da respectiva agência, inseriram texto novo na minuta regulatória contrário a reiterado posicionamento do Cade e da SAE quanto ao litígio concorrencial subjacente ao tema ali tratado. E isso sem exposição de motivação técnica consistente e capaz de justificar a divergência em relação à área técnica da própria agência. A gravidade do ato ainda foi realçada pela Corte porque, assim procedendo, os ex-diretores permitiram a continuidade de situação propiciadora de conflito concorrencial, frustrando o atendimento de finalidade legalmente atribuída à agência – *a solução de conflitos concorrenciais no setor regulado*. É o que se revela a partir do seguinte excerto da fundamentação do voto da relatora:

> 122. A então diretoria da Antaq optou por não regular o ponto conflituoso, eximindo-se, assim, de cumprir sua obrigação legal de minimizar falhas de mercado decorrentes de concorrência imperfeita e de impedir ocorrência de infrações da ordem econômica. Os ex-diretores suprimiram, sem justificativa, o único instrumento regulatório que limitaria a prática de preços abusivos pelos operadores portuários que cobrassem THC 2 dos recintos alfandegados independentes. A formulação do normativo foi pautada, nos âmbitos técnico e jurídico, pela adoção do mecanismo regulatório de teto tarifário. Contudo, a decisão dos diretores contrariou, no mérito, o posicionamento do órgão de defesa da concorrência, já conhecido à época.
>
> 123. Conforme pontuou o MPTCU, "o grau de reprovabilidade da conduta desses gestores eleva-se quando se considera que o ato praticado propiciou a permanência de um conflito já duradouro à época da edição da Resolução, o qual movimenta ainda hoje diversos órgãos estatais julgadores (Cade, TCU, Justiça Estadual, Justiça Federal e a própria Antaq) e provoca impactos negativos na cadeia logística do comércio exterior no Brasil".

2.2 O controle da gestão contratual

A gestão dos contratos de arrendamento portuário – principal modalidade negocial de delegação de operação portuária e exploração de áreas nos portos públicos por particulares – tem recebido intensa atenção da Corte de Contas federal.

2.2.1 Continuidade de contratos de arrendamento e afetação de áreas internas do porto

Há intervenção da Corte de Contas sobre a afetação de área interna do porto em contraste com o Plano de Desenvolvimento e Zoneamento Portuário (PDZ). No caso concreto, o controle externo do TCU censurou ato de gestão da atual Secretaria Especial de Portos no âmbito do Ministério dos Transportes por este negar renovação de contrato de arrendamento portuário – e, pois, dos investimentos atrelados a essa renovação contratual – em aparente desacordo com o PDZ vigente do concernente porto. É o que ficou assentado no Acórdão nº 1.200/2020 – Plenário, sob relatoria do Min. Vital do Rêgo:

> Assunto: Referendo de medida cautelar concedida em processo de denúncia acerca de irregularidades relacionadas com a interrupção de contrato de arrendamento, com alteração de destinação de áreas do Porto de Santos, sem a devida motivação e em descompasso com o Plano de Desenvolvimento e Zoneamento Portuário (PDZ).
> Sumário: DENÚNCIA. MUDANÇA DE DESTINAÇÃO DE ÁREA SOB ARRENDAMENTO NO PORTO DE SANTOS SEM A REALIZAÇÃO DE ESTUDOS PRÉVIOS QUE COMPROVEM A VIABILIDADE TÉCNICA E ECONÔMICA DA ALTERAÇÃO E EM DESCOMPASSO COM O PLANO DE DESENVOLVIMENTO E ZONEAMENTO PORTUÁRIO (PDZ). NÃO PRORROGAÇÃO DE CONTRATO DE ARRENDAMENTO ANTES DA ADOÇÃO DE MEDIDAS QUE FORMALIZEM E JUSTIFIQUEM A NOVA UTILIZAÇÃO DAS ÁREAS. CONCESSÃO DE MEDIDA CAUTELAR PARA SUSPENDER OS EFEITOS DA DECISÃO QUE IMPOSSIBILITOU A CONTINUIDADE DO CONTRATO. OITIVA. AUTORIZAÇÃO PARA SANEAMENTO DOS AUTOS. REFERENDO.

Do bojo das razões consideradas na medida cautelar – que sustou os efeitos da decisão ministerial que negara a prorrogação do contrato de arrendamento –, sobrelevam constatações e críticas que apontam *sigilo indevido de autos administrativos, mudança de orientação da instrução técnica sem ensejo a contraditório de parte dos interessados, remissão do ato censurado a uma cogitada alteração de PDZ conquanto o PDZ vigente seja outro; ausência de estudos comparativos de vantajosidade entre o encerramento do arrendamento portuário e sua continuidade ainda que por menor tempo que o máximo possível e alusão a obras e investimentos que demandariam acolhimento em plano diretor local* (com o que não conformado ao tempo da edição do ato censurado).

O caso concreto também sobreleva de interesse por revelar que a Corte de Contas, na aquilatação da censura ao ato administrativo sob controle, conquanto tenha fundamentado sua intervenção com base em críticas que *claramente apontam para deficiências do procedimento decisório* da autoridade jurisdicionada, também *se sensibilizou com o impacto econômico e social do ato administrativo censurado*, que, em plena grave crise econômica trazida com a pandemia do Covid-19, ocasionava o encerramento de atividades de um terminal de contêineres com a consequente extinção de empregos, descontinuidade de investimentos, corte de geração de riqueza etc. Esse aspecto da decisão do órgão de controle é de sobrelevado interesse, pois *revela adstrição – e exigência de que o administrador em igual passo prestigie – ao consequencialismo jurídico emanado dos arts. 20 e 21 da Lei de Introdução* às *Normas do Direito Brasileiro (LINDB)*.

2.2.2 Dever de licitação

Chega a ser acaciano afirmar a existência de dever de licitar para formação de contratos administrativos – como os arrendamentos portuários tipicamente o são – diante da destacada e notória deferência que o Tribunal de Contas da União faz ao procedimento licitatório como requisito transcendente para formalização de contratos administrativos de qualquer ordem, sendo as ressalvas legais à hipótese lidas com chave intensamente restritiva. Assim, também em relação à disponibilização de áreas nos portos para exploração por particulares é há tempos remansoso o entendimento da Corte de Contas federal sobre a imprescindibilidade da licitação (por todos, ver Acórdão nº 2.896/2009 – Plenário).

Debaixo dessa premissa lançada com ares de princípio e cláusula pétrea pela Corte de Contas, todas as alterações contratuais de arrendamentos portuários e quejandos que envolvam renovação ou acréscimo de prazo recebem uma interpretação no máximo estrita em termos de possibilidade, o que muitas vezes significa retirar da Administração um instrumento de gestão para oportunização mais rápida de novos investimentos na infraestrutura portuária arrendada.

Adiante, segue uma análise mais detida do entendimento do TCU acerca dos requisitos e limites de prorrogações contratuais em tema de arrendamento portuário.

2.2.3 Instrução do processo licitatório

Ainda sobre licitação, na área de portos, o TCU tem dedicado minudente acompanhamento, desde há tempos cuidando de instruir a formação do que deve constituir a fundamentação técnica da modelagem de processos de desestatização via arrendamento portuário: os estudos de viabilidade econômica e técnica. Nesse acompanhamento, a Corte de Contas meritoriamente aponta a necessidade de que os projetos no setor considerem e encontrem parâmetros comparativos nas boas práticas do setor em âmbito mundial e enriqueçam-se, reconhecendo assim o TCU que a operação dos portos nacionais é elemento relevante na competitividade e eficiência do comércio internacional brasileiro. Portanto, os projetos do setor devem estar em linha com os exemplos de eficiência registrados pela experiência internacional.

A espelho de outros setores da infraestrutura pública, no âmbito portuário, o TCU tem feito minudente acompanhamento dos processos licitatórios, sendo banal o exercício de controle prévio na análise das minutas editalícias e seus anexos, com costumeiras determinações de aprofundamentos instrutórios.

É exemplo, entre tantos, o julgado no Acórdão nº 2.261/2018 – Plenário, sob relatoria do Min. Bruno Dantas, que assestou orientações precisas de integração dos documentos licitatórios:

> 9.2. determinar à Antaq e ao MTPA, com fulcro no art. 43, inciso I, da Lei 8.443/1992, c/c o art. 250, inciso II, do Regimento Interno do TCU, que, previamente ao lançamento do certame para arrendamento do terminal portuário denominado VIX30, *inclua no edital e no contrato cláusulas que tratem do risco de não conclusão e de atrasos na homologação e entrada em operação do Berço 207, bem como mecanismos contratuais de compensação financeira ao arrendatário em caso de ocorrerem atrasos adicionais na entrega e homologação do berço*, em atenção ao art. 18, incisos I e VII, c/c art. 23, incisos I e V, da Lei 8.987/1995;
>
> 9.3. recomendar à Antaq e ao MTPA, com fulcro no inciso I do art. 43 da Lei 8.443/1992, c/c o inciso III do art. 250 do Regimento Interno do TCU, que avaliem a conveniência e a oportunidade de, para futuros arrendamentos, expandirem *as pesquisas para delimitar o* índice de

produtividade por empregado e as composições de empregados de manutenção e operação, de forma que a amostra possa se tornar significativa a ponto de permitir estratificações, análises e comparações, inclusive com terminais internacionais, visando delimitar benchmarks mais confiáveis para arrendamentos materialmente relevantes e/ou que atuem em mercados pouco contestáveis, considerando a significância da rubrica de mão de obra no fluxo de caixa desses empreendimentos; [...].

No caso acima, além da reiterada preocupação em instruir os projetos do setor com parâmetros de eficiência internacional, vale sublinhar a atenção do TCU a aspecto da contratação de especial relevância para o investidor privado – *a compensação financeira de atraso de projeto por razões atinentes* à *responsabilidade do Estado contratante*. Ultrapassada a superficialidade, fácil se nota que o tema é de sobrelevada importância para a formação da atratividade do investimento e antecipação de solução para conflitos que, do contrário, podem paralisar a própria continuidade dos investimentos pertinentes ao arrendamento licitado. Interessa, pois, à seriedade e exequibilidade do projeto, daí a atenção da Corte de Contas.

Em outra oportunidade de intervenção e orientação da modelagem de projetos no setor portuário, a Corte de Contas reitera esse padrão de exercício do controle externo, determinando ao Executivo parâmetros vinculantes de produção dos estudos de viabilidade técnica, econômica, de engenharia e ambiental. Foi assim com o julgado do Acórdão nº 1.555/2014 – Plenário, de relatoria da Min. Ana Arraes:

Enunciado: Para o estudo de viabilidade técnica, econômica e ambiental em desestatização de áreas e instalações portuárias, devem ser coletados parâmetros de desempenho apresentados em *portos* internacionais e elaborada base de dados que possibilite comparação dos indicadores de *portos* brasileiros com aqueles correntes no cenário mundial.
Sumário: ACOMPANHAMENTO DO 1º ESTÁGIO DAS CONCESSÕES DE ÁREAS E INSTALAÇÕES LOCALIZADAS NOS PORTOS ORGANIZADOS DE SANTOS, BELÉM, SANTARÉM E VILA DO CONDE E DOS TERMINAIS DE OUTEIRO E MIRAMAR. MONITORAMENTO DAS CONDICIONANTES ESTABELECIDAS PELO ACÓRDÃO 3.661/2013 – PLENÁRIO. CUMPRIMENTO. CARÊNCIA DE FUNDAMENTAÇÃO PARA OS PARÂMETROS DE EFICIÊNCIA ADOTADOS NOS ENTES. RECOMENDAÇÕES. CIÊNCIA. APENSAMENTO.

2.2.4 Prorrogação de contrato de arrendamento x licitação

Sobre o tema de prorrogações contratuais de arrendamentos portuários – espécie negocial que se toma por constelação paradigmática das discussões no âmbito do TCU em tema de direito portuário – e, em sua vedação, a necessidade de nova licitação, a Corte de Contas federal tem dedicado intensa atividade, a ponto de praticamente colocar sua verificação e homologação como elementos procedimentais necessários ao aperfeiçoamento do ato de renovação contratual.

De fato, assim ocorreu por força do decidido no Acórdão nº 1.446/2018 – Plenário, Rel. Min. Bruno Dantas, no que atina às determinações dos itens 9.41 e 9.4.2: instituição de obrigação ao Ministério dos Transportes – Secretaria Especial de Portos de dar conhecimento prévio à Corte de Contas para fins de verificação e aprovação prévia de aditivos de prorrogação contratual voltados à, respectivamente, (a) promoção de reequilíbrio econômico-financeiro do contrato com acréscimo de prazo e (b) substituição de áreas no porto (esse acórdão, aliás, constituiu uma *intensíssima intervenção do controle externo do TCU* em face, a rigor, de competência presidencial – o grande objeto de julgamento desse acórdão era o Decreto Presidencial nº 9.048, de maio de 2017, que alterara o Decreto nº 8.033, regulamentador da Lei nº 12.815/13, para ampliar o limite de prazo de prorrogação de contratos de arrendamento, permitir a troca de áreas no porto para os arrendamentos vigentes e futuros, ensejar investimentos novos nos arrendamentos vigentes mediante reequilíbrio econômico-financeiro daí consequente e regulamentar a realização de investimentos em infraestrutura portuária externa à área do arrendamento vigente com consequente reequilíbrio deste precipuamente com acréscimo de tempo).

De volta ao tema da dicotomia prorrogação contratual x licitação nova, a Corte de Contas federal tem restringido fortemente a possibilidade do uso do aditivo de prazo para reequilibrar contratos de arrendamento em decorrência de novos investimentos contratados ao arrendatário. Foram elencados como requisitos a serem considerados e demonstrados na instrução do aditivo com tal objeto: a) se fruto de reunião de vários arrendamentos, demonstração de interdependência das operações presentes nos arrendamentos reunidos com unificação de prazo de vigência e b) verificação de ganho de eficiência com a medida; c) uso do método de fluxo de caixa total pra definir o prazo de aditamento; que d) não pode ser superior ao menor prazo de prorrogação remanescente para os arrendamentos dessarte unificados; e) demonstrar inviabilidade do reequilíbrio mediante outras soluções senão o acréscimo de prazo; f) o aditivo deve pressupor a revisão da equação econômico-financeira, o que tacitamente significa que ela deve restar restaurada ou de qualquer modo equilibrada ao ensejo do aditivo de renovação ou prorrogação contratual. Assim, no Acórdão n° 774/2016 – Plenário, de relatoria do Min. Walton Alencar Rodrigues:

> Enunciado: Em todas as prorrogações de prazo dos contratos de arrendamento portuário é necessária nova análise da equação econômico-financeira do contrato, ainda que a prorrogação ocorra como forma de compensar o tempo em que a arrendatária foi impossibilitada de operar.
>
> Assunto: Consulta formulada pelo Ministro-Chefe da Secretaria de Portos da Presidência da República acerca da aplicação de dispositivos legais no tocante à unificação ou consolidação de contratos de arrendamento portuário e à extensão do prazo de vigência de contratos de arrendamento portuário para fins de recomposição do equilíbrio econômico-financeiro.
> Sumário: CONSULTA FORMULADA PELO TITULAR DA SECRETARIA DE PORTOS DA PRESIDÊNCIA DA REPÚBLICA - SEP/PR. DÚVIDAS SOBRE: 1) como avaliar o impacto da nova equação econômico-financeira que se instala após a consolidação dos contratos DE ARRENDAMENTO PORTUÁRIO sobre o prazo da avença unificada, considerando que as respectivas vigências, em geral, se esgotarão em momentos diferentes; 2) LIMITAÇÕES PARA A UTILIZAÇÃO DA EXTENSÃO DO PRAZO DE VIGÊNCIA DE CONTRATOS DE ARRENDAMENTO PORTUÁRIO PARA FINS DE RECOMPOSIÇÃO DO EQUILÍBRIO ECONÔMICO-FINANCEIRO. CONHECIMENTO. RESPOSTA AO CONSULENTE.
> - Na unificação de contratos de arrendamento, devem ser observados requisitos mínimos, tais como a verificação de interdependência das operações desenvolvidas e a demonstração de que a situação consolidada oferece ganhos reais de eficiência aos serviços portuários, sem prescindir de condições previamente impostas ao arrendatário, não acarretando ou agravando falhas de mercado, e atendendo aos critérios discricionários de conveniência e oportunidade. - O prazo de vigência da avença unificada deve ser calculado conforme a metodologia do Fluxo de Caixa Total, a partir do estudo das receitas e despesas dos contratos, com a projeção do fluxo de caixa no tempo, a fim de que a nova vigência seja aderente à equação econômico-financeira que restar configurada, levando-se em consideração as metas e condicionantes inicialmente previstas em cada um dos contratos, bem como os ganhos de eficiência com a unificação. - Não é possível que o prazo de vigência do contrato unificado extrapole o menor prazo de vigência remanescente, considerando-se uma única prorrogação possível (quando prevista), dentre as avenças a serem consolidadas, pois tal situação feriria a limitação contida no art. 19 do Decreto 8.033/2013, bem como representaria burla ao dever de licitação de arrendamentos portuários, previsto no art. 4° da Lei

12.815/2013. - A ampliação de vigência de arrendamentos portuários, para fins de recomposição do equilíbrio econômico-financeiro contratual, deve observar as restrições contidas na legislação (art. 19 do Decreto 8.033/2013) e ser utilizada, como meio de reequilíbrio, apenas em situações excepcionais, quando demonstrada a inviabilidade de adoção de outros mecanismos que interfiram na relação entre o poder público e o regulado, e, subsequentemente, de mecanismos que interferiram nos serviços disponibilizados aos usuários. - Em toda e qualquer extensão de prazo, para além do período de vigência contratual, ou seja, prorrogação de contrato, ainda que como forma de compensar o tempo de operação em que a arrendatária foi impossibilitada de operar, é necessária nova análise da equação econômico-financeira do contrato.

Em conjunto com o já referido Acórdão nº 1.446/2018, de relatoria do Min. Bruno Dantas, o Plenário do TCU constituiu um conjunto de restrições ao aditamento de prazo para reequilíbrio, que torna muito difícil o uso desse instrumento como solução ágil para realização de novos investimentos na infraestrutura arrendada que tenham se tornado urgentes. A rigor, para o TCU, se cabalmente não demonstrado que a demanda pelo investimento em infraestrutura não pode esperar uma licitação, está interditado o investimento novo no contrato de arrendamento vigente com consequente reequilíbrio por acréscimo de prazo. A restrição, posta como regra geral, é desproporcional e inadequada: afinal, no caso concreto, as peculiaridades próprias de um arrendamento, seu objeto, a demanda local de serviço e carga – inclusive considerando-se a posição da área arrendada no porto – podem ensejar que o investimento novo seja economicamente viável e mais eficiente no âmbito da operação econômica em andamento pela empresa já arrendatária.

Ficou por aí virtualmente impossibilitada a ideia subjacente no Decreto nº 9.048 de 2017: para viabilizar em pouco tempo um maciço programa de investimento privado nas infraestruturas portuárias públicas, nada mais ágil em termos de resposta do mercado que aproveitar os contratos de arrendamento portuário vigentes que estejam com juízo positivo de parte da autoridade portuária e da agência reguladora quanto ao cumprimento das obrigações contratuais por parte do arrendatário. Saindo-se de uma lógica puramente principiológica e considerando-se o contexto de crise fiscal, econômica e de gargalos de infraestrutura portuária em que editado o referido Decreto nº 9.048, não há como negar que sua concepção trazia solução hábil para enfrentamento do problema em tempo viável dentro de um mandato presidencial, economizando esforço de mobilização estatal e oportunizando efeitos econômicos mais imediatos e concretos (e não por acaso o arrojo da concepção surgiu em *ato do presidente da República*, ou seja, a autoridade do Executivo política e juridicamente mais apta e legitimada a implementar uma escolha político-administrativa dessa ordem).

Da lista de providências determinadas pelo TCU ao ensejo do Acórdão n° 1.446/2018, as seguintes não deixam margem à dúvida sobre a intensa restrição e o *adensamento da instru*ção de aditivos contratuais de reequilíbrio econômico-financeiro de contratos de arrendamento com acréscimo de prazo. Determinou-se ao Ministério de Portos, Transportes e Aviação (atual Ministério dos Transportes) abster-se de conceder:

> 9.1.2. a extensão do prazo de vigência máximo originalmente previsto, mediante prorrogação para fins de reequilíbrio econômico-financeiro, desprovida de análise que demonstre que a alternativa da licitação comprovadamente não se mostra a mais vantajosa, bem como o cumprimento dos seguintes requisitos, cumulativamente, para cada contrato de arrendamento:
> 9.1.2.1. ocorrência de fato superveniente, imprevisível ou previsível, mas de consequências incalculáveis, alocado como risco do poder concedente que tenha modificado a situação contratada inicialmente;
> 9.1.2.2. necessidade de adoção de mecanismo para a recomposição de desequilíbrio econômico-financeiro materialmente relevante;
> 9.1.2.3. demonstração da inviabilidade de utilização de outros mecanismos que interfiram prioritariamente na relação entre o poder público e o particular, e, subsequentemente, nos serviços disponibilizados aos usuários, nos termos do Acórdão 774/2016-TCU-Plenário e do art. 14 da Resolução-Antaq 3.220/2014; [...].

Em outra oportunidade, o TCU censurou a renovação de contrato de arrendamento portuário com arrendatário que estava, segundo a Administração portuária, inadimplente com os encargos financeiros devidos ao ensejo do contrato. Foi o que se deu ao ensejo do Acórdão n° 1.171/2018 – Plenário, de relatoria da Min. Ana Arraes, que resultou na anulação de renovação de contrato de arrendamento no Porto de Santos com arrendatário com quem a Administração portuária tinha instaurado procedimento de arbitragem sobre contencioso em torno de dívida com valor expressivo (superior a 2 bilhões de reais à época). Escorado no fato que a arbitragem estava instaurada e, pois, em disputa o valor e que a arbitragem não terminaria antes da vigência final do primeiro período contratual originalmente previsto, o concedente determinara a renovação contratual. O TCU, por seu lado, decidiu anular o ato, limitar a vigência do contrato prorrogado ao período original de sua vigência e determinar a realização de licitação. Nesse passo, a Corte de Contas federal nitidamente imiscuiu-se no juízo de mérito da autoridade administrativa quanto à *oportunidade e conveniência* da antecipação de renovação de prazo de vigência contratual: partindo da premissa de que a Administração concedente imputava dívida expressiva ao arrendatário – e não se sensibilizando com a hipótese de que a dívida fosse infundada e pudesse ser afastada pelo juízo arbitral –, a Corte exigiu uma coerência do concedente: se este imputava a dívida, não poderia entender que a renovação contratual seria possível, visto que a ela importava em ganhos de investimento muito inferiores à dívida proclamada pela própria Administração. Ao ver do TCU, esse fato objetivamente impediria que o administrador entendesse conveniente seguir avençada a empresa devedora. O entendimento de negativa de interesse público foi expressamente registrado no julgado em referência na fundamentação do voto da relatora:

> Além da diminuição dos índices de movimentação, o patamar de receita de apenas 9% da projetada é outro aspecto a demonstrar o esvaziamento do interesse público no prolongamento da relação contratual.
> A dívida, atualizada até 23/6/2015, consoante estimativa da Codesp, já ultrapassava 2 bilhões de reais e representava mais de três vezes os investimentos totais propostos por [...] nos 20 anos da prorrogação contratual (R$723 milhões).

O mesmo acórdão oportunizou ainda que a Corte firmasse entendimento de que a expressão "decisão final" presente no art. 62 da Lei n° 12.815/2013 refere-se à decisão final *no âmbito administrativo*. Portanto, a instauração de litígio judicial ou arbitral em torno de dívida do arrendatário para com o concedente não sustaria o impedimento previsto no comando legal do sobredito art. 62 ("Art. 62. O inadimplemento, pelas concessionárias, arrendatárias, autorizatárias e operadoras portuárias no recolhimento de tarifas portuárias e outras obrigações financeiras perante a administração do porto e a Antaq, *assim declarado em decisão final*, impossibilita a inadimplente de celebrar ou prorrogar contratos de concessão e arrendamento, bem como obter novas autorizações") (não está dito no julgado do TCU, mas evidente que, mesmo em face dessa leitura sobre a expressão "decisão final", caso seja expedida ordem judicial em contrário, mesmo a título de provimento cautelar, bem se pode ter sustado o efeito interditório da "decisão final administrativa" sobre a dívida e, assim, sob o manto de uma decisão judicial, ser formalizada a prorrogação do contrato de arrendamento). Ao ensejo do julgamento que gerou o Acórdão n° 2.200/2015 – Plenário, sob relatoria da Min. Ana Arraes, a Corte de Contas proclamou constitucional a solução da antecipação de prorrogação contratual conforme regime previsto no art. 57 da Lei n° 12.815/2013, dispensando audiência pública prévia à realização do ato por inexistir previsão nesse sentido no âmbito da lei. Na mesma oportunidade, porém, ficou determinada ao Poder Executivo uma forte densificação nas metodologias de análise dos estudos de viabilidade técnica e econômica subjacentes à renovação do arrendamento portuário, bem como definição e acompanhamento de metas da concessionária.

> Enunciado: Não é necessário realizar consulta pública prévia à prorrogação antecipada de concessão portuária, por ausência de determinação específica na Lei 12.815/2013.
> Sumário: ACOMPANHAMENTO DOS PROCEDIMENTOS PARA PRORROGAÇÃO ANTECIPADA DE CONTRATOS DE CONCESSÕES PORTUÁRIAS. CONSTITUCIONALIDADE DO INSTITUTO E LEGALIDADE DOS INSTRUMENTOS DE NORMATIZAÇÃO. FRAGILIDADES NO PROCESSO DE ANÁLISE. OBRIGATORIEDADE DE INSTITUIÇÃO DE MECANISMOS DE GARANTIA DA REALIZAÇÃO DOS INVESTIMENTOS. NECESSIDADE DE APRIMORAMENTO E SISTEMATIZAÇÃO DAS METODOLOGIAS DE AVALIAÇÃO DOS ESTUDOS DE VIABILIDADE E DOS PROJETOS EXECUTIVOS. MEDIDAS PARA DEFINIÇÃO DE PARÂMETROS DE EFICIÊNCIA AO LONGO DO NOVO PRAZO DE CONCESSÃO E INDIVIDUALIZAÇÃO DAS INFORMAÇÕES CONTÁBEIS DE CADA ARRENDAMENTO. DETERMINAÇÕES CORRETIVAS. RECOMENDAÇÕES DE APERFEIÇOAMENTO. CIÊNCIA. ARQUIVAMENTO.

Essas determinações de densificação normativa influenciaram obviamente a produção regulatória da Antaq em sequência. Era, aliás, determinação direta à Agência setorial portuária:

> 9.4. recomendar à Agência Nacional de Transportes Aquaviários (Antaq) que regulamente, por meio de normativo específico, a aplicação dos parâmetros de desempenho nos termos aditivos de prorrogação antecipada, contemplando regras relacionadas, entre outras, à definição, à revisão, à atualização dos índices de eficiência e às penalidades aplicáveis em casos de descumprimento, observadas as diretrizes de modernização e aperfeiçoamento a serem previstas na Portaria SEP/PR 349/2014.

De inusitado, porém, nesse julgado – mas um inusitado que aparentemente trai um ato falho institucional – é o fato de o TCU ter textualmente se atribuído o reconhecimento de constitucionalidade de lei... Ora, já é discutível a autoproclamada competência do TCU para verificar adesão de *decreto presidencial regulamentador* à lei diante do que expressamente atribui a Constituição Federal ser competência *exclusiva* do Congresso Nacional para "sustar os atos normativos do Poder Executivo que exorbitem do poder regulamentar ou dos limites de delegação legislativa" (CF, art. 49, V). Admitir que o TCU possa avaliar a constitucionalidade de atos legislativos não tem como conviver com o sistema de controle jurisdicional da constitucionalidade que vige entre nós. A Corte, em outra oportunidade, deu-se conta desse trespasse de limite e, no julgado do Acórdão n° 1.446/2108, quando censurou fortemente conteúdo substancial do Decreto n° 9.048/2017, embora tenha praticamente realizado controle de constitucionalidade pelo método da delimitação de conteúdo prescritivo da norma sem redução de texto, reiteradamente expressou estar somente ajustando o decreto à legalidade.

2.3 Controle tarifário

Frequente também tem sido o acompanhamento da Corte de Contas federal sobre a política e a prática tarifárias, gerando manifestações que tanto censuram – podendo determinar suspensão – práticas tarifárias de arrendatários ou outros agentes do setor, quanto determinam providências regulatórias com prazos estritos à agência reguladora, revelando-se por aqui uma das mais fortes atuações do controle externo do TCU: a de criação de verdadeiras pautas regulatórias cogentes para o agente regulador. Esse procedimento é tanto mais frequente quanto mais identifique o TCU omissões regulatórias na atuação da agência.

Com pouco tempo da edição da Lei n° 12.815/13, a Corte de Contas federal promoveu profunda análise das escolhas de modelagem tarifária para um conjunto de arrendamentos novos então em licitação. Fez essa ampla discussão ao ensejo do Acórdão n° 1.077/2015 – Plenário, sob relatoria do Min. Aroldo Cedraz, revisando parcialmente posicionamento antes deliberado no Acórdão n° 3.661/2013 – Plenário, de relatoria da Min. Ana Arraes. Nessa oportunidade, o TCU reformou seu entendimento para compreender que o instrumento do *price-cap* (tarifa-teto) não seria o único instrumento de controle tarifário disponível para emprego da agência reguladora e que, ali onde documentada eficiente competição entre prestadores e, portanto, oferta variada do serviço não seria aconselhável o emprego do instrumento da tarifa-teto por risco de estabilizar ganhos aos prestadores em detrimento dos usuários do serviço público portuário. Ao lado da liberdade tarifária ou de preços que pode ser praticada – segundo aconselhe competente estudo de viabilidade econômica –, também reiterou a Corte a possibilidade (dever para a agência reguladora) de se coibir abusos com supedâneo no princípio da modicidade tarifária (Lei nº 12.815/13, art. 3º, II).

Assim, ao ensejo de uma representação formulada em face de operador portuário sediado no porto do Rio de Janeiro, alegando cobrança de tarifas sem prévia homologação de parte da agência reguladora e com reajustes exorbitantes, a Corte de Contas federal, reconhecendo a incidência do regime de liberdade tarifária positivado no concernente contrato de arrendamento portuário, determinou à Antaq a promoção de estudos para fundamentação consistente de determinação daquela agência que houvera imposto ao operador portuário que suas faixas de tarifas de armazenagem guardassem uma variação entre si de no máximo 10% de valor. Outrossim, em mesma oportunidade, assentou o caráter *ressarcitório* da tarifa denominada THC (*terminal handling charge*; antiga Res. Antaq nº 2.389/2012, art. 3º; atualmente, com mesma natureza, tratado pela Res. Normativa Antaq nº 34, de 21.8.2019) e determinou à agência a constituição de plano de ação para verificar e controlar a observância desse caráter ressarcitório (Acórdão nº 1.439/2016 – Plenário, de relatoria da Min. Ana Arraes). Posteriormente, em parcial revisão pelo Acórdão nº 923/2019 – Plenário, Rel. Min. Benjamin Zymler, julgando recurso ofertado em face do primeiro, a Corte manteve substanciosa determinação de programa regulatório para agência setorial no que atina à regulação tarifária:

> 9.3.2. em um prazo de 60 dias, apresente a esta Corte de Contas um plano de ação detalhado com o objetivo de coibir abusos e, em especial, garantir o respeito ao caráter de ressarcimento expressamente atribuído pela agência reguladora ao THC, assegurando que o valor dispendido pelos usuários corresponda efetivamente ao que foi pago pelos armadores aos operadores portuários;
> 9.3.3. em um prazo de 60 dias, informe a este Tribunal os resultados obtidos em decorrência das fiscalizações empreendidas após a edição da Resolução Normativa Antaq 18/2017, no que concerne à detecção e apuração de eventuais abusos praticados pelos armadores, informando se foram efetivamente aplicadas sanções;
> 9.3.4. em um prazo de 90 dias, elabore e divulgue amplamente a relação de serviços mínimos que devem ser suficientes para atender às necessidades

dos usuários, com o fito de padronizar as rubricas dos serviços básicos prestados pelos terminais de contêineres, definir as diretrizes acerca dos serviços inerentes, acessórios ou complementares, minimizar a ocorrência de práticas abusivas e conferir a necessária transparência;

9.3.5. requeira dos arrendatários o encaminhamento para a Antaq dos dados relativos aos custos incorridos na prestação dos serviços mencionados no item anterior deste acórdão, com o fito de avaliar a eficiência da operação portuária;

9.3.6. em um prazo de 60 dias, encaminhe a este Tribunal um plano de ação detalhado referente à atuação da agência com vistas a assegurar, em conformidade com o disposto no art. 11, V, da Lei 12.233/2001, que os usuários paguem pelos custos dos serviços prestados em regime de eficiência;

9.3.7. em cumprimento ao disposto no art. 178 da Constituição Federal, institua procedimento que ateste e assegure que os armadores e as empresas de navegação de países que firmaram acordos bilaterais com o Brasil estão cumprindo as regras estabelecidas nesses acordos, em especial no que concerne à observância da reciprocidade, dando ampla publicidade aos resultados desse procedimento;

9.3.8. institua procedimento que ateste e assegure que os armadores e as empresas de navegação, que atendem aos portos brasileiros, independentemente da existência de acordos bilaterais entre o Brasil e os respectivos países de origem, estão respeitando os direitos dos demais agentes setoriais e prestando um serviço adequado, em especial aos usuários, dando ampla publicidade aos resultados desse procedimento;

9.3.9. em um prazo de 60 dias, apresente ao TCU um plano de ação detalhado com vistas ao atendimento das determinações contidas nos itens 9.3.7 e 9.3.8 deste acórdão;

9.3.10. com fulcro no art. 20, II, alínea "b", da Lei 10.233/2001 e no princípio da promoção do desenvolvimento econômico e social previsto no art. 11 da mesma lei, apresente, em 90 (noventa) dias, plano de ação voltado à regulação, ordenação e supervisão da navegação de longo curso nos portos brasileiros, de forma a permitir o controle dessa atividade, contemplando, dentre outras questões que considere pertinentes: o registro de armadores estrangeiros; o registro de preços de frete, extra-frete e demais serviços; estudos comparativos de rotas e preços praticados pelos armadores estrangeiros e normas para aplicação de sanção aos armadores estrangeiros em caso de omissões injustificadas de portos;

9.3.11. em 180 (cento e oitenta) dias, realize estudos, inclusive comparativos com portos estrangeiros, para atestar a modicidade tarifária nas THC cobradas dos usuários brasileiros, nos termos do art. 27, inciso II, da Lei 10.233/2001, de forma a permitir o estabelecimento de teto para esses serviços portuários; [...].

Comparando as considerações emanadas da Corte em ambos os acórdãos supracitados, vale sublinhar a enfática determinação do TCU quanto ao acompanhamento e verificação de respeito à *natureza ressarcitória* da chamada THC, ficando a agência reguladora incumbida de desenvolver estratégias regulatórias que permitam tal verificação e eventual censura de abuso. Novamente acima, ficou também remarcada a contumaz orientação da Corte no sentido de que a regulação portuária considere parâmetros de eficiência, custo e competitividade internacionais sobre o tema. Destaque-se também que, sem embargo de reconhecer a presença de regime de liberdade tarifária nos arrendamentos contratuais (sempre a depender concretamente do modelo tarifário definido em edital do concernente arrendamento), a Corte ajunta que a política e a prática tarifária em geral estão jungidas pelo princípio (e meta) da *modicidade tarifária*, o que instrumentaliza a coibição do abuso e impõe um acompanhamento regulatório – tecnicamente fundamentado – de parte da agência reguladora em atenção ao disposto na Lei n° 10.233/07, arts. 20, II ("Art. 20. São objetivos das Agências Nacionais de Regulação dos Transportes Terrestre e Aquaviário: [...] II - regular ou supervisionar, em suas respectivas esferas e atribuições, as atividades de prestação de serviços e de exploração da infraestrutura de transportes, exercidas por terceiros, com vistas a: a) garantir a movimentação de pessoas e bens, em cumprimento a padrões de eficiência, segurança, conforto, regularidade, pontualidade e *modicidade nos fretes e tarifas*") e 27, II ("Art. 27. Cabe à Antaq, em sua esfera de atuação: [...] II - promover estudos aplicados às definições de tarifas, preços e fretes, em confronto com os custos e os benefícios econômicos transferidos aos usuários pelos investimentos realizados").

2.4 A relação porto-cidade

Emanando uma concepção centralizadora, que revela certo vezo das autoridades federais, o TCU, no pouco que dedicou ao tema da relação do porto com seu entorno urbano (realidade na generalidade dos portos brasileiros, haja vista sua tradicional origem com a própria origem das cidades que os abrigam), expôs uma concepção algo olímpica sobre a posição do serviço público federal (e seus operadores) diante da legislação urbanística local.

O tema não tem sido certamente alvo de interesse central da Corte. E do registro encontrado, também não dá para retirar um pensamento convergente dos ministros. O caso concreto adiante registrado também não ajuda, pois, formalmente inspirada por razão urbanística, a lei local, ao interditar usos não residenciais para área em que localizada a instalação portuária, permitiu a manutenção de empresas anteriormente instaladas, o que ensejou concretamente que apenas uma empresa (já então instalada) pudesse seguir operando em arrendamento portuário na região, criando uma situação de continuidade contratual por impossibilidade de outra empresa disputar a operação no local (à luz da interdição da lei local).

De conseguinte, pelo Acórdão nº 650/2016 – Plenário, ficou majoritariamente negada a possibilidade de prorrogação do prazo do arrendamento do único operador autorizado pela lei municipal a seguir operando. Na sua fundamentação, o Min. Walton Alencar Rodrigues, porém, fez acerba censura a poder a legislação local submeter a União Federal, no uso de solo e organização de seus serviços, a restrições da legislação urbanística local. Ficou enunciado:

> Enunciado: Lei municipal de zoneamento urbano não pode restringir ou afetar o âmbito de ação de serviço público federal, especialmente operações comerciais em área portuária, ante a expressa competência constitucional da União para, privativamente, legislar sobre o regime dos portos e para explorar, diretamente ou mediante autorização, concessão ou permissão, essas atividades.
> Sumário: DESESTATIZAÇÃO. PEDIDO DE REEXAME. CONHECIMENTO. CONTRATO DE ARRENDAMENTO PORTUÁRIO CELEBRADO COM INEXIGIBILIDADE DE LICITAÇÃO. IMPOSSIBILIDADE. LITERAL VIOLAÇÃO À CONSTITUIÇÃO E À LEI FEDERAL. UTILIZAÇÃO DE LEI MUNICIPAL, TENDENTE A PROMOVER O ZONEAMENTO DA CIDADE, COMO ARTIFÍCIO PARA INVIABILIZAR O CURSO REGULAR DE SERVIÇO PÚBLICO FEDERAL. INTERVENÇÃO DO MUNICÍPIO EM SERVIÇO PÚBLICO, DE QUE A UNIÃO É TITULAR, COM A DETERMINAÇÃO DA EMPRESA CONCESSIONÁRIA. EXISTÊNCIA DE NÍTIDO CONFLITO FEDERATIVO. IRREGULARIDADE GRAVÍSSIMA. LEI MUNICIPAL RESTRITIVA E EXORBITANTE DAS COMPETÊNCIAS DO ENTE FEDERADO. SERVIÇO PORTUÁRIO COMO SERVIÇO PÚBLICO FEDERAL POR EXPRESSA DICÇÃO CONSTITUCIONAL. REGIME DOS PORTOS. COMPETÊNCIA MATERIAL E LEGISLATIVA DA UNIÃO (CF 21, XII, f). VIOLAÇÃO DE PRECEITO FUNDAMENTAL E DO PACTO FEDERATIVO. ABSOLUTA INCOMPETÊNCIA DO MUNICÍPIO DE SANTOS PARA PROVER SOBRE ÁREA DESTINADA A SERVIÇO PÚBLICO FEDERAL. DESNECESSIDADE DE LICENCIAMENTO MUNICIPAL PARA A REGULAR OPERAÇÃO DE CONCESSIONÁRIO DE SERVIÇO PÚBLICO FEDERAL. QUEBRA DA ISONOMIA, COM A

CONCESSÃO DE BENEFÍCIO INCONDIZENTE COM A LEGISLAÇÃO À EMPRESA PRIVADA, MEDIANTE ARTIFÍCIO. DESPROVIMENTO. CIÊNCIA. REMESSA DE CÓPIA AO MINISTÉRIO PÚBLICO FEDERAL. - Contraria a Constituição e toda a legislação federal a edição de lei por município que, a pretexto de promover o zoneamento local, restringe o âmbito de ação de serviço público federal, especialmente as operações comerciais em área portuária - com o resultado concreto de indevidamente privilegiar uma única empresa privada - ante a expressa competência da União Federal para, privativamente, legislar sobre o regime dos portos e explorar, diretamente ou mediante autorização, concessão ou permissão, essas especiais atividades (ADPF 316). - Perspectiva de grave irregularidade, no caso concreto, a partir da interpretação de que, com a edição da lei de zoneamento, apenas a empresa [...] poderia livremente continuar a utilizar a área portuária federal que ocupa, há mais de quarenta anos, sem licitação. - Ilegalidade da exegese que contempla o fato de que todos os futuros contratos, referente a essa área, apenas poderão ser celebrados com a empresa [...], com dispensa de licitação, bem como da ação da câmara municipal de Santos, no sentido de proibir, mediante intervenção legislativa, em área portuária federal, a continuidade da regular operação do porto organizado de Santos, expressamente considerando apenas a empresa Transbrasa, que já ocupava a área concedida, como legitimada à continuidade da operação, razão de sua nova contratação, por dispensa de licitação, em detrimento de todas as demais empresas interessadas, que já não poderiam livremente competir, segundo as leis do mercado, em concorrência pública regular, pelo serviço federal. [...].

Como dito, as cores do caso concreto certamente levaram a maioria da Corte a uma proclamação que, em linhas literais, é anacrônica em relação ao que há muito se reconhece como espaço legítimo da legislação urbanística local. Afinal, a diferença de *status* entre os entes federativos e suas distintas competências não é aceitável com fundamento para construir uma imunidade legal de um dado ente federativo perante as disposições legais de constitucional competência de outro. É o típico caso da legislação municipal urbanística que vincula a sua observância a prédios e serviços dos demais entes federativos (União federal e Estados, respeitadas as peculiaridades que condicionam a continuidade de seus serviços, não podem simplesmente desconhecer a legislação urbanística ao sediar seus serviços). Em outra mão, claro, não pode a legislação municipal arvorar-se poderes de virtualmente interditar ou obstaculizar o serviço público estadual ou federal (erro em que incidem, por exemplo, leis locais que pretendem impedir instalação de antenas de telecomunicações ou aterros sanitários nas imediações urbanas).

Apontando mais consistentemente e com mais reflexão em outra direção – a da relevância da harmonização entre a atividade portuária e a lei urbanística local –, a mesma Corte, em oportunidade mais recente, exercendo o controle sobre ato da Secretaria Especial de Portos do Ministério dos Transportes que negara renovação de contrato de arrendamento sob alegação de incompatibilidade com projetos futuros vislumbrados para a área portuária em que sediado o arrendamento (Acórdão nº 1200/2020 – Plenário), assestou entre as críticas endereçadas ao ato administrativo: "Ademais, a construção de um novo trecho ferroviário demandaria a *modificação do Plano Diretor da Cidade de Santos*, o que foi negligenciado pela SNPTA". O trecho transcrito indica que a Corte considera a necessidade de coordenação entre a atividade portuária e a legislação urbanística local, um dos elementos centrais da relação cidade-porto.

De forma mais afirmativa, o TCU, por meio de auditoria operacional realizada quanto ao procedimento de planejamento setorial portuário – investigando a qualidade da produção dos planos mestres dos portos, sua adesão aos instrumento de planejamento geral de logística portuária e de transportes (Plano Nacional de Logística e Plano Nacional de Logística Portuária) e a qualidade da participação popular na sua produção –, emitiu, por sua área técnica, proclamações que apontam relevância central da participação popular no planejamento das políticas públicas. Assim, ao ensejo do TC nº 011.844/2015, firmou-se, entre tantos trechos citáveis:

> 141. A participação [popular, da sociedade, da comunidade tocada pelo porto] possui fundamental importância no modelo de Avaliação de Políticas Públicas desenvolvido pelo TCU, sendo definida como um dos componentes que viabilizam uma boa governança. O referencial define que 'a participação social traz mais legitimidade, justiça e eficácia à política pública' e que, além disso, garantir a participação agrega maior quantidade e qualidade de informações disponíveis. No caso específico do processo de elaboração de um plano mestre, tal aspecto mostra-se relevante pelo fato de que cada porto conta com suas especificidades. Como a SEP/PR está envolvida com a elaboração de planos para diversos portos públicos do país, o acesso às informações que refletem a realidade local de cada um deles só pode ser feito caso haja plena participação da comunidade.

Em fechamento, a Corte, aprovando as propostas de encaminhamento formuladas pela instrução, deliberou, sob relatoria do Min. Walton Alencar Rodrigues (o mesmo relator do Acórdão nº 650/2016 –

Plenário supracitado), as seguintes recomendações, deixando marcada a relevância da participação popular e da busca de uma compatibilidade entre porto e cidade (ou seja, entre os projetos daquele e o estatuto legal urbanístico da cidade):

9.1. com fundamento no art. 250, inciso III, do Regimento Interno do TCU, e com base na análise realizada no capítulo 4 do relatório de auditoria, recomendar à Secretaria de Portos da Presidência da República, ao Ministério dos Transportes e à Empresa de Planejamento e Logística que:
9.1.1. institucionalizem mecanismos para assegurar que, ao longo de todo o processo de desenvolvimento, os instrumentos de planejamento portuário sejam elaborados e atualizados de maneira integrada com os demais planejamentos de transportes, em especial com o PNLI; e
9.1.2. desenvolvam plano de ação com o objetivo de unificar etapas comuns entre o PNLP, o PNLI e, possivelmente, outros planos do setor de transportes, com vistas à racionalização dos investimentos públicos e à maior integração entre os planos.
9.2. com fundamento no art. 250, inciso III, do Regimento Interno do TCU, e com base na análise realizada no subcapítulo 4.1 do relatório de auditoria, recomendar ao Ministério dos Transportes e à Empresa Pública de Logística que intensifiquem seus esforços em prol da reativação do Conselho Nacional de Integração de Políticas de Transporte e incluam, na pauta da próxima reunião, discussão acerca da unificação de etapas comuns entre o PNLP, o PNLI e, possivelmente, outros planos do setor de transportes, com vistas à racionalização dos investimentos públicos e à maior integração entre os planos.
9.3. com fundamento no art. 250, inciso III, do Regimento Interno do TCU, e com base na análise realizada nos capítulos 5, 6 e 7 do presente relatório, recomendar à Secretaria de Portos da Presidência da República que:
9.3.1. inclua, no processo de elaboração e atualização dos planos mestres dos portos públicos, *mecanismos que facilitem e incentivem a participação direta da comunidade local, não somente através do CAP*;
9.3.2. publique em seu sítio na Internet o PNLP, os planos mestres já concluídos e as versões preliminares dos planos mestres que vierem a ser discutidas, com a finalidade de dar efetiva transparência ao planejamento portuário;
9.3.3. inclua, nos processos de elaboração e atualização dos planos mestres, mecanismos que confiram ampla transparência a todas as contribuições recebidas da comunidade portuária e ao respectivo tratamento; promova as alterações necessárias para que *a relação Porto-Cidade seja considerada estratégica e tratada desde o início do planejamento dos complexos portuários, com a efetiva compatibilização do planejamento portuário com os planos de desenvolvimento urbano dos municípios,* assim como crie mecanismos institucionais que permitam e facilitem a efetiva participação dos

municípios no processo de elaboração dos planos mestres dos portos públicos; [...].

É por aí esperável que venha a Corte de Contas, em outras oportunidades, considerar que na meta de *desenvolvimento sustentável* que deve pautar toda atuação estatal e privada direta ou indireta no processo econômico (CF, arts. 170, VI, e 225) ingresse também um sentido de coexistência harmoniosa ou menos agressiva possível com a cidade de entorno do porto. Assim a sustentabilidade do desenvolvimento impõe uma operação das atividades econômicas e dos *serviços públicos* que reduzam passivos e externalidades negativas ao seu entorno. Ora, dessa diretriz programática – quando cotejada com a autonomia político-administrativa municipal, as competências municipais, as finalidades constitucionalmente endereçadas ao direito urbanístico e ao plano diretor (CF, arts. 1º, 18, 30, I e 182) – necessariamente decorre o dever de que função reguladora e gestão das infraestruturas portuárias públicas (e seus contratos) busquem *relacionar-se com a cidade – sua dimensão estatal e social – sob parâmetros de harmonia*, o que não se compadece com uma visão *de autoridade vertical* e sobrepujamento das demandas sociais e ambientais da cidade ao conforto administrativo e operacional dos portos (e dos agentes encarregados de sua gestão).

3 A atuação do TCU em tema portuário: *mapeamento do programa*

Do conjunto variado da jurisprudência colhida e comentada acima, pode-se arriscar a lista de algumas ideias explícita ou tacitamente proclamadas, ou ainda subjacentes como premissa exegética, pelo Tribunal de Contas da União. Sem ambição de esgotá-las nem as pôr agora numa ordem de relevância, podem ser assim arroladas:

(i) Forte adesão à licitação como procedimento preferencial para alocação de investimentos em infraestrutura portuária mediante contratos com particulares. Leitura restritiva das possibilidades de alteração contratual e renovação ou acréscimo de prazo a contratos de arrendamento e símiles espécies negociais. Forte adesão a uma visão restritiva da regra de vinculação ao edital licitatório na posterior gestão do contrato licitado.

(ii) Forte orientação a que o planejamento setorial portuário seja integrado entre os três planos dos instrumentos jurídicos de planejamento: plano de metas aderente ao plano nacional de logística portuária, por sua vez conformado ao plano nacional de logística integrada.

(iii) Forte orientação a que o planejamento setorial tenha instrumentos efetivos e transparentes de coleta de contribuições da comunidade empresarial, institucional nacional e local afetadas pelo porto e da sociedade local, almejando a construção de uma *relação porto-cidade harmoniosa* (e de conseguinte compatibilizando o porto com o estatuto urbanístico da cidade).

(iv) Forte orientação ao Poder Executivo e ao agente regulador para que produza programa administrativo de gestão e regulação (a) tecnicamente pautado por estudos que levantem dados econômicos, comerciais e técnicos das operações envolvidas com os projetos de investimento – via contrato com particulares – em infraestrutura portuária; (b) atento aos parâmetros internacionais de eficiência; (c) solucionador de conflitos entre os agentes de mercado.

(v) A regulação (a) não pode produzir restrição ou condicionamento sem previsão legal prévia, (b) não pode optar pela estratégia da não regulação diante de situações que gerem conflitos entre particulares e (c) deve observar um *standard procedimental* conformado a um modelo de *boa técnica regulatória*.

(vi) A regulação deve promover a competição e impedir práticas anticoncorrenciais (concorrência desleal) e abuso de poder econômico, daí seguindo que a regulação não pode oportunizar situações em que, por uma assimetria de poder e informação entre os agentes do setor – operadores portuários, recintos alfandegados, armadores, usuários do serviço –, possa aquele que estiver em posição de força retirar vantagem abusiva do outro. Eventual omissão regulatória que ocasione essa situação é típico exemplo em que o exercício da função reguladora não pode se dar pela estratégia da *desregulamentação*.

(vii) Sobre este último aspecto cogente da atuação reguladora, deve-se entender estarem aí abrangidos como requisitos da atuação procedimental da agência reguladora: (a) a produção e consideração de estudos técnicos sobre os vários aspectos enredados no objeto da regulação – economia, competição, mercado imediatamente tocado e mercados adjacentes, aspectos operacionais da atividade tocada pela regulação etc.; (b) a divergência por parte dos agentes públicos encarregados de decisão quanto aos elementos técnicos colhidos na instrução do processo regulatório deve se justificar à luz de razões técnicas escoltadas por dados técnicos tão ou mais aprofundados que aqueles trazidos pela instrução técnica da agência; (c) a oitiva dos interessados, assim considerados os atingidos direta ou indiretamente pela atuação regulatória; (d) o ensejo ao contraditório e consideração e análise das razões e dados técnicos trazidos pelo contraditório, mormente em processos decisórios de conflitos setoriais.

(viii) A instrução e procedimento da agência reguladora devem ser capazes então de deixar demonstrável que o conteúdo do ato de regulação é *adequado, razoável, proporcional e necessário* diante do objeto que busca regular e de seu contexto operacional, econômico, social e jurídico. Inexistindo elementos de instrução que permitam a verificação dessas qualidades que deve comparecer em relação ao conteúdo do ato de regulação, a validade deste próprio ato pode ser alvo de censura de parte da Corte de Contas.

(ix) A variedade de regime tarifário para os arrendamentos portuários condiciona-se ao que estipulado originalmente no respectivo contrato. Mesmo no regime tarifário de liberdade de preços o eventual abuso há de ser coibido por parte da agência reguladora, que, assim, deve ter um programa regulatório que envolva a definição das modalidades de serviço e que lhe possibilite acompanhamento da formação de preços no setor (e, portanto, controle da atuação de autoridades portuárias e operadores portuários quanto aos valores de tarifa praticados por eles).

(x) O equilíbrio econômico-financeiro dos contratos administrativos do setor deve ser mantido atualizado, cuidando-se de se rever sempre a equação econômico-financeira desses ao ensejo de aditivos de prorrogação ou renovação contratual.

(xi) Os contratos de arrendamento portuário e símiles não seriam o instrumento preferencial para realização de investimentos privados não previstos originalmente neles. O aditamento de novos investimentos com reequilíbrio contratual com acréscimo de prazo pressupõe a demonstração de inviabilidade ou desvantagem econômica e/ou técnica de nova licitação e contrato e inviabilidade de se reequilibrar o contrato por meio de aumento tarifário ou diminuição de outros encargos de investimento ou outorga para o particular.

(xii) As consequências econômicas e sociais devem ser consideradas e aquilatadas no exercício da função reguladora.

Cabe mais um exercício de projeção. É que dessas proclamações – que proporcionam forte vetor programático para a gestão dos contratos administrativos na área portuária e para a função reguladora do setor –, cabe desdobrar algumas consequências que podem ser, neste momento, antevistas como tendências.

A forte limitação das possibilidades de gestão dos contratos de arrendamento constituem estímulo para que o Estado brasileiro encaminhe seu modelo portuário para a concessão integral de portos públicos, assim entendida a concessão da própria infraestrutura e serviços portuários hoje titularizados pelas autoridades portuárias e, paulatinamente, reunião da gestão das áreas portuárias no âmbito desses contratos de concessão integral (há que se respeitar os contratos de arrendamento em curso, evidentemente, que só podem ser extintos por via negocial ou diante de demais hipóteses usuais de extinção do prazo de vigência ou caducidade).

Por esse caminho, diminui-se o universo de contratos administrativos firmados no âmbito portuário público, unificando-os sob uma concessão. Isso não significa uma diminuição do conteúdo da regulação em si, mas uma concentração do esforço de gestão contratual. Encargos da agência reguladora como estudo e acompanhamento do setor, definição de serviços, controle tarifário, coibição de abuso econômico, dirimição de conflitos no setor etc., evidentemente, seguem exigíveis e necessários.

Do quanto o acima visto, fica um tanto claro que o modelo de investimento privado em instalações portuárias via contratos de arrendamento é bastante normatizado, regulado e controlado. Sua formação é intensamente procedimentalizada via instituto da licitação, o que é ainda mais densificado ao ensejo da jurisprudência do TCU. Firmado o contrato de arrendamento, é ainda restringida a possibilidade de novos investimentos e aditamentos de prazo que inovem em relação ao programa do contrato original, e novamente aqui se viu que a orientação do TCU tem forte, senão crucial, contribuição para esse panorama. Bem se viu aqui a leitura fortemente restritiva que o TCU dedicou *a um decreto presidencial* que tentou potencializar os contratos de arrendamento vigentes como instrumentos para novos investimentos no setor.

Paradoxalmente, o mesmo TCU, ao ensejo de auditoria operacional sobre que deliberou com o Acórdão nº 2.711/2020 – Plenário, de relatoria do Min. Bruno Dantas, dedicando-se a investigar razões pelas quais, a partir da Lei nº 12.815/13, a competição entre TUP e portos públicos apontava mais dinamismo e investimento pelos primeiros, viu-se entrevistando vários representantes de autoridades portuárias em portos de relevo no mundo (Austrália, Roterdã, Texas, Londres etc.) e, do conjunto dos elementos colhidos, confrontada a Corte com uma característica reiterada na experiência internacional: estrutura empresarial da autoridade portuária (conquanto muitas delas de titularidade do Estado, a espelho do Porto de Antuérpia, uma empresa de titularidade integral da respectiva cidade), forte liberdade formal para escolhas de instrumentos e formas de contratação do porto com parceiros e investidores privados, controle da autoridade portuária via verificação de atingimento de metas. Passando por esse extenso e representativo registro do *benchmarketing* internacional, a Corte de Contas, longas páginas depois, coligiu uma série de inovações de modelo que mereceriam estudo e implemento de parte do Executivo federal e da agência reguladora – *mas nenhuma consideração ao seu próprio papel de intenso e minudente controle procedimental da atuação regulatória e de gestão contratual no setor portuário*. A propósito, foram as deliberações tomadas pela Corte então:

> 9.1. recomendar, com fundamento no art. 43, inciso I, da Lei 8.443/1992, c/c art. 250, inciso III, do Regimento Interno e art. 11 da Resolução-TCU 315/2020:
> 9.1.1. ao Ministério da Infraestrutura e à Agência Nacional de Transportes Aquaviários, no limite de suas competências, que avaliem a conveniência e oportunidade de adotar procedimentos administrativos, como a edição de diretrizes ou normativos infralegais visando:
> 9.1.1.1. regulamentar outras formas de ocupação e exploração de áreas e instalações portuárias não previstas na legislação específica, que viabilizem a exploração das áreas operacionais dos portos organizados em casos específicos para os quais o arrendamento não seja adequado, nos termos do anexo I do Decreto 10.368/2020, art. 1º, inciso IV e da Lei 10.233/2001, art. 27, inciso XXIX (seção V do voto) ;
> 9.1.1.2. retirar, dos contratos de arrendamento portuário, quando técnica e economicamente justificável, as cláusulas de reversibilidade dos bens, para estabelecer a obrigatoriedade de o arrendatário devolver a área, ao término do contrato, da mesma forma que a recebeu, salvo se for do

interesse público que alguma eventual modificação ou investimento realizado seja mantido, nos termos do anexo I do Decreto 10.368/2020, art. 1º, inciso IV e da Lei 10.233/2001, art. 27, inciso IV (seção VI do voto);

9.1.2. ao Ministério da Infraestrutura, com apoio da Agência Nacional de Transportes Aquaviários, que avalie a conveniência e oportunidade de:

9.1.2.1. propor alterações legislativas ou adotar procedimentos administrativos, como a edição de diretrizes ou normativos infralegais, visando facilitar a realização de investimentos por conta e risco dos arrendatários, admitindo a possibilidade de reequilíbrio econômico-financeiro apenas em casos excepcionais, caso reste cabalmente demonstrado que os ganhos auferidos pela autoridade portuária justifiquem algum tipo de compensação, nos termos do art. 87, parágrafo único, inciso II, da Constituição Federal de 1988 (seção VI do voto);

9.1.2.2. promover estudos e adotar medidas acerca do fornecimento de mão de obra portuária por meio de Órgão Gestor de Mão de Obra (OGMO), oportunizando aos envolvidos no setor, inclusive sindicatos de trabalhadores, Ministério Público do Trabalho e Marinha do Brasil, a devida manifestação no processo, objetivando a transição para um sistema que permita ganhos de eficiência ao setor portuário e estimule a capacitação e a especialização dos trabalhadores (seção VII do voto);

9.1.2.3. fomentar nas autoridades portuárias o desenvolvimento de estruturas internas capacitadas para o desenvolvimento e gerenciamento de projetos, incluindo a elaboração de estudos de viabilidade técnica, econômica e ambiental (EVTEA), de modo a conferir maior celeridade e eficiência aos processos licitatórios de arrendamentos portuários, nos termos do anexo I do Decreto 10.368/2020, art. 1º, inciso IV (seção V do voto);

9.1.2.4. fomentar a adoção de regulamento próprio de licitações e contratos pelas autoridades portuárias, traçando as diretrizes adequadas às contratações de obras e serviços necessários ao bom funcionamento dos portos organizados, bem como coordenar a implantação pelas companhias docas sob sua supervisão, levando em consideração as peculiaridades de cada uma, de acordo com a previsão contida no art. 40 da Lei 13.303/2016 e art. 63 da Lei 12.815/2013 (seção VIII do voto);

9.1.2.5. considerar os requisitos previstos no art. 17 da Lei 13.303/2016 para a nomeação de cargos intermediários de gestão nas autoridades portuárias sob administração federal, e que seja conferida a devida transparência aos critérios motivadores da escolha de cada gestor;

9.1.3. à Agência Nacional de Transportes Aquaviários que avalie a conveniência e oportunidade de, no momento da edição das minutas contratuais, ao tratar caso a caso da reversibilidade dos bens, apresentar motivação técnica suficiente na eventualidade de não adotar a medida alvitrada no item 9.1.1.2 deste Acórdão, nos termos do art. 27, inciso XV da Lei 10.233/2001 (seção VI do voto);

9.2. determinar, com espeque no art. 43, inciso I, da Lei 8.443/1992 c/c o art. 250, inciso II, do Regimento Interno do TCU, ao Ministério da Infraestrutura e à Antaq que, no prazo de 60 (sessenta) dias, apresentem ao TCU, separadamente, planos de ação com vistas ao atendimento das recomendações elencadas no item 9.1 e subitens deste Acórdão, contendo, no mínimo, as medidas a serem adotadas, os responsáveis pelas ações e o prazo previsto para a sua implementação, ou a justificativa para seu não atendimento; [...].

De qualquer modo, em consonância com essas constatações e recomendações da Corte de Contas, e tendo se produzido num ambiente legiferante já a par desses achados da área técnica do TCU, recentemente, ao ensejo da produção legislativa provocada pela crise sanitária do Covid-19, foram insertas inovações importantes na modelagem contratual do setor portuário, o que foi feito com a edição da Lei nº 14.407, de 24.8.2020. Com a novel lei, alterou com acréscimo de texto a Lei nº 12.815/2013, fazendo ali prever com mais detalhe a concessão de porto organizado e explicitando o caráter privado dos contratos firmados entre futuro concessionário e terceiros particulares (Lei nº 14.407/20, art. 12, que insere o novel art. 5º-A na Lei nº 12.815/13, a espelho da generalidade das concessões conforme Lei nº 8.987/95, art. 24, §2º); a possibilidade de contratação de arrendamento portuário sem licitação quando provada a existência de um único interessado (explicitação de uma típica situação de inexigibilidade licitatória) conforme novel art. 5º-C; a possibilidade da contratação de usos temporários de áreas portuárias ociosas (restaurando o conceito dos antigos contratos operacionais do setor), conforme novel art. 5º-D – todos esses artigos incorporado à Lei nº 12.815/13.

A inovação legislativa – que encontrou escoro nas constatações da auditoria técnica realizada pelo SeinfraPortoFerrovia do TCU e aprovada pelo Acórdão nº 2.711/2020 – Plenário, Rel. Min. Bruno Dantas – nitidamente busca, via criação de instrumentos mais ágeis e flexíveis de uso e exploração de áreas portuárias, estimular investimento no porto e adaptabilidade do serviço portuário à demanda dos usuários (à demanda da "carga"). Acena para um caminho inusitado diante do peso e da força do controle do TCU no setor. A ver se, na prática, o TCU concordará com esses modelos institucionais de investimento e operação com maior flexibilidade procedimental e, portanto, de controles prévios.

Uma coisa é certa: por mais que o próprio negue, não há como desconhecer o impacto regulatório da atuação do Tribunal de Contas da União.

Informação bibliográfica deste texto, conforme a NBR 6023:2018 da Associação Brasileira de Normas Técnicas (ABNT):

MARQUES NETO, Floriano de Azevedo; LEITE, Fabio Barbalho. A regulação abduzida: o TCU no exercício da regulação de competência da Antaq. In: TOJAL, Sebastião Botto de Barros; SOUZA, Jorge Henrique de Oliveira (Coord.). *Direito e infraestrutura:* portos e transporte aquaviário – 20 anos da Lei nº 10.233/2001. Belo Horizonte: Fórum, 2021. v. 1, p. 141-175. ISBN 978-65-5518-210-1.

O PAPEL DA ANTAQ ANTE O NOVO REGIME DE EXPLORAÇÃO NOS PORTOS ORGANIZADOS

HELOÍSA ARMELIN

1 Introdução

Embora há muito definido na Lei nº 10.233/2001, as recentes alterações promovidas no marco regulatório portuário pela Lei nº 14.047/2020, somadas às novas políticas setoriais, conferem novos contornos ao papel da Agência Nacional de Transportes Aquaviários (Antaq) no desenvolvimento do setor.

Criada em 2001, com a reestruturação do Ministério do Transportes (atualmente Ministério da Infraestrutura), a Antaq tem por função implementar as políticas públicas setoriais, além de regular e supervisionar a prestação dos serviços de exploração da infraestrutura de transportes aquaviários exercida por terceiros.

O novo capítulo que se desenha para exploração da infraestrutura portuária – resultado, como se verá, da decisão de desestatização das autoridades portuárias e concessão do ativo público –, cria a possibilidade de exploração das instalações portuárias localizadas nos portos organizados sob o regime privado, mediante contratos de exploração celebrados entre a concessionária responsável pela administração portuária e os terceiros interessados.

Trata-se se uma resposta aos anseios da iniciativa privada por uma menor presença estatal na gestão dos ativos arrendados e, portanto, por maior liberdade ao parceiro privado. E, por mais contraditório que possa parecer, o sucesso dessas modificações dependerá – e muito – da atuação da agência reguladora.

É esse novo papel da Antaq que será analisado no presente trabalho, que conta um capítulo dedicado à análise das alterações promovidas na Lei n° 12.815/2013, a Lei dos Portos, e suas implicações práticas. Isso porque, ao ser convertida na Lei n° 14.047/2020, a Medida Provisória n° 945/2020 alterou o modo de exploração da infraestrutura portuária pública nacional, disciplinando uma forma de contratação que permitirá até mesmo a mudança de regime dos contratos de arrendamento vigentes.

Na sequência, serão analisadas as prováveis frentes de atuação da agência nos casos concretos. A análise, empreendida à luz do "caso Codesa", será dividida em três momentos diferentes: previamente à celebração dos contratos de arrendamento privados, a fase de transição dos contratos de arrendamento atualmente vigentes para o regime privado e, posteriormente, durante a execução das avenças. Para melhor compreensão dos possíveis conflitos advindos dessa relação, serão brevemente apresentadas as funções da autoridade portuária.

Por fim, será apresentada a conclusão, segundo a qual a alteração legislativa verificada e a implementação da política de concessão do porto organizado, isoladas, não assegurarão o alcance dos resultados esperados. É necessário que se garanta a segurança necessária para a realização dos investimentos por aqueles que pretendem explorar os terminais públicos sob regime privado, considerando, especialmente, o desempenho da função de autoridade portuária por uma empresa privada. É justamente o que se espera da agência reguladora.

2 A minirreforma da Lei dos Portos e o novo regime de exploração portuária: o arrendamento privado

2.1 As mudanças promovidas na Lei n° 12.815/2013

A Medida Provisória n° 945/2020, que tratou de medidas temporárias em resposta à pandemia decorrente do Covid-19 nos setores portuário e aeroportuário, ao ser convertida na Lei n° 14.047, em 24.8.2020, promoveu uma verdadeira reforma no marco legal portuário.[1]

---

[1] Essas alterações foram objeto de breves considerações desta autora em artigo escrito em coautoria com Sebastião Tojal publicado pela revista *Consultor Jurídico* (TOJAL, Sebastião;

As alterações promovidas na Lei dos Portos vão ao encontro das recentes recomendações do Tribunal de Contas da União (TCU) oriundas de auditoria operacional promovida pela sua Secretaria de Fiscalização de Infraestrutura Portuária e Ferroviária, que procurou entender o que tem levado os operadores brasileiros a preferirem se instalar fora das poligonais dos portos organizados, ainda que a infraestrutura seja precária ou mesmo inexistente, na contramão do cenário internacional, em que os investidores buscam fazer uso da infraestrutura já instalada nos condomínios portuários.[2]

Ao comparar o regime dos terminais localizados dentro do porto organizado (terminais explorados mediante contrato de arrendamento) com o daqueles localizados fora (explorados mediante contrato de adesão), a unidade técnica do TCU concluiu que as limitações incidentes sobre os primeiros têm resultado na fuga dos investimentos privados das áreas públicas, o que fez com que, ao longo dos últimos seis anos, alcançassem apenas 10% do valor investido em empreendimentos eminentemente privados.[3]

O traço comum, então, das recomendações da auditoria aprovadas pelo Plenário do Tribunal de Contas foi a busca por mais dinamismo e flexibilidade no processo licitatório que antecede a celebração dos contratos de arrendamento, na própria gestão desses contratos e nas atribuições da autoridade portuária.[4]

A primeira alteração da Lei nº 12.185/2013 decorrente da Lei nº 14.047/2020 incide sobre o inc. V do art. 3º, com vistas a explicitar que o estímulo à concorrência no setor portuário deve ocorrer "por meio

---

ARMELIN, Heloísa. Minirreforma (estrutural) do setor portuário. *Conjur*, 21 out. 2020. Disponível em: https://www.conjur.com.br/2020-out-21/tojal-armelin-minirreforma-estrutural-setor-portuario. Acesso em: 20 jan. 2021).

[2] O relatório de auditoria operacional aqui referido foi produzido nos autos do Processo TC nº 022.534/2019-9, cujo objeto, conforme indicado no *site* do TCU, é "Auditoria operacional sobre limitações dos portos organizados em comparação com os TUPs".

[3] A auditoria apontou cinco achados: "Achado 1 - Apesar de ter apresentado avanços, o processo licitatório para arrendamento portuário é complexo, rígido e moroso, incompatível com a agilidade necessária para a otimização do espaço público. Achado 2 - O modelo de contrato de arrendamento portuário não confere aos terminais arrendados e à Autoridade Portuária a flexibilidade necessária para permitir adaptações das operações ao dinamismo dos fluxos de comércio e geram consequências negativas durante e após a execução contratual. Achado 3 - O monopólio do Órgão Gestor de Mão de Obra sobre o fornecimento de mão de obra constitui uma limitação imposta aos terminais arrendados. Achado 4 - A dificuldade de contratar e a falta de recursos das autoridades portuárias públicas prejudicam a prestação de serviços adequados ao complexo portuário. Achado 5 - Nomeações de gestores sem qualificação técnica ou gerencial representam obstáculo à gestão profissional, orientada a resultados, transparente e eficiente de autoridades portuárias pública".

[4] O processo foi objeto do Acórdão nº 2.711/2020-PL.

do incentivo à participação do setor privado e da garantia de amplo acesso aos portos organizados, às instalações e às atividades portuárias".

O incentivo à participação de *players* privados na promoção da infraestrutura pública não se trata de política recente, tampouco restrita ao setor portuário. A crise vivida no fim da década de 1980 marcou, no Brasil, o início da "década perdida", em que se constatou a insuficiência dos recursos públicos para a realização dos investimentos em infraestrutura. Desde então se tem procurado ampliar a atratividade dos investimentos privados e viabilizar a sua realização por meio dos mais diversos tipos de contratos de parceria.[5]

Contudo, diante da constatação, pela unidade técnica do TCU, das dificuldades enfrentadas para a ocupação das áreas localizadas nos portos organizados,[6] cuja taxa de ociosidade geral é de 56% e, portanto, da insuficiência das medidas adotadas pelos gestores públicos, a sutil alteração legislativa buscou repisar a importância de se garantir o acesso aos privados aos portos organizados, evidenciando que a concorrência no setor deve ser perseguida por meio do incentivo à participação do setor privado e da garantia ao amplo acesso aos portos organizados.

Também foi instituída, por meio da inclusão do inc. VI ao art. 3º, a liberdade de preços nas operações portuárias, igualmente como diretriz da exploração dos portos organizados e instalações portuárias. Embora já praticada pela entidade reguladora e pelo próprio poder concedente, a sua inclusão enquanto diretriz para a atuação estatal confere maior segurança à iniciativa privada.

A alteração que se julga mais relevante na tentativa de flexibilizar o regime da exploração das áreas localizadas no porto organizado, em linha com as sugestões do órgão de controle e dando concretude às diretrizes tratadas no art. 3º, é a realizada no Capítulo II da Lei dos Portos, o qual trata da concessão do porto organizado, do arrendamento e do uso temporário de instalações portuárias.

Por meio da alteração dos arts. 4º e 5º da Lei dos Portos, a Lei nº 14.047/2020 tornou mais evidente a diferença existente entre o contrato

---

[5] Sobre o tema, ver: PASTORE, Afonso Celso. O setor privado e os investimentos em infraestrutura. *In*: PASTORE, Afonso Celso (Org.). *Infraestrutura – Eficiência e ética*. Rio de Janeiro: Elsevier, 2017. p. 1-38.

[6] A esse propósito convém destacar a própria morosidade do processo licitatório, cujo prazo médio é de 27 meses, podendo chegar a dois anos. Diversamente, a obtenção da autorização para exploração do terminal privado é obtida, em média, em 16 meses, com processos concluídos em seis meses.

de concessão e o contrato de arrendamento ao tratá-los em dispositivos diversos e estabelecer cláusulas específicas para cada um deles.[7] [8]

A nova redação do art. 4º preconiza que a concessão, definida como "cessão onerosa do porto organizado, com vistas à administração e à exploração de sua infraestrutura por prazo determinado", refere-se ao "bem público destinado à exploração do porto organizado". A celebração do contrato de concessão deverá ser precedida de licitação e sua minuta deverá contemplar as cláusulas disciplinadas no art. 5º, não alteradas pela reforma.

O objeto da concessão, conforme prevê o decreto regulamentador da Lei dos Portos, contemplará o desempenho das funções da administração do porto e poderá incluir ou não a exploração das instalações portuárias, direta ou indiretamente.

O arrendamento, isto é, a "cessão onerosa de área e infraestrutura públicas localizadas dentro do porto organizado, para exploração por prazo determinado", por sua vez, é disciplinado pelo art. 5º-B, e diz respeito ao "bem público destinado à atividade portuária". Como regra, deverá também ser precedido de licitação, que poderá ser dispensada nas hipóteses em que for comprovada a existência de um único interessado,

---

[7] Sobre a concessão portuária, Floriano de Azevedo Marques Neto afirma: "Os objetos da concessão portuária são a administração e a exploração de serviços portuários (ou o seu gerenciamento, quando executados por terceiros) bem como o provimento de todo o suporte e de todas as utilidades necessárias para a atividade de transporte marítimo ou hidroviário. O concessionário do porto organizado terá delegado para si toda a gestão daquela utilidade (respeitadas as competências regulatórias da Antaq e as regras de governança e de contratação de mão de obra dispostas na lei), inclusive no tocante à interface com os arrendatários". Quanto ao arrendamento, o autor enxerga como uma subconcessão: "Apesar das mudanças legislativas, sigo entendendo que o arrendamento portuário mais se aproxima de uma figura especial de sub concessão. O caráter de subconcessão fica ainda mais claro quanto cotejamos a definição legal de concessão portuária com a de arrendamento portuário, pois ambas são definidas como 'cessão', mas a primeira é a cessão do todo (porto organizado), enquanto a segunda é a 'cessão' da parte" (MARQUES NETO, Floriano de Azevedo. *Concessões*. Belo Horizonte: Fórum, 2015. p. 231-232).

[8] Sobre a origem histórica dos portos organizados, aduzem Danilo Veras e Gabriel Furtado: "O tratamento jurídico-administrativo específico para os portos organizados parece ter raízes históricas: no processo de desenvolvimento da infraestrutura portuária nacional, durante a vigência das mais diversas legislações, os portos públicos constituíram o locus de convergência de uma série de esforços e recursos estatais para a sua expansão, melhoramento e aparelhamento, constituindo, portanto, estrutura com maior grau de maturidade, relevância logística sistêmica para a economia nacional e, por conseguinte, revestida de maior densidade de interesse público na racionalização da sua estruturação. Tal maturidade, condizente com a importância estratégica comercial-militar de tais infraestruturas, atraiu para as administrações portuárias dos portos públicos o regime jurídico de serviço público" (VERAS, Danilo de Moraes; FURTADO, Gabriel Rapport. Art. 17. *In*: MILLER, Thiago Testini; SILVA, Aline Bayer da; SILVA, Lucas Rênio da (Org.). *Comentários à Lei nº 12/815/2013*. Rio de Janeiro: Telha, 2020. p. 115-116).

depois de realizado chamamento público, desde que a exploração esteja em conformidade com o plano de desenvolvimento e zoneamento do porto, nos termos do parágrafo único do art. 5º.

Como se vê, enquanto o arrendamento pressupõe a exploração da instalação portuária, ou seja, a movimentação de cargas propriamente dita, a concessão visa à delegação da administração do porto organizado, função exercida pela autoridade portuária,[9] que poderá contemplar ou não a exploração direta ou indireta das instalações.

Foram dispensadas do contrato de arrendamento, além das cláusulas que instituíam a reversibilidade dos bens (prática já adotada no cenário internacional),[10] as que disciplinam (i) parâmetros definidores da qualidade da atividade prestada, bem como metas e prazos para o alcance de níveis de serviço, (ii) direitos e deveres dos usuários, com as obrigações correlatas do contratado e as respectivas sanções, (iii) forma de fiscalização das instalações, dos equipamentos e dos métodos e práticas de execução das atividades, bem como (iv) garantias para a execução do contrato.

A exclusão das cláusulas acima listadas buscou aproximar o regime dos arrendamentos ao regime dos terminais de uso privado (terminais privados ou, simplesmente, TUP). Localizados fora do porto organizado, ou seja, em áreas privadas, os TUP são objeto de autorização, que veicula uma "outorga de direito à exploração de instalação portuária

---

[9] Nesse sentido, Flavio Amaral Garcia e Rafael Véras de Freitas observam que a concessão do porto organizado representa "hipótese de concessão de serviço público cumulada com o exercício de uma função de polícia administrativa, por meio de qual o concessionário, de acordo com a autorização prévia legislativa, estabelece limitações e condicionamentos à liberdade individual em prol do interesse coletivo" (GARCIA, Flávio Amaral; FREITAS, Rafael Véras de. Portos brasileiros e a assimetria regulatória: os títulos habilitantes para a explorada infraestrutura portuária. In: MOREIRA, Egon Bockmann (Coord.). Portos e seus regimes jurídicos: a Lei n. 12.815/2013 e seus desafios. Belo Horizonte: Fórum, 2014. p. 247).

[10] O item 270 do Relatório de Auditoria Operacional do TCU trata justamente das sugestões sobre o tema: "Assim, propõe-se recomendar ao Ministério da Infraestrutura, com apoio da Agência Nacional de Transportes Aquaviários, no que lhe competir, que avalie a conveniência e oportunidade de propor alterações legislativas ou adotar procedimentos administrativos, como a edição de diretrizes ou normativos infralegais, visando simplificar e flexibilizar os contratos de arrendamento, aproximando-os das melhores práticas internacionais, a exemplo da: (i) retirada, dos contratos de arrendamento portuário, quando técnica e economicamente justificável, das cláusulas de reversibilidade dos bens, estabelecendo a obrigatoriedade de o arrendatário devolver a área, ao término do contrato, da mesma forma que a recebeu, salvo se for do interesse da autoridade portuária que alguma eventual modificação ou investimento realizado seja mantido; e (ii) facilitação da realização de investimentos por conta e risco dos arrendatários, admitindo-se a possibilidade de reequilíbrio econômico-financeiro apenas em casos excepcionais, caso reste cabalmente demonstrado que os ganhos auferidos pela autoridade portuária justifiquem algum tipo de compensação".

localizada fora da área do porto organizado e formalizada mediante contrato de adesão".[11]

Por tratarem de empreendimentos privados, a regulação estatal incide em menor grau e confere muito mais liberdade para o contratado gerir o empreendimento, assim como celeridade para a realização dos investimentos. Foi justamente a extensão da margem de liberdade do contratado que orientou a revisão das disposições legais referentes às cláusulas do contrato de arrendamento.

A despeito da expectativa gerada pela exclusão da cláusula de reversibilidade de bens nos contratos de arrendamento, notadamente por afastar as dificuldades verificadas para a repactuação do reequilíbrio contratual, alguns entraves relativos à (i) alteração do perfil de carga para atendimento de novas oportunidades identificadas, (ii) alteração de área para melhor adequação das atividades desenvolvidas e (iii) realização de novos investimentos para eficiência operacional permanecem inalterados por encontrar obstáculos decorrentes da própria natureza jurídica desses contratos.

Assim, para solucionar tais pontos, foi inserido o art. 5º-A na Lei dos Portos, o qual será analisado de maneira mais aprofundada ao longo deste trabalho. O dispositivo, ao permitir a exploração das instalações portuárias públicas em regime privado (arrendamentos privados), afasta os entraves acima listados, aproximando aquelas dos terminais de uso privado.

Por fim, vale registrar que, também buscando a facilitação da ocupação e da exploração das instalações portuárias públicas, o acréscimo do art. 5º-D soluciona a ausência de fundamento legal para a figura do contrato de uso temporário.

Já regulada pela Antaq na Resolução Normativa nº 7/2016,[12] a utilização do contrato de uso temporário estava suspensa em razão de decisão judicial liminar, confirmada por sentença, que reconheceu a ausência de amparo legal para a agência instituir contrato de exploração

---

[11] A doutrina tradicional trata a autorização como um ato administrativo unilateral, precário e discricionário (CARVALHO FILHO, José dos Santos. *Manual de direito administrativo*. 34. ed. São Paulo: Atlas, 2020; MEIRELLES, Hely Lopes. *Direito administrativo brasileiro*. 41. ed. São Paulo: Malheiros, 2015. p. 207 e BANDEIRA DE MELLO, Celso Antônio. *Curso de direito administrativo*. 32. ed. São Paulo: Malheiros, 2015. p. 448). Os tribunais, no entanto, têm admitido a natureza contratual de tais vínculos quando relacionados à utilização da infraestrutura, por ser materializada em um contrato de adesão (MS nº 6.803/DF, julgado pelo Superior Tribunal de Justiça e confirmado pelo Supremo Tribunal Federal no RMS nº 24.286/DF).

[12] Antes objeto da Resolução nº 2.240, que estabelecia nos arts. 2º, VIII, e 25 a 35 sobre o tema.

de áreas em substituição ao processo licitatório para a celebração de contrato de arrendamento.[13]

Com a nova previsão legal, o contrato de uso temporário poderá ser celebrado pela autoridade portuária nos casos de exploração de áreas para movimentação de cargas com mercado não consolidado, entendidas como aquelas não movimentadas de forma regular no porto,[14] sendo dispensada a licitação. Considerando justamente a peculiaridade da sua hipótese, o contrato de uso temporário tem prazo improrrogável de 48 meses.

2.2 Os contratos de arrendamento privados

Como visto, passaram a integrar o regime de exploração de instalações portuárias, ao lado dos contratos de arrendamento e dos terminais privados, os arrendamentos privados,[15] celebrados pela concessionária do porto organizado, conforme disciplina o art. 5º-A:

> Art. 5º-A. Os contratos celebrados entre a concessionária e terceiros, inclusive os que tenham por objeto a exploração das instalações portuárias, serão regidos pelas normas de direito privado, não se estabelecendo qualquer relação jurídica entre os terceiros e o poder concedente, sem prejuízo das atividades regulatória e fiscalizatória da Antaq.

A redação do art. 5º-A, ao tratar do regime privado dos contratos celebrados pela concessionária do porto organizado, repete, em parte, a previsão da Lei de Concessões (Lei nº 8.987/1995).[16] Há uma

---

[13] Ação Civil Pública nº 0039522-15.2016.4.02.5001, proposta pelo Ministério Público Federal, que tramita perante a 3ª Vara Federal de Vitória/ES e aguarda decisão do Superior Tribunal de Justiça.

[14] A Resolução Normativa nº 7/2014 – Antaq define, no art. 2º, inc. VIII, carga com mercado não consolidado como aquela "mercadoria não movimentada regularmente no porto nos últimos 5 (cinco) anos, tendo demandado, em média, menos de uma atracação mensal no mesmo período; [...]".

[15] O termo *arrendamento privado* é usado no presente trabalho para designar os contratos de exploração de instalações portuárias, regidos pelas normas de direito privado, entre a concessionária do porto organizado e o terceiro interessado, com fundamento no art. 5º-A, da Lei nº 12.815/2013.

[16] "Art. 25. Incumbe à concessionária a execução do serviço concedido, cabendo-lhe responder por todos os prejuízos causados ao poder concedente, aos usuários ou a terceiros, sem que a fiscalização exercida pelo órgão competente exclua ou atenue essa responsabilidade. §1º Sem prejuízo da responsabilidade a que se refere este artigo, a concessionária poderá contratar com terceiros o desenvolvimento de atividades inerentes, acessórias ou complementares ao serviço concedido, bem como a implementação de projetos associados. §2º Os contratos celebrados entre a concessionária e os terceiros a que se refere o parágrafo anterior reger-se-ão

diferença relevante, contudo: no âmbito portuário, as atividades a serem contratadas em regime privado pela concessionária não se limitam a atividades inerentes, acessórias ou complementares ao concedido, ou à implementação de projetos associados, como prevê o §1º do art. 25. Elas dizem respeito justamente às atividades atualmente exercidas dentro da poligonal do porto organizado sob o regime público, formalizadas por meio dos contratos de arrendamento.

A referência a essas atividades era mesmo necessária para conferir fundamento legal às disposições do Decreto nº 8.033/2013, que já previa, no seu art. 20, a possibilidade de o contrato de concessão abranger a exploração indireta das instalações portuárias.[17] Na hipótese de exploração indireta das instalações portuárias, o art. 21 fixa o regime privado de tais contratos, sem vínculo com o poder concedente.[18]

Também poderão ser submetidos ao regime privado os contratos de arrendamento atualmente vigentes, celebrados com o Poder Público, se tiverem sua titularidade transferida à concessionária do porto organizado, nos termos do art. 22 do decreto. Tendo em vista o grande número de contratos de arrendamento vigentes e o longo prazo de duração dessas avenças, era fundamental, de fato, que o marco permitisse a modificação do regime, especialmente para o fim de se garantir isonomia entre os titulares de contratos dentro de um mesmo porto organizado.

Disso resulta, como afirmado, um novo regime de execução das atividades portuárias, na tentativa de atender aos anseios dos *players*, superando as citadas amarras do regime do arrendamento público, decorrentes tanto da morosidade do processo licitatório para arrendamento de áreas como dos obstáculos regulatórios às alterações contratuais que se mostram necessárias ao longo da sua execução.[19]

---

pelo direito privado, não se estabelecendo qualquer relação jurídica entre os terceiros e o poder concedente".

[17] "Art. 20. O objeto do contrato de concessão poderá abranger: I - o desempenho das funções da administração do porto e a exploração direta e indireta das instalações portuárias; II - o desempenho das funções da administração do porto e a exploração indireta das instalações portuárias, vedada a sua exploração direta; ou III - o desempenho, total ou parcial, das funções de administração do porto, vedada a exploração das instalações portuárias".

[18] "Art. 21. Os contratos celebrados entre a concessionária e terceiros serão regidos pelas normas de direito privado, não se estabelecendo qualquer relação jurídica entre os terceiros e o poder concedente, sem prejuízo das atividades regulatória e fiscalizatória da Antaq".

[19] O regime de direito público confere à Administração prerrogativas e sujeições (DI PIETRO, Maria Sylvia. *Direito administrativo*. 33. ed. Rio de Janeiro: Forense, 2020). E, sobre esse regime, Marçal Justen Filho afirma: "O regime de direito público consiste num conjunto de normas jurídicas que disciplinam poderes, deveres e direitos vinculados diretamente à supremacia e à indisponibilidade dos direitos fundamentais. O regime de direito público

Justamente por isso o contrato de regime privado para exploração de instalação portuária pública cria elevadas expectativas para a melhoria da eficiência e o aumento da liberdade e da agilidade necessárias para desempenho das atividades portuárias. O que se vislumbra, portanto, é um novo capítulo do desenvolvimento da infraestrutura pública portuária,[20] cujo foco será, além da celebração desses contratos de arrendamento privados, a transição de regime dos contratos de arrendamento atualmente vigentes nos portos organizados que forem concedidos.

O alcance desses objetivos dependerá, todavia, da segurança que será conferida àqueles que pretendem explorar instalações portuárias localizadas no porto organizado, seja mediante negociação bilateral com a administração portuária, seja por meio da transição de regimes, do público para o privado. É nesse contexto que se vislumbra o protagonismo da Antaq. E é sobre isso o tópico a seguir.

---

caracteriza-se pela criação de órgãos e funções na esfera pública, a quem é atribuída a titularidade de bens vinculados à realização de valores essenciais, assim como a competência para promover a satisfação de interesses indisponíveis" (JUSTEN FILHO, Marçal. *Curso de direito administrativo*. 11. ed. São Paulo: Revista dos Tribunais, 2015. p. 128).

[20] Sobre a evolução das formas de parceria entre Poder Público e iniciativa privada, Jacintho Arruda Câmara afirma: "O setor que, no Brasil, foi o primeiro a experimentar a influência do novo modelo de parceria entre o público e o privado em sua regulação foi o portuário. Antes mesmo da edição da lei geral de concessões (que é de janeiro de 1995) surgiu uma lei disciplinando o regime jurídico da exploração dos portos organizados e das instalações portuárias. Trata-se da Lei n.º 8.630, de 25 de fevereiro de 1993. A lei prevê uma ampla abertura para a participação do setor privado na construção da infra-estrutura necessária à ampliação dos portos no país, bem como de sua exploração econômica. O principal instrumento jurídico para a participação privada nesse setor é o "contrato de arrendamento". Por seu intermédio é assegurado ao interessado obter o direito de construir, reformar, ampliar, melhorar, arrendar e explorar uma dada instalação portuária. A Lei de Portos também traz importante regra que admite que interessados apresentem projetos à Administração dos Portos organizados, a fim de que seja aberta a respectiva licitação. Trata-se de uma clara influência da nova filosofia de participação privada nos empreendimentos públicos, na medida em que se aceita a propositura de projetos por particulares e não reserva essa função exclusivamente à Administração Pública" (CÂMARA, Jacintho Arruda. A experiência brasileira nas concessões de serviço público e as parcerias público-privadas. *In*: SUNDFELD, Carlos Ari (Org.). *Parcerias público-privadas*. São Paulo: Malheiros, 2005. p. 159-181). Também sobre o tema, ver: CAMPOS NETO, Carlos Alvares da Silva *et al*. *Gargalos e demandas da infraestrutura portuária e os investimentos do PAC*: mapeamento Ipea de obras portuárias. Brasília: Ipea, 2009. (Texto para discussão, n. 1423). Disponível em: https://www.ipea.gov.br/portal/images/stories/PDFs/TDs/td_1423.pdf. Acesso em: 12 fev. 2021.

3 O novo papel da Antaq no contexto da desestatização das autoridades portuária: análise a partir do "caso Codesa"

Como acima narrado, os contratos de exploração de instalações portuárias regidos pelo direito privado serão celebrados pela concessionária do porto organizado e terceiros, sem que se estabeleça relação jurídica entre o interessado e o poder concedente.

O regime de direito privado poderá ser aplicado, portanto, às instalações portuárias exploradas no âmbito dos portos organizados cuja administração tenha sido objeto de concessão que autorize a concessionária a explorar, de forma indireta, a infraestrutura portuária.

Atualmente existem 36 portos organizados no país, entre os quais se encontram os administrados diretamente pela União, por meio das companhias docas, e aqueles delegados a municípios, estados ou consórcios públicos.[21] Não há, ainda, portos concedidos.

Assim, com o fim de criar o ambiente necessário para implantação do novo regime, a ação legislativa estatal veio acompanhada da decisão política de privatização das companhias docas e celebração de contratos de concessão da administração dos portos hoje exercida pela União. O programa de desestatização das autoridades portuárias, anunciado para modernizar a gestão portuária e atrair investimentos,[22] preenche,

---

[21] Há 17 portos públicos administrados por companhias docas: Angra dos Reis, Itaguaí, Rio de Janeiro, Niterói, Vitória, Barra do Riacho, Ilhéus, Aratu, Salvador, Maceió, Natal, Areia Branca, Fortaleza, Vila do Conde, Belém e Santarém. Já os portos delegados são 19: Suape, Imbituba, Laguna, São Francisco do Sul, Itaqui, Cabedelo, Recife, São Sebastião, Antonina, Paranaguá, Pelotas, Porto Alegre, Cachoeira do Sul, Rio Grande, Porto Velho, Itajaí, Macapá, Forno e Manaus (SISTEMA Portuário Nacional. *Gov.br*, 17 mar. 2015. Disponível em: https://www.gov.br/infraestrutura/pt-br/assuntos/transporte-aquaviario/sistema-portuario. Acesso em: 24 jan. 2021).

[22] Conforme consta nas informações relativas à motivação desse processo de desestatização da autoridade portuária e concessão da administração do porto organizado disponíveis no portal do Programa de Parceria de Investimentos: "A promoção da desestatização da Companhia Docas do Espírito Santo (CODESA), com vistas a modernizar sua gestão portuária, atrair investimentos e melhorar a operação do setor tem aderência com a política setorial e às diretrizes do Governo Federal de busca por investimentos em infraestrutura por meio de parcerias com o setor privado. Os estudos que envolvem a definição do modelo de desestatização e diretrizes de edital e contrato serão contratados pelo BNDES. O projeto se justifica, pois, as premissas de contratação de serviços e aquisição de produtos aos quais é submetido o setor público brasileiro, são entraves à gestão eficiente de um ativo portuário, o qual depende fundamentalmente da agilidade nas tomadas de decisão, de modo a permitir que os gestores possam reagir prontamente aos constantes processos de modernização e avanços tecnológicos específicos do setor. Dessa forma, a participação da iniciativa privada nesses projetos revela-se como uma alternativa viável para a desoneração do Estado, no que se refere às obrigações financeiras bem como às questões administrativas, e irá permitir que

portanto, a "lacuna" para a aplicação do recém-criado art. 5º-A, da Lei dos Portos.

Eleita a primeira autoridade portuária a ser desestatizada, a Companhia Docas do Espírito Santo (Codesa) deverá, se mantida a modelagem proposta pelo Banco Nacional do Desenvolvimento Econômico e Social (BNDES) e submetida à audiência pública,[23] ter suas ações alienadas de forma combinada à concessão dos portos organizados de Vitória, Vila Velha, Praia do Mole e Barra do Riacho.

O arranjo proposto será um terreno extremamente fértil para implantação dos arrendamentos privados. Isso porque, além de contemplar a exploração indireta das instalações portuárias pela concessionária (permitindo, assim, a celebração de contratos submetidos ao regime privado), ele prevê a transferência de titularidade dos contratos de arrendamento vigentes, com a consequente alteração do seu regime público para o privado.

O exemplo da Codesa autoriza, portanto, uma ampla análise da atuação fiscalizatória e regulatória da Antaq em três situações distintas desse novo contexto, em que ganham espaço os chamados arrendamentos privados: (i) celebração dos novos instrumentos privados para exploração de instalação portuária pública, (ii) transferência dos contratos de arrendamento vigentes à concessionária, com a consequente transição do seu regime, e (iii) durante a execução dos contratos de arrendamento privados, tanto dos celebrados originalmente pela concessionária quanto dos que lhe forem transferidos. É o que se verá na sequência.

---

sejam atribuídas à iniciativa privada responsabilidades de investimento e gestão compatíveis com sua capacidade técnica, operacional e financeira" (DESESTATIZAÇÃO – Companhia Docas do Espírito Santo – CODESA. *Programa de Parceria de Investimentos*. Disponível em: https://www.ppi.gov.br/desestatizacao-companhia-docas-do-espirito-santo-codesa Acesso em: 24 jan. 2021).

[23] O consórcio contratado pelo BNDES propôs e as autoridades acataram o modelo, conforme consta no ato justificatório para a modelagem, consubstanciado na Nota Técnica nº 2/2020/CGMC-SNPTA/DNOP/SNPTA, divulgada na Audiência Pública nº 19/2020 – Antaq: "47. Considerando o exposto acima, em reuniões ocorridas ao longo do desenvolvimento dos estudos, o consórcio recomendou e a SNPTA/MInfra e demais equipes governamentais envolvidas acataram a adoção do seguinte modelo de desestatização: alienação das ações do bloco de controle da CODESA e outorga de concessão do Porto Organizado. O motivo de ter recomendado este modelo decorreu de seu amoldamento aos planos traçados pelo Poder Concedente com a alienação da CODESA, eis que se preserva o Porto de Vitória como um Porto Organizado, possibilita a viabilização de investimento privado em sua modernização e sua revitalização e assegura uma racionalização da presença do Estado na economia. Além disso, é alternativa que preserva o valor do ativo e é cabível dentro do lapso temporal em que se espera a conclusão do processo de desestatização" (BRASIL. Ministério da Infraestrutura. *Processo nº 50000.037971/2020-35*. Brasília, 12 nov. 2020. Disponível em: http://web.antaq.gov.br/Sistemas/WebServiceLeilao/DocumentoUpload/Audiencia%2070/Ato_Justificatorio.pdf. Acesso em: 24 jan. 2021).

3.1 Celebração dos novos contratos de arrendamento privados

A previsão de que a celebração de contratos de exploração das instalações portuárias pela concessionária do porto organizado não estabelecerá relação jurídica entre o interessado (contratado) e o poder concedente é completamente diferente do que hoje se pratica no setor, em que a União, por meio do Ministério da Infraestrutura, figura como contratante dos tradicionais contratos de arrendamento.

Ao lado dessa alteração do ente contratante, deve-se registrar a do próprio processo para contratação.

Como regra, a contratação de arrendamentos é precedida da elaboração de estudos econômicos, técnicos e ambientais pelo Poder Público (atualmente a cargo da Empresa Pública de Logística – EPL),[24] que, além de demonstrarem a viabilidade do empreendimento, estabelecem as premissas econômicas da contratação. As minutas dos documentos jurídicos (edital e contrato) e os estudos são submetidos à consulta pública e à aprovação do Tribunal de Contas da União, conforme a Instrução Normativa nº 81/2018.[25] [26] Uma vez iniciada a fase externa da licitação, com ampla divulgação do material e garantida a participação de todos os interessados (por meio de solicitação de esclarecimentos, impugnações e a própria competição no certame), será escolhido o parceiro privado que oferecer a melhor proposta a partir do critério eleito. Atualmente, pratica-se o maior valor de outorga, com fundamento no art. 9º, inc. VII, do Decreto nº 8.033/2013.

De forma absolutamente diversa, a reforma da Lei dos Portos previu que a celebração dos contratos de arrendamento privados será resultado de uma negociação bilateral, em regime privado, entre interessado e concessionária do porto organizado.

---

[24] Criada pela Lei nº 12.743/2012, a EPL é uma empresa estatal que tem por finalidade estruturar e qualificar, por meio de estudos e pesquisas, o processo de planejamento integrado de logística no país, interligando rodovias, ferrovias, portos, aeroportos e hidrovias.

[25] A Instrução Normativa nº 81, de 20.6.2018, do TCU, dispõe sobre a fiscalização dos processos e desestatização. Seu artigo disciplina a apresentação dos documentos ao Tribunal: "Art. 3º O Poder Concedente deverá disponibilizar, para a realização do acompanhamento dos processos de desestatização, pelo Tribunal de Contas da União, os estudos de viabilidade e as minutas do instrumento convocatório e respectivos anexos, incluindo minuta contratual e caderno de encargos, já consolidados com os resultados decorrentes de eventuais consultas e audiências públicas realizadas, materializados nos seguintes documentos, quando pertinentes ao caso concreto: [...]".

[26] O procedimento de arrendamento de área é descrito de forma detalhada nos itens 38 a 53 do relatório de auditoria operacional do TCU acima referenciado.

O receio que imediatamente surge diz respeito à delegação do desenvolvimento nacional e ao atendimento das cadeias logísticas de exportação e importação a uma concessionária privada, com interesse direto nas negociações, uma vez que sua remuneração advém justamente da exploração dessas áreas. Como até então exercida por entidades integrantes da Administração Pública, o olhar desenvolvimentista estatal sempre esteve assegurado na estruturação dessas contratações,[27] considerando, especialmente, o fato de o porto ser um ativo logístico, que deve atender à dinamicidade do desenvolvimento do comércio mundial.[28]

A conexão imediata entre o provimento da infraestrutura e o desenvolvimento econômico é bem explicada por André Castro Carvalho ao socorrer-se da metáfora segundo a qual "infrastructure represents, if not the engine, the 'weels' of economic activity".[29] Consoante aponta, a infraestrutura é o instrumental para a consecução dos objetos estatais, ganhando força, nesse panorama, a contratação pública.[30]

---

[27] Sobre a amplitude da estruturação dos projetos, Carlos Ari Sundfeld e Egon Bockmann Moreira ensinam que a atuação estatal verifica-se ao "a) escolher suas das prioridades, definindo os empreendimentos que vai contratar, b) definir as características técnicas e econômicas básicas mínimas desses empreendimentos, as quais serão cobradas dos futuros concessionários como obrigações contratuais, c) definir todas as regras do processo administrativo de licitação, indispensável para a escolha do concessionário (ex.: requisitos de habilitação técnica ou econômico-financeira a serem atendidos pelos licitantes; critérios de seleção da proposta, valores mínimos ou máximos das propostas; condições e prazos para oferecimento de lances, etc.); d) definir em detalhe todas as condições do futuro contrato (cláusulas, projeto, etc.), pois a minuta do contrato é anexo necessário do edital de licitação; [...]" (SUNDFELD, Carlos Ari; MOREIRA, Egon Bockmann. PPPMais: um caminho para práticas avançadas nas parcerias estatais com a iniciativa privada. *Revista de Direito Público da Economia – RDPE*, Belo Horizonte, ano 14, n. 53, jan./mar. 2016. p. 12).

[28] Vale aqui registrar que à época da Medida Provisória nº 595/12, que centralizou o processo decisório na União, a opção política fundamentou-se justamente na necessidade de visão integrada da política pública setorial. Não é demais lembrar que os portos organizados integram a rede da infraestrutura nacional e estão localizados estrategicamente nas extremidades de ferrovias, rodovias e hidrovias.

[29] CARVALHO, André Castro de. *Infraestrutura sob uma perspectiva pública*: instrumentos para o seu desenvolvimento. Tese (Doutorado em Direito Econômico e Financeiro) – Faculdade de Direito, Universidade de São Paulo, São Paulo, 2013. p. 156. Disponível em: https://teses.usp.br/teses/disponiveis/2/2133/tde-27112013-152626/pt-br.php. Acesso em: 10 fev. 2021.

[30] O autor afirma: "Dentro da lógica de promoção do desenvolvimento nacional pelo Estado – e que pode ser utilizado como exemplo da instrumentalidade da infraestrutura –, a contratação pública vem surgindo como um importante fator nesse contexto. Nesse contexto, já se utilizam as noções de contratualismo como forma a exorbitar o mero acordo entre as partes, possuindo uma função que extravasa essas características" (CARVALHO, André Castro de. *Infraestrutura sob uma perspectiva pública*: instrumentos para o seu desenvolvimento. Tese (Doutorado em Direito Econômico e Financeiro) – Faculdade de Direito, Universidade de São Paulo, São Paulo, 2013. p. 156. Disponível em: https://teses.usp.br/teses/disponiveis/2/2133/tde-27112013-152626/pt-br.php. Acesso em: 10 fev. 2021).

É certo que entre as balizas a serem observadas pela concessionária para entabular tais contratos de exploração de áreas verifica-se o plano de desenvolvimento e zoneamento do porto organizado (PDZ), cuja elaboração, inclusive, é sua atribuição, nos termos do art. 17, §2º, da Lei dos Portos. A concessionária somente poderá contratar a exploração das áreas sob sua administração para a movimentação de cargas compatíveis com a destinação prevista no PDZ.

É possível cogitar, contudo, o tratamento discriminatório a determinadas cargas menos rentáveis na esfera de discricionariedade que lhe resta. Enquanto a contratação era promovida pelo órgão público, a escolha do objeto do contrato de arrendamento era resultado de estudos que captavam as informações sobre a área de influência do porto organizado e endereçavam soluções logísticas. Mesmo considerando que a concessionária deverá balizar sua contratação na prévia definição do PDZ, restará margem de escolha à autoridade portuária entre os perfis de carga admitidos pelo plano de zoneamento.

Além disso, a transparência das negociações e a vulnerabilidade do interessado nessa fase merecem registro. A posição privilegiada ocupada pela administradora da infraestrutura pública em regime de monopólio natural (decorrente da limitação física de disponibilidade de infraestrutura) e a dependência das cadeias logísticas nacionais dessa infraestrutura impõem cautela nas negociações para evitar o abuso desse poder, mediante intervenção da agência reguladora para o atendimento das diretrizes trazidas no marco setorial, especialmente a de amplo acesso aos portos organizados.

Foi justamente o reconhecimento de um possível conflito de interesses da concessionária, enquanto administradora do ativo, que levou o Ministério da Infraestrutura a vedar a exploração direta de instalações portuárias pela concessionária, no caso da concessão dos portos administrados pela Codesa.[31] Contudo, os conflitos de interesse não estão restritos à hipótese de exploração direta.

---

[31] É o que consta no item 43 Nota Técnica nº 2/2020/CGMC-SNPTA/DNOP/SNPTA: "43. Observa-se que, caso houvesse a possibilidade de o concessionário fazer a exploração direta das instalações portuária poderia haver conflitos de interesses emergentes do modelo de concessão portuária, ou seja, caso a concessão tivesse a modelagem determinada pelo inciso I do artigo 20 do Decreto 8.033/2013. Isso ocorre pelo fato de o concessionário poder explorar diretamente instalações portuárias, em concorrência com outros operadores, abrindo a possibilidade de o concessionário, no plano macro acima detalhado, tomar atitudes, sem justificativa razoável, que resultem em condições mais favoráveis às operações que explore diretamente, prejudicando outros agentes privados com potencial de concorrer com o concessionário na exploração de instalações portuárias específicas" (BRASIL. Ministério da Infraestrutura. *Processo nº 50000.037971/2020-35*. Brasília, 12 nov. 2020. Disponível em:

Nesse contexto, um ponto que merece atenção diz respeito aos valores cobrados pela autoridade portuária. A prática atualmente adotada pelo Ministério da Infraestrutura nos contratos de arrendamento é a fixação dos valores de arrendamento fixo e variável como formas de remuneração da administradora do porto organizado. O primeiro deles – arrendamento fixo – é devido em razão do direito de explorar as atividades e pela cessão onerosa da área e o segundo – arrendamento variável –, em razão da quantidade de carga movimentada, alterando-se, portanto, a cada mês.[32]

Os valores atualmente contratados fazem parte da modelagem econômico-financeira do empreendimento e garantem, a um só tempo, a remuneração da autoridade portuária e o retorno dos investimentos realizados pelo contratado na área. A partir do momento em que se estabelece a contratação "direta", resultado da negociação bilateral de *players* privados, emergem dúvidas sobre os critérios para fixação desses valores.

É nesse cenário em que se reafirma que a escassez da infraestrutura pública disponível e a dependência da carga podem levar o interessado a contratar em uma situação de extrema vulnerabilidade que, se não bem equacionada, causará enormes prejuízos à logística nacional, com significativo aumento do chamado "custo Brasil", na contramão dos esforços legislativos e políticos que orientam a própria desestatização das autoridades portuárias.

Vale registrar também a preocupação com as obrigações que poderão ser impostas aos contratados nas minutas dos instrumentos de exploração das áreas. Enquanto o contratante era a União e as

---

http://web.antaq.gov.br/Sistemas/WebServiceLeilao/DocumentoUpload/Audiencia%20 70/Ato_Justificatorio.pdf. Acesso em: 2 fev. 2021).

[32] Conforme minuta do contrato de arrendamento do terminal IQI03, cuja contratação é objeto do Leilão nº 06/2020 – Antaq, em curso: "1.1.1. Para os fins do presente Contrato, e sem prejuízo de outras definições aqui estabelecidas, as seguintes definições aplicam-se às respectivas expressões: [...] xliv. Valor do Arrendamento: é o Valor do Arrendamento Fixo e o Valor do Arrendamento Variável devido pela Arrendatária à Administração do Porto, em função da exploração do Arrendamento. xlv. Valor do Arrendamento Fixo: é o valor fixo devido pela Arrendatária à Administração do Porto, em função da exploração do Arrendamento. xlvi. Valor do Arrendamento Variável: é o valor variável devido pela Arrendatária à Administração do Porto, em função da movimentação de carga destinada ou proveniente do transporte aquaviário (BRASIL. MInfra; Antaq. *Minuta do contrato de arrendamento* – Leilão nº 06/2020-Antaq, para o arrendamento de área e infraestrutura pública para a movimentação e armazenagem de granéis líquidos, especialmente combustíveis, localizadas dentro do porto organizado de Itaqui, denominada IQI03. Disponível em: http://web.antaq.gov.br/Sistemas/WebServiceLeilao/DocumentoUpload/Audiencia%20 65/2021217_Minuta_de_Contrato_de_acordo_com_Parecer_005___IQI03_v.F.pdf. Acesso em: 12 fev. 2021).

premissas do empreendimento eram tratadas com bastante transparência nos estudos prévios, guardando pertinência com o interesse público subjacente à exploração dos portos, a contratação seguia uma minuta padronizada (adotada desde 2013), resultante de processos de participação popular e aprovação dos órgãos de controle. É bastante provável que a autoridade portuária privada adote novos parâmetros contratuais.

Pode ser citada, como exemplo, a própria fixação de uma movimentação mínima contratual (MMC).[33] A MMC é uma meta de movimentação de carga a ser alcançada anualmente pelo contratado, estabelecida, em regra, de forma crescente ao longo dos primeiros anos de exploração, cujo descumprimento dá ensejo à aplicação de penalidades. Caso fixada em patamares elevados – interesse, à primeira vista, da concessionária do porto organizado, que terá arrecadação tarifária garantida –, poderá levar à inviabilidade da contratação ou à reiterada penalização do contratado.

Portanto, o exercício do papel de contratante por uma entidade privada poderá resultar em contratações contrárias às diretrizes do setor, sobretudo àquela que diz respeito à ampliação da competição por meio da garantia do amplo acesso os portos organizados, exigindo da agência reguladora o olhar público sobre tais avenças.

Justamente com esse fim, o legislador garantiu a submissão desses contratos de arrendamento privados à atividade regulatória e fiscalizatória da Antaq, na parte final do art. 5º-A.

Enquanto entidade regulatória do setor, cabe à Antaq, nos termos do art. 20 da Lei nº 10.233/2001, a supervisão das "atividades de prestação de serviços e de exploração da infra-estrutura [sic] de transportes, exercidas por terceiros", com o objetivo de (i) garantir a movimentação de pessoas e bens, em cumprimento a padrões de eficiência, segurança, conforto, regularidade, pontualidade e modicidade nos fretes e tarifas e (ii) harmonizar, preservado o interesse público, os objetivos dos usuários, das empresas concessionárias, permissionárias, autorizadas e arrendatárias, e de entidades delegadas, arbitrando conflitos de interesses e impedindo situações que configurem competição imperfeita ou infração da ordem econômica.[34]

---

[33] Por vezes tida como movimentação mínima exigida (MME).
[34] Sérgio Guerra denomina esse processo de arbitragem regulatória (GUERRA, Sérgio. Arbitragem regulatória. In: ROCHA, Fábio Amorim da. *Temas relevantes no direito de energia elétrica*. Rio de Janeiro: Synergia, 2016. t. V. p. 864).

O texto legal confere, como se vê, ampla margem de atuação para a agência para arbitrar conflitos entre concessionário e arrendatários, inclusive os titulares de contratos privados. Sem deixar de lado a inafastabilidade do Poder Judiciário, é certo que a Antaq, dotada de especialidade técnica, tem melhores condições de apresentar uma resposta célere aos temas lhe apresentados.[35]

A atuação da agência reguladora também terá por escopo, ainda no que diz respeito à celebração de novos contratos de arrendamento privados, evitar prejuízos aos demais operadores do porto organizado (já instalados), como nos casos de incompatibilidade de cargas.

A despeito de o PDZ fixar a destinação de cada uma das áreas, remanesce, ao contratante (no caso, à autoridade portuária) a escolha da carga dentro dos perfis autorizados. Nessa hipótese, os atuais operadores do porto organizado poderão se socorrer da Antaq para balizar a contratação pretendida pela concessionária, evitando impactos indevidos nos contratos preexistentes.

3.2 Transferência de titularidade dos contratos de arrendamento vigentes

Além dos novos contratos de arrendamento celebrados pela autoridade portuária já sob a égide do regime de direito privado, o art. 22 do Decreto n° 8.033/2013 autoriza a ampliação desse regime para os contratos de arrendamento celebrados com a União, vigentes no momento da concessão do porto organizado:

> Art. 22. Os contratos de arrendamento e demais instrumentos voltados à exploração de áreas nos portos organizados vigentes no momento da celebração do contrato de concessão poderão ter sua titularidade transferida à concessionária, conforme previsto no edital de licitação.
> §1° A concessionária deverá respeitar os termos contratuais originalmente pactuados.
> §2° A transferência da titularidade afasta a aplicação das normas de direito público sobre os contratos.

---

[35] Sobre o diálogo entre as agências reguladoras e o papel do Poder Judiciário, ver: PEREIRA NETO, Caio Mário da Silva; LANCIERI, Filippo Maria; ADAMI, Mateus Piva. O diálogo institucional das agências reguladoras com os poderes Executivo, Legislativo e Judiciário: uma proposta de sistematização. In: SUNDFELD, Carlos Ari; ROSILHO, André Janjácomo. *Direito da regulação e políticas públicas*. São Paulo: Malheiros, 2014.

Assim, poderá ser transferida à concessionária a titularidade dos contratos vigentes desde que tal possibilidade esteja prevista no edital de licitação que antecede a contratação da concessionária do porto organizado. Além disso, o artigo acima transcrito estabelece que a concessionária deverá respeitar os termos contratuais originalmente pactuados e que essa transferência afasta a aplicação das normas de direito público sobre o contrato.

Dessas previsões decorrem algumas conclusões: a transferência de titularidade é uma faculdade conferida pela lei e, portanto, não obrigatória, e ela deverá respeitar o ato jurídico perfeito, garantindo a segurança jurídica própria das relações estabelecidas, nos exatos termos fixados na Constituição Federal.[36]

Podem parecer desnecessárias as afirmações acima. Elas ganham relevo, no entanto, a partir do tratamento conferido ao tema nos documentos submetidos à Audiência Pública n° 19/2020 – Antaq (referente à concessão da Codesa), os quais preveem a obrigatoriedade (não faculdade) da transferência de titularidade e atribuem demasiado poder à concessionária, na contramão do que consta no próprio ato justificatório da desestatização.[37]

---

[36] "Art. 5º Todos são iguais perante a lei, sem distinção de qualquer natureza, garantindo-se aos brasileiros e aos estrangeiros residentes no País a inviolabilidade do direito à vida, à liberdade, à igualdade, à segurança e à propriedade, nos termos seguintes: [...] XXXVI - a lei não prejudicará o direito adquirido, o ato jurídico perfeito e a coisa julgada; [...]".

[37] "152. No tocante aos contratos de arrendamento vigentes, a proposta em tela seguiu o estabelecido no art. 22 do Decreto n° 8.033/2013 e adotou a premissa de respeito e manutenção dos contratos vigentes, considerando um processo de transição, conforme minuta de contrato anexada. [...] 153. Assim, a proposta de transição dos atuais contratos de arrendamento para contratos sob o regime de direito privado, se dará de forma que o Concessionário assumirá o papel atualmente exercido pelo Poder Concedente, sem a manutenção das cláusulas exorbitantes. Dessa forma, ao concluir a referida transição desses contratos de um regime para o outro, tem-se uma situação de maior flexibilidade e liberdade negocial entre as partes, respeitados os direitos e deveres originalmente previstos nesses contratos. Em um breve resumo, o processo de transição desses contratos seguirá as seguintes etapas: I - como forma de assegurar que os investimentos assumidos pelos arrendatários sejam realizados, os investimentos mais significativos e não concluídos serão reproduzidos no contrato de concessão como uma obrigação do concessionário. Ou seja, o concessionário assumirá a obrigação por esses investimentos em face do Poder Concedente. Não obstante, estes mesmos investimentos podem permanecer como uma obrigação do antigo arrendatário perante o concessionário; II - retirada das cláusulas exorbitantes, inclusive o direito ao reequilíbrio econômico-financeiro do contratado; III - possibilidade de negociação entre concessionário e terminais sob supervisão da ANTAQ; e, IV - sub-rogação obrigatória na hipótese de não haver acordo, sem modificação do contrato atual" (BRASIL. Ministério da Infraestrutura. *Processo n° 50000.037971/2020-35*. Brasília, 12 nov. 2020. Disponível em: http://web.antaq.gov.br/Sistemas/WebServiceLeilao/DocumentoUpload/Audiencia%20 70/Ato_Justificatorio.pdf. Acesso em: 24 jan. 2021).

A transferência dos contratos de arrendamento, prevista na minuta do contrato de concessão,[38] é mais detalhada em documento anexo.[39] E segundo consta no documento, o procedimento que será observado pelas partes (concessionária e arrendatário titular de contrato de arrendamento celebrado com a União) conta com quatro etapas, a seguir resumidas:
(i) a concessionária notificará, extrajudicialmente, o titular do contrato de arrendamento, informando-o sobre a celebração do contrato de concessão.[40] A notificação informará a "conse-

---

[38] A disciplina consta nas cláusulas 7.3 e 9.1, as quais dispõem, respectivamente: "7.3. Durante a Fase I, a Concessionária deverá: [...] 7.3.2. Observar os procedimentos referentes à transferência e à adaptação dos contratos de uso de Áreas Operacionais e Áreas Não Afetas às Operações Portuárias no Porto Organizado, nos termos da Cláusula 9 e do Anexo 7"; e "9.1. A adaptação e a transferência dos contratos de uso de área referentes a Áreas do Porto Organizado, incluindo os Arrendamentos, serão feitos, com fundamento no art. 5º-A da Lei Federal n.º 12.815, de 5 de junho de 2013, e no art. 22 do Decreto Federal n.º 8.033, de 27 de junho de 2013, na forma prevista no Anexo 7" (BRASIL. Ministério da Infraestrutura. *Processo nº 50000.037971/2020-35*. Brasília, 12 nov. 2020. Disponível em: http://web.antaq.gov.br/Sistemas/WebServiceLeilao/DocumentoUpload/Audiencia%2070/Ato_Justificatorio.pdf. Acesso em: 10 fev. 2021).

[39] Anexo 7, denominado *Conteúdo mínimo do instrumento de notificação, adaptação e transferência e relação dos contratos de uso de área* (BRASIL. MInfra; Antaq. Anexo 7 – Contrato de concessão. Conteúdo mínimo do instrumento de notificação, adaptação e transferência e relação dos contratos de uso de área. Disponível em: http://web.antaq.gov.br/Sistemas/WebServiceLeilao/DocumentoUpload/Audiencia%2070/7_Anexo_7___ConteA_do_MA_nimo.pdf. Acesso em: 10 fev. 2021).

[40] Vale registrar que no modelo submetido à audiência pública a notificação deverá observar o conteúdo mínimo definido no item 2.2: "2.2. Especificamente no caso dos contratos de arrendamento indicados no Item III deste Anexo, o Instrumento de Notificação, Adaptação e Transferência deverá prever que: a) A partir da Data de Eficácia, todos os direitos e obrigações relativos ao contrato de arrendamento serão transferidos à Concessionária, de imediato, não remanescendo qualquer vínculo entre os Arrendatários e o Poder Concedente, sem prejuízo das atividades regulatória e fiscalizatória da ANTAQ; b) Entre a Data de Eficácia e a data da celebração do termo aditivo para a adaptação do contrato de arrendamento às normas de direito privado, as normas previstas no contrato de arredamento permanecerão vigentes e válidas; c) O termo aditivo para a adaptação do contrato de arrendamento às normas de direito privado deverá prever, entre outros dispositivos a serem pactuados entre a Concessionária e o Arrendatário: c.1) A exclusão das cláusulas exorbitantes, incluindo, mas não se limitando às cláusulas que versam sobre anulação contratual, alteração unilateral do contrato e manutenção do equilíbrio econômico-financeiro; c.2) O estabelecimento de uma matriz de direitos, obrigações e riscos que assegure a equivalência entre os direitos e obrigações assumidas no contrato de arrendamento, incluindo mas não se limitando à revisão da remuneração, ao acréscimo ou redução de encargos, à destinação dos bens reversíveis e à modulação do prazo contratual; c.2.1) Os termos e condições relativos à equivalência entre encargos e remuneração originalmente previstos no contrato de arrendamento e no termo aditivo serão apresentados pela Concessionária, com base em parecer elaborado por consultoria independente; c.2.2) Caso a Arrendatária discorde dos termos e condições apresentados pela Concessionária, os pontos de divergência poderão ser submetidos a processo de mediação pela ANTAQ; c.2.3) Na hipótese da Arrendatária não concordar em manter o contrato, mesmo após mediação pela ANTAQ, ela poderá requerer a resilição

quente extinção de qualquer vínculo entre os contratados e o Poder Concedente" e a necessidade da alteração da relação contratual para o regime jurídico de direito privado;
(ii) com a celebração do contrato de concessão e cumprimento das formalidades, a concessionária poderá negociar com o contratado a "manutenção, revisão ou extinção dos Contratos de Uso das Áreas";
(iii) mediação de eventuais conflitos pela agência reguladora; e
(iv) resilição dos contratos ou transferência da sua titularidade à concessionária do porto organizado. Na hipótese de a arrendatária não concordar em manter o contrato mesmo após a mediação da agência reguladora, "ela poderá requerer a resilição, arcando com os ônus e encargos decorrentes da rescisão".

A despeito de tratar-se de uma minuta ainda não definitiva, pendente de revisão em razão da participação popular – que mostrou bastante desconforto com o tratamento do tema –[41] e das eventuais recomendações do TCU, esse é o referencial adotado na presente análise, já que permite inferir ao menos o modelo incialmente pensado. Dessa forma, busca-se antecipar as discussões que serão travadas sobre o tema.

A primeira delas refere-se à primeira etapa. A notificação que dá início a essa etapa deve, segundo consta no material, indicar que, a partir da publicação do contrato de concessão, "todos os direitos e obrigações relativos ao contrato de arrendamento serão transferidos à

---

contratual, arcando com os ônus e encargos decorrentes da rescisão; c.3.) As obrigações de pagamento, investimentos, movimentação e níveis de serviço aplicáveis ao contrato; c.4.) O tratamento dos bens reversíveis previstos no contrato de arrendamento, sendo que: c.4.1.) Os bens reversíveis amortizados durante o prazo de vigência do contrato de arrendamento serão transferidos à Concessionária ao final do prazo do arrendamento, sem que a Arrendatária faça jus a indenização; c.4.2.) Os bens reversíveis não amortizados durante a vigência do contrato de arrendamento serão transferidos à Concessionária ao final do prazo do arrendamento, fazendo a Arrendatária jus a indenização, a ser definida com base nos critérios previstos no contrato de arredamento ou, na ausência de dispositivo contratual, com base em parecer elaborado por consultoria independente; c.4.3.) No período compreendido entre a Data de Eficácia e a celebração do Termo Aditivo, a aquisição pela Arrendatária de bens reversíveis ou a realização de investimentos nos bens reversíveis previstos no contrato de arrendamento dependerá de autorização expressa por parte da Concessionária; c.5.) A previsão de novos direitos e obrigações entre a Concessionária e os Arrendatários, bem como a alteração dos termos pactuados, serão estabelecidos livremente entre as partes, mediante livre negociação".

[41] As contribuições da iniciativa privada realizadas durante a audiência virtual ocorrida no dia 23.2.2021 podem ser verificadas no canal da Antaq no YouTube (ANTAQ. Audiência Pública nº 19/2020. *YouTube*, 23 fev. 2021. Disponível em: https://www.youtube.com/watch?v=HwKpyqhYuYU). As contribuições escritas ainda não foram disponibilizadas.

Concessionária, de imediato, não remanescendo qualquer vínculo entre os Arrendatários e o Poder Concedente".

Essa previsão não encontra respaldo legal, uma vez que, além de tratar-se o contrato de arrendamento de ato jurídico perfeito, o próprio Decreto nº 8.033/2013, na parte que trata da transferência da titularidade, a estabelece como mera faculdade e não como um dever. Deverá prevalecer, portanto, a possibilidade de manutenção dos contratos de arrendamento vigentes tais como pactuados, isto é, celebrados com a União e regidos pelo direito público.

O reconhecimento de a transferência tratar-se de mera faculdade é fundamental para a garantia de melhores condições negociais ao arrendatário, caso decida alterar o seu contrato. Se mantida a redação original, a ausência de concordância do arrendatário com os termos propostos pela concessionária, mesmo após a mediação da agência reguladora, leva à resilição contratual, devendo o arrendatário arcar, ainda, com os ônus e encargos decorrentes da rescisão.[42]

Não há dúvidas de que a possibilidade de rescisão do contrato em caso de discordância do contratado, por si só, impacta o poder de negociação do parceiro privado, colocando-o em situação de inegável vulnerabilidade. E não é só: a não aceitação das condições propostas pela concessionária implica, ainda, a sua responsabilização pelos ônus e encargos, reforçando a sua fragilidade negocial. Além de correr o risco de ser privado da exploração da infraestrutura pública nos moldes contratados, o arrendatário deverá arcar com as consequências da rescisão.

A segunda das discussões diz respeito à segunda e terceira etapas, isto é, à própria negociação. Embora a redação atribua poderes à concessionária para deliberar sobre a "manutenção, revisão ou extinção dos Contratos de Uso de Áreas", é bom lembrar que avenças dizem respeito a contratos de arrendamento, isso é, contratos para provimento de infraestrutura, de longo prazo, cujas premissas foram fixadas no momento da contratação. Assim, tal como no caso da extinção, a imposição de revisão das avenças pela concessionária encontra limites legais.

Deixando de lado a discussão quanto à natureza do contrato de arrendamento, não há dúvidas quanto à existência de cláusulas típicas de direito público que materializam o caráter publicista da

---

[42] Item C.2.3. do Anexo 7.

avença.⁴³ Destarte, a transformação do contrato de arrendamento em contrato de uso de área deve respeitar determinadas regras que foram desconsideradas na minuta apresentada.

A manutenção do equilíbrio econômico-financeiro dos contratos, por exemplo, garantia constitucional do arrendatário, não pode ser simplesmente suprimida pela concessionária em decorrência da concessão do porto organizado.⁴⁴ Nesse sentido, vale destacar que o item c.1 da minuta proposta prevê que o aditivo de adaptação deverá prever "A exclusão das cláusulas exorbitantes, incluindo, mas não se limitando às cláusulas que versam sobre anulação contratual, alteração unilateral do contrato e manutenção do equilíbrio econômico-financeiro".

Além disso, embora prevista a manutenção da equivalência entre os direitos e obrigações assumidos no contrato de arrendamento e aqueles que constarão no contrato de uso de área, o juízo da equivalência ficará a cargo exclusivo da concessionária, que deverá se valer de parecer de consultoria independente.

Caso a arrendatária discorde das condições propostas, poderá se socorrer da mediação da Antaq. Sabe-se, contudo, que a redução do papel da agência reguladora a mera mediadora de conflitos viola

---

⁴³ Sobre o tema, afirmam Floriano Marques de Azevedo Neto e Fábio Barbalho Leite: "A falta de consenso quanto à natureza efetiva do contrato de arrendamento reflete-se, evidentemente, em controvérsia quanto ao regime aplicável ao contrato de arrendamento. A divergência dá-se entre os que defendem a colocação desse contrato sob a égide do Direito Privado, ainda que com cláusulas típicas de direito público e prévia licitação, e aqueles que não vislumbram, no acordo, submissão senão ao direito público. Não pode, todavia, haver dúvidas quanto ao caráter publicista dos contratos de arrendamento, seja i) pelo fato de o território do porto em que se insere o contrato de arrendamento ser bem público; seja ii) porque tal bem é afeto à finalidade específica de serviço público, fazendo incidir sobre a atividade uma regulação específica" (MARQUES NETO, Floriano de Azevedo; LEITE, Fábio Barbalho. Peculiaridades dos contratos de arrendamento portuário. *Revista de Direito Administrativo*, n. 231, jan./mar. 2016. Disponível em: http://bibliotecadigital.fgv.br/ojs/index.php/rda/article/view/45828 Acesso em: 10 fev. 2021).

⁴⁴ Conforme afirma Egon Bockmann Moreira, há um núcleo contratual que condensa a disciplina desses contratos materializada na garantia da manutenção do equilíbrio contratual: "A ideia mais importante está em que a disciplina das concessões de serviços públicos condensa um núcleo contratual que se pretende imune a futuras alterações – sejam elas políticas, regulatórias em sentido estrito ou econômicas. 'Esse núcleo – escrevem Facaro e Coutinho – é a equação econômico-financeira dos contratos. [...] As escolhas primárias de política pública, condensadas na legislação e regulação, tornam-se concretas nas condições do contrato. Aqui está a chave para o respeito ao equilíbrio econômico-financeiro. Quanto a esse ponto não há dúvidas ou incertezas. A execução do contrato nos termos em que foi pactuado é dependente do equilíbrio econômico-financeiro. Qualquer alteração – seja exógena ou endógena, unilateral ou circunstancial – deve respeito à equação econômico-financeira definida pelas condições contratuais" (MOREIRA, Egon Bockmann. *Direito das concessões de serviço público*: inteligência da Lei 8.987/1995. São Paulo: Malheiros, 2010. p. 390.)

frontalmente o texto legal, uma vez que sua função é de verdadeiramente arbitrar os conflitos, impondo, portanto, sua decisão.[45] [46]

Vislumbra-se, com isso, um imenso campo de atuação da agência no que diz respeito à transferência dos contratos de arrendamento vigentes, especialmente considerando eventuais ajustes de prazo, valores, obrigações contratuais, parâmetros de prestação do serviço. A Antaq deverá garantir, no bojo dessas tratativas, o respeito aos termos contratuais pactuados, responsáveis por viabilizar a realização de investimento de longo prazo e protegidos pelo ato jurídico perfeito e pela segurança jurídica, sob pena de a transferência significar verdadeira supressão da equação econômico-financeira das avenças tuteladas pelo direito.

Não se está, em hipótese nenhuma, a negar a possibilidade de alteração contratual. Os contratos de arrendamento são naturalmente incompletos e exigem ajustes ao longo da sua execução para melhor atendimento da sua finalidade.[47] Esse ponto mereceu inclusive registro no relatório de auditoria do TCU, valendo-se da análise comparada:

> Nesse horizonte temporal, é impossível prever o comportamento de todos os parâmetros importantes para a adequada execução da avença. Cargas e rotas comerciais podem mudar. Novas oportunidades aparecem,

---

[45] Sobre a diferenciação das formas alternativas de solução de conflitos, Dinorá Grotti sintetiza: "Enquanto na arbitragem a solução do litígio é imposta às partes, na conciliação ela é apenas proposta e, na mediação, incumbe ao mediador levar as partes à conciliação em virtude das vantagens por ele destacadas, sem imposição. Os três modos consensuais de solução de controvérsias não se excluem, mas, ao contrário, se completam e podem ser adotados em seqüência" (GROTTI, Dinorá. As agências reguladoras. *Revista Brasileira de Direito Público – RBDP*, Belo Horizonte, ano 2, n. 4, jan./mar. 2004).

[46] Sérgio Guerra ensina sobre a arbitragem regulatória: "a intervenção da Agência Reguladora – que tem poder decisório – consistirá no julgamento do conflito entre os agentes regulados, exarando e impondo uma decisão, contra a qual não caberá recurso. [...] A arbitragem regulatória nada mais é do que um ato administrativo. Ela não se confunde com a Arbitragem Comercial, esta exige prévio compromisso arbitral, pelo qual as partes acordam que qualquer conflito seja solucionado por um árbitro. Por se um ato administrativo, cabe lembrar que sempre poderá haver acesso ao Poder Judiciário, caso a Agência Reguladora se afaste dos princípios gerais de direito em qualquer fase do trâmite do processo administrativo" (GUERRA, Sérgio. Arbitragem regulatória. *In*: ROCHA, Fábio Amorim da. *Temas relevantes no direito de energia elétrica*. Rio de Janeiro: Synergia, 2016. t. V. p. 864).

[47] A incompletude dos contratos de longo prazo é o que garante a sua efetividade, como ensina Vera Monteiro: "é própria do contrato de concessão sua incompletude, e contratos com essa característica normalmente importam a necessidade de serem feitas adaptações e de se permitir algum grau de flexibilidade durante sua vigência, para que possam se acomodar às mudanças ocorridas ao longo do tempo. A doutrina clássica francesa, por nós incorporada, reconhece juridicamente essa necessidade, ao construir a teoria da alteração do contrato administrativo" (MONTEIRO, Vera. *Concessão*. São Paulo: Malheiros, 2010. p. 68).

ao passo que velhos negócios são extintos. Há intenso desenvolvimento tecnológico das máquinas e equipamentos, o que exige atualização constante.

490. Por essa razão esses contratos de arrendamento são considerados incompletos, sendo necessários mecanismos que possibilitem sua tempestiva adaptação à realidade do mercado.

Isso, contudo, não autoriza a supressão do seu equilíbrio econômico-financeiro: reafirma, na verdade, os parâmetros a serem seguidos para garantir sua mutabilidade sem supressão de direitos.[48] Vale dizer: é justamente a garantia do equilíbrio econômico-financeiro do contrato que autoriza seu ajuste ante a nova realidade, verificada ao longo da sua execução, sem que haja desvirtuamento dos termos originalmente pactuados.[49]

Em que pese o louvável esforço estatal para flexibilizar o regime dos contratos de arrendamento com vistas a permitir maior eficiência e agilidade no desempenho das atividades, nos exatos termos recomendados pelo Tribunal de Contas da União, será a atuação da agência reguladora que conferirá a segurança necessária para a opção pelo regime privado pelos arrendatários.

Isso porque se livrar das amarras do regime público que engessam o dia a dia da gestão do empreendimento significará vincular-se a uma concessionária privada responsável pela administração da infraestrutura

---

[48] Egon Bockmann Moreira e Rafaella Peçanha Guzela afirmam: "Os contratos administrativos de longo prazo – concessões comuns, permissões, parcerias público-privadas, autorizações negociais, etc. – habitam nosso cotidiano desde o nascimento (hospitais) até a morte (cemitérios), passando pelas peripécias da vida comum (energia, telecomunicações, transportes, portos, aeroportos, segurança social, serviços administrativos, etc.). Como negócios jurídico-administrativos que são, prestam-se a congregar o interesse público e o interesse privado (a prestação adequada do serviço conjugada com a legítima obtenção do lucro), com o escopo de gerar benefícios coletivos diferidos no tempo e de estabilizar no longo prazo as respectivas vantagens. Tais interesses inter-relacionados, público e privado, mutuamente condicionantes, são harmonizados no instrumento contratual, transformando-se em direitos e obrigações que dão forma a uma *equação* conhecida por *equilíbrio econômico-financeiro*. Na medida em que é pautada objetivamente nas circunstâncias de fato e de direito existentes à época de sua celebração, bem como em exercícios de projeções futuras, a equação se estampa no contrato: é ele quem a revela e, assim, a garante. Onde está escrito *contrato administrativo de longo prazo*, lê-se também *respeito ao equilíbrio econômico-financeiro*" (MOREIRA, Egon Bockmann; GUZELA, Rafaella Peçanha. Contratos administrativos de longo prazo, equilíbrio econômico-financeiro e taxa interna de retorno (TIR). *In*: MOREIRA, Egon Bockmann (Coord.). *Tratado do equilíbrio econômico-financeiro*. Belo Horizonte: Fórum, 2019. p. 421).

[49] Ver MASTROBUONO, Cristina M. Wagner. A revisão ordinária nos contratos de concessão e parcerias público-privadas. *Revista da Procuradoria-Geral do Estado de São Paulo*, n. 89, p. 41-64, jan./jun. 2019.

pública, com interesses, por vezes, conflitantes aos dos arrendatários, cabendo à Antaq garantir o interesse público nas negociações.

3.3 Execução dos contratos de arrendamento

Identificados os eventuais conflitos de interesse relativos à celebração dos novos contratos de arrendamento privados e à transferência dos contratos de arrendamento atualmente vigentes às concessionárias, que poderão ensejar a atuação da Antaq, passa-se a identificar os possíveis campos de atuação da agência reguladora no que diz respeito à execução desses contratos.

Para tanto, convém analisar, brevemente, as funções da autoridade portuária, que poderão ser exercidas diretamente pela União, por uma delegatária ou pela concessionária, e estão elencadas nos arts. 17, §1º, da Lei nº 12.815/2013.[50]

O referido artigo prevê que compete à autoridade portuária, além do cumprimento de leis, regulamentos e contratos de concessão, as atividades relacionadas propriamente à administração do ativo objeto da outorga, como manutenção da infraestrutura, fiscalização e arrecadação tarifária.[51] Além disso, estabelece que a autoridade portuária

---

[50] O art. 6º, §5º, da Lei nº 12.815/2013, também prevê a competência da administração portuária para a elaboração do edital e realização dos procedimentos licitatórios dos contratos de arrendamento quando assim entender conveniente o poder concedente, mediante transferência de tais competências à administração portuária, delegada ou não. Com a inclusão do art. 5º-D na Lei dos Portos, a autoridade portuária também fica responsável pela celebração do contrato de uso temporário de áreas e instalações portuárias para a movimentação de cargas com o mercado não consolidado, em que figurará como contratante. A Lei dos Portos ainda atribui, no art. 25, à autoridade portuária, a qualificação dos operadores portuários.

[51] "Art. 17. A administração do porto é exercida diretamente pela União, pela delegatária ou pela entidade concessionária do porto organizado. §1º Compete à administração do porto organizado, denominada autoridade portuária: I - cumprir e fazer cumprir as leis, os regulamentos e os contratos de concessão; II - assegurar o gozo das vantagens decorrentes do melhoramento e aparelhamento do porto ao comércio e à navegação; III - pré-qualificar os operadores portuários, de acordo com as normas estabelecidas pelo poder concedente; IV - arrecadar os valores das tarifas relativas às suas atividades; V - fiscalizar ou executar as obras de construção, reforma, ampliação, melhoramento e conservação das instalações portuárias; VI - fiscalizar a operação portuária, zelando pela realização das atividades com regularidade, eficiência, segurança e respeito ao meio ambiente; VII - promover a remoção de embarcações ou cascos de embarcações que possam prejudicar o acesso ao porto; VIII - autorizar a entrada e saída, inclusive atracação e desatracação, o fundeio e o tráfego de embarcação na área do porto, ouvidas as demais autoridades do porto; IX - autorizar a movimentação de carga das embarcações, ressalvada a competência da autoridade marítima em situações de assistência e salvamento de embarcação, ouvidas as demais autoridades do porto; X - suspender operações portuárias que prejudiquem o funcionamento do porto, ressalvados os aspectos de interesse da autoridade marítima responsável pela segurança

deverá elaborar o plano de desenvolvimento e zoneamento do porto e submetê-lo à avaliação do Ministério da Infraestrutura.[52] Competem ainda, sob coordenação da autoridade marítima e aduaneira, nos limites da área do porto organizado, as atividades relacionadas à manutenção do acesso aquaviário, como balizamento do canal, divulgação do calado, além da delimitação da área alfandegada.[53]

No âmbito regulamentar, o Decreto nº 8.033/2013 acrescenta às atribuições da autoridade portuária, por meio do art. 4º, (i) a elaboração do regulamento de exploração do porto, com observância das diretrizes do poder concedente e (ii) a resolução dos conflitos que envolvam os agentes atuantes no porto organizado, respeitadas as competências das demais autoridades públicas. Na hipótese de exercício da função de administração portuária por uma entidade concessionária, o parágrafo único do art. 4º determina que o contrato de concessão discipline *a extensão e a forma do exercício das competências da administração do porto*.[54]

Disso resulta que o exercício da função de autoridade portuária é bastante amplo e abrange desde as obrigações decorrentes de lei, passando pela pré-qualificação de operadores portuários, arrecadação

---

do tráfego aquaviário; XI - reportar infrações e representar perante a Antaq, visando à instauração de processo administrativo e aplicação das penalidades previstas em lei, em regulamento e nos contratos; XII - adotar as medidas solicitadas pelas demais autoridades no porto; XIII - prestar apoio técnico e administrativo ao conselho de autoridade portuária e ao órgão de gestão de mão de obra; XIV - estabelecer o horário de funcionamento do porto, observadas as diretrizes da Secretaria de Portos da Presidência da República, e as jornadas de trabalho no cais de uso público; e XV - organizar a guarda portuária, em conformidade com a regulamentação expedida pelo poder concedente".

[52] "Art. 17. [...] §2º A autoridade portuária elaborará e submeterá à aprovação da Secretaria de Portos da Presidência da República o respectivo".

[53] "Art. 18. Dentro dos limites da área do porto organizado, compete à administração do porto: I - sob coordenação da autoridade marítima: a) estabelecer, manter e operar o balizamento do canal de acesso e da bacia de evolução do porto; b) delimitar as áreas de fundeadouro, de fundeio para carga e descarga, de inspeção sanitária e de polícia marítima; c) delimitar as áreas destinadas a navios de guerra e submarinos, plataformas e demais embarcações especiais, navios em reparo ou aguardando atracação e navios com cargas inflamáveis ou explosivas; d) estabelecer e divulgar o calado máximo de operação dos navios, em função dos levantamentos batimétricos efetuados sob sua responsabilidade; e e) estabelecer e divulgar o porte bruto máximo e as dimensões máximas dos navios que trafegarão, em função das limitações e características físicas do cais do porto; II - sob coordenação da autoridade aduaneira: a) delimitar a área de alfandegamento; e b) organizar e sinalizar os fluxos de mercadorias, veículos, unidades de cargas e de pessoas".

[54] O Capítulo VIII do Decreto nº 8.033/2013, com a redação dada pelo Decreto nº 9.048/2017, ainda prevê a necessidade de anuência da administração portuária para as hipóteses de realização de investimentos fora da área arrendada, notadamente em infraestrutura comum do porto organizado e a possibilidade de a autoridade portuária negociar a antecipação de receitas de tarifas junto aos usuários ou de receitas a título de valor de arrendamento para fins de realização de investimentos imediatos na infraestrutura do porto.

tarifária, fiscalização de obras de instalações portuárias, controle das operações de atracação e desatracação, até as atividades de planejamento, como a elaboração do PDZ.

Se o resultado imediato da Lei n° 12.815/2013 foi a centralização do poder político e jurídico na União, conforme afirma Carlos Ari Sundfeld,[55] as alterações posteriormente promovidas (especialmente pelo Decreto n° 9.048/2017, que alterou o Decreto n° 8.033/2013) foram em sentido contrário, garantido às autoridades portuárias um relevante papel no desenvolvimento da infraestrutura nacional.[56]

Uma preocupação, já externada ao longo do presente trabalho, é que nos portos organizados concedidos, em que a autoridade portuária seja exercida por uma empresa privada, suas decisões descasem do interesse público subjacente à exploração da infraestrutura nacional, prejudicando, eventualmente, determinadas cadeias logísticas que dependam do referido modal e, por consequência, o desenvolvimento do país.[57]

---

[55] "O que mais chama atenção é que ela consolida a centralização da autoridade no Executivo (Presidente da República e Secretaria de Portos). Todo o poder agora está com ele. O executivo planeja globalmente o setor, disciplina quase tudo o que importa nas outorgas e as expede concretamente. [...] A Lei claramente procura criar condições para o Executivo, decidindo diretamente ou dirigindo as mãos da ANTAQ, aprofundar a regulação sobre os agentes privados" (SUNDFELD, Carlos Ari. O caminho do desenvolvimento na Lei dos Portos: centralizar para privatizar: *In*: MOREIRA, Egon Bockmann (Coord.). *Portos e seus regimes jurídicos*: A Lei n. 12.815/2013 e seus desafios. Belo Horizonte: Fórum, 2014. p. 29-30). No mesmo sentido Cesar Pereira e Rafael Wallbach Schwind: "Com a Lei n° 12.815/2013, o poder político e jurídico no setor portuário foi centralizado nas mãos do Ministério dos Transportes, Portos e Aviação Civil, principalmente na Secretaria Nacional de Portos (SNP), havendo ainda como ente regulador a Antaq. As autoridades portuárias locais perderam a maior parte da sua autonomia e liberdade contratual, ficando sujeitas a uma supervisão mais intensa da Antaq. Na verdade, o processo de centralização de competências já era observado na Lei n° 10.233, que criou a Antaq, mas foi incisivo com a edição da Lei n° 12.815, que esvaziou boa parte das competências até então exercidas pelas autoridades portuárias locais" (PEREIRA, César; SCHWIND, Rafael Wallbach. O marco regulatório do setor portuário brasileiro. *In*: PEREIRA, César; SCHWIND, Rafael Wallbach (Coord.). *Direito portuário brasileiro*. 3. ed. Belo Horizonte: Fórum, 2020. p. 46).

[56] Esse ponto foi igualmente registrado pela auditoria do TCU: "390. Assevera, no entanto, que, a despeito das vantagens da centralização, e tendo decorrido um lapso temporal em que já fora possível sedimentar o conhecimento técnico e jurídico do setor, atualmente o Ministério da Infraestrutura, a partir de uma decisão pautada em critérios objetivos, tem atuado para devolver gradualmente às autoridades portuárias algumas competências operacionais afetas ao setor, buscando concentrar em seu rol de competências apenas aquelas de cunho estratégico. 391. Um exemplo dessa iniciativa, conforme apresentado no primeiro achado, foi a publicação da Portaria 574, de 2018, cujo objetivo foi estabelecer uma racionalização de parâmetros com vistas a balizar a decisão ministerial de delegar às autoridades portuárias competências de gestão de contratos e até mesmo de realização de licitação de arrendamentos".

[57] A relação entre o desenvolvimento das infraestruturas logísticas e o desenvolvimento da vida econômica e social é analisada por LODGE, Martin; STOLK, Christian van;

Isso porque, além da própria celebração dos contratos, o exercício dessas competências sob gestão privada impacta, diretamente, o cotidiano daqueles que operam no porto, como os titulares de contrato de arrendamento público, os de arrendamento privado, aqueles que pretendem celebrar contrato de uso temporário e até mesmo os titulares de autorizações (para exploração de TUP em casos que se depende parcialmente da infraestrutura pública).

A primeira hipótese em que se cogita a interferência de um ato da concessionária na exploração do porto diz respeito ao exercício da sua competência regulatória. Com efeito, ao elaborar o PDZ, a concessionária deve respeitar o prazo dos pactos já celebrados não só para o fim de permitir a exploração pelo prazo acordado, mas também para conferir plenas condições para essa exploração, não autorizando a movimentação de cargas incompatíveis nas vizinhanças, por exemplo.

Além disso, e levando em consideração a competência da administração portuária para estabelecer o regulamento de exploração do porto,[58] há que se reconhecer as limitações no desempenho dessas funções que esbarram justamente nos direitos e garantias dos administrados que dependem do porto, hipóteses em que sempre estará resguardada a possibilidade de arbitragem regulatória de competência da Antaq.

A segunda frente de preocupação relaciona-se com os aspectos operacionais, notadamente o atendimento dos padrões fixados no contrato e a sua própria atualidade.[59] Considerando a delegação das

---

BATISTELLA-MACHADO, Julia; HAFNER, Marco; SCHWEPPENSTEDDE, Daniel; STEPANEK, Martin. *Regulação da Infraestrutura Logística no Brasil*. Relatório de pesquisa desenvolvido pelo Centre for Analysis of Risk and Regulation (CARR), London School of Economics and Political Science. [s.l.]: [s.n.], [s.d.].

[58] Deixa-se de lado a discussão sobre a indelegabilidade dessa função, tendo como premissa que seu exercício ocorrerá dentro dos parâmetros estabelecidos pela União: "Note-se que essas atribuições próprias à administração portuária (atividade delegável ao concessionário) se aproximam bastante daquelas atividades tipicamente consideradas poder de polícia, o que desafia tanto a clássica separação entre serviço público e poder de polícia quanto a premissa de sua indelegabilidade. É fato, porém, que não se pode afirmar que a concessão portuária importe puramente delegação do exercício de autoridade pública. Primeiro porque a própria lei, em vários dispositivos, ressalta que a atribuição conferida ao concessionário deve se dar em observância das determinações do órgão ou ente público competente ou respeitados os limites das competências das autoridades públicas" (MARQUES NETO, Floriano de Azevedo. Concessões portuárias. *In*: MOREIRA, Egon Bockmann (Coord.). *Portos e seus regimes jurídicos*: A Lei n. 12.815/2013 e seus desafios. Belo Horizonte: Fórum, 2014. p. 268-269).

[59] O princípio da atualidade é corolário do princípio da eficiência, conforme afirma Diogo de Figueiredo Moreira Neto: "entendido como uma *cláusula de progresso*, o *princípio da atualidade* vem a ser um corolário do *princípio da eficiência*, no sentido de que o *progresso*, em termos de *qualidade* das prestações ao usuário, deve ser considerado no elenco de seus *direitos de cidadania*, de modo que ao Estado, ao assumir qualquer serviço como público, impõe-se o

atividades de manutenção da infraestrutura pública de dragagem e manutenção do canal de acesso pela concessionária,[60] por exemplo, e a dependência dessa infraestrutura para a movimentação de cargas, é fundamental que se estabeleçam garantias relativas à qualidade dos serviços.

Vale aqui registrar as conclusões do estudo do Instituto de Pesquisa Econômica Aplicada – Ipea a propósito da infraestrutura econômica do Brasil, que apontam, relativamente aos portos, o efeito cascata das deficiências na realização de investimentos:

> Assim, o impacto do setor portuário na economia nacional não pode ser apurado unicamente pelas cargas movimentadas. A importância do modal transcende esta movimentação, refletindo-se em uma composição ponderada dos custos do comércio exterior e, consequentemente, na competitividade dos produtos brasileiros no exterior e dos produtos importados pelo país. Dessa forma, os gargalos e as deficiências na infraestrutura portuária levantam preocupações legítimas quanto à possibilidade de esgotamento da capacidade operacional, por falta de investimentos básicos de acesso terrestre aos portos (rodoviário, ferroviário) e na infraestrutura operacional – dragagem de aprofundamento do canal de acesso, vias internas etc. –, bem como o aumento do calado do cais de atracação dos terminais arrendados nos portos públicos – obrigações da autoridade portuária. [...]
> Com os investimentos sugeridos, espera-se redução dos custos operacionais, maior acessibilidade – dos navios e do transporte terrestre –

---

correlato dever de zelar pelo seu contínuo *aperfeiçoamento*, de modo que os frutos dos avanços do conhecimento sejam distribuídos a todos os usuários, o mais rápido e amplamente que possível" (MOREIRA NETO, Diogo de Figueiredo. *Curso de direito administrativo*. 16. ed. Rio de Janeiro: Forense, 2014).

[60] Esse ponto foi inclusive objeto de menção no Acórdão n° 2.711/2020 – Plenário do TCU, em que o min. relator relembra a identificação da ineficiência das dragagens já em 2017: "380. Cabe ressaltar que a auditoria realizada por este Tribunal em 2017 com objetivo de verificar os gargalos que impactam a eficiência dos portos (TC Processo 024.768/2017-0, apreciado pelo Acórdão 2310/2018-TCU-Plenário, relator Ministro Bruno Dantas) reportou com detalhes os impactos negativos decorrentes da dragagem ineficiente em diversos portos do país, a exemplo do aumento dos custos logísticos, e perda de receita dos terminais e das autoridades portuárias, mostrando que os problemas já ocorriam naquela época". Em outra passagem: "504. Na gestão do condomínio portuário, verificou-se que as autoridades portuárias públicas via de regra não conseguem prestar serviços adequados e tempestivos aos seus complexos portuários, devido a dificuldades de contratação e falta de recursos, gerando limitações à operação portuária, redução da eficiência e prejuízos. Dentre as principais limitações, destaca-se a dragagem deficiente, com impactos diretos e severos na eficiência dos terminais. As dificuldades são geradas pelo regime de contratação, pois são entidades públicas, sujeitas às regras e controles típicos do direito administrativo; pela falta de recursos; e por deficiências de gestão".

aos portos e, por consequência, a redução do tempo de espera das embarcações, em benefício do crescimento da competitividade nacional.[61]

Além disso, tendo em vista as peculiaridades da infraestrutura portuária, diretamente conectada com o cenário internacional, é importantíssimo que os padrões operacionais guardem pertinência com a prática mundial, sob pena de prejudicar todos os que dela dependam. A infraestrutura deve manter-se atual e eficiente para o atendimento das novas demandas, além de apresentar condições de adaptar rapidamente às novas condições de desempenho das atividades, sempre que a realidade assim demandar.

Nesse sentido, o art. 27, inc. XIV, da Lei nº 10.233/2001, dispõe que cabe à Antaq "estabelecer normas e padrões a serem observados pelas administrações portuárias, concessionários, arrendatários, autorizatários e operadores portuários, nos termos da Lei na qual foi convertida a Medida Provisória nº 595, de 6 de dezembro de 2012". A preocupação acima endereçada encontra resposta, como se vê, na referida previsão legal, que garante à agência instrumentos para o pleno atendimento das necessidades dos usuários dos portos organizados concedidos.

Quanto ao tema, convém relembrar a própria origem das agências reguladoras, no contexto da reforma do Estado, em que se verificou a transformação do Estado empresário no Estado gerencial. Como resultado, o Estado deixou de participar diretamente da economia para regular as atividades, orientado pela eficiência e qualidade na prestação do serviço. Assim, ao fixar os parâmetros a serem observados pela concessionária, a Antaq desempenha seu papel institucional.

Destaca-se, por fim, mais um eixo que poderá ensejar a atuação da agência. Trata-se da arrecadação da concessionária. Tendo em vista que a remuneração da concessionária se dará, em parte, pela arrecadação de tarifas, tanto daquelas previstas nas tabelas públicas como daquelas fixadas no contrato de arrendamento (arrendamento fixo ou variável, a julgar pelos contratos de arrendamento vigentes), a fixação de tais valores e o seu reajuste poderão ser objeto de muita controvérsia.

Se por um lado a tarifa deve assegurar o retorno dos investimentos realizados e a sua justa remuneração, não pode onerar demasiadamente os usuários da infraestrutura, sob pena de ensejar reflexos a toda

---

[61] IPEA. *Infraestrutura econômica no Brasil*: diagnósticos e perspectivas para 2025. Brasília: Ipea, 2010. v. 1. p. 492. Disponível em: https://www.ipea.gov.br/portal/images/stories/PDFs/livros/livros/Livro_InfraestruturaSocial_vol1.pdf. Acesso em: 16 fev. 2021.

a cadeia produtiva nacional.[62] Em relação a esse tema, também há previsão específica na Lei n° 10.233/2001, no art. 27, em que é fixada a competência da agência para "promover estudos aplicados às definições de tarifas, preços e fretes, em confronto com os custos e os benefícios econômicos transferidos aos usuários pelos investimentos realizados".

Dessa maneira, também em relação a esse ponto os usuários do porto organizado, tal como os titulares dos contratos de arrendamentos públicos ou privados, poderão se socorrer da agência reguladora para a garantia da aplicação da tarifa módica.

Além disso, reitere-se que qualquer hipótese de desentendimento entre os usuários do porto organizado e a concessionária administradora da infraestrutura pública poderá ser submetida à arbitragem regulatória da Antaq, considerando suas competências fixadas na Lei n° 10.233/2001.

4 Conclusões

Como visto ao longo do presente trabalho, a implementação da decisão política de desestatização das autoridades portuárias, cumulada com as concessões dos portos organizados, exigirá o protagonismo da agência reguladora enquanto conformadora da atuação dos *players* setoriais.

As alterações legislativas promovidas na Lei dos Portos por meio da Lei n° 14.047/2020, notadamente a inclusão do art. 5°-A, conferem fundamento legal à exploração de instalações portuárias públicas sob o regime privado. Passa a conviver, portanto, com o arrendamento público, explorado mediante contrato de arrendamento celebrado com a União, e o terminal de uso privado, objeto de autorização, a figura do arrendamento privado, que cria uma relação contratual direta entre os exploradores de áreas públicas e a autoridade portuária privada (concessionária).

Considerando que no âmbito dos portos organizados concedidos o exercício da função de autoridade portuária, até então atribuído a uma entidade integrante da Administração, ficará a cargo de uma

---

[62] Egon Bockmann Moreira: "Dentro desse conjunto de dados, a tarifa de ser a mais módica possível em vista do serviço a ser administrado a prestado pelo concessionário. No caso das concessões comuns regidas pela Lei Geral de Concessões, módica é a tarifa que está na medida para tornar o projeto autossustentável – nem mais nem menos que o estritamente necessário para o que o serviço seja adequado às respectivas necessidades sociais" (MOREIRA, Egon Bockmann. *Direito das concessões de serviço público*: inteligência da Lei 8.987/1995. São Paulo: Malheiros, 2010. p. 262).

concessionária privada, poderão ser mais facilmente identificadas situações de conflitos de interesse com os usuários da infraestrutura pública. Tais conflitos poderão ocorrer tanto na negociação desses contratos de arrendamento privados quanto durante a sua execução, especialmente diante do impacto direto das decisões da autoridade portuária nas atividades desenvolvidas dentro do porto organizado.

Procurou-se antecipar alguns desses conflitos tendo em vista o tratamento dado ao tema no âmbito do processo de desestatização da Companhia Docas do Estado do Espírito Santo, a primeira anunciada pelo Governo Federal e objeto da Audiência Pública n° 19/2019 – Antaq, com vistas a propor um encaminhamento que pudesse conformar os diversos interesses envolvidos.

Assim, foram analisados os principais pontos que podem justificar a intervenção da Antaq, enquanto entidade reguladora setorial, tanto no que diz respeito à celebração de novos contratos de arrendamento privados (negociados diretamente pela própria concessionária e interessado) e à transferência dos contratos de arrendamento públicos vigentes (com a consequente alteração do seu regime público para o privado) como no que concerne à execução desses contratos.

De uma forma geral, a preocupação que permeia as críticas formuladas diz respeito à delegação de funções típicas de planejamento estatal a uma entidade privada, com interesses próprios na gestão do ativo lhe outorgado. Foi visto que o Estado utiliza a contratualização, especialmente no âmbito da infraestrutura, para a formulação de políticas públicas com vistas ao desenvolvimento nacional. E o faz no momento da estruturação de tais empreendimentos, função essa que passará a ser desempenhada, nos portos concedidos, por empresa privada.

Especificamente sobre a forma proposta no modelo da Codesa para a transição do regime dos contratos de arrendamento público para o privado, demonstrou-se a necessidade de melhoria do tratamento do tema. Deve-se reconhecer em primeiro lugar tratar-se de faculdade do interessado e, em segundo, sua sujeição à arbitragem da agência.

A atual previsão que institui a obrigatoriedade da transição de regime retira do titular do contrato de arrendamento público, a um só tempo, o direito de (i) manutenção da sua avença nos termos pactuados, forçando-o a aceitar as novas condições impostas pela concessionária, sob pena de arcar com os ônus da resilição contratual – na contramão da segurança e previsibilidade exigidas em contratos de infraestrutura de longo prazo – e (ii) se socorrer da arbitragem regulatória. Isso porque o modelo proposto limita a atuação da agência reguladora à mediação dos potenciais conflitos. Impede, assim, a intervenção da Antaq por meio da adoção da arbitragem regulatória como forma de resolução dessas controvérsias.

Considerando o grande número de contratos de arrendamento vigentes e o anúncio das desestatizações das autoridades portuárias, cumulada com a concessão do ativo, são diversos os possíveis conflitos de interesses entre os atuais titulares dos contratos de arrendamento (público) e as concessionárias que assumirão a administração dos respectivos portos organizados. Somam-se ainda as situações conflituosas em relação à execução dos contratos, notadamente em razão da dependência das operações desenvolvidas por seus titulares em relação às decisões da autoridade portuária e do próprio cumprimento (e atualidade) dos padrões operacionais pela concessionária.

Quanto aos remédios para os referidos problemas, viu-se que as atuais previsões da Lei nº 10.233/2001 conferem ampla margem à atuação da Antaq para arbitrar os conflitos que se verificarem ao longo dessa relação, bem como para fixar parâmetros operacionais e regular as tarifas praticadas no porto organizado. Se até agora a agência reguladora pouco foi instada a arbitrar conflitos entre titulares de contrato de arrendamento e autoridade portuária, seja porque os contratos eram celebrados com a União, seja porque os interesses geralmente eram convergentes, a expectativa é que a concessão do porto organizado altere substancialmente a relação entre administração portuária e os exploradores de áreas (arrendatários públicos, privados e autorizatários), exigindo maior presença da agência para garantia do interesse público na exploração dos ativos portuários.

Assim, os desafios impostos pela nova dinâmica do setor portuário serão muitos. No entanto, acredita-se que a Antaq, munida do ferramental que a legislação lhe confere e com a observância das boas práticas regulatórias, possui plenas condições para que se permita a flexibilização dos contratos titularizados por entidades do setor privado sem prejudicar o interesse público que norteia as políticas setoriais.

Referências

ANTAQ. Audiência Pública nº 19/2020. *YouTube*, 23 fev. 2021. Disponível em: https://www.youtube.com/watch?v=HwKpyqhYuYU.

BANDEIRA DE MELLO, Celso Antônio. *Curso de direito administrativo*. 32. ed. São Paulo: Malheiros, 2015.

BRASIL. MInfra; Antaq. *Anexo 7 – Contrato de concessão*. Conteúdo mínimo do instrumento de notificação, adaptação e transferência e relação dos contratos de uso de área. Disponível em: http://web.antaq.gov.br/Sistemas/WebServiceLeilao/DocumentoUpload/Audiencia%2070/7_Anexo_7__ConteA_do_MA_nimo.pdf. Acesso em: 10 fev. 2021.

BRASIL. MInfra; Antaq. *Minuta do contrato de arrendamento* – Leilão n° 06/2020-Antaq, para o arrendamento de área e infraestrutura pública para a movimentação e armazenagem de granéis líquidos, especialmente combustíveis, localizadas dentro do porto organizado de Itaqui, denominada IQI03. Disponível em: http://web.antaq.gov.br/Sistemas/WebServiceLeilao/DocumentoUpload/Audiencia%2065/2021217_Minuta_de_Contrato_de_acordo_com_Parecer_005__IQI03_v.F.pdf. Acesso em: 12 fev. 2021.

CÂMARA, Jacintho Arruda. A experiência brasileira nas concessões de serviço público e as parcerias público-privadas. *In*: SUNDFELD, Carlos Ari (Org.). *Parcerias público-privadas*. São Paulo: Malheiros, 2005.

CAMPOS NETO, Carlos Alvares da Silva et al. *Gargalos e demandas da infraestrutura portuária e os investimentos do PAC*: mapeamento Ipea de obras portuárias. Brasília: Ipea, 2009. (Texto para discussão, n. 1423). Disponível em: https://www.ipea.gov.br/portal/images/stories/PDFs/TDs/td_1423.pdf. Acesso em: 12 fev. 2021.

CARVALHO FILHO, José dos Santos. *Manual de direito administrativo*. 34. ed. São Paulo: Atlas, 2020.

CARVALHO, André Castro de. *Infraestrutura sob uma perspectiva pública*: instrumentos para o seu desenvolvimento. Tese (Doutorado em Direito Econômico e Financeiro) – Faculdade de Direito, Universidade de São Paulo, São Paulo, 2013. Disponível em: https://teses.usp.br/teses/disponiveis/2/2133/tde-27112013-152626/pt-br.php. Acesso em: 10 fev. 2021.

DESESTATIZAÇÃO – Companhia Docas do Espírito Santo – CODESA. *Programa de Parceria de Investimentos*. Disponível em: https://www.ppi.gov.br/desestatizacao-companhia-docas-do-espirito-santo-codesa Acesso em: 24 jan. 2021.

DI PIETRO, Maria Sylvia. *Direito administrativo*. 33. ed. Rio de Janeiro: Forense, 2020.

GARCIA, Flávio Amaral; FREITAS, Rafael Véras de. Portos brasileiros e a assimetria regulatória: os títulos habilitantes para a explorada infraestrutura portuária. *In*: MOREIRA, Egon Bockmann (Coord.). *Portos e seus regimes jurídicos*: a Lei n. 12.815/2013 e seus desafios. Belo Horizonte: Fórum, 2014.

GROTTI, Dinorá. As agências reguladoras. *Revista Brasileira de Direito Público – RBDP*, Belo Horizonte, ano 2, n. 4, jan./mar. 2004.

GUERRA, Sérgio. Arbitragem regulatória. *In*: ROCHA, Fábio Amorim da. *Temas relevantes no direito de energia elétrica*. Rio de Janeiro: Synergia, 2016. t. V.

IPEA. *Infraestrutura econômica no Brasil*: diagnósticos e perspectivas para 2025. Brasília: Ipea, 2010. v. 1. Disponível em: https://www.ipea.gov.br/portal/images/stories/PDFs/livros/livros/Livro_InfraestruturaSocial_vol1.pdf. Acesso em: 16 fev. 2021.

JUSTEN FILHO, Marçal. *Curso de direito administrativo*. 11. ed. São Paulo: Revista dos Tribunais, 2015.

LODGE, Martin; STOLK, Christian van; BATISTELLA-MACHADO, Julia; HAFNER, Marco; SCHWEPPENSTEDDE, Daniel; STEPANEK, Martin. *Regulação da Infraestrutura Logística no Brasil*. Relatório de pesquisa desenvolvido pelo Centre for Analysis of Risk and Regulation (CARR), London School of Economics and Political Science. [s.l.]: [s.n.], [s.d.].

MARQUES NETO, Floriano de Azevedo. Concessões portuárias. *In*: MOREIRA, Egon Bockmann (Coord.). *Portos e seus regimes jurídicos*: A Lei n. 12.815/2013 e seus desafios. Belo Horizonte: Fórum, 2014.

MARQUES NETO, Floriano de Azevedo. *Concessões*. Belo Horizonte: Fórum, 2015.

MARQUES NETO, Floriano de Azevedo; LEITE, Fábio Barbalho. Peculiaridades dos contratos de arrendamento portuário. *Revista de Direito Administrativo*, n. 231, jan./mar. 2016. Disponível em: http://bibliotecadigital.fgv.br/ojs/index.php/rda/article/view/45828 Acesso em: 10 fev. 2021.

MASTROBUONO, Cristina M. Wagner. A revisão ordinária nos contratos de concessão e parcerias público-privadas. *Revista da Procuradoria-Geral do Estado de São Paulo*, n. 89, p. 41-64, jan./jun. 2019.

MEIRELLES, Hely Lopes. *Direito administrativo brasileiro*. 41. ed. São Paulo: Malheiros, 2015.

MONTEIRO, Vera. *Concessão*. São Paulo: Malheiros, 2010.

MOREIRA NETO, Diogo de Figueiredo. *Curso de direito administrativo*. 16. ed. Rio de Janeiro: Forense, 2014.

MOREIRA, Egon Bockmann. *Direito das concessões de serviço público*: inteligência da Lei 8.987/1995. São Paulo: Malheiros, 2010.

MOREIRA, Egon Bockmann; GUZELA, Rafaella Peçanha. Contratos administrativos de longo prazo, equilíbrio econômico-financeiro e taxa interna de retorno (TIR). *In*: MOREIRA, Egon Bockmann (Coord.). *Tratado do equilíbrio econômico-financeiro*. Belo Horizonte: Fórum, 2019.

PASTORE, Afonso Celso. O setor privado e os investimentos em infraestrutura. *In*: PASTORE, Afonso Celso (Org.). *Infraestrutura* – Eficiência e ética. Rio de Janeiro: Elsevier, 2017.

PEREIRA NETO, Caio Mário da Silva; LANCIERI, Filippo Maria; ADAMI, Mateus Piva. O diálogo institucional das agências reguladoras com os poderes Executivo, Legislativo e Judiciário: uma proposta de sistematização. *In*: SUNDFELD, Carlos Ari; ROSILHO, André Janjácomo. *Direito da regulação e políticas públicas*. São Paulo: Malheiros, 2014.

PEREIRA, César; SCHWIND, Rafael Wallbach. O marco regulatório do setor portuário brasileiro. *In*: PEREIRA, César; SCHWIND, Rafael Wallbach (Coord.). *Direito portuário brasileiro*. 3. ed. Belo Horizonte: Fórum, 2020.

SISTEMA Portuário Nacional. *Gov.br*, 17 mar. 2015. Disponível em: https://www.gov.br/infraestrutura/pt-br/assuntos/transporte-aquaviario/sistema-portuario. Acesso em: 24 jan. 2021.

SUNDFELD, Carlos Ari. O caminho do desenvolvimento na Lei dos Portos: centralizar para privatizar: *In*: MOREIRA, Egon Bockmann (Coord.). *Portos e seus regimes jurídicos*: A Lei n. 12.815/2013 e seus desafios. Belo Horizonte: Fórum, 2014.

SUNDFELD, Carlos Ari; MOREIRA, Egon Bockmann. PPPMais: um caminho para práticas avançadas nas parcerias estatais com a iniciativa privada. *Revista de Direito Público da Economia – RDPE*, Belo Horizonte, ano 14, n. 53, jan./mar. 2016.

TOJAL, Sebastião; ARMELIN, Heloísa. Minirreforma (estrutural) do setor portuário. *Conjur*, 21 out. 2020. Disponível em: https://www.conjur.com.br/2020-out-21/tojal-armelin-minirreforma-estrutural-setor-portuario. Acesso em: 20 jan. 2021.

VERAS, Danilo de Moraes; FURTADO, Gabriel Rapport. Art. 17. *In*: MILLER, Thiago Testini; SILVA, Aline Bayer da; SILVA, Lucas Rênio da (Org.). *Comentários à Lei n° 12/815/2013*. Rio de Janeiro: Telha, 2020.

Informação bibliográfica deste texto, conforme a NBR 6023:2018 da Associação Brasileira de Normas Técnicas (ABNT):

ARMELIN, Heloísa. O papel da Antaq ante o novo regime de exploração nos portos organizados. *In*: TOJAL, Sebastião Botto de Barros; SOUZA, Jorge Henrique de Oliveira (Coord.). *Direito e infraestrutura*: portos e transporte aquaviário – 20 anos da Lei n° 10.233/2001. Belo Horizonte: Fórum, 2021. v. 1, p. 177-213. ISBN 978-65-5518-210-1.

ANTAQ – 20 ANOS![1]

IGOR SANT'ANNA TAMASAUSKAS

1 Introdução

A reforma do Estado brasileiro, na década de 1990, foi alicerçada em um programa de privatizações que teve como marco inicial a Lei n° 8.031, de 12.4.1990. Em linhas gerais, referida lei buscou um reposicionamento no papel do Estado em relação à economia, orientando a transferência de atividades para a iniciativa privada – atividades que a lei qualificou como indevidamente exploradas pelo setor público. Outras atividades, aquelas em que a *presença do Estado seja fundamental para a consecução das prioridades nacionais* (art. 1°, V), remanesceriam sobre os esforços públicos. Segundo previsão normativa, os recursos financeiros originados com o programa de desestatização deveriam ser direcionados à diminuição do endividamento público, dentro de um contexto global de aperfeiçoamento das contas do Estado.

A grande questão é que o mundo passara por alterações significativas no papel do Estado – marcadamente pela verificação de limitações orçamentárias para o financiamento de crescentes ofertas de benefícios do *Welfare State* – tendo como paradigmas os modelos gerenciais inglês

---

[1] Agradeço aos organizadores, Sebastião Tojal e Jorge Souza, pelo gentil convite. Agradeço a Roberto Oliva por discussões que auxiliaram na construção deste artigo.

de Thatcher e norte-americano de Reagan, implementados ao longo da década de 1980.

O Brasil acabou sendo arrastado para essa realidade, seja porque acabara de eleger um presidente comprometido com esses ideais, seja porque recém egresso de uma crise econômica que ajudara a sepultar o regime autoritário anos antes.

Nessa senda, no biênio 1990-1992, 68 empresas foram incluídas no programa de desestatização, das quais dezoito foram efetivamente entregues à administração privada, abrangendo setores como siderurgia, petroquímica e fertilizantes.[2]

Com o impedimento de Fernando Collor, o governo Itamar Franco deu sequência ao programa e privatizou outras quinze empresas, notadamente no setor de siderurgia, entre os anos de 1993 e 1994.

No início do governo FHC, outros setores importantes da economia passaram a ser oferecidos para a iniciativa privada, como o setor elétrico, as telecomunicações e petroquímica.

De forma similar, a Lei de Modernização dos Portos (Lei nº 8.630/1993) foi editada nesse período e buscou regulamentar a exploração de instalações portuárias, provocando uma abertura maior do setor.

Se o Estado se retirava da exploração de determinadas atividades econômicas, reservava para si a tarefa de regular a prestação de serviços que entregaria à iniciativa privada. Mais do que uma decisão estratégica, isso se mostra uma necessidade para manter um mínimo de organização das atividades que passara ao setor privado.

Uma série de estruturas, pois, emerge desse cenário, a começar pela agência reguladora do setor elétrico, Aneel, criada pela Lei nº 9.427, de 26.12.1996, e pela Anatel, no ano seguinte (Lei nº 9.472/1997), sendo que esta última acabou sendo instalada cerca de um mês antes da Aneel. O Cade havia sido reestruturado em 1994, reformulando todo o sistema brasileiro de tutela da ordem econômica, movimento aderente à lógica daquele momento histórico.

Nesse mesmo contexto, em setembro de 1999, o Poder Executivo encaminhara uma mensagem ao Congresso Nacional propondo a criação da ANT – Agência Nacional de Transportes, com a finalidade de regular todo o setor de transportes no país, notadamente quanto ao *exercício das atividades econômicas relacionadas* às áreas *de transportes rodoviário; rodovias federais; transporte ferroviário; ferrovias; transporte aquaviário;*

---

[2] OLIVEIRA FILHO, Luiz Chrysóstomo. Etapas da desestatização no Brasil: 30 anos de história. *In*: GIAMBIAGI, Fábio; GUIMARÃES, Sérgio; AMBRÓZIO, Antônio Marcos H. (Org.). *Reforma do Estado*. No prelo.

portos e hidrovias, estabelecendo, ainda, as normas gerais para as atividades de exploração e desenvolvimento do setor.[3]

Durante a tramitação legislativa, a ANT acabou desdobrada em duas agências reguladoras: a Agência Nacional de Transportes Terrestres – ANTT e a Agência Nacional de Transportes Aquaviários – Antaq, dada a promulgação da Lei n° 10.233, de 5.6.2001.

O presente artigo tem por foco a Antaq, abordando aspectos relacionados à opção pelo modelo, e, tanto quanto possível, a justiça (ou não) das críticas que contra ele se levantaram. Assim, o presente estudo encontra-se estruturado em seis capítulos, incluindo a presente introdução. O capítulo 2 busca retomar alguns fundamentos para a utilização da regulação por meio de agências, enquanto o capítulo 3 apresenta algumas das críticas que surgiram à época – e ainda remanescem – a respeito desse modelo. O capítulo 4 apresenta algumas dificuldades havidas com a importação do instituto para a realidade brasileira. No capítulo 5, há uma prospecção para os próximos 20 anos, com um fecho conclusivo no capítulo 6.

2 Do Estado provedor ao Estado regulador

Como mencionado, os anos 1980 foram marcados por modificações substantivas na forma como o Estado se comporta em relação à economia. Até então, regra geral, competia ao Estado organizar e oferecer diretamente determinados tipos de serviços, pela sua complexidade, vulto de investimento ou mesmo pela elevada carga de interesse público envolvido, como fomento ao desenvolvimento. Aqui no Brasil, não foi diferente, tendo o Estado, principalmente na era Vargas e durante o governo Kubitscheck, organizado uma série de atividades empresariais destinadas a dotar o Brasil de indústria de base e de infraestrutura.

A pressão pela oferta de bem-estar a um número crescente de cidadãos encontrou limite nos orçamentos públicos, forçando a uma reorganização do Estado, que buscou se desvencilhar de atividades entendidas como *indevidamente exploradas pelo setor público*, para ficar na expressão adotada pela legislação brasileira já referida.

Competiria, pois, ao Estado retrair-se para concentrar seus esforços nas funções típicas da soberania, como prover segurança, estabelecer normas de caráter geral, proferir decisões judiciais etc. Nesse horizonte,

---

[3] BRASIL. *Mensagem n. 1.268, de 02 de setembro de 1999*. Disponível em: www.camara.leg.br. Acesso em: 11 jan. 2021.

estabeleceu-se um "consenso" sobre a necessidade dessa reorganização político-econômica que se alastrou a partir de países como Inglaterra e Estados Unidos.

Essas vagas chegaram ao Brasil no final da década de 1980 e início dos anos 1990, com a eleição de Collor de Mello, comprometido com uma agenda de rompimento de monopólios e abertura econômica do país sob um viés propagandístico de modernidade.

É certo que o país necessitava de uma intervenção modernizante, dada a forte clausura existente em muitos setores da economia; todavia, esse período trouxe consigo práticas indevidas que culminaram no próprio impedimento do presidente da República.

Muitas críticas buscaram simplificar a realidade na oferta de atividades pelo Estado brasileiro, notadamente uma captura política e baixa efetividade:

> [...] a centralização estatal da prestação de serviço de utilidade pública revelou certa ineficiência estratégica no longo prazo, interferência de pressões e interesses políticos, falta de transparência e responsabilização, inchaço da máquina pública, atividades parlamentares que careciam de expertise para a promoção e autorregulação na prestação de serviços de utilidade pública e efetividade questionável (em alguns setores) na correção das falhas de mercado, haja vista que seu controle era autorreferente.[4]

Simplificando ou não, fato é que foi estabelecido um programa de desestatização que viabilizou a transferência de controle de inúmeras atividades do Estado para a iniciativa privada, como siderurgia, estradas, ferrovias, mineração, portos, petroquímica.

Além das pressões econômicas que redundaram nesse movimento do setor público, uma crescente complexidade nas relações – sociais, econômicas, técnicas – enfraqueceu a capacidade de tradicionalmente lidar-se com a conformação normativa.

Não se mostrara mais possível imaginar um processo legiferante típico para construção de regras de governação de determinadas atividades. Os imperativos da técnica e da tempestividade, via de regra, não são atendidos com as arrastadas discussões parlamentares tradicionais. Por tais razões, a alternativa estabelecida foi a edição de

---

[4] CAMPOS, David A.; COELHO, Fernando de S. Quem são os reguladores das agências reguladoras subnacionais? Um estudo exploratório sobre o perfil e as trajetórias de carreira dos diretores das agências paulistas. *Estudos de Administração e Sociedade*, v. 2, n. 2, p. 99-117, 2017.

normas cada vez mais com conteúdo aberto, alargando o campo de autonomia ao aplicador da lei.

A combinação dessas duas vertentes – transferência de ativos do Estado para a iniciativa privada e amplitude na definição da aplicação normativa – impôs a necessidade do estabelecimento de estruturas estatais que pudessem exercer a função de balizar a atuação desses empreendimentos sob nova direção, de modo a perseguir o interesse público, sem favorecimento ao privado, sem interferências estatais guiadas por motivação alheia à técnica.

Referidas estruturas – as agências reguladoras – assumiram a conformação jurídica de autarquias *em regime especial*, sem que a lei estabelecesse claramente o que seria esse tal regime. Todavia, leitura das normas estruturantes dessas agências, regra geral, enfeixa algumas garantias de independência, como mandato fixo aos diretores, decisões colegiadas públicas, participação no processo de definição de normas, entre outros.

A doutrina buscou situá-las na figura da *função neutral*, segundo predicados neutros sob a ótica político-partidária:

> As funções neutrais conformam funções estatais de controle em geral, desempenhadas exclusivamente por agentes políticos partidariamente descomprometidos, que devem atuar em áreas constitucionalmente definidas, em que seja necessária uma aplicação, político-partidariamentemente neutra, de conhecimentos técnicos e jurídicos específicos, necessários para a satisfação de demandantes requisitos da aplicação da juridicidade.[5]

Essa neutralidade, hipótese ficcional, encontra resistência na realidade da captura tanto pelo lado privado – e seus ganhos legítimos ou não – quanto pelo público, com interferência indevida no funcionamento dos órgãos, tema que será abordado no tópico seguinte deste trabalho. A mesma captura que serviu aos críticos do exercício de atividades econômicas diretamente pelo Estado.

Parece que menos pela opção classificatória, a solução estaria na definição de governança adequada às agências para que elementos indispensáveis à regulação possam emergir, senão como produto natural, como hipótese aferível objetivamente, inclusive mediante a possibilidade de socorro ao Poder Judiciário.

---

[5] GUERRA, Sérgio. *Agências reguladoras*: da organização administrativa piramidal à governança em rede. Belo Horizonte: Fórum, 2012.

Nessa linha, como assinala Bilhim,[6] a solução encontrada pela lei-quadro portuguesa de agências reguladoras, em seu art. 9º, foi o estabelecimento de um novo tipo de relação entre as esferas políticas e reguladora. Com efeito, trazendo elementos de governação de estruturas em rede, o autor reconstrói a hipótese de *adstrição administrativa*, como explicação para a atuação não hierárquica entre estruturas governamentais.

Bilhim trabalha com a ideia de tendência fragmentadora e integradora do direito na atualidade, segundo o conceito de *fragmegration* de Rosenau,[7] de modo a abarcar tensões e posições cada vez mais antagônicas da sociedade, em ordem a devolver uma interpretação contextual e, por esse motivo, conciliatória.

Assim, compatibiliza-se uma necessidade de especialização e otimização das agências, marcadamente fragmentadora, com uma necessidade de coerência e articulação interorganizacional de cada agência com o ministério vinculador e, por conseguinte, com toda a política de governo.

Uma realidade como tal se apresenta equilibrada sob bases bastante frágeis e impõe a necessidade de observância de uma fina sintonia, conferida pela estrutura de governança, para evitar que a *fragmegration* desemboque em fragmentação pela disputa de protagonismo entre os envolvidos. Num cenário assim, é fundamental o diálogo intenso e constante, além da compreensão do papel de cada ator, como elementos de integração das estruturas de regulação, respeitando-se os preceitos de autonomia técnico-jurídica das entidades encarregadas da regulação e conferindo deferência às instâncias políticas democraticamente estabelecidas a cada rodada eleitoral.

Segundo Campos e Coelho,[8] o processo de estabelecimento das agências reguladoras no Brasil obedeceu a 3 fases, a saber:
    a) 1996 – 1997: cuja finalidade foi a de atender a demandas da privatização e quebra do monopólio do Estado, tendo como

---

[6] BILHIM, João Abreu; SANTOS, Gonçalo Castilho dos. A tensão entre independência e controle político: o caso das entidades portuguesas de regulação. *Quaestio Iuris*, Rio de Janeiro, v. 10, n. 3, p. 1736-1759, 2017. DOI: 10.12957/rqi.2017.28048.

[7] ROSENAU, J. The governance of fragmegration: Neither a world republic nor a global interstate system. *Studia Diplomatica*, v. 53, n. 5, p. 15-40, 2000.

[8] CAMPOS, David A.; COELHO, Fernando de S. Quem são os reguladores das agências reguladoras subnacionais? Um estudo exploratório sobre o perfil e as trajetórias de carreira dos diretores das agências paulistas. *Estudos de Administração e Sociedade*, v. 2, n. 2, p. 99-117, 2017.

exemplos a Agência Nacional de Telecomunicações – Anatel e a Agência Nacional de Energia Elétrica – Aneel;
b) 1999 a 2000: com o objetivo de aumentar eficiência e modernização do aparato do Estado, na regulação de setores que, embora não tenham sido objeto de privatização, atuam em área de serviços de relevância pública. São exemplos a Agência Nacional de Saúde Suplementas – ANS e a Agência Nacional de Vigilância Sanitária – Anvisa; e
c) 2000 em diante: agências com finalidades e setores diversos, sempre com a finalidade de propiciar a que a prestação de serviço de interesse público ocorra em correção às chamadas *falhas de mercado*. Citem-se, nesse contexto, a Agência Nacional de Transportes Terrestres – ANTT, a Agência Nacional de Transportes Aquaviários – Antaq, a Agência Nacional de Cinema – Ancine e a Agência Nacional de Águas – ANA.

Apesar das dificuldades inerentes ao modelo, a Antaq logrou desempenhar ao contento suas atribuições na realidade brasileira e firmou-se como uma realidade. Continuemos na exposição.

3 Crítica pela possibilidade de captura

Uma das mais graves críticas recebidas pelo modelo de agências reguladoras – porque dialoga com a questão da integridade – reside na hipótese da captura dos reguladores, quer por interesses privados, quer pelo mundo político.

A agência possui a tarefa de perseguir o interesse público, no sentido de uma regulação que minimize assimetrias do mercado, pelo estabelecimento de regras calçadas na técnica, privilegiando a exploração equilibrada da atividade.

A captura pelo poder privado ocorreria pela pressão do poder econômico sobre os reguladores, que se afastariam do predicado da imparcialidade para favorecer determinados agentes econômicos do setor regulado, em detrimento de outros ou do usuário e do mercado como um todo.

Nessa linha, como determinada decisão regulatória possui o condão de criar barreiras ao exercício da atividade econômica, existiria o risco de, ao invés de promover o interesse comum, a atuação da agência operar para elevar ainda mais desequilíbrios entre os agentes econômicos que atuem no setor regulado.

Pelo lado público, o risco é o regulador deixar as balizas técnicas que orientaram a sua criação e passar a atuar segundo pautas orientadas por clientelismo, populismo e outras chagas relacionadas ao mau exercício do poder político.

Um ou outro caso trazem insegurança jurídica e desequilíbrios que são perniciosos para o desenvolvimento de atividades intensivas de capital.

Segundo Bohem,[9] haveria três critérios para classificar a captura dos reguladores: a) quanto ao agente da captura: a.1) pela indústria regulada, com a finalidade de criar barreiras artificiais, vantagens ou leniência no processo de regulação; a.2) ou por políticos que obteriam junto ao mercado regulado situações para o exercício de clientelismo, populismo ou mesmo corrupção; b) quanto ao momento: b.1) *ex ante*, ou seja, captura pelo desenho institucional que favoreça determinado ponto de vista; ou b.2) *ex post*, quando a mácula decorre da cooptação dos reguladores; c) quanto à forma: c.1) captura legal, mediante grupos de pressão legítimos ou *lobby* (quando é permitido); ou c.2) por corrupção.

Abolir o modelo de regulação é mais custoso que o risco da captura.[10] A doutrina e a prática ilustram que esse risco deve ser mitigado com a adoção de mecanismos que reforcem a autonomia tanto da política quanto do mercado, como a imposição de transparência nas informações, abertura para oitiva dos usuários e da sociedade em geral, inclusive do setor regulado, o estabelecimento de processos claros para o estabelecimento de normas e para o exercício de sua aplicação.

Mais recentemente, com o advento da Lei Anticorrupção, o estabelecimento de mecanismos de integridade, pelos agentes regulados e pela própria Administração, vem a reforçar esse ambiente de autonomia. Todavia, pela própria natureza da corrupção – e a captura pode ser enquadrada em corrupção no seu sentido amplo, pois a agência passa a operar com um código apartado do interesse público – há que se zelar continuamente pela manutenção da integridade.

Nada obstante, como aponta Sampaio,[11] o modelo das agências reguladoras foi e continua sendo objeto de disputa na doutrina e na

---

[9] BOEHM, Frédéric. Corrupción y captura en la regulación de los servicios públicos. *Revista de Economía Institucional*, v. 7, n. 13, 2º sem. 2005.

[10] BOEHM, Frédéric. Corrupción y captura en la regulación de los servicios públicos. *Revista de Economía Institucional*, v. 7, n. 13, 2º sem. 2005.

[11] SAMPAIO, Paulo S. A independência real das agências reguladoras no Brasil. *Revista de Direito, Estado e Telecomunicações*, v. 5, n. 1, p. 135-174, 2013.

própria política. Bello, Bercovici e Lima associam a crítica pela captura das agências com o próprio processo de desestatização:

> O repasse de atividades estatais para a iniciativa privada é visto pelos defensores da reforma do Estado como uma "republicização" do Estado, partindo do pressuposto de que o público não é, necessariamente, estatal (Pereira, 2002: 81-94). Esta visão está ligada à chamada "teoria da captura", que entende serem tão ou mais perniciosas que as "falhas de mercado" (*market failures*), as "falhas de governo" (*government failures*) provenientes da cooptação do Estado e dos órgãos reguladores para fins privados. No Brasil, esta ideia é particularmente forte no discurso que buscou legitimar a privatização das empresas estatais e a criação das "agências".[12]

Como já mencionado, as agências surgiram como necessidade de estabelecer uma organização para os setores que foram transferidos para a iniciativa privada; há uma relação de consequência que insere a criação das agências e a privatização dentro de um mesmo contexto histórico. Todavia, a chamada *terceira fase* das agências no Brasil[13] acaba por demonstrar que agências foram estabelecidas para regular mercados que não necessariamente foram transferidos do setor público ao privado, como exemplos, o caso da Anvisa e o da ANS.

Esse tipo de crítica transparece uma desqualificação do oposto – como é comum também se observar entre os pregadores do *livre mercado*, ao associar tudo que advenha do Estado como ruim e anacrônico.

Não existe modelo ideal, mas processos históricos que, vivenciados e estudados, nos permitem remodelar as estruturas do Estado – e seu próprio papel – para aperfeiçoar o desenvolvimento da sociedade. As críticas, justas, ao processo de privatização, não podem abarcar um modelo de atuação do Estado na ordem econômica que, bem ou mal, se reproduz em diversas nações do globo e, mais do que isso, governa uma realidade econômica extremamente imbrincada.

Não há como se imaginar que determinado país consiga estabelecer um fluxo de investimentos se o seu sistema jurídico não dialogar minimamente com a realidade estabelecida em outras paragens. É

---

[12] BELLO, Enzo; BERCOVICI, Gilberto; LIMA, Martonio M. B. O fim das ilusões constitucionais de 1988? *Rev. Direito e Práx.*, Rio de Janeiro, v. 10, n. 3, p. 1769-1811, 2019. DOI: 10.1590/2179-8966/2018/37470. ISSN: 2179-8966.

[13] CAMPOS, David A.; COELHO, Fernando de S. Quem são os reguladores das agências reguladoras subnacionais? Um estudo exploratório sobre o perfil e as trajetórias de carreira dos diretores das agências paulistas. *Estudos de Administração e Sociedade*, v. 2, n. 2, p. 99-117, 2017.

conhecida a lição de Sousa Santos[14] acerca de como determinadas ordens jurídicas ditas periféricas acabam atropeladas no processo de repetição de modelos estabelecidos a partir das matrizes mais desenvolvidas. Há choques e resistências que vão se abrandando conforme a sociedade vai se aculturando ao modelo.

Uma dessas tentativas de aculturamento foi o parecer AC nº 51/2006, aprovado pela Presidência da República, que, em linhas gerais, buscou compatibilizar a *neutralidade* técnica das agências reguladoras com a legitimidade política haurida nas urnas.

Justamente pela implantação de um modelo não muito condizente com a realidade brasileira, a solução jurídica encontrada foi associar as agências reguladoras ao regime autárquico, bastante estabelecido e estudado entre nós. E, para remarcar a sua *especialidade*, as leis de regência das agências as estabeleceram como *autarquias em regime especial*, sem, contudo, descrever o que seria esse regime (embora, da leitura das normas, como mencionado, fique evidente que se buscou dotá-las de autonomia maior que o modelo autárquico tradicional).

Em sendo uma autarquia, sob um regime não bem definido, embora *especial*, levantou-se a hipótese de um poder de revisão pelo ministério a que vinculada a agência, mediante recurso hierárquico ou mesmo de ofício.

Embora com uma justificativa nobre – o respeito à soberania do voto –, esse movimento foi compreendido como uma fragilização do modelo de agências, e até mesmo como uma espécie de captura política.[15]

Mais recentemente, foi editada a Lei nº 13.848/2019, conhecida como Lei Geral das Agências Reguladoras, que padronizou uma série de questões, para mitigar o risco de captura. Segundo Oliveira Filho,[16] há um ponto desta que lei mereceria reparos: a uniformidade do processo de consulta e de audiências públicas, dada a possibilidade de cada agência de estabelecer suas próprias regras, enfraquecendo o modelo pela ausência de padrão em um ponto bastante relevante para o enfrentamento da questão da captura.

---

[14] SANTOS, Boaventura de Sousa. *Toward a new common sense*: law, science and politics in the paradigmatic transition. New York: Routledge, 1995.

[15] MARTINS, Pedro S. *Constituição econômica e agências reguladoras*: reflexão sobre as agências reguladoras e a intervenção do Estado na economia. Dissertação (Mestrado) – Unifor, Fortaleza, 2008.

[16] OLIVEIRA FILHO, Luiz Chrysóstomo. Etapas da desestatização no Brasil: 30 anos de história. *In*: GIAMBIAGI, Fábio; GUIMARÃES, Sérgio; AMBRÓZIO, Antônio Marcos H. (Org.). *Reforma do Estado*. No prelo.

Para encerrar o capítulo, é importante trazer à colação o trabalho de Vieira (2015),[17] em que se procurou aplicar os modelos teóricos de Ekcert e Spiller sobre a teoria da captura na realidade brasileira. Houve a coleta de dados biográficos de todos os reguladores desde cada criação de agência até agosto de 2014 (currículos pré-indicação, filiação partidária no TSE e fontes públicas depois do encerramento do mandato na respectiva agência).

Especificamente em relação à Antaq, dos 12 diretores analisados, 8 possuem formação em engenharias, 3 em ciências sociais aplicadas e 1 é militar/diplomata. Há alta especialização (83% com pós-graduação – especialização/mestrado/doutorado) e alta experiência prévia no setor (83% com experiência prévia no setor regulado – 4 anos, embora pelo lado público do balcão).

De todos, apenas 3 possuíam filiação partidária quando da indicação. E, a partir do final do primeiro mandato de Lula, indicados passaram majoritariamente a vir da burocracia das agências. De modo geral, portanto, a Antaq apresenta dirigentes com alta formação acadêmica e experiência no setor regulado, critérios estabelecidos pela doutrina como relevantes para minimizar o risco de captura.

4 Agência como delegada do legislador: qual norma?

Consoante o já mencionado, os reguladores atuam como delegados do legislador *lato sensu*, que, no Brasil, acaba por incorporar a figura do Poder Legislativo e também o Executivo, no exercício do poder regulamentar (CF, art. 84, IV).

Nessa linha, a tarefa da agência reguladora acaba cercando-se de dificuldades, posto que a sua instituição no Brasil se socorreu de uma figura jurídica já existente e que possui contornos que, a despeito do autogoverno, a vinculam ao poder de supervisão ministerial (Dec.-Lei nº 200/67, art. 19), de certa maneira em relação no mínimo tensa com a noção da autonomia técnica. E o parecer da AGU adrede retratado escancara a tensão.

Não bastasse isso, essa conformação legislativa brasileira traz outro complicador à questão: o regulador necessita observar a lei em sentido estrito, mas também a norma regulamentar expedida pelo Executivo. Então a possibilidade de interferência na atuação do regulador,

---

[17] ANTAQ. *Relatório de gestão 2018*. Disponível em: http://portal.antaq.gov.br/wp-content/uploads/2019/04/Relatório-de-Gestão.pdf.

além da captura política das estruturas da agência, pode ocorrer em relação ao próprio conteúdo da lei, e principalmente do regulamento, relacionados à atividade.

Essa dualidade de delegatários coloca a agência em situação delicada. Tomemos o exemplo do Decreto nº 6.620/2008, que buscou reorganizar a prestação de serviços portuários, que eram tratados pela Lei nº 8.630/93.

Algumas das previsões do decreto mexeram nas competências da então Secretaria Especial de Portos, da própria Antaq, das companhias docas. Críticas surgiram quanto à tempestividade e o alcance do conteúdo do decreto, bem como sua aderência ao próprio comando da lei regulamentada, por exemplo, na questão relacionada à movimentação de carga de terceiros em terminais de uso privativo (portanto, "mistos").

Sem embargo da tentativa de colocar termo a um grave desequilíbrio de regimes jurídicos na exploração de terminais arrendados e terminais de uso privativo misto, a forma jurídica adotada – um decreto regulamentar – acabou por despertar críticas quanto à possível captura do assunto regulado pelo Poder Executivo. Melhor seria que a agência, invocando seu poder regulamentar, tivesse atuado para diminuir as severas desigualdades entre esses dois regimes, que encarecem tanto a operação dos terminais públicos.

Com a edição da MP nº 595/2012, convertida na Lei nº 12.815/2013, a questão da titularidade da carga preponderantemente movimentada nos terminais privativos deixou de existir, conquanto remanescesse a assimetria de obrigações entre as duas modalidades de exploração da atividade, a reclamar uma atuação da agência nesse sentido.

Ora, em sendo uma opção legislativa, portanto do delegatário da regulação, deixar de explicitar em detalhes essa dicotomia terminal público v. terminal privativo, compete à agência adotar sua melhor compreensão sobre o tema e elidir uma assimetria que tem prejudicado severamente os terminais públicos arrendados. A Antaq, na qualidade de reguladora, possui as informações necessárias para atuar nessa questão que, devida ou indevidamente, acabou retratada na legislação de forma aquém ao necessário. Nessa linha:

> Na prática os legisladores não são os responsáveis diretos pela regulação. Eles delegam esta função para a burocracia das agências ou, principalmente, para os reguladores. A partir daí, configura-se uma relação Principal-Agente com a presença de todas as características que

acompanham este fenômeno como a seleção adversa, o risco moral e, é claro, a informação assimétrica.[18]

A própria revogação da Lei n° 8.630/93, inicialmente pela MP n° 595/2012, pode ser objeto de críticas pela ausência de requisitos constitucionais para a edição de uma medida provisória para estabelecer os requisitos para a prestação de serviços portuários, notadamente a questão da urgência para modificar uma lei que se encontrava vigente há quase duas décadas.

Fruto dessa revogação, a Lei n° 12.815/2013 foi promulgada com sensível modificação na exploração dos portos – associando a prestação de serviço público à exploração da instalação portuária.

Trata-se de norma altamente centralizadora e que buscou reafirmar o movimento de empoderamento da Secretaria de Portos em detrimento da Antaq. Ademais, esvaziou-se o poder dos conselhos de Autoridade Portuária:

> [...] o CAP perde grande parte de sua autonomia, deixando de ser órgão deliberativo para ser um órgão consultivo. Tal medida, ao reduzir a autonomia das administrações portuárias de cada porto, pode reduzir sua competitividade, pois consiste em um passo significativo na direção de uma maior regulamentação do setor, inclusive no que tange à determinação de tarifas, a partir dos gabinetes de Brasília.[19]

Esse movimento de centralização e concentração de poderes no governo federal pode ser caracterizado como uma tentativa de, por um lado, controlar o papel do regulador (portanto, uma captura política) e, por outro, retomar as críticas do momento da instituição das agências, consistentes em suposta lassidão no controle do mercado regulado.

A tarefa do regulador, já inerentemente dificultosa por necessitar colocar limites em empreendimentos com elevado poder econômico, acaba por sofrer ainda mais com a instabilidade legislativa. Para ficar em dois grandes temas não tratados adequadamente, o já mencionado duo terminal público/terminal privativo e os contratos celebrados antes

---

[18] VIEIRA, Alexandre S. A. *Agências reguladoras independentes?*: especialização e captura nas trajetórias de carreira dos reguladores federais brasileiros. Dissertação (Mestrado) – FGV-RJ, 2015.

[19] BRITTO, Paulo A. P. de; LUCAS, Vander M.; COUTINHO, Paulo C.; CARVALHO, Alexander X. Y. de; OLIVEIRA, André L. R.; LUSTOSA, Paulo R. B.; ALBUQUERQUE, Pedro H. M.; FONSECA, Adelaida F. Promoção da concorrência no setor portuário: uma análise a partir dos modelos mundiais e aplicação ao caso brasileiro. *Rev. Adm. Pública*, Rio de Janeiro, v. 49, n. 1, p. 47-71, jan./fev. 2015.

da Lei n° 8.630/93, que tiveram grande parte de sua vigência contratual sem uma regra de transição concretamente aplicada.

Mesmo com instabilidade e sem arbitramento legislativo adequado, o Judiciário acabou *comprando* o modelo e assentiu positivamente aos poderes regulatórios delegados às agências, como se colhe no Recurso Especial n° 894.442/RJ, que tratou de uma disputa relacionada a normas expedidas pelo Ministério dos Transportes e as competências estabelecidas posteriormente à Antaq:

> Pela simples leitura dos dispositivos legais transcritos, é possível perceber que o legislador ordinário conferiu amplos poderes normativos à Agência Nacional de Transportes Aquaviários – ANTAQ –, entre os quais o de criar requisitos para a obtenção de autorização necessária ao funcionamento das empresas brasileiras de navegação de longo curso. O art. 50 do mesmo diploma legal também não deixa dúvida acerca da necessidade de adequação dessas empresas, inclusive das que já eram detentoras de outorgas expedidas por entidades públicas federais do setor dos transportes, às novas determinações estabelecidas pela agência reguladora.

Em outro caso, no REsp n° 1.386.994/SC, o Superior Tribunal de Justiça reafirmou a atribuição da Antaq na aplicação de seu regulamento e, sobretudo, de processar e julgar infrações, com sancionamento próprio.

5 Horizontes para os próximos 20 anos

Os primeiros 20 anos da Antaq foram turbulentos pela fase de implantação e suas críticas, mudanças importantes no marco regulatório, e dificuldades inerentes no estabelecimento de limites a empreendimentos altamente intensivos de capital e com retorno de investimento de longuíssimo prazo.

A despeito disso, o Superior Tribunal de Justiça, com atribuição da uniformidade na aplicação da lei no país, atuou para reforçar o modelo, empoderando as decisões da Antaq ante os questionamentos de violação à legalidade e à atribuição de outros órgãos sobre o mercado regulado.

Atualmente, a agência tem sob sua responsabilidade a fiscalização de 34 portos organizados, 147 terminais de uso privado, 32 instalações de transbordo de cargas, 2 instalações portuárias de turismo, além da prestação de serviços de transporte nas navegações de longo curso, cabotagem, apoio marítimo, apoio portuário e interior.

Nesses 20 anos de existência a agência vem se aprimorando e adequando suas atividades à regulação e fiscalização do setor portuário que atua num mercado altamente competitivo e essencialmente privado, embora de interesse público. Podemos destacar os seguintes tópicos sobre essas duas décadas de atuação:

a) disponibilização e aperfeiçoamento de sistema de acompanhamento estatístico do setor regulado, com total controle das toneladas movimentadas em cada porto e terminal portuário;
b) especialização técnica de suas equipes, impactando diretamente na redução dos prazos para análise e atendimentos a demandas, tão necessário ao competitivo mercado;
c) especialização nas análises dos estudos de viabilidades técnicas e ambientais dos processos licitatórios, reduzindo-se os prazos entre planejamento e efetivação das licitações;
d) maior transparência das decisões, liberando o acesso aos processos administrativos durante todo o seu trâmite, permitindo melhor interação com o seu desenvolvimento;
e) abertura constante ao diálogo, à realização de reuniões e participação em eventos;
f) implementação de uma gestão eficiente e transparente da agenda regulatória – ferramenta de planejamento institucional, que indica ao setor regulado e à sociedade em geral os temas regulatórios prioritários;
g) aperfeiçoamento constante do processo de consulta pública para edição de normas, utilização dos instrumentos de análise de impacto regulatório, tomada prévia de subsídios, entre outros.

Parece, ademais, que um avanço para além dessas conquistas da Antaq seja colocar a agência um passo além do mero cumprimento da função delegada pelo legislador: atuar para que o órgão atue no sentido de responder aos anseios da sociedade na regulação:

> [...] o gerente pode firmar um compromisso de gestão, no sentido de conferir orientação finalística à ação gerencial, pois passa a responder por resultados perante a sociedade. Os administradores públicos devem pautar sua conduta não apenas pelos princípios de legalidade, impessoalidade, moralidade, publicidade e eficiência dos atos de gestão, conforme estabeleceu a Constituição de 1988, mas principalmente tendo em vista a responsabilidade objetiva perante a sociedade.[20]

---

[20] COSTA, Frederico Lustosa da. Contribuição a um projeto de reforma democrática do Estado. *Revista de Administração Pública*, Rio de Janeiro, v. 44, n. 2, p. 239-270, mar./abr. 2010.

Nessa linha, impõe-se o reforço à transparência, à consensualidade, à participação e ao diálogo interagências, de modo a alinhar as expectativas de uma boa regulação à prática verificada na atuação da Antaq.

Ademais, a assimetria entre as normas incidentes sobre os terminais públicos e os terminais privativos urge ser tratada de forma condizente pela agência: não parece haver justificativa razoável para impor elevados custos – relacionados a encargos normativos – a determinado grupo de terminais e não fazer o mesmo em relação a outros. A Antaq precisa se dedicar a esse assunto.

Outro ponto, retomando um pouco a ideia expressada na mensagem presidencial que redundou na Lei nº 10.233/2001, parece necessário reafirmar o tratamento holístico de todos os modais de transportes, por intermédio de uma atuação integrada em rede – respeitada a autonomia entre as agências do setor e o órgão executivo incumbido eleitoralmente de orientar o desenvolvimento brasileiro para a temática.

Referida questão alinha-se à orientação do Tribunal de Contas da União, quanto à necessidade de coordenação institucional entre os órgãos e instituições que atuam em transportes, sobretudo quanto ao planejamento em longo prazo para o setor.[21]

Quanto ao planejamento, talvez seja importante remarcar que a atribuição talvez seja mais aderente às atividades do Poder Executivo do que em relação à agência reguladora. Todavia, há uma carência em relação à planificação que foi apontada pela doutrina e que pode vir a ser, por provocação da agência reguladora, objeto de atenção. Confira-se:

> Após um período de cerca de vinte e cinco anos sem planejamento da infraestrutura de transporte brasileira foi lançado em 2006, pelo Governo Federal, o Plano Nacional de Logística e Transportes (PNLT). Este Plano foi elaborado em parceria do Ministério dos Transportes (MT) com o Ministério da Defesa (MD), por meio do Centro de Excelência em Engenharia de Transportes (CENTRAM). Tem um caráter indicativo dos projetos que são prioritários até meados da próxima década, envolvendo quatro setores de transportes (rodovia, ferrovia, porto e aéreo).[22]

---

[21] FARRANHA, Ana C.; FREZZA, Conrado da S.; BARBOSA, Fabiana de O. Nova Lei dos Portos: desafios jurídicos e perspectivas de investimentos. *Revista de Direito GV*, São Paulo, v. 11, n. 1, p. 89-116, jan./jun. 2015.

[22] PÊGO, Bolívar; VIANA, Gessilda da S.; SILVA, Marcelle F.; INDI, Adilson F.; ARAÚJO SOBRINHO, Fernando L. A rede de transportes do Brasil e o planejamento regional. *Brazilian Geographical Journal and Humanities Research Médium*, Ituiutaba, v. 5, n. 1, p. 1-19, jan./jun. 2014.

Um último tema sobre o qual não se pode deixar de anotar: a falta de presença feminina na Antaq, pois a história conta somente uma diretora, nessas duas décadas, e na qualidade de diretora interina.[23] Segundo o *Relatório de gestão 2018*, cerca de 24% dos cargos efetivos e 30% de funções gratificadas e de confiança são ocupados por mulheres.[24] Esse quadro precisa ser mais bem tratado pelas autoridades – recobrando que a indicação para a direção da Antaq parte do Poder Executivo e sua aprovação é realizada no âmbito do Senado Federal. Trata-se, pois, de problema extra-agência.

6 Conclusões

Como vimos, o modelo de agências reguladoras teve por empuxo no Brasil o processo de privatizações, que demandou uma importação do modelo tipicamente anglo-saxão, com seus inevitáveis ruídos na adaptação à realidade local.

A despeito de inconsistências normativas, a Antaq logrou desempenhar suas atividades relativamente a contento, obtendo reconhecimento do Superior Tribunal de Justiça, responsável pela uniformização da aplicação da lei federal. Nada obstante, há temas que ainda merecem uma melhor atenção regulatória, que, aguarda-se, seja objeto de preocupação nesses próximos 20 anos.

Ademais, que as lufadas de modernidade, expressadas numa maior participação feminina, tragam à Antaq uma constante renovação de suas práticas, para que sua tarefa seja desempenhada a contento dos desígnios de uma sociedade sempre em mutação.

---

[23] "O RELACIONAMENTO entre ANTAQ e os regulados deve ser sempre pautado pela transparência e pelo respeito", afirma Gabriela Costa. *Antaq*, 19 ago. 2020. Disponível em: Disponível em: http://portal.antaq.gov.br/index.php/2020/08/19/o-relacionamento-entre-antaq-e-os-regulados-deve-ser-sempre-pautado-pela-transparencia-e-pelo-respeito-afirma-gabriela-costa/.

[24] ANTAQ. *Relatório de gestão 2018*. Disponível em: http://portal.antaq.gov.br/wp-content/uploads/2019/04/Relatório-de-Gestão.pdf.

Referências

BELLO, Enzo; BERCOVICI, Gilberto; LIMA, Martonio M. B. O fim das ilusões constitucionais de 1988? *Rev. Direito e Práx.*, Rio de Janeiro, v. 10, n. 3, p. 1769-1811, 2019. DOI: 10.1590/2179-8966/2018/37470. ISSN: 2179-8966.

BILHIM, João Abreu; SANTOS, Gonçalo Castilho dos. A tensão entre independência e controle político: o caso das entidades portuguesas de regulação. *Quaestio Iuris*, Rio de Janeiro, v. 10, n. 3, p. 1736-1759, 2017. DOI: 10.12957/rqi.2017.28048.

BOEHM, Frédéric. Corrupción y captura en la regulación de los servicios públicos. *Revista de Economía Institucional*, v. 7, n. 13, 2º sem. 2005.

BRASIL. *Mensagem n. 1.268, de 02 de setembro de 1999*. Disponível em: www.camara.leg. br. Acesso em: 11 jan. 2021.

BRITTO, Paulo A. P. de; LUCAS, Vander M.; COUTINHO, Paulo C.; CARVALHO, Alexander X. Y. de; OLIVEIRA, André L. R.; LUSTOSA, Paulo R. B.; ALBUQUERQUE, Pedro H. M.; FONSECA, Adelaida F. Promoção da concorrência no setor portuário: uma análise a partir dos modelos mundiais e aplicação ao caso brasileiro. *Rev. Adm. Pública*, Rio de Janeiro, v. 49, n. 1, p. 47-71, jan./fev. 2015.

CAMPOS, David A.; COELHO, Fernando de S. Quem são os reguladores das agências reguladoras subnacionais? Um estudo exploratório sobre o perfil e as trajetórias de carreira dos diretores das agências paulistas. *Estudos de Administração e Sociedade*, v. 2, n. 2, p. 99-117, 2017.

COSTA, Frederico Lustosa da. Contribuição a um projeto de reforma democrática do Estado. *Revista de Administração Pública*, Rio de Janeiro, v. 44, n. 2, p. 239-270, mar./abr. 2010.

FARRANHA, Ana C.; FREZZA, Conrado da S.; BARBOSA, Fabiana de O. Nova Lei dos Portos: desafios jurídicos e perspectivas de investimentos. *Revista de Direito GV*, São Paulo, v. 11, n. 1, p. 89-116, jan./jun. 2015.

GUERRA, Sérgio. *Agências reguladoras*: da organização administrativa piramidal à governança em rede. Belo Horizonte: Fórum, 2012.

MARTINS, Pedro S. *Constituição econômica e agências reguladoras*: reflexão sobre as agências reguladoras e a intervenção do Estado na economia. Dissertação (Mestrado) – Unifor, Fortaleza, 2008.

OLIVEIRA FILHO, Luiz Chrysóstomo. Etapas da desestatização no Brasil: 30 anos de história. *In*: GIAMBIAGI, Fábio; GUIMARÃES, Sérgio; AMBRÓZIO, Antônio Marcos H. (Org.). *Reforma do Estado*. No prelo.

PÊGO, Bolívar; VIANA, Gessilda da S.; SILVA, Marcelle F.; INDI, Adilson F.; ARAÚJO SOBRINHO, Fernando L. A rede de transportes do Brasil e o planejamento regional. *Brazilian Gographical Journal and Humanities Research Médium*, Ituiutaba, v. 5, n. 1, p. 1-19, jan./jun. 2014.

ROSENAU, J. The governance of fragmegration: Neither a world republic nor a global interstate system. *Studia Diplomatica*, v. 53, n. 5, p. 15-40, 2000.

SAMPAIO, Paulo S. A independência real das agências reguladoras no Brasil. *Revista de Direito, Estado e Telecomunicações*, v. 5, n. 1, p. 135-174, 2013.

SANTOS, Boaventura de Sousa. *Toward a new common sense*: law, science and politics in the paradigmatic transition. New York: Routledge, 1995.

VIEIRA, Alexandre S. A. *Agências reguladoras independentes?*: especialização e captura nas trajetórias de carreira dos reguladores federais brasileiros. Dissertação (Mestrado) – FGV-RJ, 2015.

Informação bibliográfica deste texto, conforme a NBR 6023:2018 da Associação Brasileira de Normas Técnicas (ABNT):

TAMASAUSKAS, Igor Sant'Anna. Antaq – 20 anos!. *In*: TOJAL, Sebastião Botto de Barros; SOUZA, Jorge Henrique de Oliveira (Coord.). *Direito e infraestrutura*: portos e transporte aquaviário – 20 anos da Lei n° 10.233/2001. Belo Horizonte: Fórum, 2021. v. 1, p. 215-233. ISBN 978-65-5518-210-1.

INTEGRAÇÃO FERRO-PORTUÁRIA E OS EFEITOS DE UMA OPERAÇÃO VERTICALIZADA DOS DIFERENTES MODAIS DE TRANSPORTE – UMA ANÁLISE ACERCA DAS EXTERNALIDADES GERADAS PELA OPERAÇÃO VERTICALIZADA DE MODAIS FERRO-PORTUÁRIOS

ISADORA COHEN

CASEMIRO TÉRCIO CARVALHO

JÉSSICA LOYOLA CAETANO RIOS

MATHEUS SILVA CADEDO

1 Introdução

O desenvolvimento econômico e social de um país está intrinsecamente ligado aos meios de transporte e escoamento das produções nacionais. Por meio dessas verdadeiras "artérias", os produtos, as *commodities* agropecuárias e minerais, os bens de consumo e industriais e serviços que proporcionam a geração da riqueza brasileira trafegam em direção às mais diversas localidades do país e do mundo. De acordo com Marco Aurélio Dias,[1] é essa logística que planeja, executa, coordena e controla a movimentação e o armazenamento eficiente e econômico de matérias-primas, materiais semiacabados e produtos acabados, desde sua origem até o local de consumo, com o propósito de atender às exigências do cliente final, seja este nacional ou internacional.

Tendo em vista tamanha importância, o presente artigo visa a estudar o relacionamento de dois modais de transporte específicos, que podem atuar de forma integrada: o ferroviário e o portuário. Embora a construção e operação de linhas férreas possam demandar maior nível de investimento na construção, se em comparação ao sistema rodoviário, o escoamento de cargas, por meio dos trilhos, revela-se mais eficiente e estratégico. Isso porque há a maior capacidade das composições ferroviárias de transportar expressiva quantidade de cargas em uma só viagem, enquanto o translado sobre pneus demanda maior custo operacional.

Com isso, tais custos podem ser otimizados, a capacidade de escoamento é maximizada e economia no combustível por tonelada transportada é obtida, sem contar as reduções de gases de efeito estufa. A integração ferro-portuária também acaba por desafogar o fluxo de tráfego nas rodovias brasileiras, tirando caminhões das vias e minimizando impactos, como exemplo, o pico da safra que pressiona sistemas viários como o Rodoanel e o Sistema Anchieta-Imigrantes. Para se ter ideia, ao passo em que um caminhão dedicado a *commodities* tem diferentes capacidades de transporte, sendo a máxima nas estradas de 57 toneladas, sem autorização especial de trânsito, um único vagão pode locomover até 135 toneladas de carga.[2] O resultado disso é que a integração do sistema ferroviário à rede de portos pode garantir um fluxo mais intenso e eficiente de mercadorias destinadas à exportação e vice-versa, beneficiando o sistema de viação nacional como um todo.

O escoamento ferroviário também se revela capaz de assegurar um constante fluxo de mercadorias aos terminais portuários, melhorando a qualidade do planejamento logístico. Caminhões estão mais predispostos aos riscos de atrasos e acidentes, o que pode prejudicar o cronograma de entregas e, por consequência, o fluxo do escoamento

---

[1] DIAS, Marco Aurélio P. *Logística, transporte e infraestrutura*: armazenagem, operador logístico, gestão via TI, multimodal. São Paulo: Atlas, 2013.

[2] COSTA, Mário Vinícius. Ferrovias – O futuro sobre trilhos – Volume de cargas transportadas e investimento em alta. *Ipea – Desafios do Desenvolvimento*, ano 7, ed. 55, 17 nov. 2009. Disponível em: https://www.ipea.gov.br/desafios/index.php?option=com_content&vie w=article&id=1264:reportagens-materias&Itemid=39. Acesso em: 28 jan. 2020.

entre a hinterlândia e o porto de destino, prejudicando a eficiência da operação portuária per si, com o desequilíbrio da recepção da carga, do planejamento e da operação dos berços de atracação. De outro lado, as composições ferroviárias proporcionam previsões mais confiáveis na cadência de entregas, proporcionando a melhor gestão e eficiência dos ativos portuários.

Cientes dos benefícios logísticos proporcionados pela integração dos sistemas ferroviário e portuário, os operadores portuários têm, cada vez mais, direta ou indiretamente, expandido a sua atuação para o transporte ferroviários de carga, dando origem ao fenômeno chamado verticalização. Se, por um lado, a verticalização pode gerar uma série de externalidades positivas, notadamente em termos de eficiência e possível redução de custos, há, de outro, uma série de pontos que merecem a atenção e o adequado tratamento pela Antaq e ANTT, a fim de evitar que a operação verticalizada de portos e ferrovias imponha entraves desmedidos à concorrência e ao direito de passagem na malha ferroviária.

Com efeito, para que a tal integração possa conferir maior eficiência ao transporte de cargas, é essencial garantir o acesso às infraestruturas ferroviárias existentes, fazendo com que os mais diversos tipos de cargas possam escoar até as regiões portuárias. Este artigo visa, justamente, a se debruçar sobre a verticalização da operação ferro-portuária e seus efeitos, indicando, de um lado, de que forma esse fenômeno pode incentivar a adoção de comportamentos anticompetitivos e anticoncorrenciais, criando barreiras de acesso às cargas que se mostrem menos atrativas para as operadoras que atuam de forma verticalizada e, de outro, as possíveis soluções e estruturas regulatórias que possam evitar as externalidades negativas dessas operações.

A partir dessa perspectiva, pretende-se, ainda, discorrer sobre o recente projeto de associação da Ferrovia Interna do Porto de Santos (FIPS), apresentando-o como uma nova alternativa que poderá se revelar importante para promover um maior acesso ao sistema ferroviário que por consequência garantirá aumentos sucessivos da capacidade operacional nos portos, propiciando recordes de atendimento à demanda projetada para a balança comercial brasileira.

2 O escoamento de cargas: a relevância da integração porto-ferrovia

Como mencionado, a integração da matriz ferro-portuária tem o condão de desempenhar papel importante no potencial logístico brasileiro, aumentando a eficiência do escoamento e, sobretudo, da exportação de cargas e *commodities*. Em linhas gerais, o modal ferroviário, quando comparado ao rodoviário, é mais eficiente em médias e longas distâncias, garantindo mais eficiência na logística de uma economia como a brasileira, com perfil agroexportador, promovendo expressivos ganhos de escala, justamente em razão do fato de demandar menores custos de manutenção e viabilizar o transporte de maior quantidade de carga.[3]

A trajetória percorrida pela carga até seu destino final, assim como o funcionamento e os pontos de conexão entre os modais ferroviários e portuários, pode ser bem observada a partir do esquema a seguir, que ilustra o trajeto do produto desde a retirada da planta até o embarque no Porto de Santos. No exemplo são destacados 3 fluxos: rodoviário integral, rodo-hidroferroviário e rodoferroviário.

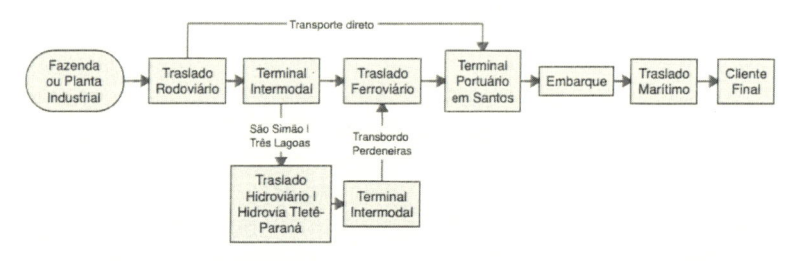

```
                          Transporte direto
   ┌──────────────────────────────────────────────────────────────┐
   │                                                              │
┌──────────┐  ┌──────────┐  ┌──────────┐  ┌──────────┐  ┌──────────┐  ┌────────┐  ┌──────────┐  ┌────────┐
│ Fazenda  │  │ Traslado │  │ Terminal │  │ Traslado │  │ Terminal │  │Embarque│  │ Traslado │  │ Cliente│
│ou Planta │→ │Rodoviário│→ │Intermodal│→ │Ferroviário│→│Portuário │→ │        │→ │ Marítimo │→ │ Final  │
│Industrial│  │          │  │          │  │          │  │em Santos │  │        │  │          │  │        │
└──────────┘  └──────────┘  └──────────┘  └──────────┘  └──────────┘  └────────┘  └──────────┘  └────────┘
                                                ↓              ↑
                                        São Simão /      Transbordo
                                        Três Lagoas      Perdeneiras
                                                ↓              ↑
                                          ┌──────────┐  ┌──────────┐
                                          │ Traslado │  │ Terminal │
                                          │Hidroviário│→│Intermodal│
                                          │Hidrovia  │  │          │
                                          │Tietê-    │  │          │
                                          │Paraná    │  │          │
                                          └──────────┘  └──────────┘
```

Em linhas gerais, observa-se que a carga é transportada do seu local originário de produção e cultivo até um terminal ferroviário, o que geralmente é feito por via rodoviária;[4] chegando nos chamados terminais ferroviários, que possuem instalações especializadas para o armazenamento de cada tipo de *commodity*.[5] Como grãos, óleos vegetais, combustíveis e minerais exigem diferentes formas de

---

[3] É o que indica estudo divulgado por BALBINO, Fernanda. Pesquisa compara eficiência de trens e caminhões no Porto de Santos. *Portos e Navios*, 17 out. 2016. Disponível em: https://www.portosenavios.com.br/noticias/portos-e-logistica/pesquisa-compara-eficiencia-de-trens-e-caminhoes-no-porto-de-santos.

[4] De acordo com Sílvio dos Santos, "A ferrovia, pelas suas características físicas, necessita de terminais de integração com o modal rodoviário, pois não tem a capilaridade para atender diretamente todos os seus clientes" (SANTOS, Sílvio dos. *Um estudo sobre a participação do modal ferroviário no transporte de cargas no Brasil*. Dissertação (Mestrado em Engenharia Civil) – Universidade Federal de Santa Catarina, Florianópolis, 2005. Disponível em: http://www.projetosparaobrasil.com.br/Arquivos/Santos_ferrovia_dissert.pdf).

[5] RIBEIRO, Karisa Maia; FIORAVANTI, Reinaldo Daniel; CRUVINEL, Rodrigo Rosa da Silva. Concessões de infraestruturas de transportes no Brasil: identificação de empreendimentos, marcos legais e programas federais nos segmentos aeroportuário, ferroviário, portuário e rodoviário de 1990 a agosto de 2018. *Nota Técnica do BID*, n. 1532, nov. 2018. p. 82, tabela 20.

acomodação e conservação até que possam ser embarcados nas composições ferroviárias, os terminais costumam ser concedidos ou arrendados de forma individual, refletindo as necessidades específicas das cargas e infraestruturas a elas relacionadas.

Realizado o embarque, ocorre o translado da carga, por via férrea, até os terminais e pátios portuários, que também contam com infraestruturas específicas para cada tipo de *commodities*. Assim, dentro do perímetro de um mesmo porto, existem concessões e arrendamentos de diferentes terminais e pátios de armazenamento e escoamento, sendo cada um deles especializado no manejo de determinado tipo de carga.

A necessidade de que os vagões contenham características próprias a cada tipo de carga, somada aos ganhos operacionais oriundos da detenção de maior controle sobre a própria cadeia de suprimentos, tornou a verticalização uma prática comum às empresas que operam no setor portuário. Sendo assim, é cada vez mais frequente que as empresas busquem verticalizar as suas atividades, investindo em portos para escoamento de sua própria produção, seja de forma direta, por meio dos leilões das concessões que integram uma mesma cadeia logística de transportes, ou de forma indireta, por meio de operações societárias.

Foi o que ocorreu, por exemplo, no ano de 2014, com a criação da Rumo S.A. A companhia surgiu da fusão da então ALL Ferrovias, que operava a malha ferroviária paulista, ligando o Porto de Santo à divisa do estado de Mato Grosso do Sul, com a Cosan, que operava terminais portuários de açúcar no mesmo porto. A fusão societária, aprovada pelo Ato de Concentração n° 08700.005719/2014-65 do Conselho Administrativo de Defesa Econômica – Cade, resultou em uma estrutura ferro-portuária verticalizada, em que a Rumo detinha a operação tanto da ferrovia quanto de alguns terminais portuários do Porto de Santos.

Outro exemplo diz respeito à operação verticalmente integrada da Estrada de Ferro Carajás (EF-315) e do Terminal Portuário Ponta da Madeira (Porto de Itaqui-PA), especializado no armazenamento de ferro gusa e manganês.[6] Ambos estão sob o controle de uma mesma empresa matriz, a Vale S.A. A companhia opera de forma direta a linha férrea e de forma indireta o porto, através de sua subsidiária, a VLI Logística. A Vale extrai minerais ferrosos da Serra de Carajás, podendo transportar

---

[6] O terminal também possui pátios de armazenamento de grãos, em menor escala (TERMINAL Portuário São Luís – TPSL. *VLI*. Disponível em: https://www.vli-logistica.com.br/conheca-a-vli/portos/tp-sao-luis-ma/. Acesso em: 29 jan. 2020).

a carga pela EF-315 até o terminal portuário da VLI em Itaqui, onde as matérias-primas são embarcadas ao exterior.

Em resumo, a operação verticalizada de diferentes modais da cadeia logística é um fato no ambiente brasileiro. Grandes empresas e grupos econômicos, como os citados nos exemplos, controlam terminais portuários e linhas férreas interconectados, proporcionando operações de transporte em cadeia. Entretanto, as consequências práticas geradas por essas estruturas verticalizadas ainda carecem de análise e tratamento pela ANTT e pela Antaq, que dispõe apenas de maneira genérica sobre a liberdade de concorrência, de preços e de acesso aos ativos pelos agentes por elas regulados.

Portanto, o presente artigo se propõe a expor alguns dos efeitos da verticalização para a cadeia de logística de transporte de cargas no Brasil, propondo possíveis soluções para a mitigação dos riscos potenciais que essa prática impõe ao direito de passagem e de acesso às infraestruturas ferroviárias e portuárias.

3 A verticalização da cadeia de transportes e seus efeitos

Existem duas formas de verticalização na cadeia logística entre o porto e sua hinterlândia: pelo controle ou influência no ativo logístico ferroviário e portuário sob a ótica da carga, como exemplificado anteriormente com a Rumo, no caso do açúcar, e a Vale, no caso do minério de ferro, sendo esta última controladora até da frota marítima, ou seja, totalmente verticalizada do sítio de produção ao cliente final; e a outra forma é a verticalização pelo terminal e a frota marítima, que é exemplificada pelos armadores de contêiner e de granéis líquidos. Neste artigo o foco será a verticalização no sistema ferroviário e portuário.

De maneira geral, a operação verticalizada proporciona maior eficiência logística, tendo em vista que a atuação centralizada em um mesmo grupo envolve menores trâmites burocráticos e custos de transação. Além disso, o operador verticalizado possui maiores estímulos para que a transferência da carga de um sistema para o outro seja feita da forma mais célere e eficiente possível, inclusive pela implantação de sistemas operacionais uniformizados que facilitem o fluxo de informações e a logística de transporte como um todo, reduzindo o tempo e os custos de escoamento das cargas, assim como perdas pela ociosidade dos ativos.

Muito embora a operação verticalizada de terminais portuários e ferrovias possa agregar esses ganhos de escala e operacionais, promovendo o fluxo de cargas entre portos e suas respectivas hinterlândias de forma mais eficiente, essas relações de integração vertical de escoamento também podem representar ou estimular práticas comerciais restritivas ao acesso de uma infraestrutura de transportes por parte de outros operadores interessados no uso de determinados modais que se integram ao escoamento portuário.

Numa breve análise dos movimentos nas ferrovias em 2020 e seu reflexo nas operações portuárias, podem-se destacar dois exemplos que hoje disputam as cargas do centro-oeste brasileiro, Itaqui e Santos. As operações portuárias se destacam pela presença do modal ferroviário e operações importantes de *commodities*. No Norte fica patente o destaque da Vale S.A., na Ponta da Madeira no porto organizado de Itaqui, operando praticamente 100% da carga ferroviária do estado do Maranhão e o residual da operação na área do porto público. A despeito de a esmagadora maioria da carga da Vale S.A. ser granel mineral, cuja relação densidade/valor agregado diverge das *commodities* agrícolas, isto denota que a verticalização neste caso é potencial hipótese de ser uma barreira de entrada no escoamento da carga vegetal pelo arco norte via ferroviária.

Valores em toneladas	Destino	%	Origem	%
MA	205.758.175	42,1%	7.693.160	1,6%
Ponta da Madeira*	200.828.212	97,6%	2.341	0,0%
Itaqui*	1.482.502	0,7%	421.114	5,5%
SP	55.356.311	11,3%	21.814.537	4,5%
Santos*	24.841.625	44,9%	9.296	0,0%
Cubatão*	744.200	1,3%	537.178	1,0%
Conceiçãozinha*	10.122.893	18,3%	2.382.790	4,3%
Barnabé*	1.612.798	2,9%	59.403	0,1%
Total Brasil 2020	**489.302.440**		**489.302.440**	

* Estações ferroviárias

Fonte: ANTT.

Outro exemplo, o Porto de Santos, conta com mais de 50 terminais portuários especializados no armazenamento de diferentes *commodities*, destacando-se os terminais de celulose, açúcar, combustíveis, grãos, minérios, gás, entre outros. Pode-se destacar a Rumo S.A., que controla a malha paulista e mais recentemente a Norte-Sul e chega a operar em Santos mais de 70% do volume sobre trilhos. E quando se fala dos terminais nos quais tem participação, os números são expressivos, e mesmo assim busca desenvolver novos projetos – mais recentemente se divulgou um memorando de entendimento para estudar novo projeto com a DP World. Hoje a Rumo e seus controladores apresentam participação no Termag (Terminal Marítimo do Guarujá S.A.), TGG S.A. (Terminal de Grãos do Guarujá S.A.), Terminal XXXIX de Santos S.A. e a própria Cosan. Um dos destaques é a operação de fertilizante, que sempre foi preterida a entrar no trilho, no caso do Termag, no fim de 2020, chegou a operar cerca de 90% de seu fertilizante no ferroviário, índice incrível para o setor.

Assim generalizando, caso haja uma estrutura verticalizada, por meio da qual uma mesma empresa matriz detenha tanto a operação ferroviária quanto a operação de determinados terminais, poderá haver um estímulo para que ela privilegie o transporte férreo das cargas que serão armazenadas nos terminais sob o seu controle ou influência, em detrimento do transporte de outros insumos que poderiam ser armazenados em terminais diferentes.

Para melhor ilustração, pode-se pensar em um exemplo prático e hipotético. Imagine que uma companhia detenha a concessão de terminais portuários de açúcar, ao mesmo tempo que opera a malha ferroviária que leva cargas ao respectivo porto. Tal empresa poderia estimular que a ferrovia operada privilegiasse o escoamento de suas *commodities* ou dos contratos que tenha operação no modal ferroviário e no seu terminal portuário em detrimento de outras, já que assim garantiria ocupação dos seus ativos logísticos. Pode-se, com essa estrutura, criar barreiras para que outras *commodities* não operadas pelo grupo tenham direito de pleno acesso à infraestrutura ferroviária, tendo que se valer de outros modais de transportes como o rodoviário, o que poderia, por consequência, levar ao pior desempenho de terminais portuários que não tenham pleno acesso à infraestrutura férrea para receber os insumos e mercadorias que passam por aqueles. Outra assimetria que não pode ser descartada é a economia na negociação de contratos com outros grupos que naturalmente seriam cativos de migrar sua operação para a malha ferroviária.

De forma geral, estes e outros efeitos dos arranjos produtivos e logísticos verticalizados já vêm sendo tratados pela literatura de forma teórica. Análise realizada pelo Banco Nacional de Desenvolvimento Econômico e Social (BNDES), intitulado *Ferrovias de cargas brasileira: uma análise setorial* aponta para as consequências de estruturas verticalizadas, apresentando o seguinte quadro-resumo:[7]

Estrutura de mercado	Competitiva	Monopolista
Benefícios	Menor preço Maior acessibilidade à rede	Menor custo Ausência de conflitos
Prejuízos	Maior custo Maior conflito de responsabilidades	Suboferta Possibilidade de exercício de poder de monopólio (preço e acesso)
Tipo de carga	Mais diversificada	Cativa (*commodities*)
Tipo de operação	Exportação e distribuição interna	Exportação
Operadores	Vários	Único
Frequência e velocidade	Maior exigência	Menor exigência

Fonte: BNDES.

Em síntese, a empresa ou grupo societário que passa a deter a malha verticalizada deixa de sofrer com conflitos de uso dos modais que sejam contrários aos seus interesses. Se, antes da verticalização, havia dependência da decisão de um terceiro para selecionar qual e em que quantidades cada tipo de carga seria escoado, com a estrutura verticalizada há uma concentração decisória. Com isso, se a empresa quiser garantir um fluxo de uma *commodity* específica para seus terminais portuários, basta que decida estimular o seu transporte pela linha férrea também administrada por ela. Há, assim, uma concentração decisória sobre o funcionamento e relacionamento dos diversos modais nas "mãos" de um mesmo operador.

A verticalização pode representar, inclusive, a diminuição dos custos de operação para a empresa verticalizada, que poderá pensar em cobranças mais módicas para as cargas que serão futuramente operadas em seus terminais portuários, ao final da cadeia logística. Desta forma, se tornam possíveis certos arranjos logísticos inter-relacionados que

---

[7] Destaca-se que o artigo não fazia a conexão estrita da verticalização de estruturas ferro-portuárias. Os efeitos da verticalização, entretanto, foram tratados de forma genérica.

aumentam a eficiência dos modais de escoamento operados por um grupo.

Entretanto, a integração vertical pode gerar suas mazelas. Como exposto na síntese realizada pelo BNDES, a verticalização desestimula o transporte mais diversificado de cargas, podendo acarretar uma seleção e priorização, por parte do grupo verticalizado, das categorias de insumos e mercadorias que circularão nas ferrovias, notadamente das cargas que mais gerarão rentabilidade ao grupo e que garantirão o pleno abastecimento de seus terminais e pátios portuários. Ou seja, pode-se gerar uma suboferta dos serviços de transporte de certas mercadorias, das quais a empresa operadora não se beneficiará ao final da cadeia logística.

Podem-se estimular, com isso, estruturas predatórias de mercado, uma vez que a concessionária ligada a um grupo que verticaliza diferentes etapas da cadeia logística de transportes pode buscar monopolizar o uso dos modais concedidos em relação a determinados agentes e cargas. Caso, por exemplo, uma operação possa garantir que determinado terminal portuário fique em plena capacidade, por meio de um suprimento ágil e constante de determinada *commodity* transportada por via férrea, por que ele passaria a aceitar ou priorizar o transporte de outras cargas que beneficiariam terminais concorrentes?

Como destacado anteriormente, as ferrovias podem promover um intenso fluxo de mercadorias às zonas portuárias, o que é feito de forma mais eficiente do que se comparado ao transporte rodoviário. Maior proporção de cargas é levada aos terminais de uma só vez, a menores custos, facilitando operações logísticas. Estruturas verticalizadas, entretanto, podem provocar o escoamento seletivo de cargas, fazendo com que essas externalidades positivas possam ser aproveitadas apenas por alguns terminais (escoamento seletivo), o que pode prejudicar o desempenho do porto como um todo. Este escoamento na maioria das vezes não significa não transportar, mas o simples fato de não ter o mesmo nível de serviço como preferência na passagem ou o compromisso no prazo de entrega, o que significa interferência na programação de um terminal e muitas vezes de um navio em operação. Vale dizer, os demais terminais portuários, que não integram a operação verticalizada, podem sofrer com barreiras de entrada aos modais ferroviários, podendo se tornar mais dependentes do transporte rodoviário e, portanto, mais predispostos a atrasos de cronograma e a ter menor capacidade de transporte.

Para além dos possíveis estímulos à adoção de práticas anticoncorrenciais e anticompetitivas que prejudicam o sistema nacional de viações como um todo, a verticalização, se não for devidamente regulada, pode acarretar a imposição de barreiras de acesso à infraestrutura ferroviária e, consequentemente, a sobrecarga de outros modais, como o rodoviário, gerando atrasos, prejudicando o fluxo de cargas e impactando negativamente o desempenho de outros terminais portuários e, por consequência, dos portos organizados na lógica do custeio da infraestrutura comum da operação da balança comercial.

Assim, as concessionárias que detêm o controle de diferentes modais de transporte não podem simplesmente negar que outros operadores e clientes utilizem o direito de passagem de forma plena. Isso porque as concessionárias não são proprietárias das linhas férreas, mas prestadoras de um serviço público concedido em nome do Estado e, como tais, não podem dispor livremente dessa infraestrutura, impondo obstáculos indevidos, mesmo que maquiados, ao direito de passagem pela malha ferroviária.

Nesse contexto, em sendo a verticalização uma realidade no setor logístico internacional, urge o desafio de conferir o adequado tratamento a esse fenômeno, buscando posturas e alternativas regulatórias que permitam o amplo acesso às malhas ferroviárias e seus respectivos ativos portuários e, ao mesmo tempo, evitem externalidades negativas, como o estabelecimento de barreiras de entrada e restrições à concorrência. As agências reguladoras de transportes, notadamente a ANTT e Antaq, desempenham papel fundamental na criação de regulações que assegurem o livre acesso ao modal ferroviário, estabelecendo tratamento isonômico para os diferentes agentes e cargas.

4 O papel da ANTT e da Antaq no tratamento da verticalização dos sistemas ferro-portuários

Como expresso no tópico anterior, a ANTT e a Antaq exercem papel fundamental na contenção de possíveis barreiras de entrada e externalidades negativas que podem ser geradas pela verticalização da operação dos sistemas ferroviários e portuários.

Em relação à Antaq, não foram identificadas normas que versassem especificamente sobre os possíveis efeitos anticoncorrenciais ou anticompetitivos que a operação verticalizada de sistemas ferroviários e terminais portuários possa provocar. A despeito disso, o legislador federal vem demonstrando preocupações relativas ao tema, como demonstra a recente alteração na Lei do Portos, implementada pela Lei nº 14.047/2020,[8] que passou a assim dispor:

> Art. 3º A exploração dos portos organizados e instalações portuárias, com o objetivo de aumentar a competitividade e o desenvolvimento do País, deve seguir as seguintes diretrizes: [...]
> V - estímulo à concorrência, por meio do incentivo à participação do setor privado e da *garantia de amplo acesso aos portos organizados,* às *instalações e* às *atividades portuárias;* e
> VI - *liberdade de preços nas operações portuárias, reprimidos qualquer prática prejudicial* à *competição e o abuso do poder econômico.*

Tais disposições parecem refletir uma preocupação com os possíveis efeitos que a operações verticalizadas possam acarretar, conforme destacado nas análises do tópico anterior deste artigo. Os dispositivos prezam pelo amplo acesso à infraestrutura portuária, condenando qualquer prática que possa se demonstrar prejudicial à competição. Assim, caso um arranjo ferro-portuário verticalizado possa representar benefícios desproporcionais para uma operadora ou grupo logístico, em detrimento de outros, haveria evidente violação aos primados de isonomia ressaltados pelo legislador por meio da Lei nº 14.047. O fato é que esta movimentação indica uma maior necessidade de que a Antaq passe a melhor regular e estudar práticas que posam representar algum prejuízo ao pleno acesso e competição referentes às infraestruturas portuárias.

No âmbito da ANTT, por sua vez, há regulações destinadas especificamente à garantia ao acesso dos modais ferroviários, reprimindo comportamentos seletivos, por parte das concessionárias, acerca das cargas e matérias transportadas. Em certa medida, essas disposições mitigam os efeitos da verticalização, garantindo o pleno direito de passagem e escoamento sobre os modais ferroviários concedidos à iniciativa privada. Citam-se, nesse sentido, as resoluções nºs 3.694, 3.695 e 3.696, todas editadas pela ANTT no ano de 2011.

---

[8] A lei foi editada no âmbito da Medida Provisória nº 945 que dispunha sobre "medidas temporárias para enfrentamento da pandemia da Covid-19 no âmbito do setor portuário, sobre a cessão de pátios da administração pública e sobre o custeio das despesas com serviços de estacionamento para a permanência de aeronaves de empresas nacionais de transporte aéreo regular de passageiros em pátios da Empresa Brasileira de Infraestrutura Aeroportuária (Infraero); e altera as Leis nºs 9.719, de 27 de novembro de 1998, 7.783, de 28 de junho de 1989, 12.815, de 5 de junho de 2013, 7.565, de 19 de dezembro de 1986, e 10.233, de 5 de junho de 2001". O trecho destacado foi acrescentado à Lei dos Portos de forma permanente, no âmbito de sua tramitação congressual.

Em primeiro lugar, a Resolução nº 3.694/2011 instituiu o "Regulamento dos Usuários dos Serviços de Transporte Ferroviário de Cargas". A norma estabeleceu uma série de direitos e prerrogativas aos usuários e clientes que buscassem usar determinada infraestrutura ferroviária concedida, assegurando, em seu art. 18, a "preservação da liberdade de acesso dos usuários aos serviços de transporte ferroviário de cargas e operações acessórias necessárias à execução daquele". O dispositivo também estabelece um sistema de governança em relação às concessionárias, ordenando a transparência na gestão de ativos, assim como a disponibilização e divulgação de informações referentes à prestação do serviço (art. 18, inc. V).

Percebe-se que essa estrutura normativa visa assegurar o pleno direito de passagem a todos usuários e tipos de cargas nas linhas férreas concedidas, evitando "barreiras de entrada", como as que poderiam ser criadas por estruturas verticalizadas de operação dos modais ferroviários. A Resolução nº 3.694/2011 também criou um sistema de vigilância e fiscalização sobre os operadores ferroviários, dispondo, em seu art. 6º, inc. VIII, que os possíveis usuários do serviço ferroviário recorram diretamente à ANTT quando identificadas possíveis restrições aos direitos estabelecidos ou de tratamento não isonômico entre os diferentes clientes e cargas. Em realidade, a norma estabelece a denúncia à ANTT de irregularidades na prestação de serviços como dever dos usuários, de forma a se garantir o devido *enforcement* do regulamento vigente.

Em segundo lugar, a Resolução nº 3.696/2011 estabelece o "Regulamento para pactuar as metas de produção por trecho e metas de segurança para as concessionárias de serviço público de transporte ferroviário de cargas". A norma inaugura a possibilidade do estabelecimento de uma política de metas aplicável aos concessionários, as quais podem se referir tanto a objetivos relativos à expansão da malha ferroviária (investimentos), quanto a metas de escoamento e transporte. Essa política também tem o potencial de desempenhar papel importante no combate às externalidades negativas da verticalização, uma vez que a criação de metas sobre o escoamento de determinadas *commodities*, por exemplo, poderia evitar que operadores de estruturas verticalizadas privilegiassem o escoamento de certas cargas em detrimento de outras, democratizando o acesso à infraestrutura ferroviária.

O art. 12 da Resolução nº 3.396/2011 também estabelece um procedimento para apuração do cumprimento das metas, por meio do qual a ANTT monitora os volumes de produção decorrentes do direito de passagem e tráfego nas ferrovias, estabelecendo a tolerância de uma variação negativa de até 10% abaixo das metas estabelecidas (art. 13). Nesse sentido, é importante perceber que o estabelecimento de metas genéricas pode não gerar efeitos concretos para fins de mitigação dos potenciais efeitos negativos da verticalização, afinal, caso a ANTT estabeleça apenas determinadas tonelagens de cargas a serem transportadas de forma periódica, sem descriminar metas mínimas e individuais para os diferentes tipos de produtos transportados, pode haver a tentativa de privilegiar o transporte dos produtos específicos que serão posteriormente armazenados e escoados nos terminais portuários controlados pela operadora ferroviária.

A Resolução nº 3.696/2011 não disciplina, de forma específica, a forma pela qual tais metas devam ser estabelecidas, havendo apenas a indicação de que a estimativa da carga a ser transportada seja mensurada em tonelada útil – TU e tonelada quilômetro útil – TKU (art. 2º, inc. IV). Não estão disponíveis, também, análises e estabelecimento de metas recentes que nos permitam auferir a real metodologia de metas adotadas pela ANTT. Buscar a melhor especificação de como as metas de escoamento ferroviário devem ser estabelecidas pode ser medida fundamental para prevenção contra a criação de barreiras ao uso de ferrovias que se encontram dentro de uma lógica logística verticalizada.

Por fim, há de ressaltar uma terceira norma da ANTT, a Resolução nº 3.695 de 2011, que estabelece o "Regulamento das Operações de Direito de Passagem e Tráfego Mútuo, visando à integração do Sistema Ferroviário Nacional", que implementa importante disciplina sobre a política tarifária.

A norma, em realidade, versa sobre situações em que uma concessionária busca se valer da infraestrutura ferroviária de outra concessionária para garantir o escoamento de alguma carga. Isso garante que cargas geograficamente muito distantes possam se valer de outras infraestruturas logísticas que as direcionem aos portos. Aqui, há grande preocupação com a política tarifária a ser adotada, sendo que, para esses casos, será a própria ANTT a responsável pela definição da alíquota de remuneração relativa à cada concessionária detentora dos direitos de exploração da infraestrutura ferroviária. Com isso, busca-se evitar certos comportamentos oportunistas que visariam restringir o acesso à determinada malha ferroviária por meio do incremento desproporcional de tarifas.

Nesse mesmo sentido, observa-se que a ANTT tem se preocupado em realizar um acompanhamento constante dos reajustes tarifários promovidos pelas concessionárias, de modo a evitar que preços fora dos valores de mercado, considerando-se os diferentes tipos de *commodities* e cargas, sejam estabelecidos. Com isso, evita-se que uma concessionária ferroviária possa majorar, desproporcionalmente, o preço pelos serviços de determinadas cargas, com o intuito de garantir um fluxo constante de uma *commodity* específica para os terminais portuários também operados por elas.

Como exemplo, cita-se o disposto na Deliberação n° 343, de 28.7.2020,[9] que avaliava o reajuste tarifário realizado pela Rumo S.A., que, além de concessionária da malha ferroviária paulista (EF-364) que escoa cargas ao Porto de Santos, também tem importante partição em terminais portuários de açúcar e outros tipos de granéis vegetais localizados naquele. A disposição revela que cada *commodity* possui política tarifária própria, sendo fiscalizada pelo ente regulador. A tabela de tarifas aprovada pela ANTT assim mensurava:

Mercadoria	Parcela fixa (R$/t)	Parcela variável (R$/t.km)
Adubos e fertilizantes	49,41	0,1219
Cimento, cal e clínquer	30,81	0,1201
Açúcar	24,58	0,1831

Fonte: ANTT.

É de se ressaltar, entretanto, que ainda não são plenamente claras as metodologias adotadas para verificação da compatibilidade de tais tarifas com os valores de mercado. A análise, inclusive, é realizada pelo Instituto Brasileiro de Logística e não pela ANTT de forma direta.[10] De toda forma, a iniciativa é relevante para evitar a criação de "barreiras" artificiais de acesso à infraestrutura ferroviária que escoa cargas aos terminais ferroviários.

Em resumo, percebe-se que a ANTT tem demonstrado preocupação com a garantia de pleno acesso às infraestruturas ferroviárias, precavendo possíveis externalidades negativas geradas por estruturas verticalizadas. Entretanto, ainda faltam disciplinas regulatórias mais específicas que garantam um ambiente regulatório livre de embaraços. As estruturas de fiscalização ainda precisam ser mais bem aperfeiçoadas e

---

[9] BRASIL. Ministério da Infraestrutura; Agência Nacional de Transportes Terrestres; Diretoria Colegiada. Deliberação n° 343, de 28 de julho de 2020. *Diário Oficial da União*, ed. 144, 29 jul. 2020. Disponível em: http://www.in.gov.br/web/dou/-/deliberacao-n-343-de-28-de-julho-de-2020-269159248. Acesso em: 26 jan. 2020.

[10] Em um contexto de possível captura regulatória, sempre se mostra essencial a melhor transparência possível acerca dos métodos analíticos adotados, bem com a constante revisão e atualização de políticas de governança.

sistematizadas, não havendo uma política de acompanhamento clara, por parte da ANTT, da prestação de serviços realizada pelas concessionárias.

No âmbito de estruturas verticalizadas, com a conexão da infraestrutura ferroviária e portuária, há que se pensar em arranjos regulatórios conjuntos entre a ANTT e a Antaq, que aperfeiçoem os instrumentos de direito de passagem e de acesso a esses modais de transporte, contando com mecanismos que viabilizem a concorrência entre os diversos *players* do mercado e a precificação justa dos ativos.

De fato, a atuação conjunta e coesa da ANTT e Antaq é fundamental para que se possam alcançar padrões regulatórios justos, que permitam a integração das malhas ferroviárias e terminais portuários, extraindo dessa relação toda a potencialidade para o desenvolvimento do Brasil.

Sem a pretensão de esgotar as possibilidades de integração entre a atuação das agências na regulação das operações verticalizadas de portos e ferrovias, o compartilhamento de dados e informações sobre o atendimento das regras atinentes ao direito de passagem, liberdade de concorrência e precificação das cargas, por exemplo, poderia contribuir para o monitoramento da verticalização logística, averiguando se a prática está, de fato, gerando algum tipo de privilégio de escoamento de cargas aos operadores portuários que também tenham participação societária nas concessionárias ferroviárias que estabeleçam ligações com os próprios portos.

O fato é que não há, atualmente, um canal contínuo e institucionalizado de diálogo entre a ANTT e Antaq, que reconheça a forte integração existente entre os diferentes modais de transporte e, consequentemente, os impactos que a utilização de um deles exerce sobre o outro. No cenário atual, em que a verticalização da cadeia de logística nestes sistemas avança cada vez mais, com o fortalecimento da presença de grandes *players* do setor portuário no controle operacional de malhas férreas, seriam vantajosas e desejáveis relações conjuntas que regulassem essas operações, combatendo os possíveis efeitos negativos de estruturas de transportes verticalizadas.

Tratam-se de medidas alinhadas com as recentes inovações trazidas pela Lei nº 13.848/2019, a chamada Lei das Agências Reguladoras, que estabelece a possibilidade de edição de atos normativos conjuntos que disponham sobre matéria cuja disciplina envolva agentes econômicos sujeitos a mais de uma regulação setorial, além da instituição de comitês para o intercâmbio de experiências e informações, que viabilizem a construção de orientações e procedimentos comuns para o exercício da regulação e edição de normas que impliquem mudanças nas condições dos setores regulados.[11] Nos termos da mesma lei, as agências reguladoras devem atuar em cooperação com os órgãos de defesa da concorrência, privilegiando a troca de experiências e informações.[12] Não se defende, aqui, o impedimento ou a criação de restrições imotivadas à verticalização da cadeia de logística ferro-portuária por parte das agências reguladoras, mas que a questão seja conhecida e aprofundada em âmbito regulatório, para que, de um lado, as suas potencialidades possam ser maximizadas e, de outro, suas externalidades negativas possam ser controladas. Naturalmente, portanto, as garantias previstas pela Lei n° 13.874/2019 – a Lei da Liberdade Econômica – deverão ser observadas, coibindo-se o abuso do poder regulatório e garantindo-se que a edição de novos atos normativos seja precedida da análise de impacto regulatório, com a ampla participação de todos os agentes econômicos, usuários e demais atores interessados na questão.

Como visto até aqui, a atuação da ANTT e Antaq ainda é tímida e não direcionada especificamente ao tratamento das questões atinentes a esta verticalização da cadeia de transportes, muito embora esse fenômeno esteja em movimento crescente, especialmente com o recrudescimento do interesse do Governo Federal no desenvolvimento do setor ferroviário para os próximos anos.[13] O momento é, pois, oportuno para o aprofundamento sobre os impactos da verticalização na cadeia de transporte de cargas, com a criação de soluções regulatórias que confiram o maior aproveitamento possível das sinergias existentes entre os sistemas ferroviários e portuários, ao tempo em que resguardem o direito de passagem e à modicidade de preços de todos os agentes econômicos.

É apenas com um sistema regulatório bem estruturado que se torna possível a exploração das reais potencialidades da integração ferro-portuária. O bom desenvolvimento do sistema portuário depende

---

[11] "Art. 29. No exercício de suas competências definidas em lei, duas ou mais agências reguladoras poderão editar atos normativos conjuntos dispondo sobre matéria cuja disciplina envolva agentes econômicos sujeitos a mais de uma regulação setorial. Art. 30. As agências reguladoras poderão constituir comitês para o intercâmbio de experiências e informações entre si ou com os órgãos integrantes do Sistema Brasileiro de Defesa da Concorrência (SBDC), visando a estabelecer orientações e procedimentos comuns para o exercício da regulação nas respectivas áreas e setores e a permitir a consulta recíproca quando da edição de normas que impliquem mudanças nas condições dos setores regulados".

[12] "Art. 25. Com vistas à promoção da concorrência e à eficácia na implementação da legislação de defesa da concorrência nos mercados regulados, as agências reguladoras e os órgãos de defesa da concorrência devem atuar em estreita cooperação, privilegiando a troca de experiências".

[13] RICHTER, André. Concessões de aeroportos, rodovias, portos e ferrovias entram no PPI. *Agência Brasil*, 2 dez. 2020. Disponível em: https://agenciabrasil.ebc.com.br/economia/noticia/2020-12/concessoes-de-aeroportos-rodovias-portos-e-ferrovias-entram-no-ppi.

de que todos os seus terminais, operadores de diferentes *commodities*, possam se valer da infraestrutura ferroviária para receber as cargas armazenadas e escoadas. A regulação, nesse contexto, desempenha importante papel na democratização do uso desses modais, contribuindo para que tenhamos infraestruturas para o comércio exterior mais eficientes e racionais.

5 Uma possível alternativa: a proposta da FIPS

No final do ano de 2020, a Autoridade Portuária de Santos – SPA submeteu à consulta pública a estruturação de um sistema de exploração indireta da Ferrovia Interna do Porto de Santos – FIPS. De acordo com a SPA, o modelo proposto consolida a dinâmica já empregada no contrato vigente, celebrado com a Portofer, compreendendo a gestão integrada da ferrovia por todos os interessados, autorregulação operacional entre as concessionárias ferroviárias e rateio de investimentos e custos operacionais diretamente proporcional à movimentação de cargas de cada agente.

Na oportunidade, também foi publicado chamamento público, com fundamento no art. 28, §3º, II, da Lei nº 13.303/2016, para seleção de parceiros interessados em ingressar no capital social da sociedade de propósito específico que será responsável pela gestão, operação, manutenção e expansão da FIPS.

Em linhas gerais, o modelo propõe a constituição de uma sociedade de propósito específico – SPE gerida de forma conjunta, no âmbito da qual a Autoridade Portuária de Santos – SPA desempenharia importante papel societário, detendo poder de veto no conselho de administração. A implementação da medida tem como principal fundamento a viabilização dos aportes de investimentos necessários à expansão da capacidade ferroviária, diante do aumento de demanda previsto para curto prazo, agravado por um cenário de saturação iminente – com oferta para 50 milhões de toneladas, a Portofer (futura FIPS) movimenta hoje 45 milhões de toneladas.

A partir da gestão integrada e concomitante da ferrovia por todos os agentes econômicos interessados, há um importante mecanismo de freios e contrapesos nos conflitos entre os diferentes operadores, evitando a concentração do poder decisório em apenas um agente econômico, como se verifica em estruturas verticalizadas. Nesse tocante, o modelo que se pretende adotar para a FIPS pode servir como referência para futuros projetos ferroviários, como uma forma de mitigar os efeitos da verticalização dos sistemas ferroviários e portuários. Da mesma forma, o modelo pode servir de referência também no que tange ao seu potencial de democratização do acesso aos modais de transporte interconectados, já que prevê o amplo acesso à malha ferroviária pelas operadoras ferroviárias que optarem por não integrar a SPE, mediante a participação no rateio dos custos operacionais (Opex) proporcionais à sua participação. A partir dessa lógica, afastam-se as barreiras de entrada, instaurando um modelo de horizontalização da operação ferroviária que garante a todos os agentes econômicos o acesso às malhas ferroviárias, mediante o compartilhamento dos custos da operação proporcionais à demanda.

Os desafios, entretanto, também não são poucos. Entre outras coisas, trata-se de um regime de não lucratividade, que não contará com distribuição de dividendos entre os acionistas da SPE, o que pode fazer com que importantes atores não tenham a intenção de participar desses arranjos associativos. Há quem aponte, ainda, que a ausência de alinhamento de cronogramas e de aumento de capacidades entre a FIPS e a "ferradura" operada pela MRS, que não foi abrangida pela SPE, gera riscos operacionais que devem ser superados para que o modelo seja bem-sucedido.[14] E consoante ao exposto neste artigo, é importante o entendimento de que a ferradura e a atual Portofer fazem parte de um mesmo complexo de manobras para o Porto de Santos, até mesmo porque a ferradura não origina carga nas suas pontas, desta forma a inclusão da ferradura como objeto desta SPE é fundamental para que a solução de fato mitigue os efeitos negativos da verticalização discutida.

O projeto se encontra em fase de consulta pública conduzida pela SPA, estando ainda em curso o prazo para contribuições. Faz-se necessário, então, o acompanhamento da divulgação das contribuições à consulta pública e da futura audiência pública que será realizada para debate do modelo horizontal de operação ferroviária que se pretende instituir na FIPS, para que se possa refletir com maior profundidade a possibilidade de aproveitamento desse modelo para o tratamento da verticalização na operação de outras malhas ferroviárias.

---

[14] Nesse sentido, BUSSINGER, Frederico. "Arranjo associativo": por que restrito à ferrovia do Porto de Santos? *Abifer*, 22 jan. 2021. Disponível em: https://abifer.org.br/artigo-frederico-bussinger-arranjo-associativo-por-que-restrito-a-ferrovia-do-porto-de-santos/.

6 Conclusão

Como exposto no presente artigo, a conexão ferro-portuária se revela fundamental para o desenvolvimento da infraestrutura nacional, tendo em vista que o transporte de cargas por ferrovias pode garantir o escoamento mais eficaz e mais barato das produções e comodities nacionais, além de desafogar o uso de outros modais de transporte, como o rodoviário. Nesse contexto, os dados apresentados demonstram que os terminais portuários cujos operadores detêm participação acionária em ferrovias costumam apresentar maior desempenho econômico do que aqueles que não têm, pois se apropriam indiretamente de um custo logístico global menor dos que o operam de forma híbrida (rodo e ferro) ou apenas só no rodoviário.

Em razão da relevância do apoio da infraestrutura ferroviária para o desenvolvimento da operação portuária, houve uma acentuação da formação de cadeias logísticas operadas de forma verticalizada, isto é, do ingresso de operadores portuários no controle ou com participação acionária em concessionárias de rodovias, o que pode apresentar prejuízos à competitividade e ao direito de acesso dos demais agentes econômicos aos modais de transportes concedidos ou arrendados. Nesse sentido, há riscos de que determinadas categorias e tipos de cargas sejam priorizadas em detrimento de outras ou, ainda, de que sejam constituídas políticas seletivas ou tarifárias que não se adequem ao acesso aos meios de transportes.

Para contornar esses riscos, a atuação coordenada da ANTT e da Antaq, responsáveis, respectivamente, pela regulação dos transportes terrestres e aquaviários, parece fundamental. No âmbito da ANTT, há atos normativos que sugerem a preocupação da agência em combater práticas que possam interferir no regime de livre concorrência e nas políticas de preços. Por sua vez, no âmbito da Antaq, também há disposições normativas voltadas à proteção da livre iniciativa e à liberdade de preços.

Não há, contudo, normas direcionadas especificamente à regulamentação da verticalização da logística ferro-portuária e tampouco uma atuação conjunta das agências para o tratamento dessa questão. Nesse tocante, seria vantajoso e desejável que a ANTT e Antaq passassem a pensar em estratégias regulatórias conjuntas, bem como em políticas de fiscalização, monitoramento de compartilhamento integrado de dados, de forma a viabilizar o aproveitamento máximo das sinergias existentes entre os sistemas ferroviário e portuário, garantindo a adoção de mecanismos que promovam eficiência e redução de custos e, ao mesmo tempo, contribuam para a garantia do acesso dos diferentes agentes econômicos às malhas ferroviárias.

Além disso, o recente modelo proposto para a Ferrovia Interna do Porto de Santos – FIPS, que está em consulta pública até o início de fevereiro de 2021, traz *insights* interessantes sobre a contenção dos impactos negativos que a verticalização das operações portuárias e ferroviárias pode impor ao livre acesso às malhas ferroviárias. É o caso, por exemplo, da proposta de descentralização decisória e da gestão compartilhada dos ativos, além do rateio dos investimentos e custos operacionais por todos os agentes econômicos que utilizem a infraestrutura da ferrovia.

Referências

BALBINO, Fernanda. Pesquisa compara eficiência de trens e caminhões no Porto de Santos. *Portos e Navios*, 17 out. 2016. Disponível em: https://www.portosenavios.com.br/noticias/portos-e-logistica/pesquisa-compara-eficiencia-de-trens-e-caminhoes-no-porto-de-santos.

BNDES. Ferrovias de cargas brasileiras: uma análise setorial. *Revista Logística – BNDES Setorial*, Rio de Janeiro, v. 46, p. 79-126, 2016.

BRASIL. Agência Nacional de Transportes Terrestres (ANTT). Resolução n° 3.694. *Diário Oficial da União – DOU*, Brasília, 14 jul. 2011.

BRASIL. Agência Nacional de Transportes Terrestres (ANTT). Resolução n° 3.695. *Diário Oficial da União – DOU*, Brasília, 14 jul. 2011.

BRASIL. Agência Nacional de Transportes Terrestres (ANTT). Resolução n° 3.695. *Diário Oficial da União – DOU*, Brasília, 14 jul. 2011.

BRASIL. Ministério da Infraestrutura; Agência Nacional de Transportes Terrestres; Diretoria Colegiada. Deliberação n° 343, de 28 de julho de 2020. *Diário Oficial da União*, ed. 144, 29 jul. 2020. Disponível em: http://www.in.gov.br/web/dou/-/deliberacao-n-343-de-28-de-julho-de-2020-269159248. Acesso em: 26 jan. 2020.

BUSSINGER, Frederico. "Arranjo associativo": por que restrito à ferrovia do Porto de Santos? *Abifer*, 22 jan. 2021. Disponível em: https://abifer.org.br/artigo-frederico-bussinger-arranjo-associativo-por-que-restrito-a-ferrovia-do-porto-de-santos/.

CARVALHO, André Castro de. *Portos, ferrovias e integração logística*. 1. ed. Organização de Joisa Campanher Dutra, Patrícia Regina Pinheiro Sampaio e Priscila Laczynski de Souza Miguel. Rio de Janeiro: Letra Capital, 2019.

CASTRO JUNIOR, Osvaldo Agripino de; RODRIGUES, Maicon. Defesa da concorrência e verticalização portuária. *RDC*, v. 8, n. 1, jun. 2020.

CONFEDERAÇÃO NACIONAL DE TRANSPORTE (CNT). *Economia em foco*. Disponível em: http://www.cnt.org.br/Paginas/Economia-em-foco.aspx. Acesso em: 27 jan. 2020.

CONSELHO ADMINISTRATIVO DE DEFESA ECONÔMICA (CADE). *Ato de Concentração 08700.006185/2016-56.* Brasília, 28 jun. 2017. Disponível em: https://sei.cade.gov.br/sei/modulos/pesquisa/md_pesq_documento_consulta_externa. phpDZ2uWeaYicbuRZEFhBtn3BfPLlu9u7akQAh8mpB9yNSFTfJ8USwu3lKyBSpljRF Dorzc2mqubLKVOS1AUB1gEDsdnGi56oAeENrgA4by7RtNniEU5mwyw4Z6C8BywqD.

COSTA, Mário Vinícius. Ferrovias – O futuro sobre trilhos – Volume de cargas transportadas e investimento em alta. *Ipea – Desafios do Desenvolvimento*, ano 7, ed. 55, 17 nov. 2009. Disponível em: https://www.ipea.gov.br/desafios/index.php?option=com_content&v iew=article&id=1264:reportagens-materias&Itemid=39. Acesso em: 28 jan. 2020.

DIAS, Marco Aurélio P. *Logística, transporte e infraestrutura*: armazenagem, operador logístico, gestão via TI, multimodal. São Paulo: Atlas, 2013.

HART, Oliver. Incomplete contracts and control. *Nobel Prize Lecture*, dez. 2016.

RIBEIRO, Karisa Maia; FIORAVANTI, Reinaldo Daniel; CRUVINEL, Rodrigo Rosa da Silva. Concessões de infraestruturas de transportes no Brasil: identificação de empreendimentos, marcos legais e programas federais nos segmentos aeroportuário, ferroviário, portuário e rodoviário de 1990 a agosto de 2018. *Nota Técnica do BID*, n. 1532, nov. 2018.

RICHTER, André. Concessões de aeroportos, rodovias, portos e ferrovias entram no PPI. *Agência Brasil*, 2 dez. 2020. Disponível em: https://agenciabrasil.ebc.com.br/economia/noticia/2020-12/concessoes-de-aeroportos-rodovias-portos-e-ferrovias-entram-no-ppi.

ROSENBERG, Barbara; BERARDO, José Carlos da Matta; BECKER, Bruno Bastos. Apontamentos introdutórios sobre o controle de concentrações econômicas na lei brasileira. *In*: COUTINHO, Diogo R.; ROCHA, Jeal Paul Veiga da; SCHAPIRO, Mario G. (Coord.). *Direito econômico atual*. Rio de Janeiro: Forense; São Paulo: Método, 2015.

SANTOS, Sílvio dos. *Um estudo sobre a participação do modal ferroviário no transporte de cargas no Brasil.* Dissertação (Mestrado em Engenharia Civil) – Universidade Federal de Santa Catarina, Florianópolis, 2005. Disponível em: http://www.projetosparaobrasil.com.br/Arquivos/Santos_ferrovia_dissert.pdf.

TERMINAL Portuário São Luís – TPSL. *VLI*. Disponível em: https://www.vli-logistica.com.br/conheca-a-vli/portos/tp-sao-luis-ma/. Acesso em: 29 jan. 2020.

Informação bibliográfica deste texto, conforme a NBR 6023:2018 da Associação Brasileira de Normas Técnicas (ABNT):

COHEN, Isadora; CARVALHO, Casemiro Tércio; RIOS, Jéssica Loyola Caetano; CADEDO, Matheus Silva. Integração ferro-portuária e os efeitos de uma operação verticalizada dos diferentes modais de transporte – Uma análise acerca das externalidades geradas pela operação verticalizada de modais ferroportuários. *In*: TOJAL, Sebastião Botto de Barros; SOUZA, Jorge Henrique de Oliveira (Coord.). *Direito e infraestrutura*: portos e transporte aquaviário – 20 anos da Lei nº 10.233/2001. Belo Horizonte: Fórum, 2021. v. 1, p. 235-256. ISBN 978-65-5518-210-1.

FLEXIBILIZAÇÃO DOS CONTRATOS DE ARRENDAMENTO[1]

JORGE HENRIQUE DE OLIVEIRA SOUZA

1 Introdução

Tema de extrema relevância na atual quadra para o setor portuário, em que se comemoram 20 anos da lei de criação da Agência Nacional de Transportes Aquaviários – Antaq, responsável por grandes avanços no setor, é o reconhecimento da necessidade de maior flexibilidade nos contratos de arrendamento portuário, conferindo autonomia para alteração de investimentos e adequações na prestação do serviço portuário, inclusive na oferta de serviços.

Os contratos de concessão de serviços públicos, entre os quais se insere o contrato de arrendamento, celebrados com prazos dilatados – indispensáveis para amortização dos elevados investimentos que são realizados –, demandam, para o pleno atendimento da finalidade pública almejada, sua permanente evolução, não se mostrando compatível com limitações na forma da sua prestação ou nos investimentos a serem realizados, as quais atentam contra o próprio desígnio do contrato.

---

[1] Agradeço à Luciana Correia Gaspar Souza, Heloísa Martins Armelin e Renata Rocha Villela pelos comentários e sugestões (sempre) extremamente pertinentes. As incorreções e incompletudes que remanesceram no trabalho são de responsabilidade exclusivas do seu autor.

O presente artigo objetiva, portanto, identificado o dinamismo em que se encontram inseridos os contratos de arrendamento, apresentar os fundamentos jurídicos para maior flexibilidade destes ajustes, como forma de maximizar a finalidade subjacente à própria contratação.[2]

2 O dinamismo tecnológico e econômico em que estão inseridos os contratos de arrendamento

Traços marcantes da operação portuária são a sua constante necessidade de atualização tecnológica e a plena compatibilidade com as melhores práticas internacionais (*benchmark*).

Ao discorrer sobre as características da atividade portuária, Marçal Justen Filho destaca:

> Os portos que atuam no âmbito de comércio externo têm de operar segundo as técnicas e práxis adotadas no âmbito internacional, que não se subordinam à vontade normativa de um legislador nacional. [...] A alteração das características materiais e técnicas das embarcações exige a adequação das infra e das super estruturas portuárias. É necessário produzir vias de acesso marítimo adequadas ao porte dos navios. Os berços de atracação devem permitir a rápida atracação e início das operações de carregamento e descarregamento de mercadorias. É fundamental a existência de equipamentos adequados às técnicas dos navios.[3]

Nesse processo de constante atualização, destacam-se, entre outros aspectos, (a) a unitização das cargas por meio da conteinerização; (b) o aumento das dimensões e capacidades dos navios; (c) a reorganização do sistema de transporte internacional e das rotas marítimas, visando a ganhos de escala, com a criação de portos concentradores de carga (*hubs*) e (d) a completa informatização dos processos, permitindo o integral acompanhamento da carga, interação com os agentes envolvidos

---

[2] Serão considerados na presente análise apenas as alterações contratuais sob a ótica objetiva, relacionados ao objeto do contrato e a forma de sua execução, não se olvidando, no entanto, da importância das alterações subjetivas, diretamente vinculadas à possibilidade de realização de alterações societárias (fusão, cisão, incorporações), transferência de controle ou da própria concessão, além da subconcessão, e o desenvolvimento de atividades inerentes, acessórias e complementares aos serviços concebidos com terceiros e até mesmo a assunção dos contratos pelas entidades financiadoras (*step-in right*).

[3] JUSTEN FILHO, Marçal. O regime jurídico dos operadores de terminais portuários no direito brasileiro. *Revista de Direito Público da Economia – RDPE*, Belo Horizonte, ano 4, n. 16, p. 77-124, out./dez. 2006. p. 81.

(armadores, terminais e operadores) e o maior controle logístico da sua distribuição. Nessa perspectiva, os terminais deixam de ser um simples elo na cadeia de transporte para ser um elemento decisivo – altamente especializado e tecnológico – na logística de determinada carga/atividade/empresa ou setor.

Não por outra razão que estas características são fatores determinantes, seja pelos usuários, seja pelos armadores, da eleição de qual terminal movimentará determinada carga, impondo a constante inovação no que tange a equipamentos e realização de investimentos para se manterem atualizados e em condições de operar navios cada vez maiores e modernos.[4]

Portanto, o dinamismo da atividade portuária,[5] absolutamente vinculada ao comércio mundial, às necessidades dos usuários e às inovações tecnológicas pelas quais passa a logística global (dos terminais e dos navios), exige meios compatíveis para que os arrendatários possam, a tempo e modo, adequar a realização de seus investimentos e ajustar a forma da prestação do serviço, com vistas ao atendimento do interesse público que orientou referida contratação.

3 Fundamentos jurídicos para maior flexibilidade dos contratos de arrendamento

3.1 A mutabilidade dos contratos administrativos

Uma das principais características do contrato administrativo é a sua mutabilidade,[6] que decorre da necessidade de compatibilizar,

---

[4] Nesse sentido, não é difícil imaginar que determinado terminal, não provido de equipamentos adequados, sequer poderá operar navios mais modernos (ex.: o braço de determinado portêiner não conseguirá acessar um contêiner em um navio de maior boca), ou o seu tempo de operação será tão alongado (ex.: no caso de uma prancha de embarque/desembarque incompatível com as práticas internacionais) que implicará maior tempo de estadia e incremento dos custos da operação. Da mesma forma, a ausência de infraestrutura adequada pode levar a um maior tempo de espera para atracação e, consequentemente, maiores custos logísticos (*demurge*).

[5] Sobre a evolução dos portos ver: BANCO MUNDIAL. *Port Reform Toolkit, Module 2*: The Evolution of Ports in a Competitive World. 2. ed. Disponível em: https://ppiaf.org/sites/ppiaf.org/files/documents/toolkits/Portoolkit/Toolkit/pdf/modules/02_TOOLKIT_Module2.pdf. Acesso em: 24 fev. 2021.

[6] Conforme ensina José dos Santos Carvalho Filho: "Oportuno registrar que, a mutabilidade do contrato em muitos casos é uma consequência imposta pelas finalidades do interesse público, uma vez que será um meio para se lograr uma maior eficiência do serviço público, devendo, no entanto, manter intacto o objeto do contrato e o seu equilíbrio econômico-financeiro. Daí o preciso ensinamento de CAIO TÁCITO, de que a mutabilidade desses contratos 'consiste em reconhecer a supremacia da Administração, quanto à faculdade

ao longo do tempo, a sua execução à realização do interesse público perseguido por meio do contrato celebrado,[7] de modo que a alteração do contrato administrativo se trata de medida indispensável para o efetivo alcance do interesse público.[8]

Para tanto, a Lei Federal n° 8.666/93 prevê, no art. 58, inc. I, a prerrogativa irrenunciável[9] da Administração Pública de modificar unilateralmente os contratos administrativos para *melhor adequação às finalidades do interesse público*.[10]

Esta possibilidade ganha maior relevância no caso de contratos de prestação de serviço público.

Primeiro em razão da complexidade de seu objeto, que impõe ao particular uma série de responsabilidades, como construir, melhorar, conservar, monitorar, explorar e operar infraestruturas e superestruturas, exigindo o desenvolvimento de um vasto conjunto de atividades. No âmbito dos contratos de arrendamento podem ser mencionadas a realização de dragagens; derrocada de pedras; construção de berços, armazéns e tanques das mais variadas especificações; utilização de equipamentos de alta tecnologia, em especial nos terminais de contêineres, e a manutenção destes; remediações ambientais; desenvolvimento

---

de inovar, unilateralmente, as normas de serviço, adaptando as estipulações contratuais às novas necessidades e conveniências públicas'" (CARVALHO FILHO, José dos Santos. *Manual de direito administrativo*. 30. ed. São Paulo: Atlas, 2019. p. 407-408).

[7] Não por outro motivo Celso Antônio Bandeira de Mello destaca que no contrato administrativo "as condições preestabelecidas assujeitam-se a cambiáveis imposições de interesse público, ressalvado os interesses patrimoniais do contratante privado" (BANDEIRA DE MELLO, Celso Antônio. *Curso de direito administrativo*. 32. ed. São Paulo: Malheiros, 2015. p. 638-639).

[8] Carlos Ari Sundfeld adverte que "Caso a administração ficasse totalmente vinculada pelo que avençou, com o correlato direito de o particular exigir a integral observância do pacto, eventuais alterações do interesse público – decorrentes de fatos supervenientes ao contrato – não teriam como ser atendidas. Em suma, a possibilidade de o Poder Público modificar unilateralmente o vínculo constituído é corolário da prioridade do interesse público em relação ao privado, bem assim de sua indisponibilidade" (SUNDFELD, Carlos Ari. Contratos administrativos. Acréscimos de obras e serviços. Alteração. *Revista Trimestral de Direito Público*, São Paulo, n. 2. p. 152).

[9] Conforme leciona Maria Sylvia Zanella Di Pietro, ante a indisponibilidade do interesse público: "A justificativa para a existência dessas cláusulas é a necessidade de proteção do interesse público inerente a toda a atuação administrativa. Exatamente por isso, as prerrogativas outorgadas à Administração são irrenunciáveis, sob pena de infringência ao princípio da indisponibilidade do interesse público" (DI PIETRO, Maria Sylvia Zanella. *Direito administrativo*: pareceres. Rio de Janeiro: Forense, 2015. p. 254).

[10] O Projeto de Lei n° 4.253, de 2020, que trata da modernização da Lei de Licitações e Contratos, preserva em seu art. 103 esta prerrogativa da Administração ("Art. 103. O regime jurídico dos contratos instituído por esta Lei confere à Administração, em relação a eles, as prerrogativas de: I - modificá-los, unilateralmente, *para melhor adequação às finalidades de interesse público*, respeitados os direitos do contratado").

de logísticas, além das atividades administrativas e comerciais indispensáveis para prestação do serviço outorgado.

Em segundo lugar, em virtude da sua longa duração, sem a qual o serviço inicialmente estabelecido poderia se tornar ineficiente à luz das novas realidades (técnicas, econômicas e sociais) e exigências dos usuários. Nessa perspectiva, ao longo da vigência do contrato de arrendamento pode ocorrer o desenvolvimento de novas tecnologias e meios de prestação do serviço; sensíveis mudanças econômicas (crescimento e retrações); surgimento de novos fluxos migratórios e corredores logísticos; incremento ou esgotamento de regiões agrícolas e minerárias e o desenvolvimento de outros modais de transportes, que podem aumentar ou reduzir a demanda de determinado terminal.

Tais características exigem maior elasticidade na avaliação das hipóteses em que a alteração do ajuste se impõe, mitigando, por consequência, o princípio do *pacta sunt servanda*.[11]

Em atendimento a esta necessidade no âmbito das concessões públicas, a Lei Federal nº 8.987/95 estabelece como cláusula essencial do contrato de concessão, no art. 23, inc. V, a que discipline a possibilidade de *alteração e expansão do serviço e consequente modernização, aperfeiçoamento e ampliação dos equipamentos e das instalações*. Tal previsão legal é repetida no art. 5º, inc. IX, da Lei Federal nº 12.815/2013.

Indiscutível, portanto, que o contrato de arrendamento é mutável[12] e deve ser modificado sempre que necessário para o pleno atendimento do interesse público, preservando-se, no entanto, o equilíbrio da equação econômico-financeira do ajuste.

---

[11] Tanto que para Egon Bockmann Moreira: "Nas concessões a competência para alteração vai muito além da Lei 8.666/1993 (máxime no art. 65, a delimitar numerus clausus as modificações ditas quantitativas e qualitativas). As normas da Lei de Licitações que circunscrevem as alterações não se aplicam ao regime do concessionário (restrições interpretam-se restritivamente). Não se está diante de singela balança de encargos e receitas, nem tampouco frente a desembolso de verbas ao erário, mas sim de fluxos de caixa projetados para mais de 10 anos (v. §§100 a 105, abaixo). Ao contrário da Lei 8.666/1993, a Lei Geral de Concessões ampliou as hipóteses de modificação contratual e respectivos limites, não se submetendo as amarras aos contratos administrativos ordinários" (MOREIRA, Egon Bockmann. *Direito das concessões de serviço público*. São Paulo: Malheiros, 2010. p. 379).

[12] "A mutabilidade do contrato de arrendamento portuário é a mesma que marca todo o gênero de contrato administrativo" (TCU. 1ª Câmara. Min. Rel. Valmir Campelo. Processo nº 025.652/2007-7. Acórdão nº 1.262/2012, Ata nº 7/2012, j. 13.3.2012). Em sentido mais alargado, Marçal Justen Filho aponta que "a mutabilidade da concessão não pode ser enfrentada com os mesmos critérios atinentes àquela consagrada a propósito dos demais contratos administrativos. As condições de desempenho da atividade objeto da concessão são essencialmente mutáveis, tal como se passa com o serviço público prestado diretamente pelo próprio Estado" (JUSTEN FILHO, Marçal. *Teoria geral das concessões de serviço público*. São Paulo: Dialética, 2011. p. 76).

O tema da mutabilidade dos contratos administrativos no setor portuário foi objeto de análise pela Advocacia-Geral da União – AGU, por meio do Parecer nº 707/2017/CONJUR-MTPA/CGU/AGU, no bojo do qual se reconheceu que a alteração dos contratos de concessão e de arrendamento é um verdadeiro poder-dever da Administração:

> 89. [...] Os contratos de longo prazo são naturalmente incompletos, dada a impossibilidade de antecipar com precisão as circunstâncias sociais, econômicas ou tecnológicas num horizonte de dez ou vinte anos. Daí a necessidade de adaptação dos contratos de concessão às novas circunstâncias, sem prejuízo da manutenção da equação econômico-financeira original. Do contrário, a execução do contrato tal como originalmente previsto pode se tornar ineficiente, prejudicando as duas partes do contrato, bem como os usuários do serviço. [...]
> 95. Em síntese, pode-se afirmar que os contratos de concessão, categorias que podem ser incluídos os arrendamentos de instalações portuárias, podem (e devem) ser adaptados às novas realidades, de forma motivada e justificada, mediante negociação entre as partes ou por ato unilateral do poder concedente, para que seja garantida a máxima eficiência possível à execução contratual. Essa adaptação pode ocorrer mesmo quando não há um evento anterior que justifique a recomposição do equilíbrio econômico-financeiro em favor de qualquer das partes, situação em que a adaptação não deve alterar o equilíbrio econômico-financeiro prévio. Isso quer dizer que eventuais vantagens conferidas ao concessionário devem ser compensadas de alguma forma.[13]

Desta forma, ante o dinamismo dos serviços prestados e a incompletude (inerente) dos contratos de concessão e de arrendamento,[14] a possibilidade de sua alteração ao longo da execução contratual é medida

---

[13] Encartado nos autos do Processo nº 00045.002955/2016-51. No mesmo sentido pode-se mencionar o Parecer nº 00325/2021/CONJUR-MINFRA/CGU/AGU, no qual é reconhecido que os "contratos de infraestrutura de longo prazo são complexos e incompletos e envolvem, por natureza, a mutabilidade das cláusulas originalmente previstas".

[14] Marcos Nóbrega adverte que a teoria da incompletude contratual se mostra como solução intermediária entre as alternativas exclusivamente baseadas em regras de mercado e as soluções integradas de dissipação de riscos: "Dentre as opções postas, talvez seja mais adequado elaborar um contrato incompleto considerando um ambiente econômico e jurídico repleto de imperfeições e incertezas, bem como o custo de extensas negociações contratuais, determinando a busca pela completude contratual excessivamente onerosa. Além disso, a incompletude contratual também pode ser devida a fatores estruturais com assimetria de informação, deficiências na supervisão de conduta de uma parte pela outra (inobservabilidade) ou dificuldade de supervisão por um terceiro ao contrato (inverificabilidade). Logo, deverá haver um grau de completude (ou incompletude) contratual ótimo que maximizará a função de utilidade dos contratantes" (NÓBREGA, Marcos. *Direito da infraestrutura*. São Paulo: Quartier Latin, 2011. p. 102).

que se impõe à Administração para atendimento do interesse público, devendo, no entanto, ser ponderados os princípios e as diretrizes que orientam as concessões e conformam os limites para tais modificações.[15]

3.2 Os limites para alteração dos contratos administrativos

Reconhecida a necessidade de alteração do contrato administrativo no tempo, em especial dos contratos de concessão, impõe-se analisar os limites para tais modificações, considerando, de um lado, a exigência para garantia da isonomia e da higidez do procedimento de escolha do concessionário, que poderíamos chamar de *disposições limitadoras* do exercício do poder-dever de modificação dos contratos e, de outro, a própria continuidade do serviço, sua atualidade e sua eficiência, que se colocam como *disposições autorizativas* da mutabilidade do contrato de arrendamento.

De início e extreme de dúvida, tem-se como limite intransponível para a mutabilidade dos contratos de arrendamento a impossibilidade da transmudação do objeto da concessão, *i.e.*, a completa alteração de seu objeto, hipótese em que se ultrapassa a fronteira da mera adequação, da atualização pretendida para o serviço, para sua absoluta modificação, o que ocorreria na hipótese de um terminal, licitado inicialmente para armazenagem ou movimentação de granéis líquidos, por exemplo, passar a movimentar exclusivamente contêineres ou, ainda, na hipótese de completa alteração da área licitada (tanto na sua localização, quanto na sua extensão), sem sólida justificativa para esta alteração locacional. Nestas hipóteses, deixa de existir o que havia para surgir algo novo, totalmente diferente, desvirtuando o que fora licitado.[16]

---

[15] Antônio Carlos Cintra do Amaral aponta que "É ilusório defender a imutabilidade dos contratos de concessão durante o prazo de duração de 20, 25 ou 30 anos. O que a concessionária tem direito a ver respeitado – e o poder concedente tem o dever de respeitar – é o equilíbrio econômico-financeiro do contrato. Este, sim, é intangível. O contrato é mutável e, mais, ainda, deve ser modificado sempre que o interesse público assim o exija" (AMARAL, Antônio Carlos Cintra do. As agências reguladoras de serviço público no Brasil. *Revista Regulação Brasil*, Porto Alegre, 2005. p. 20). Corroborando a lição de Antônio Carlos Cintra do Amaral, Egon Bockmann Moreira afirma: "A concessão não tem qualificação estática. O princípio da adaptabilidade é a pedra de toque dos serviços públicos e respectivas concessões (afinal, é uma das 'Leis de Rolland'...)" (MOREIRA, Egon Bockmann. *Direito das concessões de serviço público*. São Paulo: Malheiros, 2010. p. 378).

[16] "Uma das características mais marcantes dos contratos administrativos é a possibilidade de alteração do seu objeto ou as condições da sua execução, para realizar da melhor forma possível o interesse público que motivou sua celebração. Todavia, essa mutabilidade não

Entre as *disposições limitadoras* do poder de alterar os contratos, podem-se destacar: (a) a obrigatoriedade da licitação; (b) o princípio da isonomia; (c) o princípio da vinculação ao instrumento convocatório; (d) o princípio da escolha da proposta mais vantajosa para a Administração Pública; (e) o princípio da segurança jurídica e (f) o princípio da força obrigatória dos contratos. Por sua vez, as *disposições autorizativas* da possibilidade de alteração dos contratos pautam-se (a) na própria natureza do contrato administrativo, que carrega em sua essência a inerente necessidade de se adequar no tempo para atendimento do interesse público; (b) no princípio da continuidade; (c) na atualidade na prestação do serviço; (d) na compatibilidade da alteração com a política e o planejamento setorial, bem como (e) no princípio da eficiência.

Como adverte Luís Roberto Barroso, "a possibilidade ilimitada de alterar os contratos administrativos poderia dar margem ao administrador para beneficiar ilicitamente o contratado ou prejudicar, também ilicitamente, o vencedor de um processo licitatório".[17] Assim, o grande desafio nesse percurso é encontrar o necessário equilíbrio entre as disposições (limitadoras e autorizativas) para a legítima alteração dos contratos de arrendamento.

Nessa busca, o primeiro passo, com vista à observância da isonomia e da vinculação ao instrumento convocatório é a apuração da relação de pertinência entre o objeto contratual e a alteração que se pretende realizar. Como sabido, o princípio da vinculação ao instrumento contratual, estabelecido nos arts. 3º e 41, da Lei Federal nº 8.666/1993, e 31, da Lei Federal nº 13.303/2016, impede tanto a Administração quanto os particulares de se afastarem das regras e condições (isonômicas) estabelecidas antes da contratação, as quais conformaram a elaboração das propostas.[18]

é absoluta. Não se pode desprezar o interesse público que motivou sua celebração, muito menos desvirtuá-lo, a ponto de nele já não se reconhecer o que fora originalmente licitado" (TCU, Plenário. Acórdão nº 738/2017. Rel. Min. Walton Alencar Rodrigues, 12.4.2017). Como adverte Marçal Justen Filho: "Se a Administração Pública pudesse modificar radicalmente os termos da contratação, o objeto contratual acabaria distinto daquele licitado. Logo, a licitação não teria cumprido sua função constitucional de selecionar a proposta mais vantajosa com observância do princípio da isonomia" (JUSTEN FILHO, Marçal. *Teoria geral das concessões de serviço público*. São Paulo: Dialética, 2011. p. 169).

[17] BARROSO, Luís Roberto. Alteração dos contratos de concessão rodoviária. *Revista de Direito Público da Economia*, Belo Horizonte, 2006.

[18] Nas palavras de Hely Lopes Meirelles: "a vinculação ao edital é princípio básico de toda licitação. Nem se compreenderia que a administração fixasse no edital a forma e o modo de participação dos licitantes e no decorrer do procedimento ou na realização do julgamento se afastasse do estabelecido, ou admitisse documentação e propostas em desacordo com o solicitado. O edital é a lei interna da licitação, e, como tal, vincula aos seus termos tanto

Na medida em que existe relação entre a alteração proposta e o objeto contratual (pertinência material), bem como compatibilidade com o planejamento setorial, em especial com o Plano de Desenvolvimento e Zoneamento do Porto – PDZ elaborado pela Autoridade Portuária,[19] serão respeitados os princípios da isonomia e da vinculação ao instrumento convocatório.

A propósito, o Tribunal de Contas da União já se manifestou de forma favorável à inclusão de nova(s) carga(s) ao contrato de arrendamento para o atendimento do interesse público e maximização da área/bem arrendada(o).[20] Com efeito, neste caso, preserva-se a finalidade inicial do arrendamento, consoante previsto ao tempo da licitação, agregando-se novas cargas com vistas a ampliar e otimizar a exploração do bem público e atender às necessidades dos usuários, desde que atendidas as demais exigências (passos) a seguir descritas.[21]

O segundo passo é apurar se a alteração pretendida é a solução mais adequada para a realização dos interesses perseguidos pelo contrato, o que deve ser evidenciado por meio de sólida fundamentação/ motivação, na qual será demonstrada a necessidade da alteração/ modificação e sua vantajosidade em relação a outras medidas igualmente possíveis.[22]

---

os licitantes como a administração que o expediu (art. 41). Assim, estabelecidas as regras do certame, tornam-se inalteráveis para aquela licitação, durante todo o procedimento" (MEIRELLES, Hely Lopes. *Direito administrativo brasileiro*. São Paulo: Malheiros, 2008. p. 277-278).

[19] Art. 17, §2°, da Lei n° 12.815/2013.

[20] Consoante restou decidido no TC n° 014.891/2007-8, do qual se extrai a seguinte passagem: "O entendimento deste Tribunal, quanto a essas alterações, é no sentido de que só são permitidas quando atendem o interesse público e estão condicionadas, necessariamente, à manutenção do equilíbrio econômico-financeiro do contrato. De acordo com a Antaq e a unidade técnica, as alterações contratuais em análise foram razoáveis e aumentaram a eficiência da área arrendada. Afinal, houve adequação do terminal à movimentação de outra carga – suco de laranja, além do incremento da movimentação da carga inicialmente prevista no contrato – polpa celulósica. Dessa forma, concordo com a agência reguladora e com a Sefid-1, tendo em vista que a utilização da área arrendada foi efetiva, atendendo, assim, o interesse público" (TCU, Primeira Câmara. Acórdão n° 5.720/2011. Rel. Min. Augusto Nardes, 26.7.2011).

[21] Registre-se que a inclusão de novas cargas ora defendida não se confunde com a alteração tratada nos arts. 28 e seguintes da Portaria n° 530/2016 – MInfra, cujas disposições são aplicáveis apenas aos casos de alteração do tipo de carga, respeitado o seu perfil.

[22] "A Administração não disporá da escolha de modificar um contrato sem demonstrar que a alteração é a solução conveniente e apropriada para satisfação do interesse público. Não é invocável a mera competência legislativa para fundamentar a decisão de modificar o contrato. Esses postulados derivam da concepção de Estado de Direito, mas se tornam ainda mais consistentes em face de um Estado Democrático de Direito, em que (inclusive) os agentes públicos são meros representantes do povo, titular último de todos os poderes (CF/88, art. 1°, parágrafo único)" (JUSTEN FILHO, Marçal. *Teoria geral das concessões de*

O terceiro passo reside na demonstração de que a alteração decorre de um fato superveniente à licitação, não necessariamente imprevisível, mas sim posterior à contratação e não integrante da matriz de risco assumida pelo arrendatário.

Entendemos que não há necessidade de ser um fato imprevisível, porque tal exigência impediria as alterações decorrentes de avanços tecnológicos, fruto constante da evolução das ciências cujas novas soluções e exigências para prestação dos serviços são, ainda que previsíveis, de dimensões incalculáveis.

Por óbvio que a dispensa da imprevisibilidade para alteração do ajuste não se compagina com a delimitação deficiente e falha do conteúdo do seu objeto, o qual, justamente por esta razão, exige modificação logo após a celebração do ajuste. Nesse caso estaríamos diante de um flagrante vício originário da contratação, não se amoldando à alteração na hipótese aqui defendida.[23]

Observadas essas exigências: a pertinência com seu objeto; a adequada motivação e a existência de um fato superveniente, deve ser admitida a alteração do contrato de arrendamento – cuja abertura e incompletude exigem adequações no tempo –, uma vez que tal providência prestigiará a continuidade do serviço público e sua atualidade. Por fim, essa alteração deverá ser realizada com a observância do devido processo legal, preservando a equação econômico-financeira do contrato.

Não nos parece adequado que a legitimidade da alteração esteja atrelada à impossibilidade de sua licitação de forma autônoma, uma vez que nessa hipótese a existência de um novo contrato, concomitantemente ao originário, poderia até inviabilizar a execução do primeiro. Ademais, ainda que possível a licitação autônoma do seu objeto, tal providência importaria em renunciar aos ganhos de escala e da economicidade decorrente da alteração do contrato original. Soma-se, ainda, o fato de que uma nova licitação, muito provavelmente, não atenderia no tempo adequado à necessidade pública.[24]

---

serviço público. São Paulo: Dialética, 2011. p. 168). Sobre a necessidade de as alterações contratuais estarem amparadas em pareceres e estudos técnicos pertinentes, *vide* Acórdão nº 170/2018 – TCU – Plenário, da relatoria do Ministro Benjamin Zymler.

[23] Como exemplo, poderíamos mencionar um arrendamento em que os parâmetros operacionais estabelecidos se encontram absolutamente divorciados das necessidades identificadas para atendimento dos usuários ou cuja implantação ocorra em descompasso com as melhores técnicas e o estado da arte reconhecido internacionalmente para sua prestação.

[24] Não por outro motivo que é reconhecida, sem qualquer questionamento, a regularidade dos acréscimos contratuais previstos no art. 65, §1º, da Lei Federal nº 8.666/93. Inegável que aludido acréscimo poderia ser contratado de forma autônoma, sem, no entanto, os

Corrobora este entendimento a Lei Federal n° 13.448/2017, que estabelece diretrizes gerais para prorrogação e relicitação dos contratos de parceria definidos nos termos da Lei Federal n° 13.334/2016, ao fixar, em seu art. 22, que as *alterações dos contratos de parceria decorrentes da modernização, da adequação, do aprimoramento ou da ampliação dos serviços não estão condicionadas aos limites fixados nos §§1° e 20 do art. 65 da Lei n° 8.666, de 21.6.1993*.[25]

Com efeito, o dever de licitar terá sido observado quando da primeira contratação. Ademais, como já apontado pelo Tribunal de Contas da União, a licitação não pode ser um fim em si mesmo, devendo-se privilegiar a governança para o atendimento do interesse público.[26]

Feita a ponderação destes elementos, diretrizes e princípios no caso concreto (não *ex ante*), consoante indicado acima, será possível apurar a regularidade da alteração realizada, conferindo-se maior flexibilidade aos contratos de arrendamento.

Ademais, o reconhecimento da possibilidade de flexibilização ora defendida contribui para a segurança jurídica das modificações contratuais, uma vez que, ao se mitigar os riscos de representação (*agency problems*), evita-se que um agente público (representante) aja, ou se omita (o que costuma se chamar de "apagão das canetas"), privilegiando

---

benefícios decorrentes da contratação inicial: redução dos custos de transação, celeridade, ganho de escala, entre outros.

[25] Na visão de Gabriela Miniussi Engler Pinto, este dispositivo, ao tempo que reconhece as incertezas inerentes à execução dos contratos de concessão, permite "o afastamento dos limites à mutabilidade contratual sobre as concessões" conferindo "a necessária versatilidade ao gestor público para lidar com as incertezas inerentes aos contratos de parceria. Aliás, por tudo isso, é certo que a regra do artigo 22 deve ser aplicável a todos os contratos de parceria – federais, estaduais e municipais – e não apenas àqueles integrantes do PPI" (PINTO, Gabriela Miniussi Engler. A revolução silenciosa: o fim dos limites à mutabilidade dos contratos de concessão. *Direito do Estado*, n. 369, 2017. Disponível em: http://www.direitodoestado.com.br/colunistas/gabriela-miniussi-engler-pinto/a-revolucao-silenciosa-o-fim-dos-limites-a-mutabilidade-dos-contratos-de-concessao. Acesso em: 14 fev. 2021).

[26] "A compulsão de ter a licitação como um fim em si, equiparado aos demais princípios constitucionais substantivos, deverá ser substituída pela concepção instrumental de ver a licitação tão somente como meio, entre tantos outros, de administrar a infraestrutura nacional para a construção de uma sociedade livre, justa e solidária. Enfim, onde houver possibilidade de licitar que se faça. Por outro lado, devem ser dados espaços discricionários à Administração quando exigidos pela governança ou pelas próprias condições intrínsecas da atividade e pelos caminhos mais eficientes e eficazes conduzidos pela realidade. O que se requer é a implementação do controle por princípios e pela razoabilidade" (TCU, Plenário. TC n° 046.138/2012-9, Acórdão n° 1.514/2013. Rel. Min. Aroldo Cedraz, 19.6.2013).

seus interesses em detrimento dos da Administração (representada), consoante bem advertem Maurício Ribeiro Portugal e Lucas Navarro.[27] Ainda na perspectiva de indispensável segurança jurídica dos contratos e suas alterações no tempo, a atuação dos órgãos de controle deve se pautar, notadamente, no interesse público perseguido e nos resultados alcançados.[28]

3.3 O princípio da eficiência no setor portuário

Tem-se ainda que a mutabilidade dos contratos de arrendamento portuário, para além dos elementos indicados anteriormente, se impõe com vistas a dar concretude ao princípio da eficiência, previsto no art. 37, da Constituição Federal, e, por meio dele, otimizar o alcance do bem comum. Com efeito, a atuação administrativa somente será eficiente se os resultados perseguidos – no caso, a adequação dos contratos de arrendamento portuário às exigências impostas para a devida prestação do serviço e atendimento dos usuários, notadamente em razão do dinamismo do setor – forem alcançados de forma otimizada a luz dos meios disponíveis.

---

[27] "Consideremos um agente público que tenha que tomar uma decisão sobre a modificação de um contrato administrativo. Se esse agente público vislumbrar que a sua decisão sobre alteração do escopo do contrato administrativo pode lhe criar riscos pessoais (de ser multado pelo órgão de controle, ou de sua conduta ser considerada ímproba), esse agente público tenderá a priorizar a sua proteção pessoal à tomada da melhor decisão para Administração Pública. Isso significa que ele tenderá a ser o mais conservador possível, mesmo que isso signifique criar ineficiências ou custos para a Administração Pública. Isso acontecerá ainda com maior probabilidade se pudermos supor que o agente público a tomar a decisão seja alguém avesso a risco e se não houver qualquer risco de penalidade para a tomada da decisão mais conservadora (ainda que ela seja claramente mais ineficiente que outra decisão), o que é o mais comum entre nós. Os incentivos podem, entretanto, ser diferentes quando se tratar de agente público em cargo comissionado, com ou sem vínculo permanente com a Administração Pública, quando estiver comprometido com uma pauta político-administrativa que lhe leve a assumir maiores riscos" (RIBEIRO, Maurício Portugal; PRADO, Lucas Navarro. *Alteração de contratos de concessão e PPP por interesse da administração pública*: problemas econômicos, limites teóricos e dificuldades reais. p. 10. Disponível em: https://portugalribeiro.com.br/wp-content/uploads/alteracao-de-contratos-administrativos.pdf. Acesso em: 14 fev. 2021).

[28] Afasta-se, portanto, na feliz expressão cunhada por Carlos Ari Sundfeld, o direito administrativo do *clips*, "que age por autos e atos, trata direitos e deveres em papel, é estatista, desconfia dos privados, despreza a relação tempo, custos e resultados, não assume prioridades" para o direito administrativo dos negócios, focado nos resultados (SUNDFELD, Carlos Ari. O direito administrativo entre os clips e os negócios. *In*: ARAGÃO, Alexandre Santos de; MARQUES NETO, Floriano de Azevedo (Coord.). *Direito administrativo e seus novos paradigmas*. Belo Horizonte: Fórum, 2008. p. 89).

Entre as diversas facetas do princípio da eficiência,[29] ganha especial destaque, na questão da mutabilidade dos contratos, a qualidade, por meio da qual deve ser dada máxima atenção à oferta de melhores serviços e condições de fruição aos usuários, o que somente pode ser atingido com a constante adaptação do contrato de arrendamento às exigências impostas pelo setor e seus usuários.

A eficiência nas atividades desenvolvidas nas instalações portuárias é diretriz expressa, tanto nos arts. 11, inc. IV, e 20, II, "a", da Lei Federal nº 10.233/2001,[30] como no art. 3º, inc. III, da Lei Federal nº 12.815/2012,[31] além da expansão, modernização e ampliação da competitividade. Giovanna Mayer destaca que na prestação dos serviços portuários "a eficiência é equacionada com a capacidade e o tempo de movimentação de carga, atendidos os níveis adequados de qualidade".[32]

Vale destacar que o Tribunal de Contas da União já reconheceu a necessidade de autonomia para o efetivo alcance dos objetivos perseguidos, com vistas à maior eficiência e economicidade dos atos administrativos:

> Os frequentes e complexos desafios que se impõem ao administrador contemporâneo exigem que ele tenha um determinado nível de autonomia para adotar atos e medidas a fim de dar concretude aos objetivos, diretrizes, princípios e finalidades que orientam a consecução das políticas

---

[29] Onofre Alves Batista Júnior elenca como facetas do princípio da eficiência a produtividade, a economicidade, a celeridade, a presteza, a qualidade, a continuidade e a desburocratização (BATISTA JÚNIOR, Onofre Alves. *Princípio constitucional da eficiência administrativa*. Belo Horizonte: Mandamentos, 2004).

[30] "Art. 11. O gerenciamento da infra-estrutura e a operação dos transportes aquaviário e terrestre serão regidos pelos seguintes princípios gerais: [...] IV - assegurar, sempre que possível, que os usuários paguem pelos custos dos serviços prestados em regime de eficiência; [...]. Art. 20. São objetivos das Agências Nacionais de Regulação dos Transportes Terrestre e Aquaviário: [...] II - regular ou supervisionar, em suas respectivas esferas e atribuições, as atividades de prestação de serviços e de exploração da infra-estrutura de transportes, exercidas por terceiros, com vistas a: a) garantir a movimentação de pessoas e bens, em cumprimento a padrões de eficiência, segurança, conforto, regularidade, pontualidade e modicidade nos fretes e tarifas; [...]".

[31] "Art. 3º A exploração dos portos organizados e instalações portuárias, com o objetivo de aumentar a competitividade e o desenvolvimento do País, deve seguir as seguintes diretrizes: I - expansão, modernização e otimização da infraestrutura e da superestrutura que integram os portos organizados e instalações portuárias; [...] III - estímulo à modernização e ao aprimoramento da gestão dos portos organizados e instalações portuárias, à valorização e à qualificação da mão de obra portuária e à eficiência das atividades prestadas; [...] V - estímulo à concorrência, incentivando a participação do setor privado e assegurando o amplo acesso aos portos organizados, instalações e atividades portuárias".

[32] MAYER, Giovanna. Notas sobre o regime dos portos brasileiros. *In*: MOREIRA, Egon Bockmann (Coord.). *Portos e seus regimes jurídicos*: a Lei n. 12.815/2013 e seus desafios. Belo Horizonte: Fórum, 2014. p. 104.

públicas, desde que dentro dos contornos que o quadro normativo lhe impõe. Essa concepção inclusive é consentânea com princípios mais modernos do direito administrativo, como o da eficiência e o da economicidade.[33]

Verificada, portanto, a possibilidade de o atendimento de um objetivo comum ser atingido com maior celeridade, prestabilidade, economicidade e racionalidade, em compasso com os demais princípios da administração,[34] inegável que esta alternativa se impõe de forma imperativa por força do princípio da eficiência. Nessa perspectiva, a alteração dos contratos de arrendamento se apresenta como a forma mais eficiente para o atendimento do interesse público.

3.4 A possibilidade de competição entre infraestruturas portuárias sujeitas a regimes jurídicos distintos

Por fim, outro ponto de extrema relevância que exige a outorga de maior autonomia aos contratos de arrendamento reside na eliminação, pela Lei Federal nº 12.815/2013, das barreiras então existentes para irrestrita competição entre infraestruturas portuárias sujeitas a regimes jurídicos distintos: de um lado, contratos de concessão e de arrendamento, sujeitos ao regime de direito público (sempre precedidos de licitação, nos termos do art. 175, da Constituição Federal), e, de outro, terminais de uso privado, estação de transbordo de carga e instalações portuárias públicas de pequeno porte, sob o regime jurídico de direito privado (cuja outorga se dá por meio de autorização, instrumentalizada nos contrato de adesão).

Com a edição da Lei Federal nº 12.815/2013, a distinção entre as instalações portuárias públicas e as instalações portuárias privadas passou a se pautar não mais na atividade empreendida (se na movimentação de carga própria ou de terceiros),[35] mas sim na sua localização,

---

[33] TCU, Plenário. TC nº 030.098/2017-3, Acórdão nº 1.446/2018. Rel. Min. Bruno Dantas, j. 26.6.2018.

[34] GABARDO, Emerson. *Princípio constitucional da eficiência administrativa*. São Paulo: Dialética, 2002. p. 97.

[35] Sob a vigência da Lei nº 8.630/93, entendia-se que os terminais públicos (arrendamentos) se destinavam à prestação de serviço público e os terminais privados, por sua vez, ao desenvolvimento de atividades de interesse exclusivo do titular da outorga. Nas palavras de Celso Antônio Bandeira de Mello: "Os chamados terminais e portos de uso privativo cumprem função perfeitamente distinta da prestação de serviços públicos portuários. Sua função não é de prestar serviços públicos, mas atender a interesses específicos empresariais do próprio titular de tais terminais, o qual, por conveniências suas considerou útil verticalizar

sendo públicas as instaladas na área do porto organizado e privadas as situadas fora dele.[36] Este novo elemento de discrímen, permitindo a irrestrita competição entre as instalações com regimes jurídicos absolutamente distintos,[37] exige que se confira maior flexibilidade aos arrendatários para que possam, com a liberdade e celeridade exigidas pela competição e de que gozam os terminais privados, responder às demandas do mercado.

Se terminais sob regime jurídico distintos não puderem operar em condições mínimas de igualdade, respeitadas as exigências inafastáveis de cada regime, é inconteste que haverá flagrante violação aos princípios da isonomia e da livre concorrência. Não se pode admitir irrestrita competição sem se conferir os meios indispensáveis para que esta efetivamente ocorra.

Neste sentido, os achados identificados pelo Tribunal de Contas da União, no bojo do TC n° 022.534/2019-9, por meio do qual fora realizada auditoria operacional sobre as limitações dos portos organizados em comparação com os terminais de uso privado (TUP), confirmam a necessidade, entre outras medidas, de maior flexibilidade para melhoria da competição e eficiência das operações portuárias.[38]

---

a sua cadeia negocial" (BANDEIRA DE MELLO, Celso Antônio. Terminais portuários de uso privativo: impedimento constitucional à prestação de serviço a terceiro. *Revista Interesse Público*, ano X, n. 48, 2008. p. 151). No mesmo sentido: SUNDFELD, Carlos Ari; CÂMARA, Jacintho Arruda. Terminais privativos de uso misto. *Revista de Direito Público da Economia – RDPE*, ano 6, n. 23, 2008. p. 64.

[36] "Art. 2° Para os fins desta Lei, consideram-se: [...] III - instalação portuária: instalação localizada dentro ou fora da área do porto organizado e utilizada em movimentação de passageiros, em movimentação ou armazenagem de mercadorias, destinadas ou provenientes de transporte aquaviário; IV - terminal de uso privado: instalação portuária explorada mediante autorização e localizada fora da área do porto organizado; V - estação de transbordo de cargas: instalação portuária explorada mediante autorização, localizada fora da área do porto organizado e utilizada exclusivamente para operação de transbordo de mercadorias em embarcações de navegação interior ou cabotagem; VI - instalação portuária pública de pequeno porte: instalação portuária explorada mediante autorização, localizada fora do porto organizado e utilizada em movimentação de passageiros ou mercadorias em embarcações de navegação interior; [...]".

[37] "No contexto da nova legislação setorial, os terminais portuários privados não se prestam apenas a movimentar cargas próprias, podendo movimentar quaisquer cargas em regime de concorrência com os terminais públicos" (SCHIRATO, Vitor Rhein. As infraestruturas privadas no novo marco setorial de portos. In: MOREIRA, Egon Bockmann (Coord.). *Portos e seus regimes jurídicos*: a Lei n. 12.815/2013 e seus desafios. Belo Horizonte: Fórum, 2014. p. 331).

[38] "O cenário atual dos portos públicos demonstra os efeitos adversos decorrentes das assimetrias legais e regulatórias impostas aos terminais portuários. Quando comparado com os TUPs, o porto público mostra-se muito mais burocrático. A morosidade do processo licitatório, a rigidez contratual, a excessiva centralização, os desincentivos à eficiência foram

A exigência de maior autonomia aos arrendatários na realização dos investimentos e gestão dos ativos ante a assimetria indicada acima se revela ainda mais premente a partir da recente edição da Lei Federal nº 14.047, de 24.8.2020, que, ao introduzir o art. 5º-A na Lei nº 12.815/2013, estabeleceu:

> [o]s contratos celebrados entre a concessionária e terceiros, inclusive os que tenham por objeto a exploração das instalações portuárias, serão regidos pelas normas de direito privado, não se estabelecendo qualquer relação jurídica entre os terceiros e o poder concedente, sem prejuízo das atividades regulatória e fiscalizatória da Antaq.

Esta inovação normativa permitirá, portanto, a coexistência de arrendamentos sob o regime de direito público, arrendamentos ou contratos de exploração de áreas operacionais sobre o regime de direito privado, além das instalações privadas (de regime privado) em um mesmo porto organizado ou em sua área de influência.

Neste cenário de condições sensivelmente distintas para oferta dos mesmos serviços e atividades, realizar interpretações restritivas acerca da possibilidade de adequação dos contratos de arrendamento no tempo conduzirá à própria inviabilidade da prestação condizente destes serviços, incompatível com os anseios do marco regulatório estabelecido pela Lei nº 12.815/2013, em que "há uma tendência a que o Estado se esquive do regime de serviço público para evitar todos os ônus daí decorrentes",[39] não se sustentando limitações injustificadas à possibilidade de mutação dos contratos de arrendamento.

4 Conclusões

Portanto, a mutabilidade dos contratos de arrendamento impõe-se como imperativo lógico (decorrente das próprias exigências dos contratos administrativos, especialmente os de longo prazo e os de concessão) e principiológico (para o atendimento do interesse público e da eficiência).[40]

---

os principais problemas levantados nesta auditoria operacional" (TCU. TC nº 022.534/2019-9, Acórdão nº 2.711/2020, 7.10.2020).

[39] SCHIRATO, Vitor Rhein. As infraestruturas privadas no novo marco setorial de portos. In: MOREIRA, Egon Bockmann (Coord.). Portos e seus regimes jurídicos: a Lei n. 12.815/2013 e seus desafios. Belo Horizonte: Fórum, 2014. p. 342.

[40] Como afirma Agustín Gordillo, "La mutabilidad del contrato importa que si el interés público lo justifica, podría adaptárselo y modificase-lo" (GORDILLO, Agustín. Tratado de

A flexibilização de determinadas disposições contratuais, seja para afastar obrigações iniciais do ajuste absolutamente anacrônicas com as atuais necessidades dos usuários, seja para incorporar novas necessidades a partir da análise do interesse público no caso concreto, assegurará a atualidade da prestação do serviço, sua máxima eficiência, bem como conferirá meios para equilíbrio das condições concorrenciais para prestação do serviço portuário no regime de direito público.

Como aponta Vitor Rhein Schirato, "público e privado não são inimigos ou opostos"[41] e, para o efetivo alcance dos objetivos das concessões, estas devem se revestir "de grande flexibilidade, para ser moldada de acordo com as necessidades específicas do caso concreto e da atividade a ser delegada".[42] Esta compreensão, focada na governança e nos resultados para o célere atendimento do interesse público, deve orientar a atuação do Poder Concedente na análise dos pedidos de alteração dos contratos de arrendamento, bem como conformar o entendimento sobre os atos reconhecidos como irregulares e a atuação dos órgãos de controle.

Como destacado pelo Tribunal de Contas da União, "amarras ao investimento portuário, dificultando sua modernização e atualização, tornam o Brasil menos competitivo no cenário global, podendo alijar o país das cadeias internacionais de logística ou aumentar o custo Brasil", de modo que "a flexibilidade dos contratos de arrendamentos é fundamental no setor portuário, e essencial para que se atenda aos princípios da economicidade e eficiência".[43]

Diante disso, não se pode ter como legítimas as exigências de absoluta vinculação a planos de investimentos, estudos de viabilidade técnica e econômica e projetos inicialmente elaborados (notadamente em um quadro de morosidade, a despeito dos esforços empreendidos pelos agentes públicos). A adequação destes no tempo, em linha com as necessidades dos usuários do serviço, com a atualidade da prestação e com a sua eficiência, desde que preservado o equilíbrio

---

  derecho administrativo – Parte general. 7. ed. Belo Horizonte: Del Rey e Fundación de Derecho Administrativo, 2003. t. 1. XI-26).

[41] SCHIRATO, Vitor Rhein. Concessões de serviços públicos e investimentos em infraestrutura no Brasil: espetáculo ou realidade? *In*: SUNDFELD, Carlos Ari; JURKSAITIS, Guilherme Jardim. *Contratos públicos e direito administrativo*. São Paulo: Malheiros, 2015. p. 144.

[42] SCHIRATO, Vitor Rhein. Concessões de serviços públicos e investimentos em infraestrutura no Brasil: espetáculo ou realidade? *In*: SUNDFELD, Carlos Ari; JURKSAITIS, Guilherme Jardim. *Contratos públicos e direito administrativo*. São Paulo: Malheiros, 2015. p. 150.

[43] TCU. TC n° 022.534/2019-9, Acórdão n° 2.711/2020, 7.10.2020.

econômico-financeiro do contrato, é medida que se impõe de imediato para o próprio atingimento da finalidade do ajuste.

Nesse sentido, além da possibilidade de alteração das obrigações contratuais no tempo, a análise da "aderência" de projetos executivos de arrendamento[44] deve-se ater, principalmente, às metas contratuais, aos parâmetros de operação estabelecidos e ao montante de investimento previsto, conformando a avaliação a constante necessidade de atualização dos serviços e os resultados que serão alcançados.

Ademais, a adequação das obrigações contratuais na vigência do contrato de arrendamento encontra-se em absoluta linha com a teoria dos sistemas proposta por Niklas Luhmann.[45] No caso, as alterações tecnológicas (sistema logístico), de demanda e econômicas (sistema econômico) orientam o sistema jurídico, nos estritos limites de produção e criação de suas normas (autopoiético), i.e., por meio da revisão das obrigações contratuais, ante a evolução de todo ecossistema portuário, a promover as adequações que assegurem efetivamente o atendimento do interesse público, o que, em última análise, decorre do reconhecimento da incompletude dos contratos e da necessidade de sua mutação no tempo.

Referida modificação ou flexibilização do contrato de arrendamento, em vez de implicar eventual desrespeito à vinculação ao edital e ao contrato, preserva sua aderência ao interesse público que ensejou a própria celebração do contrato de arrendamento.[46] Superar as amarras e interpretações que não se compaginam com a mutabilidade dos contratos de arrendamento deve ser o objetivo de todos.

---

[44] Consoante AGÊNCIA NACIONAL DE TRANSPORTES AQUAVIÁRIOS – ANTAQ. *Manual de análise e fiscalização do projeto executivo em arrendamentos portuários*. Ago. 2020. Disponível em: http://portal.antaq.gov.br/wp-content/uploads/2020/09/Manual-de-an%C3%A1lise-e-fiscaliza%C3%A7%C3%A3o-1.pdf-diagramado-1.pdf. Acesso em: 13 fev. 2021.

[45] Niklas Luhmann compreende o sistema jurídico como cognitivamente aberto, dado que reconhece elementos de outros sistemas (como o sistema econômico, político, entre outros), contudo o sistema jurídico é operativamente fechado, promovendo suas modificações a partir de suas próprias regras e instrumentos (LUHMANN, Niklas. *El derecho de la sociedad*. 2. ed. México: Universidade Iberoamericana; Editorial Herder, 2005).

[46] Como bem ensina Floriano de Azevedo Marques "o liame de parceria pressupõe (i) convergência de interesses entre a Administração e o privado e (ii) decisão de ambos efetivar esses interesses comuns ou convergentes por intermédio de um arranjo jurídico" (MARQUES NETO, Floriano de Azevedo. A bipolaridade do direito administrativo e sua superação. *In*: SUNDFELD, Carlos Ari; JURKSAITIS, Guilherme Jardim. *Contratos públicos e direito administrativo*. São Paulo: Malheiros, 2015. p 394), o que corrobora a necessidade de flexibilidade dos contratos de arrendamento.

Referências

AMARAL, Antônio Carlos Cintra do. As agências reguladoras de serviço público no Brasil. *Revista Regulação Brasil*, Porto Alegre, 2005.

BANDEIRA DE MELLO, Celso Antônio. *Curso de direito administrativo*. 32. ed. São Paulo: Malheiros, 2015.

BANDEIRA DE MELLO, Celso Antônio. Terminais portuários de uso privativo: impedimento constitucional à prestação de serviço a terceiro. *Revista Interesse Público*, ano X, n. 48, 2008.

BARROSO, Luís Roberto. Alteração dos contratos de concessão rodoviária. *Revista de Direito Público da Economia*, Belo Horizonte, 2006.

BATISTA JÚNIOR, Onofre Alves. *Princípio constitucional da eficiência administrativa*. Belo Horizonte: Mandamentos, 2004.

CARVALHO FILHO, José dos Santos. *Manual de direito administrativo*. 30. ed. São Paulo: Atlas, 2019.

DI PIETRO, Maria Sylvia Zanella. *Direito administrativo*: pareceres. Rio de Janeiro: Forense, 2015.

GABARDO, Emerson. *Princípio constitucional da eficiência administrativa*. São Paulo: Dialética, 2002.

GARCIA, Flávio Amaral. *Licitações e contratos administrativos*: casos e polêmicas. 5. ed. São Paulo: Malheiros, 2018.

GORDILLO, Agustín. *Tratado de derecho administrativo* – Parte general. 7. ed. Belo Horizonte: Del Rey e Fundación de Derecho Administrativo, 2003. t. 1.

JUSTEN FILHO, Marçal. O regime jurídico dos operadores de terminais portuários no direito brasileiro. *Revista de Direito Público da Economia – RDPE*, Belo Horizonte, ano 4, n. 16, p. 77-124, out./dez. 2006.

JUSTEN FILHO, Marçal. *Teoria geral das concessões de serviço público*. São Paulo: Dialética, 2011.

LUHMANN, Niklas. *El derecho de la sociedad*. 2. ed. México: Universidad Iberoamericana; Editorial Herder, 2005.

MARQUES NETO, Floriano de Azevedo. A bipolaridade do direito administrativo e sua superação. *In*: SUNDFELD, Carlos Ari; JURKSAITIS, Guilherme Jardim. *Contratos públicos e direito administrativo*. São Paulo: Malheiros, 2015.

MAYER, Giovanna. Notas sobre o regime dos portos brasileiros. *In*: MOREIRA, Egon Bockmann (Coord.). *Portos e seus regimes jurídicos*: a Lei n. 12.815/2013 e seus desafios. Belo Horizonte: Fórum, 2014.

MEIRELLES, Hely Lopes. *Direito administrativo brasileiro*. São Paulo: Malheiros, 2008.

MOREIRA, Egon Bockmann. *Direito das concessões de serviço público*. São Paulo: Malheiros, 2010.

NÓBREGA, Marcos. *Direito da infraestrutura*. São Paulo: Quartier Latin, 2011.

PINTO, Gabriela Miniussi Engler. A revolução silenciosa: o fim dos limites à mutabilidade dos contratos de concessão. *Direito do Estado*, n. 369, 2017. Disponível em: http://www.direitodoestado.com.br/colunistas/gabriela-miniussi-engler-pinto/a-revolucao-silenciosa-o-fim-dos-limites-a-mutabilidade-dos-contratos-de-concessao. Acesso em: 14 fev. 2021.

RIBEIRO, Maurício Portugal; PRADO, Lucas Navarro. *Alteração de contratos de concessão e PPP por interesse da administração pública*: problemas econômicos, limites teóricos e dificuldades reais. Disponível em: https://portugalribeiro.com.br/wp-content/uploads/alteracao-de-contratos-administrativos.pdf. Acesso em: 14 fev. 2021.

SCHIRATO, Vitor Rhein. As infraestruturas privadas no novo marco setorial de portos. *In*: MOREIRA, Egon Bockmann (Coord.). *Portos e seus regimes jurídicos*: a Lei n. 12.815/2013 e seus desafios. Belo Horizonte: Fórum, 2014.

SCHIRATO, Vitor Rhein. Concessões de serviços públicos e investimentos em infraestrutura no Brasil: espetáculo ou realidade? *In*: SUNDFELD, Carlos Ari; JURKSAITIS, Guilherme Jardim. *Contratos públicos e direito administrativo*. São Paulo: Malheiros, 2015.

SUNDFELD, Carlos Ari. Contratos administrativos. Acréscimos de obras e serviços. Alteração. *Revista Trimestral de Direito Público*, São Paulo, n. 2.

SUNDFELD, Carlos Ari. O direito administrativo entre os clips e os negócios. *In*: ARAGÃO, Alexandre Santos de; MARQUES NETO, Floriano de Azevedo (Coord.). *Direito administrativo e seus novos paradigmas*. Belo Horizonte: Fórum, 2008.

SUNDFELD, Carlos Ari; CÂMARA, Jacintho Arruda. Terminais privativos de uso misto. *Revista de Direito Público da Economia – RDPE*, ano 6, n. 23, 2008.

Informação bibliográfica deste texto, conforme a NBR 6023:2018 da Associação Brasileira de Normas Técnicas (ABNT):

SOUZA, Jorge Henrique de Oliveira. Flexibilização dos contratos de arrendamento. *In*: TOJAL, Sebastião Botto de Barros; SOUZA, Jorge Henrique de Oliveira (Coord.). *Direito e infraestrutura*: portos e transporte aquaviário – 20 anos da Lei nº 10.233/2001. Belo Horizonte: Fórum, 2021. v. 1, p. 257-276. ISBN 978-65-5518-210-1.

O MODELO CONHECIDO COMO *PRIVATE LANDLORD PORT* E A CONCESSÃO DE PORTOS NO DIREITO BRASILEIRO

MARCOS AUGUSTO PEREZ

JOÃO HENRIQUE DE MORAES GOULART

ANNA BEATRIZ SAVIOLI

1 Introdução

Atualmente a maioria dos portos brasileiros encontra-se sob controle de entidades estatais. De 21 (vinte e uma) autoridades portuárias listadas oficialmente, 8 (oito) são empresas controladas pelo estado da federação em que o porto se encontra instalado; 7 (sete) são empresas controladas pela União; 2 (duas) são empresas controladas pelo município no qual o porto está situado e 4 (quatro) portos são organizados como autarquias (três estaduais e uma municipal).[1]

---

[1] A pesquisa foi feita a partir da consulta dos sítios eletrônicos das 21 (vinte e uma) autoridades listadas pela Antaq (Agência Nacional de Transporte Aquaviário), a saber: AMAZONAS (Estado). *Superintendência Estadual de Navegação, Portos e Hidrovias* – SNPH. Disponível em: http://transparencia.snph.am.gov.br/; DOCAS DE SANTANA. *Convênio n° 009/2002.* Disponível em: http://www.docasdesantana.com.br/index.php/o-porto/legislacao/3-convenio-n-009-2002; CODEBA. *História.* Disponível em: http://www.codeba.com.br/eficiente/sites/portalcodeba/pt-br/site.php?secao=institucional_historia; COMPANHIA

A União, além de atuar diretamente no setor por meio de várias empresas estatais, detendo o controle acionário do maior porto brasileiro, o Porto de Santos, regula as atividades portuárias pela Antaq (Agência Nacional de Transportes Aquaviários).

As empresas estatais do setor, pelos dados da Secretaria de Coordenação e Governança das Empresas Estatais – Sest, encontram-se marcadas por seguidos prejuízos. A Sest analisou o desempenho econômico de 8 (oito) companhias estatais portuárias e chegou à conclusão de que entre 2014 e 2017 apenas a Companhia Docas do Estado da Bahia – Codeba registrou lucro em todos os anos. A Companhia Docas do Estado do Espírito Santo – Codesa, por exemplo, teve lucros em 2014 e 2015, mas apresentou prejuízo nos anos seguintes. A Companhia Docas

---

DOCAS DO CEARÁ. *Conheça o porto*. Disponível em: http://www.docasdoceara.com.br/conhe%C3%A7a-o-porto; BRASIL. Câmara dos Deputados. *Decreto nº 87.560, de 9 de setembro de 1982*. Disponível em: https://www2.camara.leg.br/legin/fed/decret/1980-1987/decreto-87560-9-setembro-1982-437698-publicacaooriginal-1-pe.html; CODESA. Porto de Vitória. *Carta Anual de Políticas Públicas e Governança Corporativa 2019*. Disponível em: http://codesa.gov.br/scriptcase/file/doc/codesa_arquivos/Carta%20Anual%20de%20Politicas%20Publicas%202019(2).pdf; MARANHÃO (Estado). Decreto nº 34.704, de 18 de março de 2019. *Diário Oficial*, São Luís, ano CXIII, n. 052, 19 mar. 2019. Disponível em: https://www.portodoitaqui.ma.gov.br/public/_files/arquivos/12%20-%20ESTATUTO%20EMAP%2018.03.2019_5cd2c06aaf2b9.pdf; Disponível em: https://www.cdp.com.br/documents/10180/59123/DECRETO+61.300/a6d6a3e0-4059-4372-ae54-2f23be545814; PARAÍBA (Estado). *Lei nº 6.510, de 21 de agosto de 1997*. Disponível em: http://sapl.al.pb.leg.br/sapl/sapl_documentos/norma_juridica/6254_texto_integral; PERNAMBUCO (Estado). Assembleia do Estado de Pernambuco. *Lei nº 11.735 de 30 de dezembro de 1999*. Disponível em: https://www.portodorecife.pe.gov.br/images/galeria/paginas/efrr-lei_de_criacao_n11_735_1999.pdf; COMPLEXO INDUSTRIAL PORTUÁRIO DE SUAPE. *O que é Suape*. Disponível em: http://www.suape.pe.gov.br/pt/institucional/o-que-e-suape; PORTOS DO PARANÁ. *Quem somos*. Disponível em: http://www.portosdoparana.pr.gov.br/Pagina/Quem-somos; DOCAS DO RIO. *Portaria 647/1976*. Disponível em: http://www.portosrio.gov.br/downloads/files/portaria_647_1976.pdf; ARRAIAL DO CABO (Município). *Comap (Companhia Municipal de Administração Portuária)*. Disponível em: http://www.arraialdocabo.com.br/porto-do-forno-arraial-do-cabo/comap-companhia-municipal-de-administracao-portuaria.htm; COMPANHIA DOCAS DO RIO GRANDE DO NORTE – CODERN. *Redução do capital social para compensação parcial de prejuízo acumulado até 31.12.2014*. Disponível em: http://codern.com.br/wp-content/uploads/2016/09/CODERN_Capital_Social_2015.pdf; Disponível em: file:///C:/Users/Thiago/Downloads/Lei-729.97-%E2%80%93-Cria%C3%A7%C3%A3o-da-Sociedade-de-Portos-e-Hidrovias-do-Estado-de-Rond%C3%B4nia.pdf; PORTOS RS. *Quem somos*. Disponível em: http://www.portosrs.com.br/site/comunidade_portuaria/quem_somos; ZENOBINI, Andre. Suprg passa a administrar sistema hidroportuário gaúcho. *RS.gov*, 17 abr. 2017. Disponível em: https://estado.rs.gov.br/suprg-passa-a-administrar-sistema-hidroportuario-gaucho; PORTO DE IMBITUBA. *Quem somos*. Disponível em: http://www.portodeimbituba.com.br/site/quem-somos/; PORTO DE ITAJAÍ. *Apresentação*. Disponível em: http://www.portoitajai.com.br/novo/c/apresentacao; PORTO SÃO SEBASTIÃO. *Quem somos*. Disponível em: http://portoss.sp.gov.br/home/institucional/quem-somos/; SANTOS PORT AUTHORITY. *A companhia*. Disponível em: http://www.portodesantos.com.br/santos-port-authority/a-companhia/. Todos os *links* foram consultados entre 26.1.2021 e 31.1.2021.

do Estado do Rio de Janeiro – Coderj, outro exemplo, muito embora tenha gerado lucros substanciais em 2014, caiu, em 2015, para um prejuízo expressivo de 450 (quatrocentos e cinquenta) milhões de reais e, em 2016, voltou a apresentar resultado negativo não menos expressivo de 200 (duzentos) milhões de reais. Todas as demais companhias analisadas ou tiveram lucro em 2014, passando a apresentar prejuízo desde então, ou só tiveram prejuízo em toda a série analisada.[2]

Os dados denotam que pode haver algo errado na atuação dessas companhias ou alguma falha estrutural na regulação setorial, as quais têm implicado prejuízos reiterados. Em outras palavras, pode ser dito que a exploração do porto pelas empresas gestoras (autoridades portuárias) tem demonstrado relativa ineficiência, fato que já está a comprometer a capacidade de investimento para a ampliação e modernização portuária e, assim, a criar ou agravar um "gargalo" logístico, que, por sua vez, representa um claro obstáculo para o crescimento da participação da economia brasileira no comércio global. Um obstáculo, vale dizer, a ser superado para o desenvolvimento do setor portuário e de todos os setores econômicos dele dependentes, especialmente no que se refere à capacidade de movimentação de cargas.

Os portos são instalações complexas, localizadas em regiões estratégicas (tanto da perspectiva militar como civil) à beira-mar ou nas margens de rios, baías, golfos, lagos, etc., voltadas à movimentação, embarque e desembarque, de cargas ou de passageiros, que associam a utilização de bens (públicos ou privados), com a prestação de vários serviços que afetam direta ou indiretamente os seus usuários.

Os portos são na linguagem econômica classificados como "infraestrutura", isto é, como um equipamento que, do ponto de vista do funcionamento da economia, constitui uma espécie de base sobre a qual se erguem diversos setores econômicos ou, dizendo de outro modo, base que suporta a formação e o desenvolvimento econômico de um país.

Como diz Gómez-Ibáñez:

> A infraestrutura tem características especiais que tradicionalmente justificam ou encorajam o envolvimento do governo. Infraestrutura significa base (infra) da construção (estrutura) e, portanto, geralmente

---

[2] Cf. BRASIL. Sest; Ministério da Economia. *Panorama das estatais*. Disponível em: http://www.panoramadasestatais.planejamento.gov.br/QvAJAXZfc/opendoc.htm?document=paineldopanoramadasestatais.qvw&lang=en-US&host=QVS%40srvbsaiasprd07&anonymous=true. Acesso em: 30 jan. 2021.

abrange serviços ou instalações subterrâneas, como água encanada e esgoto, ou que ficam na superfície, como estradas e ferrovias. Energia elétrica e telecomunicações também estão frequentemente incluídas, embora sejam frequentemente fornecidas por linhas amarradas em postes ou torres, em vez de dutos subterrâneos. Todas essas indústrias envolvem redes que distribuem produtos ou serviços no espaço gráfico geográfico e, na maioria dos casos, as redes são de capital extensivo e os investimentos são duráveis e imóveis. Os setores de infraestrutura costumam ser chamados de serviços públicos (public utilities) [...].[3]

Em 2019 o Brasil foi o 27º maior exportador mundial de mercadorias, com fatia de 1,2% do total global de exportações e o 28º maior importador mundial, com 1,0% de participação no comércio global.[4] Esse resultado correspondia, no referido ano, a uma movimentação portuária de 1,104 bilhão de toneladas de mercadorias, o que representava um crescimento de 31,5% (trinta e um e meio por cento), em relação ao ano de 2010.[5] Em outras palavras, pode-se dizer que uma parte significativa do PIB brasileiro transita pelos nossos portos.

Ou seja, dada sua importância para o funcionamento de diversos setores econômicos, é fundada a preocupação com o mal resultado das referidas companhias e com a falta de investimentos nos portos, especialmente considerando que, no caso brasileiro, todo esse quadro preexistente agravou-se diante dos efeitos econômicos adversos da pandemia de Covid-19.

Calcado nessas preocupações, o Governo brasileiro tem considerado a possibilidade de implantar em determinados portos um modelo conhecido como *private landlord port* (PLP), já experimentado em outros países, como remédio para as mazelas suportadas como fruto de portos ineficientes ou como alavanca para a retomada do crescimento e do investimento neste setor.

A experiência com a adoção desse modelo, no contexto brasileiro, teria como objetivo intensificar o dinamismo da exploração dos referidos portos organizados, por meio do incremento da participação dos atores

---

[3] Cf. GÓMEZ-IBÁÑEZ, José A. *Regulating infrastructure*: monopoly, contracts, and discretion. Cambridge: Harvard University Press, 2003. Edição Kindle (locais do Kindle 95-99). Tradução nossa.

[4] Cf. MOREIRA, Assis. Brasil mantém posição no comércio mundial. *Valor Econômico*, 8 abr. 2020. Disponível em: https://valor.globo.com/mundo/noticia/2020/04/08/brasil-mantm-posio-no-comrcio-mundial.ghtml. Acesso em: 10 fev. 2021.

[5] Cf. SETOR portuário brasileiro movimenta 1,104 bilhão de toneladas em 2019. *Antaq*, 13 fev. 2020. Disponível em: http://portal.antaq.gov.br/index.php/2020/02/13/setor-portuario-brasileiro-movimenta-1104-bilhao-de-toneladas-em-2019/. Acesso em: 10 fev. 2021.

privados e, ao mesmo tempo, reduzir a necessidade de investimentos estatais diretos, voltados à disponibilização dessa infraestrutura.

O objetivo deste texto é perquirir quais são as características jurídicas do PLP e se há compatibilidade desse modelo com a Constituição e com a legislação brasileiras. O fio condutor do trabalho é tentar responder à seguinte questão: a legislação brasileira prevê instrumentos jurídicos capazes de conferir a um particular as prerrogativas e obrigações que o modelo PLP preconiza?

Para tanto, será necessário metodologicamente mirar os modelos atualmente utilizados na gestão e operação portuária mundo afora, tentando compreender, a partir de uma abordagem comparativa, as características que definem o modelo PLP e partir, então, para a análise da aderência dessas características às nossas normas constitucionais e legais.

2 O *private landlord port* (PLP) e as outras modalidades de gestão portuária

A exploração da infraestrutura portuária é dotada de um considerável grau de complexidade derivado da necessidade de coordenação de uma grande quantidade e variedade de atividades realizadas em um porto, somada à gama de equipamentos e edifícios presentes em sua área e à evidente combinação dessas atividades que, por si só, já seriam muito desafiadoras, com a segurança nacional (tanto o terrorismo internacional, como o contrabando são atividades que podem se utilizar da infraestrutura portuária para os seus intentos criminosos).

Essa complexidade deu lugar, ao longo dos anos, à concepção de diferentes modelos de governança portuária. São soluções empíricas, modelos de sucesso sob uma visão geral e global, para exploração dos bens e atividades que integram os portos, as quais importam na conformação de modelos jurídicos com o intuito de circunscrever normativamente as muitas formas de se dividir as funções e competências dos agentes (públicos ou privados) atuantes em cada porto.

Além disso, a exploração de portos, como boa parte das atividades econômicas em sentido amplo, é dinâmica e sujeita a mudanças, o que impacta, consequentemente, na governança portuária.

A globalização da economia, por exemplo, importa no crescimento do comércio internacional e no aumento da competitividade. Esse ambiente exige infraestruturas portuárias eficientes em termos de custo-benefício, capazes de movimentar cargas com rapidez e baixo custo e isso somente se dá com a realização de investimentos e de modernização constantes.

A conciliação desses vetores tem passado pela criação de não muitos modelos de governança ou de gestão portuária. Nesse caso, a governança tende a interagir com as exigências impostas pela realidade econômica, de modo a estimular, em alguns casos, a realização de investimentos e a modernização ou, em outros casos, a constituir um entrave à concretização desses objetivos.

2.1 Modelos de exploração portuária

Nascidos, como visto, a partir da experiência concreta, os chamados modelos de governança portuária não são traduzíveis diretamente para a forma de conceitos jurídicos. São, antes disso, expressões derivadas de discussões de cunho econômico e administrativo voltadas a definir um modelo de exploração portuária a partir de características como o responsável pela implantação, manutenção e operação do porto, o fornecedor de mão de obra ou o prestador de serviços na área do porto, entre os quais se destacam a dragagem, o reboque e o prático.

Para uma visão geral, diga-se que a exploração portuária geralmente engloba atividades como implantação, operação e manutenção dos berços de atracagem, das boias, das vias internas e das sinalizações utilizadas tanto na parte terrestre quando nas vias marítimas do porto. Incluem-se, ainda, instalação, manutenção e operação dos equipamentos utilizados no porto (superestrutura), como guindastes e empilhadeiras, e edifícios nele instalados, como armazéns ou silos.

Desde o final da década de 1980, observa-se a tendência de se aumentar o espaço de atuação de agentes privados nos portos em quase todos os lados do mundo. A tendência valoriza a concorrência entre distintos portos e dentro do próprio porto, visto que a autoridade portuária estatal vai gradativamente deixando de exercer competências operacionais, que são paulatinamente assumidas por uma multiplicidade de empresas privadas, ao mesmo passo em que vai assumindo um papel cada vez mais relacionado à manutenção da infraestrutura do porto, à garantia de sua disponibilização e à organização de sua exploração.[6]

Neste cenário em transformação, passou-se a distinguir os seguintes modelos de organização portuária: o *service port*; o *tool port*;

---

[6] ORGANIZATION FOR ECONOMIC CO-OPERATION AND DEVELOPMENT. *Policy roundtables*: competition in ports and port services. 2011. p. 279.

o *landlord port* (LP); o *fully privatized port* e, finalmente, o *private landlord port* (PLP).[7]

2.1.1 Service port

Caracterizado pela predominância do papel do Poder Público na exploração da infraestrutura portuária e na prestação de serviços relacionados, o modelo de *service port* encontra-se cada vez mais em desuso e é comum, segundo o Banco Mundial, apenas em países em desenvolvimento. Entre os locais que adotam esta forma de organização e divisão de competências no complexo portuário, destacam-se o Porto de Colombo, no Sri Lanka e o Porto de Dar es Salaam, na Tanzânia.[8]

Neste modelo, a autoridade portuária é um órgão estatal, geralmente vinculado a um ministério ou órgão afim, e detém todos os ativos do porto. Também é frequente que, em portos explorados com base no modelo dos *service ports*, a movimentação de cargas seja realizada por uma entidade distinta da autoridade portuária, mas que continua sendo parte integrante da Administração Pública.[9]

Como a exploração do porto é restrita ao Poder Público, não há, no modelo de *service port*, ganho de eficiência associado à concorrência, tal como geralmente ocorre com os portos em que empresas privadas são autorizadas a atuar e competir entre si. Pelas mesmas razões, as operações do porto deixam de ser orientadas às necessidades do mercado e o nível de inovação na exploração do porto é reduzido, segundo a literatura do setor.[10]

---

[7] A classificação adotada (exceto em relação ao modelo PLP) foi divulgada pelo Banco Mundial, em trabalho realizado há mais de uma década e reeditado em 2016, voltado a fornecer aos formuladores de políticas públicas um apoio eficaz à decisão na realização de reformas de "instituições públicas que fornecem, dirigem e regulam serviços portuários em países em desenvolvimento". Cf. WORLD BANK. *Port Reform Toolkit*: Module 3 – Alternative Port Management Structures and Ownership Models. 2. ed. Washington: World Bank, 2007. Disponível em: https://ppp.worldbank.org/public-private-partnership/library/port-reform-toolkit-ppiaf-world-bank-2nd-edition. Acesso em: 7 fev. 2021.

[8] WORLD BANK. *Port Reform Toolkit*: Module 3 – Alternative Port Management Structures and Ownership Models. 2. ed. Washington: World Bank, 2016. p. 82.

[9] TRUJILLO, Lourdes; NOMBELA, Gustavo. *Privatization and regulation of the seaport industry*. Policy Research Working Paper. World Bank: Washington, 1999. p. 11 e WORLD BANK. *Port Reform Toolkit*: Module 3 – Alternative Port Management Structures and Ownership Models. 2. ed. Washington: World Bank, 2016. p. 82.

[10] WORLD BANK. *Port Reform Toolkit*: Module 3 – Alternative Port Management Structures and Ownership Models. 2. ed. Washington: World Bank, 2016. p. 84.

2.1.2 Tool port

Apesar de manter a participação preponderante da Administração Pública na prestação de serviços portuários e na manutenção do porto, o modelo de *tool port*, diferentemente do *service port*, conta com a presença de empresas privadas atuando no complexo portuário. Enquanto a autoridade portuária estatal permanece responsável pelas estruturas básicas do porto, os serviços de movimentação de cargas passam a ser realizados por empresas privadas contratadas ou autorizadas pela autoridade portuária.[11]

O modelo de *tool port* é adotado tanto em países em desenvolvimento quanto em países desenvolvidos, havendo exemplos desta forma de governança em alguns portos em Bangladesh e na França. Um fator que contribui decisivamente para o *tool port* não ser amplamente utilizado consubstancia-se nos conflitos que tendem a derivar do fato de o responsável por processar as cargas nos terminais portuários não deter os equipamentos (superestrutura) necessários para tanto.[12]

Essa fragmentação de responsabilidades faz com que seja frequente o descasamento de expectativas entre os agentes que atuam no porto. Pode ocorrer, por exemplo, que um operador portuário, ao requisitar o uso de guindastes e empilhadeiras, se depare com o cenário no qual os equipamentos não estão disponíveis ou se encontram em manutenção, porque não é ele (operador) quem possui tais meios, mas é ele próprio quem sofrerá as consequências em decorrência da referida indisponibilidade.

Entretanto, o modelo de *tool port* também possui vantagens dignas de destaque. Em um quadro no qual o setor privado ainda não é capaz de participar de forma ativa da exploração do porto, o formato *tool port* tende a consubstanciar um estágio importante de transição para o modelo de *landlord port*, visto que ele reduz os investimentos iniciais necessários por parte do parceiro privado.[13]

---

[11] TRUJILLO, Lourdes; NOMBELA, Gustavo. *Privatization and regulation of the seaport industry*. Policy Research Working Paper. World Bank: Washington, 1999. p. 11.

[12] WORLD BANK. *Port Reform Toolkit*: Module 3 – Alternative Port Management Structures and Ownership Models. 2. ed. Washington: World Bank, 2016. p. 82.

[13] WORLD BANK. *Port Reform Toolkit*: Module 3 – Alternative Port Management Structures and Ownership Models. 2. ed. Washington: World Bank, 2016. p. 83.

2.1.3 Landlord port (LP)

A partir do momento em que os agentes privados são responsáveis pela instalação, manutenção e operação dos equipamentos do porto que sejam de seu próprio uso e pela prestação de serviços portuários (principalmente movimentação de carga, com a autoridade portuária estatal se ocupando apenas dos berços de atracagem, boias, vias internas e sinalizações utilizadas tanto na parte terrestre quando nas vias marítimas do porto (infraestrutura em sentido estrito), a organização do porto passa a se enquadrar no modelo LP.

Neste quadro de divisão de funções, a autoridade portuária estatal, atuando como senhorio (*landlord*), é competente para a ordenação territorial do porto, ou seja, a elaboração de planos de ocupação e regulamentos do uso das áreas do porto.

Como consequência de sua função ordenadora, a autoridade portuária estatal também acumula a função de credenciar os operadores portuários, de modo a evitar uma saturação no uso da infraestrutura portuária, e de ceder de forma onerosa o espaço do porto para que empresas privadas construam suas instalações e explorem certas áreas no porto. Nesse modelo, o fornecimento de trabalhadores deixa de ser uma competência exclusiva da autoridade portuária ou da organização responsável por gerir a mão de obra no complexo portuário, pois em algumas hipóteses os estivadores podem ser empregados diretamente pelas operadoras dos terminais arrendados.[14]

Nesse modelo a infraestrutura é geralmente alugada ou arrendada para "operadores privados ou para indústrias como refinarias, terminais de tanques e fábricas de produtos químicos".[15]

Quanto às cessões ou concessões onerosas, uma vez celebrado com a autoridade portuária o contrato que viabiliza a ocupação de dada área do porto, a ocupante pode com maior liberdade construir as edificações necessárias e instalar os equipamentos utilizados em suas operações. Como a autoridade portuária é responsável apenas por algumas estruturas de uso comum e pelo ordenamento do porto, há ainda, em alguns dos portos que adotam o formato LP, a possibilidade de a autoridade portuária contratar a realização de obras e investimentos necessários por um agente econômico privado. Em todos os casos, se o

---

[14] WORLD BANK. *Port Reform Toolkit*: Module 3 – Alternative Port Management Structures and Ownership Models. 2. ed. Washington: World Bank, 2016. p. 83.
[15] WORLD BANK. *Port Reform Toolkit*: Module 3 – Alternative Port Management Structures and Ownership Models. 2. ed. Washington: World Bank, 2016. p. 83.

contratado constrói uma nova instalação no porto e a explora por um período específico, terá que reverter essas instalações para a autoridade portuária ao término do contrato.[16]

No modelo LP, frise-se, nem a concessão de obra nem a cessão de área do porto implicam delegação das funções da autoridade portuária a um terceiro. O estímulo dado à eficiência, nesse modelo, decorre do fato de que, por meio da transferência do uso de áreas do complexo portuário e do credenciamento de diversos operadores, insere-se certo grau de competição na exploração do porto.[17] Esse é o modelo mais utilizado no mundo e, em boa medida, o utilizado atualmente no Brasil para os chamados portos organizados, ou, caso se prefira, portos públicos.

2.1.4 *Fully privatized port*

No nível máximo de privatização da governança de portuária, o modelo *fully privatized port* é marcado pela ausência de uma autoridade portuária estatal. O poder público, neste modelo, aliena a área física, os bens imóveis do porto, a um particular que passa a geri-lo como um empreendimento totalmente privado, sem interferência governamental direta. É um modelo raro que, segundo os levantamentos do Banco Mundial, é utilizado somente em alguns casos no Reino Unido e na Nova Zelândia.[18]

A remuneração do proprietário do porto, no modelo de *fully privatized port*, se dá em função de sua capacidade de atrair clientes ou parceiros de negócio para o porto. Há ampla flexibilidade quanto ao modo de contratar e ao objeto dos contratos a serem firmados com terceiros (o que pode, inclusive, levar o proprietário do porto a ceder áreas para empreendimentos que não sejam estritamente vinculados às finalidades portuárias).

---

[16] ORGANIZATION FOR ECONOMIC CO-OPERATION AND DEVELOPMENT. *Policy roundtables*: competition in ports and port services. 2011. p. 282.

[17] Exemplos de aplicação concreta do LP são Rotterdam, Antuérpia, Nova York e, desde 1997, Cingapura. Cf. WORLD BANK. *Port Reform Toolkit*: Module 3 – Alternative Port Management Structures and Ownership Models. 2. ed. Washington: World Bank, 2016. p. 83.

[18] WORLD BANK. *Port Reform Toolkit*: Module 3 – Alternative Port Management Structures and Ownership Models. 2. ed. Washington: World Bank, 2016. p. 83. A pesquisa não considerou os terminais portuários privados no Brasil, *e.g.*, as estruturas portuárias administradas pela DP World Santos (cf. DP WORLD SANTOS. *Página inicial*. Disponível em: http://www.dpworldsantos.com. Acesso em: 10 fev. 2021) e pela Porto do Açu (cf. PORTO DO AÇU. *Página inicial*. Disponível em: https://portodoacu.com.br/sobre-o-porto/porto-do-acu/. Acesso em: 10 fev. 2021).

No caso do Reino Unido, o tipo de organização de *fully privatized port* foi adotado durante a década de 1980, quando a rede de portos, então predominantemente estatal, passou por um amplo processo de privatização de modo que, em 2012, 15 dos 20 maiores portos em termos de peso de carga movimentada eram operados integralmente pelo setor privado.[19] No âmbito de seus *fully privatized ports*, o Estado britânico exerce apenas a função de planejamento, que visa ao desenvolvimento do setor portuário no longo prazo, esta competência se concretiza por meio da elaboração de proposições de desenvolvimento de novos empreendimentos, pela aprovação de projetos para criação de novos portos e ainda pelo acompanhamento destes últimos, de modo a averiguar se as normas legais e regulamentares foram devidamente observadas.[20] Não há uma regulação setorial, propriamente dita, mas obviamente o proprietário do porto sujeita-se a regras de caráter concorrencial e ambiental.

O proprietário do porto explora os ativos a ele transferidos, além de realizar e cobrar pelos serviços portuários livremente: cobra preço privado das usuárias de suas instalações; realiza os empreendimentos imobiliários que julgar rentáveis (o contrato *built to suit* é bastante utilizado); aloca e realoca as áreas do porto como bem entender, vinculando-se exclusivamente aos contratos que vier a firmar com clientes ou parceiros, procura, com os frutos econômicos da exploração, garantir a manutenção e investir na modernização da infraestrutura portuária e das vias navegáveis que dão acesso ao porto, sem as quais a sua capacidade de atrair clientes ou parceiros se reduz.

2.1.5 *Private landlord port* (PLP)

O PLP é o meio-termo entre o modelo LP e o *fully privatized port* e poderia ser traduzido como a implantação de gestão privada sobre o porto ou como a delegação da gestão plena do porto a um agente privado.[21]

---

[19] Sobre o procedimento de privatização dos portos britânicos, v. THOMAS, B. J. The privatization of United Kingdom seaports. *Maritime Policy & Management*, v. 21, n. 2, p. 135-148, 1994 e SAUNDRY, R.; TURNBULL, P. Private profit, public loss: the financial and economic performance of U.K. ports. *Maritime Policy & Management*, v. 24, n. 4, p. 319-334, 1997.

[20] DEPARTMENT FOR TRANSPORT. *National Policy Statement for Ports*. Londres: Stationery Office, 2012. p. 10-12.

[21] O PLP é um modelo recente. As experiências em torno desta forma de governança ocorreram ao longo da última década. O Banco Mundial destacava, em 2007, que os contratos que

O particular passa, nesse modelo, a desempenhar a um só tempo o papel da antiga autoridade pública portuária e de "senhorio" (*landlord*) do porto em relação a todos os seus atores. Atua como se fosse proprietário ou, melhor dizendo, no exercício dos poderes que lhe forem delegados pelo verdadeiro proprietário, o Poder Público. Assim, o gestor privado do porto dispõe de ampla liberdade negocial, inclusive no que tange à possibilidade de contratar com terceiros a exploração de áreas ou instalações portuárias no interior do porto organizado.

Geralmente, a delegação das funções de gestão e dos poderes dominiais que ocorrem no PLP é acompanhada pelo pagamento de uma remuneração ao Poder Público. A remuneração tem, em alguns casos, sido revertida a um fundo destinado a financiar obras e manutenção ou modernização da infraestrutura portuária,[22] a qual, por algum motivo (os estudos de modelagem é que poderão embasar esse tipo de decisão), tenha ficado sob encargo do Poder Público.

2.1.5.1 Elementos fundamentais

O primeiro traço do modelo de PLP que deve ser destacado é o fato de a *autoridade portuária passar a ser uma empresa privada* que celebrou um contrato com a Administração Pública para assumir, como gestor delegado, esta posição. Em decorrência deste acordo, o gestor privado ou concessionário passa a deter o *direito de gerenciar os ativos do porto, planejar o desenvolvimento portuário e garantir a manutenção das estruturas* do porto.[23]

Além disso, o gestor privado passa a poder fixar os preços a serem cobrados dos usuários do porto. Deixa de prevalecer o regime tarifário em sentido estrito, ou seja, o preço deixa de ser prerrogativa

---

delegavam a atividade das autoridades portuárias ao setor privado – i.e., *master concession* – eram raros, sendo que nenhum exemplo foi fornecido no documento já várias vezes citado: WORLD BANK. *Port Reform Toolkit*: Module 3 – Alternative Port Management Structures and Ownership Models. 2. ed. Washington: World Bank, 2016. p. 116-117.

[22] CHEN, Peggy Shu-Ling; PATEMAN, Hilary; SAKALAYEN, Quazi. The latest trend in Australian port privatization: drivers, processes and impacts. *Research in Transportation Business & Management*, v. 22, p. 201-213, mar. 2017. p. 203. Além disso, cabe ainda destacar propostas de adoção do modelo de PLP no Brasil ainda na década de 1990, em função de altos custos operacionais dos portos brasileiros. Nesse sentido, cf. ALMEIDA, Eduardo; ELSTRODT, Heinz Peter; MARTINS, Mauro. O caminho ideal para a privatização dos portos brasileiros. *Revista Conjuntura Econômica*, Rio de Janeiro, v. 50, n. 12, p. 19-22, dez. 1996.

[23] VILLELA, Thaís Maria de Andrade. *Estrutura para exploração de portos com autoridades portuárias privadas*. 2009. Tese (Doutorado em Transportes) – Faculdade de Tecnologia, Universidade de Brasília, 2013. p. 24-25.

pública e passa a ser um direito subjetivo do gestor privado, ainda que a regulação, em tese, possa impor determinados limites ao exercício dessa liberdade.

Acompanha a delegação da gestão, ainda, o direito de ceder as áreas do porto, conforme entender conveniente, para empresas interessadas em explorar terminais e atuarem como operadoras portuárias.[24]

A principal diferença deste modelo em relação ao *fully privatized port* está no fato de que o Poder Público não aliena ao particular as áreas que integram o complexo portuário, não há transferência plena do domínio público sobre os imóveis que formam o porto. O gestor privado, por sua vez, como consequência disso, também não pode dispor deste domínio pleno em favor terceiros.[25]

Além disso, as atividades regulatórias associadas à exploração portuária – *e.g.*, a regulamentação do manuseio de cargas perigosas, questões ambientais e o controle de acesso de navios nos canais do porto e todos os demais itens associados à ideia de uma regulação setorial – continuam sendo realizadas por entidades públicas.[26]

O papel regulador do Poder Público, a bem da verdade, tende a ganhar importância nesse modelo. Se, por um lado, a introdução do setor privado no papel antes ocupado por autoridades públicas contribui para a produtividade e flexibilidade da gestão do porto, por meio da redução de interferências burocráticas e políticas,[27] por outro, o potencial aumento dos valores dos preços cobrados dos usuários e dos contratos de cessão de espaço do porto, as assimetrias eventualmente criadas em relação à competição, dentro do porto, por meio de processos de integração vertical[28] dos quais participe a própria gestora do porto, entre outros riscos à eficiência devem ser mitigados ou neutralizados por meio do exercício da função reguladora.

---

[24] CHEN, Peggy Shu-Ling; PATEMAN, Hilary; SAKALAYEN, Quazi. The latest trend in Australian port privatization: drivers, processes and impacts. *Research in Transportation Business & Management*, v. 22, p. 201-213, mar. 2017. p. 208.

[25] GOLDBERG, David Joshua Krepel. *Regulação do setor portuário no Brasil*: análise do novo modelo de concessões de portos organizados. 2009. Dissertação (Mestrado em Engenharia) – Escola Politécnica, Universidade de São Paulo, São Paulo, 2009. p. 62.

[26] CHEN, Peggy Shu-Ling; PATEMAN, Hilary; SAKALAYEN, Quazi. The latest trend in Australian port privatization: drivers, processes and impacts. *Research in Transportation Business & Management*, v. 22, p. 201-213, mar. 2017. p. 208.

[27] GOLDBERG, David Joshua Krepel. *Regulação do setor portuário no Brasil*: análise do novo modelo de concessões de portos organizados. 2009. Dissertação (Mestrado em Engenharia) – Escola Politécnica, Universidade de São Paulo, São Paulo, 2009. p. 57.

[28] CHEN, Peggy Shu-Ling; PATEMAN, Hilary; SAKALAYEN, Quazi. The latest trend in Australian port privatization: drivers, processes and impacts. *Research in Transportation Business & Management*, v. 22, p. 201-213, mar. 2017. p. 209-210.

O PLP pressupõe apenas a delegação das atividades antes desempenhadas pela autoridade portuária estatal a um particular, não havendo nenhum obstáculo genérico à regulação das atividades do gestor e de todos os agentes privados que atuam no porto, exceto no que se refere à proporcionalidade dessa regulação, afinal não faria o menor sentido que o Estado realizasse todo um esforço de mudança de modelo, com todos os custos de transação a isso associados, com a finalidade de tornar mais ágil, flexível e eficiente a gestão portuária, para, em um momento seguinte, retirar do agente privado todas essas vantagens, por intermédio de uma regulação muito restritiva da atuação dos particulares.

Na prática, como se verá adiante, as experiências internacionais de PLP não dispensam a atuação de uma autoridade de regulação, cujo foco tem geralmente estado voltado para a prevenção ou coação de eventual abuso de posição dominante do gestor privado do porto.

2.1.5.2 Experiências internacionais

Por se tratar de um modelo relativamente recente de exploração portuária, o *private landlord port* se encontra efetivamente implantado em poucos locais. Destacam-se duas experiências: a do Porto de Melbourne, na Austrália, cuja autoridade portuária foi transferida em 2016 do estado de Victoria para o Lonsdale Consortium e para além do ambiente jurídico anglo-saxão, a concessão do Porto de Pireu, na Grécia, para a companhia chinesa COSCO Shipping, também em 2016.

2.1.5.2.1 O caso do Porto de Melbourne

Em 2016, com o *Delivering Victorian Infrastrucutre Act*, o Parlamento do estado australiano de Victoria autorizou a celebração de um contrato de *lease* por meio do qual o Porto de Melbourne foi cedido, por 50 anos, a um gestor privado ali designado de detentor da licença portuária – nada mais do que o delegatário da gestão do porto –, que aqui será chamado indistintamente de gestor ou delegatário.

O contrato de *lease* neste caso fez as vezes do instrumento para delegação da gestão do porto ao privado, sendo próximo do que seria uma concessão no direito brasileiro. A contrapartida pela exploração do

Porto de Melbourne é o pagamento de um valor anual – assemelhado à outorga – de aproximadamente 80 milhões de dólares australianos.[29] Até 2016, e desde 2003, o Porto de Melbourne adotava o modelo de LP, mas, com a celebração do instrumento de delegação da gestão, as atividades normalmente atribuídas à autoridade portuária foram concedidas ao delegatário, mantendo o estado apenas a titularidade da área do porto, em linha com a ideia do modelo de PLP.[30] Em relação às atividades do gestor do porto, o *Port Management Act* – estatuto que rege o Porto de Melbourne e estruturas portuárias secundárias do Estado de Victoria – especifica que o delegatário é competente para regulamentar e fiscalizar o uso da área portuária, podendo, para tanto, impor restrições a qualquer atividade que possa apresentar um risco de segurança,[31] além de dever elaborar um plano de gestão ambiental e da segurança portuária[32] e uma estratégia de desenvolvimento do porto, podendo, caso julgue necessário, propor ao governo estadual a expansão das áreas do complexo portuário.[33]

Além de ser responsável por ordenar a ocupação do Porto de Melbourne, o gestor também é competente para celebrar contratos para cessão dos espaços do porto para empresas de movimentação de cargas e de logística.[34] A contratação pelo gestor é dotada de certa flexibilidade, havendo tanto procedimentos de oferta ao público quanto contratações diretas.[35] Sobre os contratos para a operação das funções portuárias, tem-se que, ao assumir a operação do Porto de Melbourne, o gestor assumiu todos os contratos vigentes. Eventuais negociações, na transição dos modelos, entre a antiga autoridade portuária e os ocupantes ocorrem por meio de um procedimento no qual elas podem optar pela negociação direta ou levar a questão a um terceiro imparcial.[36]

A outra fonte de renda do delegatário decorre da cobrança de valores (preços privados que deixam de obedecer à lógica jurídica

---

[29] ESSENTIAL SERVICES COMMISSION. *The Port of Melbourne Regulatory Regime*: Overview of the Port of Melbourne and the Essential Services Commission's Regulatory Roles. Melbourne: Essential Services Commission, 2017. p. 8.
[30] Seção n° 11 do *Delivering Victorian Infrastrucutre Act*.
[31] Seção n° 88Y do *Port Management Act*.
[32] Seção n° 91C do *Port Management Act*.
[33] Seção n° 91K do *Port Management Act*.
[34] ESSENTIAL SERVICES COMMISSION. *The Port of Melbourne Regulatory Regime*: Overview of the Port of Melbourne and the Essential Services Commission's Regulatory Roles. Melbourne: Essential Services Commission, 2017. p. 27.
[35] Seção n° 49 do *Port Management Act*.
[36] ESSENTIAL SERVICES COMMISSION. *Port of Melbourne* – Market Inquiry: Interim Report. Melbourne: Essential Services Commission, 2020. p. 4-5.

tarifária) pela disponibilização da infraestrutura portuária de uso compartilhado, isto é, os berços de atracação, os canais de acesso ao porto[37] e a estrutura terrestre do porto utilizada para o transporte de cargas. Os preços são fixados pelo gestor do porto, sendo que eles devem ser precedidos de consultas aos usuários portuários, além de observar condicionamentos legais eventualmente existentes.[38]

Há uma entidade reguladora estadual, Essential Services Commission, competente para estabelecer os parâmetros de qualidade na prestação dos serviços portuários, a regulamentação do acesso às infraestruturas portuárias[39] e os critérios para fixação dos preços cobrados pelo gestor,[40] caso estes não sejam eventualmente fixados pelo governo estadual, por meio de *pricing orders*.[41] Em relação ao preço negociado com as empresas que ocupam espaços do porto, a Essential Services Commission pode averiguar se o gestor do porto praticou abuso de posição dominante[42] e, se assim for, impor regulações sobre o valor dos contratos para a operação das funções portuárias.[43]

A Victorian Ports Corporation Melbourne, antiga autoridade portuária de Melbourne, tornou-se a entidade pública responsável por exercer a função de capitania, controlando o uso das vias de acesso marítimo ao porto e fiscalizando algumas atividades nele executadas,

---

[37] A flexibilidade de contratação é destacada pelo relatório da Essential Services Commission sobre os arrendamentos celebrados pela delegatária. Segundo a referida comissão, os arrendamentos celebrados desde a delegação do Porto de Melbourne ocorrem segundo os padrões e processos estabelecidos pela delegatária (ESSENTIAL SERVICES COMMISSION. *Port of Melbourne*: Market Rent Inquiry 2020 - Public Report. Melbourne: Essential Services Commission, 2020. p. 5). Além disso, ressalta-se que a própria operadora do Porto de Melbourne realiza licitações privadas para selecionar os interessados em ocupar um espaço específico do complexo portuário.

[38] ESSENTIAL SERVICES COMMISSION. *The Port of Melbourne Regulatory Regime*: Overview of the Port of Melbourne and the Essential Services Commission's Regulatory Roles. Melbourne: Essential Services Commission, 2017. p. 13-14.

[39] Seção nº 55 do *Port Management Act*.

[40] Seções nºs 49 e 54 do *Port Management Act*.

[41] A título de exemplo, vale destacar o conteúdo da *princing order* publicada pelo governo do estado de Victoria em 24.6.2016. A referida decisão estabelece critérios para discriminação de preços por parte da autoridade portuária em sua relação com as usuárias do porto e parâmetros a serem observados por aquela ao estabelecer o valor das tarifas, como custos de transação e a capacidade de os usuários do porto responderem aos sinais de preço.

[42] Seção nº 53 do *Port Management Act*.

[43] ESSENTIAL SERVICES COMMISSION. *Port of Melbourne*: Market Rent Inquiry 2020 - Public Report. Melbourne: Essential Services Commission, 2020. p. 5. No referido relatório, a Essential Service Commission afirma que há indícios de que a referida operadora possui sim poder de mercado e é capaz de abusar de sua posição dominante em relação às demais empresas que atuam no complexo portuário. Frente a este cenário, a Essential Service Commission propõe quatro opções de alterações regulatórias para solucionar o problema encontrado.

além de continuar sendo responsável pela operação de um píer dedicado ao transporte de passageiros à ilha da Tasmânia.[44]

Sobre os resultados da experiência de Melbourne até o momento, vale destacar que ela tem possibilitado a realização de investimentos em infraestrutura pelo estado de Victoria por meio dos valores arrecadados a partir da contrapartida paga anualmente pelo delegatário, ao mesmo tempo em que o agente privado encarregado das funções de autoridade portuária tem realizado uma série de investimentos para a modernização e para o aumento da capacidade de movimentação de carga do porto.[45] Contudo, o modelo não é imune a conflitos, notadamente relacionados à acusação de que o delegatário teria abusado de sua posição dominante (há relatório recente da Essential Services Commission sobre o tema), em função de seu monopólio sobre a cessão dos espaços no porto, reforçada pela falta de transparência no exercício de certas prerrogativas fixadas pelo contrato de delegação da gestão portuária (*lease*). Resultados indesejados do abuso da posição dominante seriam práticas como o aumento arbitrário dos valores dos preços cobrados dos usuários, a redução da oferta de espaços para cessão e o desvio das negociações de cessão de espaço em benefício próprio.[46]

2.1.5.2.2 A concessão do Porto de Pireu

Em função da crise econômica enfrentada pela Grécia ao longo da última década, o governo grego optou por transferir uma série de ativos de sua propriedade para parceiros privados por meio de contratos de concessão, o que englobou os portos de titularidade estatal. Embora mais de um porto tenha sido concedido, destaca-se o caso do Porto de Pireu, próximo de Atenas, em função de seu porte e de sua importância econômica (Pireu é um dos principais portos europeus no Mediterrâneo).

---

[44] ESSENTIAL SERVICES COMMISSION. *The Port of Melbourne Regulatory Regime*: Overview of the Port of Melbourne and the Essential Services Commission's Regulatory Roles. Melbourne: Essential Services Commission, 2017. p. 6-7.

[45] O Fundo de Transporte do Estado de Victoria – i.e., *Victorian Transport Fund* – foi criado por meio da própria lei que autorizou o contrato de *lease* do Porto de Melbourne, isto é, o *Delivering Victorian Infrastrucutre (Port of Melbourne Lease Transaction) Act*. Quanto aos investimentos futuros da concessionária, destaca-se o conteúdo do *Port Development Strategy 2050*, que prevê expansões para 2035 como o aumento do número de berços de atracação e a expansão das áreas para contêineres e granéis.

[46] ESSENTIAL SERVICES COMMISSION. *Port of Melbourne*: Market Rent Inquiry 2020 - Public Report. Melbourne: Essential Services Commission, 2020. p. 5.

O Porto de Pireu era administrado pela Autoridade do Porto de Pireu, que, até 2016, era uma sociedade de economia mista com participação majoritária do Estado, tendo sido privatizada e seu controle entregue, reitere-se, à empresa chinesa Cosco Shipping. Contudo, como a titularidade do terreno do porto continua sendo estatal, a venda dos ativos da autoridade portuária foi acompanhada da celebração de um contrato de concessão entre a antiga Autoridade do Porto de Pireu, que passou a ser uma empresa privada, e o Estado grego.[47]

A concessionária do Porto de Pireu passou então a assumir as atividades normalmente associadas às autoridades portuárias, o que é demonstrado no relatório de responsabilidade corporativa da Autoridade do Porto de Pireu, no qual se encontram destacadas iniciativas como a expansão de terminais de passageiros, a construção de um píer para movimentação de petróleo e derivados e a expansão do terminal destinado ao armazenamento de veículos.[48] A manutenção da infraestrutura portuária é financiada por meio dos valores que a concessionária cobra dos usuários do porto, que são devidamente publicados por meio de um regulamento da própria companhia.

A contratação pela Autoridade do Porto de Pireu é realizada com base em um regulamento de contratos e "subconcessões" cuja criação foi prevista pela Lei nº 4.404/2016. Os contratos de subconcessão realizados pela concessionária do Porto de Pireu devem ser precedidos de um procedimento de oferta ao público[49] a menos que o valor do contrato seja de baixo valor.[50] Após o prazo para apresentação de propostas, a escolha do projeto é realizada com base nos critérios divulgados previamente pela Autoridade do Porto de Pireu.

Cabe enfim ressaltar que, em 2014, a Grécia criou um órgão regulador exclusivo para o setor portuário, a Autoridade Reguladora de Portos, a qual compete supervisionar o cumprimento das normas legais por parte das gestoras portuárias, propor medidas para incentivar a competição no setor, supervisionar o licenciamento dos prestadores de

---

[47] PALLIS, Athanasios A.; VAGGELAS, George K. A Greek prototype of port governance. *Research in Transportation Business & Management*, v. 22, p. 49-57, mar. 2017. p. 53.
[48] O plano de responsabilidade corporativa de 2018 da Autoridade do Porto de Pireu foi acessado por meio do *site* da referida companhia.
[49] Art. 18 do regulamento de contratos e subconcessões.
[50] Ressalte-se que, embora o referido regulamento utilize a expressão *sub-concessions*, não se pode afirmar que o significado deste termo é o mesmo do conceito de subconcessão utilizado pelo direito brasileiro. Na realidade, a redação do regulamento do Porto de Pireu possui uma conotação voltada muito mais a uma simples cessão dos espaços do porto do que a uma delegação das atividades da autoridade portuária a uma subconcessionária.

serviços portuários e criar parâmetros para a determinação dos preços fixados pela autoridade portuária.[51] Observe-se que, se a Grécia foi instada a adotar esse modelo diante da necessidade de grande contensão de gastos públicos,[52] no estado de Victoria as razões do modelo estão associadas à eficiência e à necessidade de modernização do porto, inclusive no que se refere às relações comerciais que se estabelecem no interior do porto. Isso mostra que o modelo pode realmente fazer sucesso entre nós, apesar dos evidentes custos que a transição do atual regime para o novo enseja, pois ele pode vir a combinar contensão de gastos públicos com investimento privado em modernização, ampliação e abertura do mercado.

A experiência grega é importante por demonstrar que não há uma associação obrigatória entre o modelo PLP e o direito de base anglo-saxã, ainda que, ao comparar mais profundamente o contrato de *lease* do caso australiano, com o contrato de concessão, do caso grego, se chegue à conclusão de que a distinção entre ambos esteja mais associada à nomenclatura do que aos direitos e obrigações materializados pelo contrato e que ambos são espécies claramente vizinhas, para dizer o mínimo, do contrato de concessão brasileiro.

3 O direito brasileiro e o modelo *private landlord port*

A fim de analisar a viabilidade jurídica da implementação do modelo de PLP no Brasil, faz-se necessário verificar a aderência do modelo que, em linhas gerais, foi estudado, ao arcabouço normativo ao qual estão sujeitos os portos no ordenamento brasileiro.

Para tanto, é necessário analisar o tratamento constitucional conferido aos portos brasileiros e, em seguida, os regramentos constantes da Lei nº 12.815/2013, marco legal do setor portuário.

---

[51] PALLIS, Athanasios A.; VAGGELAS, George K. A Greek prototype of port governance. *Research in Transportation Business & Management*, v. 22, p. 49-57, mar. 2017. p. 54.

[52] A concessão do Porto de Pireu foi objeto de discussão da Grécia com o Fundo Monetário Internacional, a Comissão Europeia e o Banco Mundial e, no começo, a escolha mais evidente era apenas a intensificação da cessão de espaços do porto e redução das atividades da autoridade portuária. Com o andar das discussões, a decisão caminhou para a concessão do porto. A respeito deste desenvolvimento, cf. PALLIS, Athanasios A.; VAGGELAS, George K. A Greek prototype of port governance. *Research in Transportation Business & Management*, v. 22, p. 49-57, mar. 2017. p. 56.

3.1 O desenho constitucional da gestão portuária

A submissão, em maior ou menor grau, do regime portuário à regulação estatal é um tema político e jurídico que há muito tem sido pautado entre nós. É possível identificar, em todas as constituições brasileiras anteriores à de 1988, alguma preocupação com os portos, tanto com relação à competência legislativa, como ao equilíbrio federativo[53] ou à segurança das fronteiras nacionais.[54]

Inovou o texto da Constituição Federal de 1988 que, para além de conferir competência legislativa do tema à União (redação essa que tem sido replicada desde a Constituição de 1937), delimitou, pela primeira vez, os contornos do regime jurídico da exploração portuária. Nesse sentido, dispõe o art. 21:

> Art. 21. Compete à União: [...]
> XII - explorar, diretamente ou mediante autorização, concessão ou permissão: [...]
> f) os portos marítimos, fluviais e lacustres; [...].

A partir de referido dispositivo, a Constituição brasileira traçou duas principais diretrizes para a exploração portuária. Primeiro, centralizou na União a competência para explorar os portos marítimos, fluviais e lacustres, sem prejuízo de que essa se valha de outros instrumentos de cooperação interfederativa ou de delegação para a iniciativa privada. Segundo, tentou flexibilizar o regime jurídico para a delegação e a exploração econômica dos portos (alguns denominam essa flexibilização com a singela expressão "assimetria regulatória"),[55] estabelecendo que elas podem se dar mediante vínculos distintos: autorização, concessão ou permissão.

No direito brasileiro ainda há muita confusão teórica sobre o tema dos distintos vínculos jurídicos que possibilitam ao particular

---

[53] Na Constituição de 1934, por exemplo, o art. 18 fazia referência ao equilíbrio federativo, uma vez que vedava à União *decretar impostos que não fossem uniformes em todo o território nacional, ou que* importassem *distinção em favor dos portos de uns contra os de outros estados*. Essa mesma referência ao equilíbrio também aparece na redação da Carta de 1937 (nos termos do art. 34).

[54] A Constituição de 1934 também outorgava competência privativa à União para explorar as vias férreas que ligavam diretamente portos marítimos a fronteiras nacionais, conforme inc. VIII do art. 5º.

[55] Cf. GARCIA, Flavio Amaral; FREITAS, Rafael Véras de. Portos brasileiros e a nova assimetria regulatória: os títulos habilitantes para a exploração da infraestrutura portuária. *Revista de Direito Público da Economia – RDPE*, Belo Horizonte, ano 12, n. 47, p. 85-124, jul./set. 2014.

explorar uma atividade econômica entre aquelas listadas no art. 21, XII, da Constituição Federal (como ocorre com a atividade portuária) e há, infelizmente, pouca literatura jurídica interessada realmente em tentar conciliar os diferentes entendimentos que foram sendo criados, na exata medida em que o antigo conceito de serviço público foi se modificando ao longo do século XX e, com mais intensidade, a partir dos anos 1990.[56]

De fato, quando se percorre a legislação brasileira, ao se estudar, setor a setor, como as expressões concessão, permissão e autorização são utilizadas, nota-se que não há uniformidade em seu emprego e que, seja por conta dessa falta de uniformidade, seja por conta de a Constituição não delimitar de forma clara o regime jurídico a ser adotado para a delegação ou para a outorga aos particulares de atividades econômicas sobre as quais repousa grande interesse público, não se deve tomar a Constituição como um arranjo fechado em torno de regimes jurídicos específicos, como muitos parecem desejar.

A Constituição, ao expressar-se de forma aberta, fazendo referência a distintos vínculos jurídicos, teve a intenção de remeter ao legislador o poder para delimitar o conteúdo das expressões *autorização, concessão* e *permissão,* como, de qualquer sorte, vem sendo feito desde então por um fragmentado (talvez excessivamente fragmentado, é bem verdade) e não uniforme sistema legal.

Não há que se interpretar a Constituição de modo a extrair dela a sua submissão ao conceito de um serviço público à francesa (em termos clássicos, não nos termos atuais, pois mesmo na pátria-mãe do conceito de serviço público este vem passando por intensas transformações), identificando-se todas as atividades enumeradas pelo art. 21, XII, da Constituição Federal com um serviço público em sentido lato e, mais, com um regime jurídico único de matriz pública e derrogatória do direito comum.

É justamente o oposto disso que se pode retirar do texto constitucional brasileiro. Retira-se, sim, que há diferentes formas de vínculo, de delegação ou de outorga para as atividades enumeradas pelo art. 21, XII, da Constituição e que a norma estabelece uma grande flexibilidade para que o legislador opte pela regência de uma dada atividade econômica com preponderância do direito público, na linha do serviço público clássico, à francesa, ou por distintos regimes mistos em que

---

[56] Cf. PEREZ, Marcos Augusto. *O risco no contrato de concessão de serviço público.* Belo Horizonte: Fórum, 2006. p. 27 e seguintes.

preponderaria o regime jurídico privado com maiores ou menores derrogações de interesse público.

Assim, voltando ao dispositivo sobre os portos, tem-se que a Constituição torna possível o desenvolvimento de atividades econômicas com maior ou menor regência do direito público. O que significa dizer que, conforme a lei preferir, as atividades portuárias podem ser tratadas como se serviço público ou atividade econômica passível de concessão fossem, ou por outros regimes com predomínio do direito privado pela simples previsão constitucional supramencionada.[57] Como observado por Floriano de Azevedo Marques Neto:

> [...] entendeu o Constituinte que a exploração portuária não poderia restar adstrita ao setor público, ainda que mediante participação privada por delegação. Antes, ao predicar que a exploração dessa atividade poderia ocorrer num regime privado, sujeito à autorização, a Constituição agiu com a intenção de estimular o desenvolvimento da atividade, mediante incentivo à atração de investimentos, aumento da capacidade instalada e competição.[58]

Assim, a Constituição delegou ao legislador infraconstitucional a possibilidade de adotar uma grande variedade de regimes jurídicos, atribuindo-lhe um leque muito amplo de escolhas,[59] indo do regime público estrito aos regimes mais contemporâneos e flexíveis, estes com

---

[57] Isso não contradiz o que defende Egon B. Moreira: "Por isso que, juridicamente, o que se passa é o fato de que o constituinte brasileiro definiu – e assim devemos nos submeter – que todos os portos constituem determinada atividade econômica que precisa ser intensamente desenvolvida, direta ou indiretamente, pelo Estado – em execução aos regimes jurídicos que o Congresso Nacional assim definir (art. 21, XII, d, c/c o art. 22, X)" (MOREIRA, Egon B. Portos brasileiros e seus regimes jurídicos. In: MOREIRA, Egon B. (Coord.). *Portos e seus regimes jurídicos*: a Lei 12.815/2013 e seus desafios. Belo Horizonte: Fórum, 2014. p. 43). É justamente nessa linha que pensamos, partindo da constatação de que a atividade econômica portuária é de relevante interesse público e por isso consta do art. 21, XII, o que não lhe remete a regência por um regime jurídico único com predominância do direito público sobre o privado, aos moldes do serviço público à francesa, já referido.

[58] MARQUES NETO, Floriano de A. Delimitação da poligonal dos portos organizados e o regime jurídico dos bens públicos. In: PEREIRA, Cesar; SCHWIND, Rafael W. (Coord.). *Direito portuário brasileiro*. 3. ed. Belo Horizonte: Fórum, 2020. p. 338.

[59] Mais uma vez, conforme expõe Egon B. Moreira, pode o legislador infraconstitucional optar por: "[...] um modelo portuário mais público-centralizador (que albergue desde a concentração de poderes para a efetivação de escolhas na Presidência da República até a exploração direta dos portos pela Administração Pública) ou mais privado-cooperativo (que exprima a outorga da iniciativa, da exploração e da execução das políticas portuárias a pessoas privadas, em cooperação com as autoridades competentes) – com respectivas combinações intermediárias" (MOREIRA, Egon B. Portos brasileiros e seus regimes jurídicos. *In*: MOREIRA, Egon B. (Coord.). *Portos e seus regimes jurídicos*: a Lei 12.815/2013 e seus desafios. Belo Horizonte: Fórum, 2014. p. 44).

regência predominante do direito privado, sob derrogações específicas, pode-se dizer, sob regulação específica, voltada à preservação do interesse público.

É justamente na realização dessas opções que laborou o Congresso Nacional ao sufragar a Lei n° 12.815/2013.

3.2 Instrumentos para delegação da gestão do porto organizado na Lei n° 12.815/2013

Apesar de a moldura constitucional possibilitar a incidência de distintos regimes jurídicos, com esteio na fixação normativa de distintos graus de derrogações públicas, adequados às circunstâncias concretas e orientados para o melhor desempenho de cada atividade portuária, resta saber se essa faculdade foi abraçada com tamanha amplitude pelas normas infraconstitucionais.

A Lei n° 12.815/2013 estabeleceu como objetivo geral (art. 3°) "aumentar a competitividade e o desenvolvimento do País" e como diretriz (art. 3°, inc. V) o "estímulo à *concorrência*, por meio do incentivo à participação do setor privado e da garantia de amplo acesso aos portos organizados, às instalações e às atividades portuárias".

A participação do setor privado sempre ocorreu em nossos portos. Seguindo os caminhos traçados pelo legislador, essa participação é atualmente incentivada e garantida dentro do chamado *porto organizado* basicamente por dois instrumentos contratuais, ambos voltados à delegação de atividades portuárias aos particulares (ou em outras palavras, voltados à exploração indireta dos portos e instalações portuárias): o *arrendamento* e a *concessão* (art. 1°, §1°).

Muito embora tenha tido o cuidado de diferenciá-los – inclusive dedicando incisos específicos para delimitar seus respectivos conceitos – a Lei n° 12.815/2013, de modo geral, conferiu-lhes o mesmo tratamento jurídico. Em sua redação original, com exceção das disposições finais e transitórias, todos os demais artigos da Lei n° 12.815/2013 nos quais constam definições quanto às diretrizes para a exploração indireta referem-se de forma paritária às concessões e aos arrendamentos, como se correlatos fossem. Assim o fazia com relação ao processo de contratação, definindo os requisitos de delegação (art. 14) e a exigência de licitação (art. 4° c/c art. 6°); às cláusulas essenciais do contrato (art. 5°) e à delimitação do regime jurídico, com a determinação da aplicação subsidiária do regramento das concessões – Lei n° 8.987/95 (art. 66). As alterações introduzidas pela Lei n° 14.047/2020, tanto no art. 5°, com a retirada da referência ao arrendamento, como na inclusão do art. 5º-A, que explicita a regra segundo a qual os contratos celebrados entre a concessionária a terceiros são "regidos pelas normas de direito privado" somente reforçam essa interpretação.

No mesmo sentido, o regulamento da Lei nº 12.815/2013 (Decreto nº 8.033/2013) trata da concessão e do arrendamento como se este fosse espécie daquela, marcando, porém, a maior amplitude do objeto contratual da concessão (definido pelo art. 20 como delegação da administração do porto organizado) em relação ao do arrendamento (delegação do uso ou exploração de área nos portos organizados).

É o que reconhecem Garcia e Freitas:[60]

> É importante deixar assente, desde já, que o contrato de arrendamento, sem sombras de dúvida, trata-se de *espécie do gênero de contrato administrativo*, submetido ao regime de direito público. [...]
> À medida que tais contratos são celebrados em parcelas territoriais do "Porto Organizado", é possível assentar que tais ajustes *têm natureza de uma subconcessão* de serviços públicos, posto que estão, necessariamente, vinculadas à concessão do serviço público portuário, prestado na infraestrutura do "Porto Organizado", daí por que se aplica a tais contratos, supletivamente, o art. 26, da Lei nº 8.987/1995 [...].[61]

O TCU também já reconheceu, em diversos precedentes, a natureza de contrato administrativo do arrendamento portuário e, inclusive, adotou expressões relacionadas à modalidade concessória (como *concessionário*, *poder concedente* e, até mesmo, *concessão*) para

---

[60] Cf. GARCIA, Flavio Amaral; FREITAS, Rafael Véras de. Portos brasileiros e a nova assimetria regulatória: os títulos habilitantes para a exploração da infraestrutura portuária. *Revista de Direito Público da Economia – RDPE*, Belo Horizonte, ano 12, n. 47, p. 85-124, jul./set. 2014. Disponível em: http://www.bidforum.com.br/PDI0006.aspx?pdiCntd=204513. Acesso em: 10 jun. 2020.

[61] No mesmo sentido MACHADO, Eduardo da Costa Lima Caldas. Prorrogação antecipada dos contratos de arrendamento portuário. *Fórum de Contratação e Gestão Pública – FCGP*, Belo Horizonte, ano 15, n. 175, p. 30-47, jul. 2016. Disponível em: http://www.bidforum.com.br/PDI0006.aspx?pdiCntd=240914. Acesso em: 10 jun. 2020: "O arrendamento portuário se configura como o que Marçal Justen Filho denomina de uma 'subconcessão imprópria', na medida em que o concessionário exercerá a função de autoridade portuária, exercendo parcela da função de polícia administrativa em face dos arrendatários (art. 4º, I e II, do Decreto nº 8.033/2013). Outra razão pela qual se entende que o arrendamento portuário tem natureza jurídica de uma subconcessão imprópria é a que estabelece, nos contratos de arrendamento portuário, uma relação direta entre Poder Concedente (a União) e os subconcessionários (arrendatário). E isso se justifica, pois o arrendatário irá prestar um serviço público de titularidade da União".

retratar os atores e o vínculo contratual existente entre arrendatários e o Ministério da Infraestrutura, observe-se:

[...] Por isso, as cessões onerosas de infraestruturas públicas são feitas a um único ator, o arrendatário, que responde diretamente à Administração Pública [...] Para esse mister, o concessionário se utiliza da contratação de outros tantos agentes [...] Uma vez que o arrendatário é o titular da concessão.[62]

Ou seja, nos portos brasileiros, arrendamento e concessão são formas vizinhas de contratação que carregam em seu âmago, em seu objeto, a delegação ao particular de cometimentos públicos.[63] Enquanto o arrendamento (art. 2°, XI, da Lei n° 12.815/2013) define-se como uma "cessão onerosa de área e infraestrutura públicas localizadas dentro do porto organizado, para exploração por prazo determinado", ou seja, enquanto o objeto do arrendamento remete à delegação de uma área ou uma atividade restritas, a concessão – "cessão onerosa do porto organizado, com vistas à administração e à exploração de sua infraestrutura por prazo determinado" (art. 2°, IX) – compreende um objeto essencialmente mais extenso, na medida em que alberga não apenas a possibilidade de exploração do porto organizado, como um todo, mas também de administrá-lo, ou melhor, compreende a delegação ao concessionário das funções de gestão outorgadas pela lei e pela regulação setorial à chamada autoridade portuária.[64]

Assim, o objeto da concessão portuária não albergaria apenas os serviços de operação portuária ou o uso e exploração dos bens integrantes das estruturas portuárias, mas também outras atividades anexas à exploração portuária, bem como as funções de gestão e

---

[62] Cf. BRASIL. TCU. *Processo TC 029.596/2013-0*. Rel. Min. Ana Arraes, Plenário: AC-1532-19/14-P. Disponível em: https://www.google.com/url?sa=t&rct=j&q=&esrc=s&source=web&cd=&ved=2ahUKEwjjzY2YnenuAhXaHrkGHQULAfwQFjAAegQIBBAC&url=http%3A%2F%2Fwww.tcu.gov.br%2FConsultas%2FJuris%2FDocs%2Fjudoc%2FAcord%2F20140613%2FAC_1532_19_14_P.doc&usg=AOvVaw0tZudIjcuKL8EgHHbCdla1. Acesso em: 10 fev. 2021. Também na mesma linha, assemelhando os conceitos de arrendamento e concessão: BRASIL. TCU. *Processo TC 030.098/2017-3*. Rel. Min. Bruno Dantas, Plenário: AC-1446-24/18-P. Disponível em: http://www.tcu.gov.br/Consultas/Juris/Docs/CONSES/TCU_ATA_0_N_2018_24.pdf.

[63] Para Floriano de Azevedo Marques Neto, essa é a essência jurídica da concessão, a "delegação de cometimentos públicos" (cf. MARQUES NETO, Floriano de A. *Concessões*. Belo Horizonte: Editora Fórum, 2015. p. 158).

[64] Vale, aqui, uma referência à Resolução n° 7/2016, da Antaq, que ratifica o entendimento de que a delegação parcial do porto (contemplando, assim, apenas as áreas e instalações portuárias) tem como veículo o contrato de arrendamento, enquanto, as concessões portuárias albergam a delegação da "administração do porto organizado" (art. 2°, I).

administração das estruturas portuárias propriamente ditas. Este escopo tende a abarcar atividades diversas como os investimentos na manutenção e no aprimoramento da infraestrutura, na implantação de superestrutura portuária, bem como na realização de obras necessárias para o desenvolvimento do transporte aquaviário, como a dragagem, e para a integração com outros modais de transporte (ferrovias e rodovias).

Daí porque uma parcela fundamental e substantiva da concessão portuária compreende justamente a gestão adequada e eficiente de um complexo de bens públicos ou, em outros dizeres, de um conjunto de *public utilities* combinado a um conjunto de *public facilities*: os serviços e estruturas portuários.

Por esse motivo, deve-se reconhecer que o objeto da concessão portuária tem uma natureza mista, mesclando o exercício de funções próprias à concessão de uso de bens públicos com o desempenho de serviços públicos e atividades econômicas em sentido estrito, os quais poderão ser explorados diretamente pela concessionária ou mediante a celebração de outros contratos privados com terceiros.[65]

De fato, o regime jurídico aplicado a esse tipo de concessão não é único ou estático, características que o tornariam inepto ao atendimento das finalidades legais, mas variado e flexível, estas sim características da delegação via concessão, decorrentes da amplitude conferida ao objeto desta pela legislação em vigor.

Por fim, não é possível esquecer-se da *autorização*, outro instrumento de delegação previsto no art. 21, XII, da Constituição e regulada, em seu conteúdo, pela Lei n° 12.815/2013. No caso dos portos brasileiros, a autorização serve à delegação de atividades econômicas a serem realizadas em instalações não delimitadas como porto organizado. É a figura que, no direito brasileiro mais se aproximaria do modelo *fully privatized port*, acima descrito, o qual continua a outorgar à União o poder de regulação da atividade em prol do interesse público (*e.g.*, por meio da fixação de parâmetros de desempenho aos contratados, do estabelecimento de investimentos, da fixação de limites para a tarifas

---

[65] Acompanhamos nesse ponto específico o entendimento de Marçal Justen Filho, para quem: "A concessão de porto significa a delegação à iniciativa privada da competência (dever-poder) para organizar e explorar esse conjunto heterogêneo de atividades, bens e sujeitos, tendo por objeto a instituição e a exploração de um porto. Portanto, continuará a existir um porto público, mas a sua gestão farseá por meio da atuação de um particular". Cf. JUSTEN FILHO, Marçal. O regime jurídico dos operadores de terminais portuários no direito brasileiro. *Revista de Direito Público da Economia – RDPE*, Belo Horizonte, ano 4, n. 16, out./ dez. 2006. Disponível em: http://www.bidforum.com.br/PDI0006.aspx?pdiCntd=38667. Acesso em: 10 fev. 2021.

ou preços a serem cobrados dos usuários, entre outros instrumentos, em tese, cabíveis).[66]

A Lei nº 12.815/2013 estabelece que a autorização seria o instrumento voltado a quatro espécies de atividades: (1) o terminal de uso privado (instalação portuária compatível em todas as atividades aos portos organizados); (2) as estações de transbordo de carga (instalações portuárias utilizadas especificamente para a operação de transbordo de mercadorias); (3) as instalações portuárias de pequeno porte (equiparadas ao terminal de uso privado, entretanto direcionadas às embarcações de navegação interior) e, finalmente, (4) as instalações portuárias de turismo (voltadas ao embarque, desembarque e trânsito de passageiros, tripulantes e bagagens).

De qualquer modo, o regime contratual referido expressamente no direito brasileiro, tanto na Constituição, quanto na Lei nº 12.815/2013, que se amolda, em traços gerais, ao modelo PLP, é o contrato de concessão portuária, a concessão da administração do porto, abrangendo a delegação das funções de gestão (ou parte delas), as quais se encontram hoje sob a competência da chamada autoridade portuária.

4 Conclusões

Em detalhes, o PLP tem os seguintes traços característicos: (1) as áreas do complexo portuário continuam sendo de domínio estatal, havendo delegação do uso a um particular que passa a atuar, na referida área, como senhorio (*landlord*), planejando a ocupação do espaço, cumprindo obrigações de manutenção ou modernização e negociando com terceiros a sua exploração de áreas e negócios no porto, ou seja, o concessionário não aliena as áreas do porto, mas as cede a terceiros que passam a explorá-las segundo condições diversas fixadas em contrato privado; (2) o poder concedente continua titular do poder de regulação, seja para preservar a concorrência, seja para preservar o meio ambiente, seja para a concretização de interesses públicos específicos (fixação de indicadores de qualidade da gestão ou da manutenção do porto; fixação de parâmetros para a cobrança pelo uso das áreas

---

[66] Não se aborda neste estudo a questão da transferência dominial nos terminais portuários privados brasileiros. A questão necessita de um estudo próprio, dada a fragmentação do regime jurídico aplicável à alienação de bens públicos e às normas constitucionais específicas sobre esse tema. Ainda assim, mesmo sem considerar eventual possibilidade de alienação da área do porto a um agente privado, entendemos que o regime de autorização se aproxima muito do modelo conhecido como *fully privatized port*.

cedidas ou de tarifação para serviços, entre outros); (3) o concessionário pode assumir, como condição para desfrutar os direitos inerentes à concessão, o pagamento de uma outorga, cujo valor e destinação vão depender das circunstâncias concretas inerentes ao modelo de negócios que torna a concessão do porto viável; (4) os contratos celebrados pelo concessionário com terceiros, independentemente de seu objeto, são contratos privados, e os procedimentos negociais encetados por este concessionário para a celebração desses contratos, ainda que sejam semelhantes a uma licitação, são também privados.

Todas essas características se assemelham às do contrato de concessão portuária, na medida em que, embora sejam delegadas à iniciativa privada as funções de gestão e exploração do porto (art. 20, da Lei nº 12.815/2013), dois elementos fundamentais remanescerão de natureza pública, quais sejam: (i) as áreas que integram o complexo portuário continuam de propriedade pública e, portanto, não são passíveis de alienação e (ii) a atividade regulatória permanece pública. Além disso, os contratos firmados pelo concessionário portuário com terceiros visando à exploração, modernização e manutenção do porto são contratos privados (art. 21, do Decreto nº 8.033/2013).

Obviamente não há uma via de mão única para a exploração do porto organizado, nos termos da legislação brasileira. Não há um único regime, um único contrato, uma única forma de regular as atividades nem um único modelo institucional ou econômico a ser aplicado. As decisões com relação ao melhor modelo de gestão são decisões complexas, que devem levar em conta as circunstâncias concretas de cada porto, suas vocações econômicas e a maior ou menor necessidade de investimentos. Mas a questão feita ao início deste estudo, sobre o cabimento jurídico, em tese, da escolha pelo modelo PLP, deve ser respondida afirmativamente. A Constituição brasileira e a Lei nº 12.815/2013 admitem a adoção do modelo PLP, sob a rubrica jurídica do contrato de concessão portuária.

Referências

ALMEIDA, Eduardo; ELSTRODT, Heinz Peter; MARTINS, Mauro. O caminho ideal para a privatização dos portos brasileiros. *Revista Conjuntura Econômica*, Rio de Janeiro, v. 50, n. 12, p. 19-22, dez. 1996.

AMAZONAS (Estado). *Superintendência Estadual de Navegação, Portos e Hidrovias – SNPH*. Disponível em: http://transparencia.snph.am.gov.br/.

ARRAIAL DO CABO (Município). *Comap (Companhia Municipal de Administração Portuária)*. Disponível em: http://www.arraialdocabo.com.br/porto-do-forno-arraial-do-cabo/comap-companhia-municipal-de-administracao-portuaria.htm.

BRASIL. Câmara dos Deputados. *Decreto n° 87.560, de 9 de setembro de 1982*. Disponível em: https://www2.camara.leg.br/legin/fed/decret/1980-1987/decreto-87560-9-setembro-1982-437698-publicacaooriginal-1-pe.html.

BRASIL. Sest; Ministério da Economia. *Panorama das estatais*. Disponível em: http://www.panoramadasestatais.planejamento.gov.br/QvAJAXZfc/opendoc. htm?document=paineldopanoramadasestatais.qvw&lang=en-US&host=QVS%40srvbs aiasprd07&anonymous=true. Acesso em: 30 jan. 2021.

BRASIL. TCU. *Processo TC 029.596/2013-0*. Rel. Min. Ana Arraes, Plenário: AC-1532-19/14-P. Disponível em: https://www.google.com/url?sa=t&rct=j&q=& esrc=s&source=web&cd=&ved=2ahUKEwjjzY2YnenuAhXaHrkGHQULAfw QFjAAegQIBBAC&url=http%3A%2F%2Fwww.tcu.gov.br%2FConsultas%2F Juris%2FDocs%2Fjudoc%2FAcord%2F20140613%2FAC_1532_19_14_P.doc& usg=AOvVaw0tZudljcuKL8EgHHbCdla1.

BRASIL. TCU. *Processo TC 030.098/2017-3*. Rel. Min. Bruno Dantas, Plenário: AC-1446-24/18-P. Disponível em: http://www.tcu.gov.br/Consultas/Juris/Docs/CONSES/TCU_ATA_0_N_2018_24.pdf.

CHEN, Peggy Shu-Ling; PATEMAN, Hilary; SAKALAYEN, Quazi. The latest trend in Australian port privatization: drivers, processes and impacts. *Research in Transportation Business & Management*, v. 22, p. 201-213, mar. 2017.

CODEBA. *História*. Disponível em: http://www.codeba.com.br/eficiente/sites/portalcodeba/pt-br/site.php?secao=institucional_historia.

CODESA. Porto de Vitória. *Carta Anual de Políticas Públicas e Governança Corporativa 2019*. Disponível em: http://codesa.gov.br/scriptcase/file/doc/codesa_arquivos/Carta%20 Anual%20de%20Politicas%20Publicas%202019(2).pdf.

COMPANHIA DOCAS DO CEARÁ. *Conheça o porto*. Disponível em: http://www.docasdoceara.com.br/conhe%C3%A7a-o-porto.

COMPANHIA DOCAS DO RIO GRANDE DO NORTE – CODERN. *Redução do capital social para compensação parcial de prejuízo acumulado até 31.12.2014*. Disponível em: http://codern.com.br/wp-content/uploads/2016/09/CODERN_Capital_Social_2015.pdf.

COMPLEXO INDUSTRIAL PORTUÁRIO DE SUAPE. *O que é Suape*. Disponível em: http://www.suape.pe.gov.br/pt/institucional/o-que-e-suape.

DEPARTMENT FOR TRANSPORT. *National Policy Statement for Ports*. Londres: Stationery Office, 2012.

DOCAS DE SANTANA. *Convênio n° 009/2002*. Disponível em: http://www.docasdesantana.com.br/index.php/o-porto/legislacao/3-convenio-n-009-2002.

DOCAS DO RIO. *Portaria 647/1976*. Disponível em: http://www.portosrio.gov.br/downloads/files/portaria_647_1976.pdf.

ESSENTIAL SERVICES COMMISSION. *Port of Melbourne: Market Rent Inquiry 2020 - Public Report*. Melbourne: Essential Services Commission, 2020.

ESSENTIAL SERVICES COMMISSION. *Port of Melbourne – Market Inquiry: Interim Report*. Melbourne: Essential Services Commission, 2020.

ESSENTIAL SERVICES COMMISSION. *The Port of Melbourne Regulatory Regime*: Overview of the Port of Melbourne and the Essential Services Commission's Regulatory Roles. Melbourne: Essential Services Commission, 2017.

GARCIA, Flavio Amaral; FREITAS, Rafael Véras de. Portos brasileiros e a nova assimetria regulatória: os títulos habilitantes para a exploração da infraestrutura portuária. *Revista de Direito Público da Economia – RDPE*, Belo Horizonte, ano 12, n. 47, p. 85-124, jul./set. 2014.

GOLDBERG, David Joshua Krepel. *Regulação do setor portuário no Brasil*: análise do novo modelo de concessões de portos organizados. 2009. Dissertação (Mestrado em Engenharia) – Escola Politécnica, Universidade de São Paulo, São Paulo, 2009.

GÓMEZ-IBÁÑEZ, José A. *Regulating infrastructure*: monopoly, contracts, and discretion. Cambridge: Harvard University Press, 2003. Edição Kindle.

JUSTEN FILHO, Marçal. O regime jurídico dos operadores de terminais portuários no direito brasileiro. *Revista de Direito Público da Economia – RDPE*, Belo Horizonte, ano 4, n. 16, out./dez. 2006.

MACHADO, Eduardo da Costa Lima Caldas. Prorrogação antecipada dos contratos de arrendamento portuário. *Fórum de Contratação e Gestão Pública – FCGP*, Belo Horizonte, ano 15, n. 175, p. 30-47, jul. 2016.

MARANHÃO (Estado). Decreto nº 34.704, de 18 de março de 2019. *Diário Oficial*, São Luís, ano CXIII, n. 052, 19 mar. 2019. Disponível em: https://www.portodoitaqui.ma.gov.br/public/_files/arquivos/12%20-%20ESTATUTO%20EMAP%2018.03.2019_5cd2c06aaf2b9.pdf.

MARQUES NETO, Floriano de A. *Concessões*. Belo Horizonte: Editora Fórum, 2015.

MARQUES NETO, Floriano de A. Delimitação da poligonal dos portos organizados e o regime jurídico dos bens públicos. In: PEREIRA, Cesar; SCHWIND, Rafael W. (Coord.). *Direito portuário brasileiro*. 3. ed. Belo Horizonte: Fórum, 2020.

MOREIRA, Assis. Brasil mantém posição no comércio mundial. *Valor Econômico*, 8 abr. 2020. Disponível em: https://valor.globo.com/mundo/noticia/2020/04/08/brasil-mantm-posio-no-comrcio-mundial.ghtml. Acesso em: 10 fev. 2021.

MOREIRA, Egon B. (Coord.). *Portos e seus regimes jurídicos*: a Lei 12.815/2013 e seus desafios. Belo Horizonte: Fórum, 2014.

MOREIRA, Egon B. Portos brasileiros e seus regimes jurídicos. In: MOREIRA, Egon B. (Coord.). *Portos e seus regimes jurídicos*: a Lei 12.815/2013 e seus desafios. Belo Horizonte: Fórum, 2014.

ORGANIZATION FOR ECONOMIC CO-OPERATION AND DEVELOPMENT. *Policy roundtables*: competition in ports and port services. 2011.

PALLIS, Athanasios A.; VAGGELAS, George K. A Greek prototype of port governance. *Research in Transportation Business & Management*, v. 22, p. 49-57, mar. 2017.

PARAÍBA (Estado). *Lei nº 6.510, de 21 de agosto de 1997*. Disponível em: http://sapl.al.pb.leg.br/sapl/sapl_documentos/norma_juridica/6254_texto_integral.

PEREZ, Marcos Augusto. *O risco no contrato de concessão de serviço público*. Belo Horizonte: Fórum, 2006.

PERNAMBUCO (Estado). Assembleia do Estado de Pernambuco. *Lei nº 11.735 de 30 de dezembro de 1999*. Disponível em: https://www.portodorecife.pe.gov.br/images/galeria/paginas/efrr-lei_de_criacao_n11_735_1999.pdf.

PORTO DE IMBITUBA. *Quem somos*. Disponível em: http://www.portodeimbituba.com.br/site/quem-somos/.

PORTO DE ITAJAÍ. *Apresentação*. Disponível em: http://www.portoitajai.com.br/novo/c/apresentacao.

PORTO SÃO SEBASTIÃO. *Quem somos*. Disponível em: http://portoss.sp.gov.br/home/institucional/quem-somos/.

PORTOS DO PARANÁ. *Quem somos*. Disponível em: http://www.portosdoparana.pr.gov.br/Pagina/Quem-somos.

PORTOS RS. *Quem somos*. Disponível em: http://www.portosrs.com.br/site/comunidade_portuaria/quem_somos.

SANTOS PORT AUTHORITY. *A companhia*. Disponível em: http://www.portodesantos.com.br/santos-port-authority/a-companhia/.

SAUNDRY, R.; TURNBULL, P. Private profit, public loss: the financial and economic performance of U.K. ports. *Maritime Policy & Management*, v. 24, n. 4, p. 319-334, 1997.

SETOR portuário brasileiro movimenta 1,104 bilhão de toneladas em 2019. *Antaq*, 13 fev. 2020. Disponível em: http://portal.antaq.gov.br/index.php/2020/02/13/setor-portuario-brasileiro-movimenta-1104-bilhao-de-toneladas-em-2019/. Acesso em: 10 fev. 2021.

THOMAS, B. J. The privatization of United Kingdom seaports. *Maritime Policy & Management*, v. 21, n. 2, p. 135-148, 1994.

TRUJILLO, Lourdes; NOMBELA, Gustavo. *Privatization and regulation of the seaport industry*. Policy Research Working Paper. World Bank: Washington, 1999.

VILLELA, Thaís Maria de Andrade. *Estrutura para exploração de portos com autoridades portuárias privadas*. 2009. Tese (Doutorado em Transportes) – Faculdade de Tecnologia, Universidade de Brasília, 2013.

WORLD BANK. *Port Reform Toolkit*: Module 3 – Alternative Port Management Structures and Ownership Models. 2. ed. Washington: World Bank, 2007. Disponível em: https://ppp.worldbank.org/public-private-partnership/library/port-reform-toolkit-ppiaf-world-bank-2nd-edition.

ZENOBINI, Andre. Suprg passa a administrar sistema hidroportuário gaúcho. *RS.gov*, 17 abr. 2017. Disponível em: https://estado.rs.gov.br/suprg-passa-a-administrar-sistema-hidroportuario-gaucho.

Informação bibliográfica deste texto, conforme a NBR 6023:2018 da Associação Brasileira de Normas Técnicas (ABNT):

PEREZ, Marcos Augusto; GOULART, João Henrique de Moraes; SAVIOLI, Anna Beatriz. O modelo conhecido como *private landlord port* e a concessão de portos no direito brasileiro. *In*: TOJAL, Sebastião Botto de Barros; SOUZA, Jorge Henrique de Oliveira (Coord.). *Direito e infraestrutura*: portos e transporte aquaviário – 20 anos da Lei nº 10.233/2001. Belo Horizonte: Fórum, 2021. v. 1, p. 277-307. ISBN 978-65-5518-210-1.

A REGULAÇÃO DO SETOR AQUAVIÁRIO NACIONAL

MÁRIO POVIA

A reboque da regulação empreendida no Brasil em outras áreas de infraestrutura, cujo início se deu a partir da segunda metade da década dos anos de 1990, mediante a criação da Agência Nacional de Energia Elétrica – Aneel e da Agência Nacional de Telecomunicações – Anatel, a regulação federal no setor de transportes foi inaugurada a partir da edição da Lei n° 10.233, de 2001, que dentro em breve completará seu aniversário de vinte anos.

Parece incontroverso que há motivos de sobra para comemoração, bastando analisar como o setor de transportes se comportava antes e depois da criação das agências reguladoras federais, em particular, da Agência Nacional de Transportes Aquaviários – Antaq e da Agência Nacional de Transportes Terrestres – ANTT, contemporâneas, sendo certo que a Agência Nacional de Aviação Civil – Anac surgiu apenas em 2005.

O presente texto tratará tão somente da regulação do setor aquaviário, a cargo da Antaq, esclarecendo que é motivo para comemoração, igualmente, a criação do Departamento Nacional de Infraestrutura de Transportes – DNIT, irmão gêmeo da Antaq e da ANTT, eis que objeto de surgimento através da mesma Lei n° 10.233, de 2001.

Com o fim da chamada "era Portobras", ocorrido no Governo Collor em 1990, o setor portuário nacional passou a ficar à deriva no que tange à regulação e políticas públicas, eis que toda a infraestrutura portuária passou a ser tratada no âmbito de um departamento do

"Ministério dos Transportes", que veio a receber outras denominações ao longo do tempo.

Não fora a edição da Lei dos Portos, em 1993, que atuou de forma pontual em face de problemas sistêmicos que, à época, afligiam o setor, muito provavelmente haveríamos experimentado um verdadeiro caos na provisão de infraestrutura portuária do país.

Também na área da navegação, somente anos depois, em 1997, com a publicação da Lei n° 9.432, passou-se minimamente a ter contornos de uma política pública a ser empreendida nas navegações de longo curso, cabotagem e de apoio, em território nacional.

Foi a partir de 2001/2002, com a implementação de uma regulação federal oficial no setor de transportes aquaviários, que se passou a dar início a uma reorganização sistêmica nesse segmento de mercado, com todos os percalços que se têm a partir da criação, não somente de um novo órgão, mas de práticas de fomento, controle, supervisão e fiscalização inovadoras, típicas da atividade regulatória, até então não experimentadas em sua plenitude nas áreas em questão.

Nada mais natural, portanto, que forças contrárias, resistentes à regulação, insurgissem-se buscando manter um *status* de plena liberdade de ação, mormente se levarmos em consideração que, em grande medida, o potencial setor regulado era composto por empresas públicas ou sociedades de economia mista controladas pela União, estados ou municípios.

Tarefa das mais inglórias é tentar regular o próprio governo, eis que a regulação, numa análise mais grossa e rústica, exsurge exatamente para atuar junto às chamadas "falhas de mercado", existentes em setores oligopolizados em que, não raro, o Estado era o titular da prestação dos serviços antes de sua concessão à iniciativa privada ou da alienação das empresas públicas.

Ocorre que, com a extinção da Empresa de Portos do Brasil S.A. (Portobras), a concessão dos serviços públicos à iniciativa privada acabou por não se aperfeiçoar.

Ao contrário da desestatização ocorrida nos setores elétrico (ainda que de forma parcial), de telecomunicações, de mineração, siderurgia e outros mais, a única alteração consistente que ocorreu no setor portuário, embora de fundamental importância, foi o repasse das operações portuárias à iniciativa privada, sacramentada com a edição da Lei n° 8.630, de 1993, fato que ocorreu, a meu juízo, principalmente para transferir à iniciativa privada um ônus estatal oriundo das relações de trabalho entre a mão de obra avulsa e os portos públicos, do que propriamente por razões de caráter ideológico ou ancoradas em uma política pública posta.

Nenhum movimento objetivo, portanto, no sentido de trazer a iniciativa privada para a gestão portuária, muito embora seja oportuno destacar o fato de que as chamadas "companhias docas federais" tenham sido incluídas, à época, no Plano Nacional de Desestatização – PND.

Importa destacar que, àquela altura, o setor portuário de há muito já experimentara um cenário de privatização da gestão envolvendo a figura das autoridades portuárias, merecendo alusão a concessão dos portos organizados de Santos (encerrada em 1980) e de Imbituba, cujo final ocorreu em dezembro de 2012, sendo certo que ambos permaneceram na condição de gestão privada por décadas, embora em regimes jurídicos não necessariamente idênticos.

Como parte da estrutura de pessoal inicial da Agência Nacional de Transportes Aquaviários – Antaq, tivemos preponderantemente a ocupação de cargos por parte de servidores oriundos das extintas Geipot (Empresa Brasileira de Planejamento de Transportes) e Portobras, que, com todo mérito e esforço, foram os verdadeiros responsáveis pela árdua missão de colocar o órgão em funcionamento no decorrer de 2002.

Por certo que a cultura de planejamento dos órgãos extintos impactou fortemente o início de atividades da agência, que contou com a contribuição e experiência de antigos empregados da Portobras para um diagnóstico mais apurado do setor.

No campo da navegação marítima e de apoio, antigos servidores dos quadros da Superintendência Nacional da Marinha Mercante – Sunamam também foram os precursores do desenvolvimento de uma regulação setorial.

Como não poderia ser diferente, houve claramente uma dificuldade de a Antaq impor sua competência regulatória em setores que operavam há muitas décadas, notadamente em um regime distante de um controle regulatório, quer por atuar na forma de monopólios estatais, quer por historicamente não responder a regras de natureza infralegal.

Em virtude desse cenário, restaram prejudicados os movimentos iniciais da agência no sentido de exercer efetivamente seu poder de polícia, ficando como prioridade nos primeiros anos de sua atuação a normatização do setor aquaviário, sobretudo naquilo que tocava aos regimes jurídicos de exploração de áreas e instalações portuárias e ao disciplinamento das regras operacionais relativas à navegação marítima e interior.

Significa dizer que os primeiros anos da Antaq foram voltados à edição de normas regulatórias e à realização de fiscalizações com caráter meramente de diagnóstico e com fins pedagógicos, eis que as primeiras normas que lhe asseguraram o efetivo exercício do poder de polícia (aplicação de sanções) surgiram apenas em 2007.

Nesse período, a agência já contava com servidores de seu primeiro concurso público, que passaram a dar sua contribuição para uma regulação com um olhar no futuro, descolando em certa medida de dogmas existentes da geração Geipot/Portobras. Em outras palavras, a Antaq passou a mostrar um semblante do que mais tarde se constituiria em uma personalidade própria, agregando mais fortemente um DNA de regulação em sentido estrito.

Ainda assim, em seus primeiros anos, a agência esteve às voltas com o debate acerca da legalidade da cobrança da rubrica denominada THC-2, mais adiante batizada de Serviço de Segregação e Entrega de contêineres – SSE, polêmica que ainda perdura nos dias atuais, muito embora após mais de quinze anos de embate, finalmente, tenha havido uma manifestação mais objetiva de como a agência pretende cuidar do tema sob a ótica regulatória.

Ainda nos primórdios de sua criação, a Antaq tratou de adotar o instrumento "termo de autorização" para todas as outorgas do setor, sejam elas de terminais de uso privativo – TUP (na nomenclatura da época), como também para as autorizações para empresas brasileiras de navegação – EBN operarem no país.

Ao contrário do THC-2 (SSE) que foi um problema herdado da era Portobras, a Antaq cuidou de gerar sua própria polêmica ao buscar convolar os "contratos de adesão" em "termos de autorização" para os TUP existentes, bem como utilizar exclusivamente estes últimos para as novas autorizações portuárias.

Não bastassem todas as dificuldades e desafios em se estabelecer na qualidade de órgão regulador, a agência manobrou mal este assunto, gerando um desconforto sistêmico àqueles que já detinham antigas outorgas celebradas junto ao Ministério dos Transportes, como também não sinalizava com a adequada e necessária segurança jurídica aos novos pretendentes em construir e explorar terminais portuários privados.

E mais, acabou por avançar o sinal dos limites legais estabelecidos, ao buscar a exigência de carga própria para a autorização de novas instalações portuárias privadas.

Houvesse a agência atuado nos estritos limites das disposições contidas na Lei nº 8.630, de 1993, teria evitado os dois grandes problemas na outorga de TUP, que somente foram parcialmente equacionados com a edição do Decreto n° 6.620, de 2008, conforme veremos mais adiante.

Por ora, importa destacar tão somente o equívoco que foi substituir os contratos de adesão por termos de autorização no tocante às outorgas de TUP, condição que laborou em prol de uma insegurança jurídica até então inexistente, eis que investimentos milionários passaram a ser regidos por instrumentos de autorização precários, sem que a Lei dos Portos tenha sido revogada naquilo que dispunha que a autorização de terminais privados se daria por meio de contratos de adesão (com prazo devidamente definido).

É fato que a Lei n° 10.233, de 2001, cuidou de introduzir a figura dos "termos de autorização" como instrumento de outorga em regime autorizativo das agências ali criadas, contudo, em uma análise meramente perfunctória, já seria possível associar tal instituto às outorgas de empresas brasileiras de navegação – EBN, ou seja, prestadores de serviço cujos investimentos estariam restritos à constituição de suas frotas. Daí a incorporar autorizações precárias à construção e operação de portos privados vai uma longa distância, inobservada pela agência reguladora, em que pese a manutenção da disposição legal acerca dos contratos de adesão contida na chamada "Lei dos Portos".

Na mesma linha de argumentação, a posterior normatização (sem expressa disposição legal) de que instalações privadas deveriam movimentar carga própria em quantitativo suficiente que justificasse o retorno dos investimentos realizados tratou de deixar empreendimentos já operacionais ou em vias de inauguração, em situação de notável fragilidade, conforme abordaremos mais adiante.

Se por um lado, a partir de 2007, a regulação passou efetivamente a ganhar corpo na Antaq, com a edição das primeiras normas de fiscalização contemplando a aplicação de sanções e, bem assim, com a revisitação de uma série de normativos vigentes, paralelamente, no Governo Lula, aconteceu outro evento de extrema importância para o setor portuário nacional, consubstanciado na criação da Secretaria Especial de Portos da Presidência da República – SEP/PR, com *status* de ministério, o que veio a dar um outro nível de protagonismo para o segmento em termos de planejamento e de políticas públicas.

O próprio governo federal, à época, reconheceu que a criação do órgão resgatava uma dívida histórica da União para com o setor portuário, que ficou à deriva desde a edição da Lei dos Portos, em 1993.

Mostrava-se evidente que o setor portuário mudara de patamar de atratividade em termos de negócio. Desde a virada do século, se afigurava como uma infraestrutura cada vez mais essencial para o desenvolvimento socioeconômico nacional, mormente após a abertura comercial do país iniciada no governo Collor e a materialização da estabilidade econômica com a consequente queda brusca da inflação a partir da segunda metade dos anos de 1990, ocorrida no Governo FHC.

Essa conjunção de fatores, aliada a um cenário cambial favorável, tornou o Brasil não somente um grande exportador de *commodities*, mas um importante *player* nas trocas comerciais, experimentando um forte crescimento na importação de matérias-primas e de produtos industriais com maior valor agregado, fazendo crescer a movimentação de contêineres e, consequentemente, a demanda por serviços portuários de melhor qualidade.

Inevitavelmente o setor portuário passou a demandar por infraestrutura e gestão de melhor qualidade, o que obrigou a recém-criada SEP/PR a se debruçar precisamente sobre esses pontos.

Foi, então, instituído um ambicioso programa de dragagem, denominado Plano Nacional de Dragagem – PND, bem como foram destinados investimentos públicos de elevada monta para a modernização dos portos organizados nacionais, envolvendo inclusive a ampliação de berços de atracação para atendimento de embarcações de maior porte.

Estava claro que o tamanho e o porte das instalações de acostagem existentes já não se mostravam mais adequados e eficientes para o atendimento de embarcações que passaram a frequentar os principais portos nacionais. Na mesma linha, as dragagens de manutenção se afiguravam insuficientes para o atendimento dos calados das novas classes de navios destinados ao hemisfério sul, demandando o aprofundamento dos canais de acesso dos portos organizados estratégicos para o país.

Conflitos em decorrência de problemas com a mobilidade urbana começaram a se evidenciar, na medida em que safras agrícolas recordes começaram a ser escoadas, sem a contrapartida de provisão de infraestrutura de acesso terrestre para dar vazão a tal crescimento, obrigando a realização da duplicação de malhas rodoviárias e a construção de vias perimetrais para acesso aos portos, com vistas a mitigar os efeitos negativos na relação porto-cidade.

Mas, se o PND envolvendo a dragagem foi tocado de vento em popa, o outro PND, ligado à desestatização, não vingou, isso porque as companhias docas federais (CDP, CDC, Codern, Codeba, Codesa, CDRJ e Codesp) foram retiradas do programa de desestatização do Governo federal.

Ocorre que, para que promovesse essa verdadeira transformação no setor, mostrou-se imprescindível que o novo ministério dos portos dotasse as administrações dos portos, ou seja, as companhias docas federais, de gestores competentes e comprometidos com os desafios que se impunham.

Com absoluto êxito, o setor portuário nacional passou por um período de pujantes investimentos públicos de norte a sul do país, as autoridades portuárias federais foram dotadas de recursos humanos e financeiros condizentes com suas necessidades, sendo certo que o nível de serviço do setor portuário, seja na esfera pública seja na privada, subiu de patamar a olhos vistos.

Dois eventos, contudo, não contribuíram adequadamente nessa verdadeira força-tarefa em prol da logística nacional.

O primeiro deles residiu no fato de que as hidrovias, os portos fluviais e os terminais privados fluviais, continuaram na esfera de competência do Ministério dos Transportes, dificultando a formulação de uma política pública uníssona para o setor, bem como a captura de sinergias.

Da mesma forma, o planejamento setorial perdeu a possibilidade de uma visão holística, de sorte que ficaram compartimentadas ações de transporte terrestre, de transporte aquaviário e de portos fluviais, daquelas atinentes aos portos marítimos, provocando uma espécie de descompasso dos ganhos obtidos com a melhoria da infraestrutura portuária, *vis a vis* com as demais infraestruturas, que acabaram por não obter a contrapartida necessária em termos de prioridade. Cito aqui, à guisa de exemplos, os setores ferroviários e hidroviários e, bem assim, a formulação de uma política pública para a navegação de cabotagem e multimodalidade, cujos reflexos podem ser sentidos até os dias atuais, conforme veremos mais adiante.

O outro ponto negativo residiu na edição do Decreto n° 6.620, de 2008, particularmente no tocante às exigências de carga própria para obtenção de autorização de instalações portuárias privadas (TUP, ETC, IP-4 e IP-Tur).

Não bastasse o normativo da Antaq exigindo que a movimentação de carga própria viabilizasse o retorno dos investimentos na construção de TUP, o decreto em questão passou a abordar a figura da "preponderância de movimentação de carga própria", fazendo alusão, ainda, de que cargas de terceiros deveriam ser operadas em caráter subsidiário e eventual, sem, contudo, definir os critérios de apuração de preponderância.

Desnecessário mencionar que ocorreram inúmeras discussões acerca de quais critérios seriam definidores de preponderância e, bem assim, sobre o que seria afinal "eventual e subsidiário" dentro desse contexto.

Objetivamente o que importa observar é que uma empresa qualquer que tivesse em seu objeto social a movimentação e armazenagem de granéis líquidos, por exemplo, derivados de petróleo, para que obtivesse uma autorização para construir e explorar um terminal portuário, deveria ser a proprietária da carga, não podendo cumprir a sua principal missão social, enquanto empresa, que seria a de prestar serviços a terceiros, esses sim, os donos da carga, numa verdadeira subversão ao modelo de negócio que a companhia se propunha em seu objeto social, inviabilizando, inclusive, operações multimodais para clientes seus.

Aliado a isso, a materialização de uma política pública em que terminais privados deveriam necessariamente estar verticalizados colocou em xeque uma série de investimentos milionários já realizados, cujos ativos (portos) estiveram à beira de ser verdadeiramente encampados pelo Poder Público federal, dada a "pseudoconstatação" de vícios de origem nas respectivas outorgas.

O julgamento acerca da legalidade de tais empreendimentos chegou a estar pautado no Plenário do Tribunal de Contas da União – TCU no decorrer de 2011/2012, em que pese a peregrinação de diretores da Antaq dentro da Corte de Contas buscando sensibilizar os ministros acerca da gravidade que uma medida dessa magnitude poderia provocar no âmbito do setor.

Tratava-se de inviabilizar empreendimentos consubstanciados em instalações portuárias privadas, já em operação ou em construção, de norte a sul do país, entre as quais: TUP Chibatão (Manaus/AM), TUP Super Terminais (Manaus/AM), TUP Pecém (São Gonçalo do Amarante/CE), TUP TPC (Salvador/BA), TUP Embraport (Santos/SP), TUP Portonave (Navegantes/SC) e TUP Itapoá (Itapoá/SC).

Não bastasse toda a insegurança jurídica gerada, quase nenhuma nova licitação de arrendamento dentro dos portos organizados foi levada a efeito, apesar dos PIB crescentes experimentados pelo Brasil à época e de recordes sucessivos reportados na movimentação portuária, gerando verdadeiro gargalo na armazenagem de cargas dentro das instalações, chegando-se a um verdadeiro absurdo de os terminais portuários verem nas receitas de armazenagem sua principal rubrica de operação.

Com os terminais operando *full*, com a demanda crescente e diante da ausência de provisão de infraestrutura e serviços adicionais, era iminente, portanto, nos idos de 2010/2011, a ocorrência de uma espécie de "apagão portuário".

Àquela altura, a agência reguladora já se encontrava em patamares mais sólidos de eficiência. Com boa interlocução no mercado, detentora de uma área de fiscalização bastante atuante, oferecendo um serviço de excelência em termos de estatísticas do setor aquaviário nacional e, ainda, fornecendo suporte às áreas de meio ambiente, a Antaq também detinha em seu currículo a experiência de ter exercido as atividades de poder concedente nas outorgas de autorização de TUP, a coordenação da gestão dos conselhos de autoridade portuária – CAP, a elaboração do primeiro plano geral de outorgas – PGO do segmento e um diagnóstico invejável das potencialidades e deficiências do setor, o que lhe conferiu prerrequisitos para ser protagonista das discussões sobre o novo marco legal dos portos.

Além disso, a área técnica da agência desenvolveu, em conjunto com o TCU, uma metodologia por meio da elaboração de estudo de viabilidade técnica, econômica e ambiental – EVTEA, um modelo objetivo de precificação (*valuation*) dos ativos portuários postos à licitação na qualidade de arrendamentos portuários, o que veio a dar considerável segurança jurídica para o modelo de exploração de áreas localizadas dentro da poligonal dos portos organizados.

Vale destacar, ainda, importante papel exercido pela Corte de Contas federal em recomendar uma série de boas práticas regulatórias, visando uniformizar as ações no âmbito das agências reguladoras federais.

No mesmo sentido, a Casa Civil da Presidência da República patrocinou o programa denominado "PRO REG", que se propôs a promover a melhoria da qualidade da regulação no âmbito do Governo federal, mediante o aprimoramento e o fortalecimento dos órgãos de regulação.

Outro ponto importante para sinalizar a estabilidade regulatória do setor foi a edição de resolução normativa definindo todas as formas de ocupação de áreas e instalações portuárias no âmbito dos portos organizados.

Nada mal, portanto, para uma autarquia que contava, à época, com pouco mais de oito anos de existência.

Por sua vez, a SEP/PR, sob nova direção, já não contava com os generosos recursos financeiros de outrora para fazer frente às obras de infraestrutura portuária, sendo ainda "cobrada" pelo fato de não ter desenvolvido um plano consistente de licitação de arrendamentos portuários, fazendo com que se desgastasse a imagem das autoridades portuárias (e também dos CAP) perante o Governo federal.

Ciente das fragilidades na provisão de infraestrutura portuária naquele momento, o Governo Dilma chamou para si a atribuição de rediscutir o marco regulatório setorial. Estávamos às vésperas de comemorar os vinte anos da exitosa Lei dos Portos, que ocorreria em fevereiro de 2013, quando se debatia um instrumento para substituir o Decreto nº 6.620, de 2008.

Foi, portanto, nesse cenário, que se iniciou a discussão da alteração do marco regulatório setorial, sendo certo que havia uma tendência de se retirar relevantes competências tanto das autoridades portuárias como dos conselhos de autoridade portuária – CAP, o que de fato acabou por se materializar conforme veremos mais adiante.

Outro ponto que parecia estar bastante claro para o governo, era a necessidade de resolver a celeuma acerca da exigência de movimentação de cargas próprias por parte dos titulares dos TUP, diante da premente necessidade de se criar um ambiente propício para a provisão de infraestrutura portuária, seja em regime jurídico público ou privado.

Convém destacar que o ônus negligencial imputado às autoridades portuárias residia principalmente no fato de deixarem de promover as licitações de arrendamentos portuários, mantendo ativa uma série de contratos de arrendamento vencidos ou na iminência de sê-lo, desequilibrados sob o ponto de vista econômico-financeiro e operando em condições relativamente precárias, eis que não havia ambiente propício para a realização de investimentos necessários, dada a incerteza temporal de sua vigência.

Aos CAP, por sua vez, era atribuída uma espécie de excessivo ativismo regulatório, o que gerava uma governança paralela adicional indesejável para a Administração do Porto, que já se encontrava engessada prestando contas ao Consad, Confis, TCU, CGU, Antaq e ministérios públicos, além de precisar conviver em um ambiente sistêmico cercado por autoridades marítima, aduaneira, sanitária, agropecuária, ambiental, policial etc.

Se tal situação não justifica, ao menos explica a "perda de paciência" do Governo federal diante dos riscos latentes que se afiguravam para o setor portuário nacional, repito, nos idos de 2010/2011.

Para além dessa condição, conforme anteriormente abordado, tramitava no âmbito do TCU um processo que, se nenhum fato novo ocorresse, haveria por culminar com a encampação dos terminais de uso privativo – TUP, que não detinham condição de verticalização em sua essência.

É difícil aquilatar, mas talvez em razão deste fato envolvendo o TCU e a legalidade das outorgas dos TUP, o governo resolveu optar não por substituir o Decreto n° 6.620, de 2008, mas por revogar a respeitada e popular Lei dos Portos, o que de fato acabou por ocorrer em dezembro de 2012, com a publicação da Medida Provisória n° 595.

Nada de comemoração, portanto, pelo aniversário de vinte anos da Lei n° 8.630, de 1993, eis que devidamente revogada pela indigitada medida provisória, para inconformismo de muitos que, ainda hoje, se manifestam lamentando tal decisão.

Como nossa intenção aqui não é a de escrever um livro, mas tão somente um artigo, deixaremos de abordar outros pontos que permearam a discussão de uma nova política pública para o setor, como a criação do Conaportos, a proposta de regulação dos serviços de praticagem, as alterações na relação capital-trabalho, entre outros, promovidos a partir de 2012, mantendo nosso foco na regulação setorial em sentido estrito.

Pois bem, é de conhecimento geral que as discussões acerca da conversão da medida provisória em lei ordinária no âmbito da Câmara dos Deputados foi *sui generis*, para dizer o mínimo, avançando madrugada adentro, já no limite do prazo de validade do instrumento legal, em um ambiente de pressão que já sinalizava a fragilidade da base do governo no Congresso Nacional, particularmente junto à Câmara dos Deputados.

Ocorreram alterações relevantes de última hora, bem como vetos presidenciais *a posteriori*, sobretudo inviabilizando a tentativa de ressuscitar contratos de arrendamento vencidos ou de alterar as regras daqueles que estavam na iminência de se expirar.

De toda forma, os contornos traçados inicialmente foram devidamente mantidos, ou seja, a concentração de planejamento, política pública, licitações, contratações e regulação em Brasília, seja no âmbito ministerial (SEP/PR) ou na agência reguladora setorial (Antaq), retirando as principais competências das autoridades portuárias, ou seja, de licitar, contratar e fiscalizar em sentido amplo os arrendamentos portuários operacionais. Há quem diga, não sem motivos, que as companhias docas perderam o *status* de síndico para se tornarem meros zeladores dos portos organizados.

Por sua vez, foi retirada a atribuição dos CAP para deliberar sobre questões tarifárias dos portos públicos, bem como promovidas relevantes alterações em sua constituição em termos de representatividade, o que veio a fortalecer a participação do Poder Público naquele colegiado.

Para os TUP, além da alteração de nomenclatura (passaram a ser chamados de terminais de uso privado, antes eram terminais de uso privativo), permitiu-se a liberação da construção e operação independentemente de possuírem ou não cargas próprias vinculadas, em evidente busca por um choque de oferta de infraestrutura setorial.

A lei tratou, ainda, de positivar a figura da prorrogação antecipada dos contratos de arrendamento em vigor, mediante o compromisso de realização de investimentos imediatos, o que veio a constituir o tripé de provisão de infraestrutura portuária: (a) licitação de arrendamentos portuários diretamente por Brasília, tendo a SEP/PR como poder concedente; (b) prorrogação antecipada dos contratos de arrendamento em vigor; e (c) autorização para construção e operação de TUP de forma indistinta.

Medidas de natureza administrativa também foram tomadas, assegurando o funcionamento dos portos em tempo integral (24 horas por dia), com reforço de equipes de trabalho para os órgãos anuentes, bem como a implementação de um sistema de agendamento, lançando mão, inclusive, de monitoramento das cargas, o que acabou por mitigar, de forma sensível, as intermináveis filas de caminhões que adentravam os portos nos períodos de escoamento de safra, em verdadeira força-tarefa que contou com a participação das concessionárias rodoviárias, prefeituras, polícias rodoviárias, Governos federal e estaduais, órgãos anuentes, agências reguladoras federais e estaduais e terminais portuários.

Paralelamente, o Governo federal lançou um ambicioso programa de licitação de arrendamentos portuários envolvendo 159 áreas localizadas dentro dos portos organizados de norte a sul do país.

Para se ter uma ideia da magnitude dessa proposta, ao longo dos dez anos anteriores, haviam sido licitados cerca de nove ou dez arrendamentos portuários.

Verdadeira força-tarefa foi empreendida a partir de então, na busca pelo desenvolvimento dos EVTEA tendentes a dar suporte às licitações. As 159 áreas foram agrupadas em quatro blocos, por região geográfica, sendo que os estudos dos blocos 1 e 2, envolvendo pouco menos de 60 áreas, foram priorizados, inclusive com a realização de audiências públicas e posterior encaminhamento da matéria ao TCU.

Inexplicavelmente, a Corte de Contas federal levou mais de 18 meses para se manifestar sobre os estudos, resultando numa perda de oportunidade para a promoção da licitação de importantes áreas localizadas nos portos do Pará, Santos e Paranaguá.

O que se sucedeu foi a perda de condições objetivas para levar o programa adiante. A situação econômica do país foi sensivelmente agravada por meio de uma crise com graves repercussões, acompanhada de uma instabilidade política que resultou na passagem de nada menos do que nove ministros em um período inferior a oito anos, dificultando sobremaneira a formulação de uma política pública adequada.

Foi exatamente nesse período mais agudo da crise que se puderam observar os benefícios de se ter um setor regulado amparado em uma agência que tratou de conduzir os procedimentos independentemente da equipe ministerial de plantão, sinalizando ao mercado que o setor não se encontrava à deriva, mas dentro de um ambiente que, apesar de turbulento, mantinha sua matriz de governança, com segurança jurídica e estabilidade regulatória.

Por outro lado, não se pode negar que a fragilidade do ambiente de negócios do país está sedimentada em questões sistêmicas, independentemente da área de atuação da agência. As dificuldades com burocracia, a judicialização de processos, a interferência, por vezes indevida ou arbitrária, dos órgãos de controle em matéria finalística da agência, e o aparelhamento político de determinados órgãos afetam indistintamente o Estado brasileiro.

É possível, contudo, buscar a mitigação desses problemas estruturais com a adoção de ações e ferramentas que visem antever tais dificuldades. Cito aqui o controle social dos procedimentos, as análises de impacto regulatório e a criação e manutenção de um ambiente de constante interlocução com os diversos *stakeholders* que integram o setor regulado, verdadeira missão de qualquer agência reguladora que deseje obter sucesso em sua atuação setorial.

Releva destacar que tais condições não se fizeram ausentes no curso da migração para o atual marco regulatório do setor aquaviário nacional, que demonstrou maturidade suficiente para, mesmo diante de um cenário desafiador e de incertezas, buscar a melhoria das condições regulatórias presentes.

Em que pese a turbulência política, o início do Governo Temer foi pautado por um ambiente de diálogo, que se mostrou propício e disposto para a promoção de avanços setoriais, particularmente no enfrentamento de burocracias que impediam (ou dificultavam) a realização de investimentos imediatos e necessários para o setor.

Tratava-se, pois, de ajustar procedimentos e formalizar algumas competências que, via de regra, eram questionadas no âmbito do Poder Judiciário, envolvendo, não raro, os limites de atuação e o poder normativo da agência reguladora setorial.

Cabe salientar que tais questionamentos, em grande medida, eram demandados à Justiça – e também aos órgãos de controle – não por uma fragilidade institucional, tampouco pelo desejo de fazer crescer o desenvolvimento de nosso país, mas por interesses concorrenciais ou de mercado, no sentido de impedir o desenvolvimento dos negócios de outrem ou de atender a interesses próprios.

Pois bem, a mobilização setorial culminou com a proposta de edição de um decreto presidencial exatamente no sentido de pacificar alguns questionamentos levados à Justiça e, bem assim, conferir segurança jurídica a determinados procedimentos então regulamentados exclusivamente por meio de portarias e resoluções, em ambiente administrativo, portanto.

Foram inúmeras reuniões setoriais com debates exaustivos levados a efeito junto ao Ministério dos Transportes, Portos e Aviação Civil – MTPA, Antaq e Casa Civil da Presidência da República, culminando com a publicação do Decreto nº 9.048, de 10.5.2017, cuja essência, em rápida síntese, tratou de: (a) estabelecer a possibilidade de um novo limite temporal para os contratos de arrendamento operacionais de até 35 anos, quando antes era de 25 anos; (b) definir critérios objetivos acerca do *timing* determinante para prorrogações ordinárias e antecipadas, relativamente aos contratos de arrendamento operacionais; (c) determinar as possibilidades de uso da metodologia do arrendamento simplificado; (d) estabelecer nova rotina para aprovação de alteração societária dos titulares de contratos de arrendamento e de outorga de instalações portuárias privadas; (e) fixar critérios objetivos para aprovação de expansão de áreas e instalações portuárias no âmbito dos arrendamentos portuários; (f) estabelecer a possibilidade de substituição ou permuta de áreas arrendadas nos portos organizados; (g) desburocratizar a autorização para investimentos dentro dos limites das áreas das instalações portuárias privadas; e (h) possibilitar a realização de investimentos por parte de arrendatários fora da área arrendada.

Muito embora se tratassem de medidas pontuais, reconhecidamente úteis para a viabilização de investimentos de forma imediata – lembrando que naquele momento vivíamos uma crise aguda de desemprego – buscando claramente desburocratizar procedimentos e imprimir uma nova dinâmica de ações, o fato é que a edição deste decreto foi alvo de questionamentos, notadamente em razão de investigações da Polícia Federal contra o Governo Temer, em que se relembravam fatos ocorridos no final da década dos anos de 1990 envolvendo o então presidente da República e sua ligação com empresários que atuavam junto ao Porto de Santos.

Essa associação indevida de apurações da PF com a edição do decreto que alterava a legislação portuária custou uma série de questionamentos por parte do TCU quanto à viabilidade da adoção das novas medidas, até que um acordo entre o MTPA e a Corte de Contas federal pacificou o entendimento de que os contratos de arrendamento em vigor não seriam contemplados com a ampliação de prazo entabulada no decreto, ao menos não de forma automática, permitindo que as demais medidas obtivessem a necessária efetividade.

Foi também no Governo Temer que ocorreu a criação do Programa de Parceria de Investimentos – PPI, por meio da Lei n° 13.334, de 13.9.2016, destinado à ampliação e fortalecimento da interação entre o Estado e a iniciativa privada visando à execução de empreendimentos de infraestrutura e medidas de desestatização, vindo a dar prioridade legal nas licitações envolvendo bens da União, particularmente no setor portuário, focado nas concessões de portos públicos e no arrendamento de áreas e instalações portuárias.

Desnecessário citar aqui o acerto da medida e o sucesso empreendido nos procedimentos de desestatização a partir da criação do PPI, o que acabou por trazer aos processos de interesse do setor portuário a Empresa de Planejamento e Logística – EPL, atual responsável por municiar o Poder Público dos EVTEA que dão suporte ao programa de licitação de arrendamentos portuários.

Foi assim, portanto, que *pari passu* se desenvolveram as ações no setor portuário, às vezes ancoradas numa estratégia em que a regulação serviu de apoio para assegurar a credibilidade do modelo de exploração portuária, notadamente em momentos de turbulência política, outras vezes com o próprio órgão ministerial assumindo o controle da agenda, sempre lembrando que este equilíbrio de ações entre políticas públicas e regulação se amoldam, em razão do protagonismo e da prioridade que a pasta ministerial dedica ao setor. É ao menos o que demonstra a experiência e as observações pretéritas acerca da dinâmica setorial.

Talvez o mais importante a se constatar hoje é que tanto a pasta ministerial quanto a agência reguladora vivem um momento único, mostrando o que há de melhor em política pública e regulação em prol do setor aquaviário nacional, que conta atualmente com uma legislação moderna e flexível o bastante para a viabilização de empreendimentos portuários, seja em regime jurídico público seja em privado.

Mérito, portanto, do Governo Bolsonaro, que escolheu bem o titular do Ministério da Infraestrutura – MInfra, visando dar continuidade a um trabalho que já vinha se aperfeiçoando no rumo do desenvolvimento de nosso país, exatamente à frente do exitoso PPI.

O ministro em questão, Tarcísio de Freitas, por sua vez, logrou êxito em montar uma equipe utilizando-se do que havia de melhor no serviço público federal, de tal sorte que o resultado hoje se materializa nas conquistas alcançadas, devidamente comprovadas em números e ações exitosas.

Mas nem só de continuidade vive a pasta da infraestrutura. Já na estruturação do MInfra, nota-se que a área portuária veio acompanhada da navegação. Não sem motivos, a nomenclatura dada à Secretaria Nacional de Portos e Transportes Aquaviários – SNPTA também haveria que se debruçar para questões além do setor portuário.

De fato, a prioridade inicial do MInfra e da SNPTA na vertente "transporte aquaviário" foi a navegação de cabotagem. Voz praticamente isolada ao longo dos últimos anos, apregoando em prol do desenvolvimento da navegação interior e da cabotagem no Brasil, a agência reguladora parece ter finalmente sensibilizado o Governo federal para a importância de se instituir uma política pública adequada para o setor.

É fato que muito pouco se fez em prol do setor aquaviário ao longo dos últimos anos em termos de investimentos e de política pública, eis que o Ministério dos Transportes tratou de se ocupar com as rodovias federais – quase que em tempo integral –, o mesmo podendo se observar no que concerne às competências do DNIT, mesmo quando o cenário era de recursos financeiros mais abundantes.

Louve-se que, em pouco menos de dois anos, o MInfra fez pela navegação de cabotagem algo que jamais se viu no setor. Trouxe a discussão para o mercado, alinhou uma política junto aos principais órgãos federais envolvidos, e tratou de levar uma proposta objetiva (e boa) à apreciação do Congresso Nacional, intitulada de "BR do Mar", altamente alinhada com a visão regulatória da agência, que regulamentara a matéria diante da ausência de uma política pública posta, senão a edição da Lei nº 9.432, de 1997.

Espera-se, pois, maturidade e responsabilidade do Congresso Nacional para não fazer do projeto de lei da navegação de cabotagem (BR do Mar) uma colcha de retalhos para acomodar interesses menores, que não contemplem uma visão estratégica acerca do que representa uma marinha mercante brasileira forte e independente de volatilidades internacionais.

Temos um país com cerca de 8.500 km de costa para explorar, com um mercado ativo que representa mais da metade do PIB nacional localizado a menos de 300 km de nossa costa. Não faz o menor sentido realizarmos viagens de longa distância por meio rodoviário, sendo este mais caro e ambientalmente mais agressivo.

Para tanto, faz-se necessário não somente o desenvolvimento da navegação de cabotagem, mas colocar esse serviço à disposição de operadores logísticos multimodais, exatamente para assegurar o atendimento porta a porta dentro de níveis de serviço minimamente aceitáveis. E é exatamente disso que vem cuidando esse MInfra "nota 10", que nos brinda com um trabalho hígido e competente.

É bem verdade que ainda precisamos evoluir (e muito) na transformação de nossos rios navegáveis em hidrovias, contribuindo para o escoamento de grãos, minérios, fertilizantes, derivados de petróleo, gêneros de primeira necessidade e também no transporte de passageiros, sobretudo na região Norte do país, mas também na região Sul, na Lagoa dos Patos e Lagoa Mirim, na região do Paraná-Paraguai, no Centro-Oeste, na região Sudeste, na Hidrovia Tietê-Paraná e também no Nordeste, na Hidrovia do São Francisco.

Há grandes desafios pela frente, sobretudo porque inexistem recursos federais suficientes para atendimento dessa demanda, o que necessariamente estimulará a criatividade da equipe do MInfra, que haverá de encontrar soluções em parcerias público-privadas – PPP ou em lançar mão de recursos de algum fundo para fazer frente ao atingimento desses objetivos. Talento e perseverança seguramente não lhe faltarão, e por isso estamos ansiosos pelos próximos desdobramentos dessa política pública a ser posta em ação. Esperamos, no curto prazo, a "BR dos Rios".

Necessário e importante fazermos alusão às relevantes medidas em curso em prol do desenvolvimento do setor ferroviário nacional. A prorrogação das concessões de titularidade da Vale e da Rumo, bem como a iminência de o mesmo ocorrer junto à MRS, aliado à entrega de obras e novas concessões nesse segmento, faz-nos crer que em breve teremos uma matriz de transporte mais coerente e equilibrada, em condições de fazer frente a um pujante crescimento nacional, atualmente afetado por gargalos, de certo modo intangíveis, oriundos de questões logísticas.

O desenvolvimento do escoamento de grãos pelo chamado "Arco Norte" é um bom exemplo do que passa a ocorrer quando infraestrutura de qualidade é posta à disposição do setor produtivo.

Atualmente a agenda setorial se debruça no enfrentamento dos impactos da Covid-19 na economia nacional. Andou bem o MInfra nas primeiras medidas de enfrentamento logo no início da pandemia, quando uma potencial greve no setor portuário foi aventada no âmbito do maior porto organizado nacional, Santos.

Prontamente o Governo federal tratou de editar uma medida provisória cuidando de declarar a essencialidade da atividade portuária, visando assegurar o funcionamento dos portos com o emprego de mão de obra adequada aos protocolos de saúde e segurança do trabalho, dentro de um cenário de restrição àqueles que se enquadravam em condição de vulnerabilidade.

Tratou-se, pois, de estabelecer que trabalhadores que integravam os chamados "grupos de risco" fossem poupados da missão de manter a logística ativa, ainda assim mediante uma remuneração mínima garantida, cuja fonte de recursos foi prontamente definida e regulamentada.

Foram também positivas, a meu juízo, as medidas pontuais quanto à escalação dos trabalhadores portuários avulsos – TPA e, bem assim, ao assegurar alternativa de contratação de mão de obra aos operadores portuários quando da indisponibilidade de oferta por parte do Órgão Gestor de Mão de Obra – OGMO.

Não bastassem as medidas providenciais, cirúrgicas e eficientes para pacificar o setor no pico da pandemia, o setor tratou de aproveitar a edição da aludida medida provisória para, no procedimento de conversão em lei, incorporar ao texto uma série de pontos no intuito de desburocratizar e viabilizar investimentos no curto prazo e positivar em lei importantes pontos que ainda habitavam a esfera infralegal, provocando certo desconforto ou insegurança jurídica.

Cito aqui os principais temas abordados no bojo da Lei n° 14.047, de 2020, que veio na esteira da conversão da Medida Provisória n° 945, de 2020: (a) estabelecimento da natureza privada dos contratos celebrados pelo concessionário do porto junto aos interessados na exploração de áreas e instalações portuárias; (b) redução do rol das cláusulas essenciais dos contratos de arrendamento portuário; (c) dispensa de licitação quando da existência de um único interessado na exploração do arrendamento portuário; (d) positivação legal do "contrato de uso temporário"; e (e) competência para a Antaq regulamentar outras formas de ocupação e exploração de áreas e instalações portuárias.

Tal disciplinamento dentro do ambiente legal, em sentido estrito, tenderá a assegurar um maior nível de segurança jurídica aos instrumentos contratuais celebrados no setor, particularmente contribuindo para uma agenda prioritária no atual governo: a desestatização da gestão portuária, pauta comum entre os ministérios da Economia e da Infraestrutura, visando à diminuição de encargos do Tesouro com as companhias docas federais, bem como a busca por eficiência na gestão dos portos, valendo-se de um ambiente de negócios com foco em uma administração empresarial e em contratos de natureza privada, tendente a responder às demandas do setor com a dinâmica necessária, algo impensável na rotina de empresas estatais, dadas a excessiva burocracia e a governança exacerbada que permeiam seu ambiente de controle.

A adoção de medidas visando à desestatização de atribuições voltadas a atividades logísticas, além de contribuir para a agenda que envolve a iminente entrada do Brasil para a Organização para a Cooperação e Desenvolvimento Econômico (OCDE), mira no modelo de sucesso experimentado pelo setor quando da privatização das operações portuárias ocorrida em 1993, quando da edição da Lei n° 8.630.

Se, por um lado, observamos frustrados a impossibilidade de comemorarmos os vinte anos da Lei dos Portos, em 2013, certo é que lograremos maior sorte com relação à Lei n° 10.233, de 2001, merecedora de nossas mais efusivas e sinceras homenagens: a logística nacional vem melhorando, nossos portos estão em plenas condições de atender a demandas oriundas de PIB positivos e sucessivos, os setores rodoviário e ferroviário se encontram em franca expansão e em breve teremos uma política pública positivada para a navegação de cabotagem.

Que venha, pois, a "BR dos Rios", para integrar à nossa matriz de transportes não os rios navegáveis de que dispomos atualmente, mas verdadeiras hidrovias, dotadas de recursos que assegurem a navegação 24 horas por dia, durante todo o ano, inclusive nos regimes de seca, devidamente sinalizadas e seguras, garantindo, ainda, um sistema de monitoramento e comunicação eficientes, permitindo segurança também para as cargas transportadas, mitigando os riscos de roubo e furto atualmente existentes.

Resta-nos, por fim, a feliz constatação de que estamos trilhando o caminho certo em prol da eficiência setorial, evoluindo para uma legislação mais adequada, aliado à medidas assertivas adotadas no atual Governo federal no sentido de dotar o setor portuário de infraestrutura de melhor qualidade, ampliando a oferta por meio da licitação de arrendamentos, prorrogações antecipadas de contratos e autorizações de novos terminais, incentivando as navegações interior e de cabotagem, dotando as companhias docas de dirigentes mais qualificados e comprometidos com o desenvolvimento setorial, quadro este que nos leva a crer que um círculo virtuoso se encontra atualmente em curso.

Certamente o modal aquaviário será guindado a um patamar de participação mais significativo e relevante na matriz de transportes nacional, gerando economias de escala, que possibilitarão que os custos logísticos brasileiros, bem como os níveis de serviço da atividade portuária, estejam em condições de competitividade com os principais portos internacionais.

Informação bibliográfica deste texto, conforme a NBR 6023:2018 da Associação Brasileira de Normas Técnicas (ABNT):

POVIA, Mário. A regulação do setor aquaviário nacional. *In*: TOJAL, Sebastião Botto de Barros; SOUZA, Jorge Henrique de Oliveira (Coord.). *Direito e infraestrutura:* portos e transporte aquaviário – 20 anos da Lei nº 10.233/2001. Belo Horizonte: Fórum, 2021. v. 1, p. 309-328. ISBN 978-65-5518-210-1.

A PROPOSTA DE ESTÍMULO AO TRANSPORTE POR CABOTAGEM NO BRASIL

RODRIGO PAGANI DE SOUZA

Introdução

Neste estudo analisamos algumas das possíveis alterações do direito vigente, em matéria de transporte de cargas por navegação de cabotagem no Brasil, que adviriam da eventual aprovação de recente projeto de lei de iniciativa do Governo federal encaminhado ao Congresso Nacional em agosto de 2020. Trata-se de proposição que institui o "Programa de Estímulo ao Transporte por Cabotagem – BR do Mar" (PL nº 4.199/2020). O objetivo é fazermos um balanço, atento a eventuais pontos fortes e a outros ainda merecedores de aperfeiçoamentos.

Constatamos que, embora positiva a maior abertura do mercado brasileiro de cabotagem à participação de embarcações estrangeiras, com vistas à promoção da competição e à melhoria da qualidade dos serviços de transporte de cargas, resta ainda por ser aperfeiçoada a distribuição de competências nele delineada. Referimo-nos à distribuição de competências entre a cúpula do Poder Executivo (Presidência da República e Ministério da Infraestrutura, no caso) e a Antaq (Agência Nacional de Transportes Aquaviários). O esvaziamento das atribuições normativas da agência reguladora federal pode comprometer a segurança jurídica do programa, que acabará normatizado e microgerenciado pela cúpula do Poder Executivo. Há que resgatar, eis um fruto da análise, o papel normatizador preconizado para a Antaq na Lei nº 10.233/2001 há vinte anos, inclusive quanto aos serviços de transporte de cargas por navegação de cabotagem, ao invés de enfraquecê-lo.

Temos, em suma, uma proposição alvissareira em muitos de seus propósitos e estratégias, mas que merece ser aperfeiçoada para melhor divisar as competências normativas próprias da regulação que implementa a política pública, de um lado, e aquelas outras mais apropriadas ao campo da definição da política pública, este mais afeto ao Poder Legislativo e à cúpula do Executivo.

1 Como é hoje a disciplina do transporte de cargas por navegação de cabotagem no Brasil

1.1 Noção jurídica de cabotagem, empresas autorizadas, tipos de embarcação e modalidades de afretamento

Cabotagem é a navegação realizada entre portos ou pontos localizados no território brasileiro, utilizando a via marítima ou esta e as vias navegáveis interiores,[1] para o transporte de cargas. Também referida como *navegação de cabotagem, transporte aquaviário por cabotagem,* ou, ainda, *prestação de serviços de transporte de cargas por cabotagem,* trata-se de atividade econômica atualmente disciplinada pelas leis nºs 9.432, de 8.1.1997, e 10.233, de 5.6.2001.

É atividade intensamente regulada pelo direito brasileiro, notadamente por ambas as leis citadas, estando sujeita a uma série de requisitos e condicionamentos para ser desempenhada. Está sujeita também à regulação da Antaq.[2]

O principal requisito legal é de que somente seja realizada por uma empresa *autorizada* a operar pelo órgão competente. Serviços de transporte aquaviário como a navegação de cabotagem, diz a Lei nº 10.233/2001, dependem de autorização. E tal autorização só pode ser obtida, em se tratando do transporte aquaviário doméstico – complementa a mesma Lei nº 10.233/2001 –, *por empresas ou entidades constituídas sob as leis brasileiras, com sede e administração no país, e que atendam aos requisitos técnicos, econômicos e jurídicos estabelecidos pela Antaq.*[3] Só pode

---

[1] Cf. art. 2º, inc. IX, da Lei nº 9.432, de 8.1.1997.
[2] Neste estudo, todavia, enfocamos o arranjo legal de distribuição de competências, sem adentrar o exame da produção normativa da agência na matéria.
[3] Cf. art. 29 da Lei nº 10.233/2001.

ser obtida, noutras palavras, por aquilo que juridicamente se define como *empresa brasileira de navegação*, desta feita nos termos de diploma pouco mais antigo, a Lei n° 9.432/1997.[4]

A *empresa brasileira de navegação* pode afretar diferentes tipos de embarcação para prestar serviços de cabotagem na costa brasileira: *embarcações brasileiras* ou *estrangeiras*.

Embarcação brasileira é a que tem o direito de arvorar a bandeira brasileira. E têm o direito de arvorar a bandeira brasileira as embarcações: *i)* inscritas no Registro de Propriedade Marítima, de propriedade de pessoa física residente e domiciliada no país ou de empresa brasileira; e *ii)* sob contrato de afretamento "a casco nu", por empresa brasileira de navegação, condicionado à suspensão provisória da bandeira do país de origem.[5] Outro condicionamento à caracterização jurídica de uma embarcação como brasileira é o de que nelas sejam necessariamente brasileiros o comandante, o chefe de máquinas e dois terços da tripulação.[6]

Embarcações estrangeiras, infere-se da taxonomia legal, não preenchem os requisitos e condicionamentos fixados para a caracterização de uma embarcação como brasileira. Mas podem, como dito, vir a ser também afretadas por empresa brasileira de navegação, sendo utilizadas para que esta preste seus bons serviços de cabotagem no país.

Uma das hipóteses em que embarcações estrangeiras podem vir a ser afretadas por empresa brasileira de navegação reside em deixarem de ostentar a condição de estrangeiras, mediante contrato de afretamento a casco nu, cumprindo-se os demais requisitos legais e suspendendo-se temporariamente as bandeiras de origem.[7]

A menção ao *afretamento a casco nu* enseja a necessidade de algum esclarecimento sobre os tipos de contratos de afretamento de embarcações previstos na legislação nacional.

Segundo a Lei n° 9.432/97, há três tipos de contrato de afretamento: *i)* "a casco nu", em virtude do qual o afretador tem a posse, o

---

[4] Eis a definição legal: "empresa brasileira de navegação: pessoa jurídica constituída segundo as leis brasileiras, com sede no País, que tenha por objeto o transporte aquaviário, autorizada a operar pelo órgão competente; [...]" (art. 2°, inc. V, da Lei n° 9.432/97).
[5] Cf. art. 3°, I e II, da Lei n° 9.432/97.
[6] Cf. art. 4° da Lei n° 9.432/97.
[7] O art. 7° da Lei n° 9.432/97 é explícito nesse sentido. Mas prevê que, excepcionalmente, o governo brasileiro pode vir a celebrar acordos internacionais que permitam a participação de embarcações estrangeiras no transporte de mercadorias na navegação de cabotagem, mesmo quando não afretadas por empresas brasileiras de navegação, desde que idêntico privilégio seja conferido à bandeira brasileira nos outros Estados contratantes.

uso e o controle da embarcação, por tempo determinado, incluindo o direito de designar o comandante e a tripulação (depreendendo-se que, justamente por gozar desse direito, o afretador pode designar brasileiros para ocupação dos postos de comandante, de chefia de máquinas e de dois terços da tripulação, suspendendo provisoriamente o uso da bandeira do país de origem da embarcação, de modo a atender, assim, a requisito para que a embarcação seja juridicamente tratada como brasileira, a despeito de sua origem estrangeira); *ii)* "por tempo", em virtude do qual o afretador recebe a embarcação armada e tripulada, ou parte dela, para operá-la por tempo determinado; e *iii)* "por viagem", em que o fretador se obriga a colocar toda ou parte de uma embarcação, com tripulação, à disposição do afretador para efetuar transporte em uma ou mais viagens.[8]

Como visto, a hipótese de afretamento de embarcações estrangeiras a casco nu é uma das possibilidades para que estas venham a compor a frota de empresas brasileiras de navegação, autorizadas a realizar serviços de cabotagem no país. Mas – é muito importante atentar para isso – para a caracterização dessa hipótese não basta que seja atendido o requisito relacionado à quota brasileira atinente ao comandante, ao chefe de máquinas e a dois terços da tripulação. Há também condicionamentos legais relacionados ao fomento à indústria naval brasileira e limites legais à tonelagem passível de contratação.

Expliquemos. O afretamento de embarcações estrangeiras a casco nu, com suspensão de bandeira, para a navegação de cabotagem, além de condicionado ao atendimento do requisito de reserva legal mínima de postos de trabalho a brasileiros, está limitado a um patamar de tonelagem (trata-se da chamada "tonelagem de porte bruto contratada"). Está, ainda, condicionado à prévia encomenda da construção de embarcação de tipo semelhante a estaleiro brasileiro instalado no país e à eficácia deste contrato de construção.

Nesse sentido, a empresa brasileira de navegação, para poder afretar embarcação estrangeira a casco nu, deve previamente encomendar a construção de embarcação de tipo semelhante a estaleiro brasileiro instalado no país. E só poderá afretar a embarcação estrangeira quando tal contrato de construção estiver "em eficácia". Cumpridas essas condições, o afretamento de embarcações estrangeiras a casco nu ainda terá um limite de tonelagem contratada. Só poderá ser afretado o transporte de cargas cuja tonelagem esteja limitada ao dobro da

---

[8] Cf. art. 2º, incs. I a III, da Lei nº 9.432/97.

tonelagem de porte bruto das embarcações encomendadas aos estaleiros brasileiros instalados no país.[9]

Assim, a empresa brasileira de navegação que quiser incrementar sua frota de cabotagem com afretamento de embarcações estrangeiras a casco nu tem que fomentar a indústria naval brasileira. Não há saída – a lei em vigor atrelou o eventual incremento dos serviços de cabotagem no Brasil ao apoio ao incremento da indústria naval brasileira. E foi firme no seu propósito: não basta que se tenha uma encomenda de embarcação brasileira "no papel"; é preciso que o contrato de construção da embarcação encomendada esteja "em eficácia", diz a lei.

Com suas complexidades, condicionamentos e limites, o afretamento de embarcação estrangeira a casco nu é uma das possibilidades legais para a expansão da frota de empresas brasileiras de navegação de cabotagem. Outras duas hipóteses de afretamento de embarcação estrangeira disponíveis são "por viagem" e "por tempo".[10] Mas estas dependem de autorização do órgão competente e também são bastante restritas, pois diz a lei que só podem ocorrer nos seguintes casos: *i)* quando verificada inexistência ou indisponibilidade de embarcação de bandeira brasileira do tipo e porte adequados para o transporte pretendido; *ii)* quando verificado interesse público, devidamente justificado; e *iii)* quando em substituição a embarcações em construção no país, em estaleiro brasileiro, com contrato em eficácia, enquanto durar a construção, por período máximo de trinta e seis meses, até o limite da tonelagem de porte bruto contratada para embarcações de carga.[11]

1.2 As múltiplas barreiras legais ao incremento da participação estrangeira no mercado brasileiro de cabotagem

Vê-se, pelo exposto na seção anterior, que o mercado brasileiro de transporte de cargas por navegação de cabotagem é, por força de lei, bastante fechado à concorrência estrangeira. Há distintas camadas de proteção. Primeiro, deve ser operado por empresas brasileiras de navegação. Segundo, deve empregar prioritariamente embarcações brasileiras. Excepcionalmente, a regulação admite embarcações estrangeiras afretadas por empresa brasileira de navegação, mas, mesmo assim,

---

[9] Cf. art. 10, inc. III, da Lei nº 9.432/97.
[10] Cf. art. 8º, da Lei nº 9.432/97.
[11] Cf. art. 9º, incs. I, II e III, alínea "a".

sob rigorosos condicionamentos e limites legais. Terceiro, mesmo entre as excepcionais hipóteses admitidas de afretamento de embarcações estrangeiras, prioriza-se a chamada *a casco nu* e nela se exige a reserva de postos de trabalho a brasileiros.

Nesta hipótese do afretamento a casco nu – que é a principal modalidade de afretamento de embarcação de origem estrangeira – figuram, como visto, três condicionamentos: *i)* o da reserva legal de postos de trabalho para brasileiros; *ii)* o da exigência de prévia encomenda de embarcação de porte semelhante a estaleiro brasileiro instalado no país, com contrato de construção em eficácia, e *iii)* o do limite de tonelagem passível de contratação diretamente atrelado à capacidade das embarcações encomendadas ao estaleiro brasileiro e ao conjunto das embarcações brasileiras de propriedade da empresa brasileira de navegação.

Já os condicionamentos para a adoção de outras modalidades de afretamento de embarcação estrangeira iniciam-se com a exigência de uma autorização do órgão competente e, então, envolvem hipóteses também restritas, com limitação ainda maior de tonelagem contratável.

Resumidamente, podemos observar que as camadas de barreira à entrada no mercado brasileiro de cabotagem sobrepõem-se em, ao menos, quatro níveis: o das operadoras (somente *empresas brasileiras de navegação* podem ser autorizadas), os das embarcações (somente as *brasileiras* e, excepcionalmente e sob grandes restrições, as *estrangeiras afretadas por empresas brasileiras de navegação* podem ser admitidas), o trabalhista (somente quando respeitadas *quotas de postos de trabalho reservados a brasileiros* cabe a exploração) e o do fomento à indústria naval brasileira (somente a participação de embarcações estrangeiras *vinculada a investimentos na indústria naval brasileira* é admitida).

Tudo isso decorre da Lei n° 9.432/97, e, de certa forma, foi preservado quando da subsequente edição da Lei n° 10.233/2001, há cerca de vinte anos.

1.3 As competências regulatórias na Antaq sobre o transporte de cargas por cabotagem

Tratando de maneira unificada os transportes aquaviário e terrestre no país, de modo a estabelecer-lhes diretrizes gerais, a Lei n° 10.233/2001 buscou promover uma visão mais abrangente e integrada da matriz logística brasileira. Nessa perspectiva, uma das *diretrizes gerais* do gerenciamento da infraestrutura e da operação dos transportes *aquaviário e terrestre*, nos termos da Lei n° 10.233/2001, reside em:

descentralizar as ações, sempre que possível, promovendo sua transferência a outras entidades públicas, mediante convênios de delegação, ou a empresas públicas ou privadas, mediante outorgas de autorização, concessão ou permissão, conforme dispõe o inciso XII do art. 21 da Constituição Federal.[12]

No caso da prestação de serviços de *transporte aquaviário*, a mesma lei estabelece que, ressalvado o disposto em legislação específica, a sua outorga deverá ocorrer mediante *autorização*.[13]

E tal autorização para prestação de serviços de transporte aquaviário só pode ser obtida, quando se tratar de transporte aquaviário doméstico, por empresas ou entidades – como já apontado anteriormente neste estudo – constituídas sob as leis brasileiras, com sede e administração no país, e que atendam aos requisitos técnicos, econômicos e jurídicos estabelecidos pela Antaq.[14] E – como também já assinalado – estas empresas são denominadas, na legislação específica, de *empresas brasileiras de navegação*. A navegação de cabotagem é precisamente uma das modalidades de transporte aquaviário de cargas de âmbito doméstico.

Dependem, pois, as empresas brasileiras de navegação, de uma autorização para operar no transporte de cargas por cabotagem, outorgável pelo órgão competente.[15]

Embora a Lei n° 9.432/97 não tivesse disciplinado o procedimento de outorga de autorização para prestação de serviços de transporte de carga por navegação de cabotagem, tampouco as principais regras atinentes à forma e ao conteúdo da outorga, os ditames da Lei n° 10.233/20021, preencheram esta lacuna. Deveras, a Lei n° 10.233/2001 estabelece regras segundo as quais, ressalvado o disposto em legislação específica, a autorização de serviços de transporte aquaviário: *i)* independe de licitação; *ii)* é exercida em liberdade de preços dos serviços, tarifas e fretes, e em ambiente de livre e aberta competição; *iii)* não prevê prazo de vigência ou termo final, extinguindo-se por sua plena

---

[12] Cf. Lei n° 10.233/2001, art. 12, I.
[13] Cf. Lei n° 10.233/2001, art. 13, V, "b" c/c art. 14, III, "e".
[14] Cf. art. 29 da Lei n° 9.432/97.
[15] É o que já resultara da definição legal de empresas brasileiras de navegação pela Lei n° 9.432/92, constante de seu art. 2°, V, e acabou sendo reforçado pelas previsões subsequentes da Lei n° 10.2333/2001, no seu art. 13, V, "b" c/c art. 14, III, "e".

eficácia, por renúncia, anulação ou cassação; e *iv)* ressalvado o disposto em legislação específica, será disciplinada em regulamento próprio e será outorgada mediante termo que indicará o objeto da autorização, as condições para sua adequação às finalidades de atendimento de interesse público, à segurança das populações e à preservação do meio ambiente, as condições para anulação ou cassação e as sanções pecuniárias.[16] Sujeita-se, ainda, a autorização para prestação de serviços de transporte aquaviário a regulamentações complementares editadas pela Antaq.[17]

E o que dispõe a Lei nº 10.233/2001 especificamente sobre os serviços de transporte aquaviário ou navegação de cabotagem? Ou, ainda, o que ela dispõe que, embora não especificamente voltado à cabotagem, tenha impacto dos mais relevantes sobre tais serviços? Podemos listar sete pontos.

Primeiro, diz a Lei nº 10.233/2001 que a cabotagem constitui uma das esferas de atuação da Antaq,[18] ou seja, é objeto das competências da Antaq. *Segundo*, que cabe à Antaq propor ao Ministério dos Transportes (atual Ministério da Infraestrutura) o plano geral de outorgas de exploração da infraestrutura aquaviária e de prestação de serviços de transporte aquaviário,[19] incluído entre esses serviços, naturalmente, o de transporte por cabotagem. *Terceiro*, que cabe à Antaq elaborar e ditar normas e regulamentos relativos à prestação de serviços de transporte e à exploração da infraestrutura aquaviária e portuária, garantindo isonomia no seu acesso e uso, assegurando os direitos dos usuários e fomentando a competição entre os operadores.[20] *Quarto*, que lhe compete celebrar atos de outorga de autorização de prestação de serviços de transporte pelas empresas de cabotagem, gerindo os respectivos contratos e demais instrumentos administrativos.[21] *Quinto*, que lhe cabe promover estudos referentes à composição da frota mercante brasileira e à prática de afretamento de embarcações, para subsidiar decisões governamentais quanto à política de apoio à indústria de construção naval e de afretamento de embarcações estrangeiras.[22] *Sexto*, que lhe cabe fiscalizar o funcionamento e a prestação de serviços das empresas

---

[16] Cf. art. 33 c/c arts. 43 e 44 da Lei nº 10.233/2001.
[17] Cf. art. 33 da Lei nº 10.233/2001.
[18] Cf. art. 23, I, da Lei nº 10.233/2001.
[19] Cf. art. 27, III, da Lei nº 10.233/2001.
[20] Cf. art. 27, IV, da Lei nº 10.233/2001.
[21] Cf. art. 27, V, da Lei nº 10.233/2001.
[22] Cf. art. 27, VIII, da Lei nº 10.233/2001.

de cabotagem.²³ *Sétimo*, que lhe cabe autorizar as empresas brasileiras de navegação de cabotagem a realizarem o afretamento de embarcações estrangeiras para o transporte de carga, conforme disposto na Lei n° 9.432, de 8.1.1997.²⁴

Este último ponto merece atenção. A Lei n° 10.233/2001 fez remissão à disciplina do transporte por cabotagem fixada em lei anterior, de 1997. E já vimos na seção anterior deste estudo o que dispõe, em linhas gerais, a referida Lei n° 9.432/97.

O acréscimo da Lei n° 10.233/2001, em resumo, residiu na criação de uma entidade reguladora federal, de natureza autárquica, com especial autonomia para regular, entre outros serviços aquaviários, o de transporte de cargas por navegação de cabotagem. Esta autarquia, a Antaq, além de propor ao ministério competente um plano geral de outorgas envolvendo os serviços sob sua esfera de atuação, incluídos os de cabotagem, e de celebrar os atos de outorga de autorização de prestação de serviços de transporte de cargas pelas empresas de cabotagem, recebeu um mandato legal para fiscalizar a prestação e o funcionamento, regrar e autorizar o afretamento de embarcações estrangeiras e realizar estudos para subsidiar decisões governamentais atinentes às políticas de afretamento de embarcações estrangeiras e de apoio à indústria de construção de naval (ambas as quais, como visto, estavam profundamente imbricadas entre si por força da lei de 1997).

Digna de nota é a previsão de que a competência normativa da Antaq, aplicável aos serviços de transporte de cargas por cabotagem, deve servir à garantia de isonomia no seu acesso, à garantia dos direitos dos usuários e ao fomento à competição entre os operadores.

Esta isonomia no acesso e este fomento à competição são perfeitamente consentâneos com a disciplina dada ao procedimento de outorga de autorização às prestadoras de serviços de transporte aquaviário – incluído o de cargas por cabotagem –, segundo a qual ela independe de licitação e franqueia uma prestação em ambiente de livre e aberta competição, inclusive sob regime de liberdade de preços, tarifas e fretes. Este regime de acesso aos serviços de transporte de cargas por cabotagem e de sua prestação, sob o primado da liberdade – inclusive da "livre e aberta competição" –, não estava dado pela Lei n° 9.432/97, e foi um importante avanço normativo trazido pela Lei n° 10.233/2001.

---

²³ Cf. art. 27, XXI, da Lei n° 10.233/2001.
²⁴ Cf. art. 27, XXIV, da Lei n° 10.233/2001.

O problema é que o objetivo de promoção da competição, em especial, parece não ter se refletido, no seio da Lei nº 10.233/2001, numa inequívoca fixação de normas legais que claramente derrogassem as reservas e barreiras estabelecidas pela Lei nº 9.432/97. Aliás, ao ditar o regime dos atos de outorga de autorizações de serviços aquaviários a serem firmados pela Antaq, a Lei nº 10.233/2001 preferiu certa deferência em relação ao disposto em legislação específica,[25] o que de certa forma lançou dúvidas sobre o exato alcance de seu caráter derrogatório do direito anterior em contrário, enfraquecendo as suas inovações.

Pode-se argumentar que aquele regramento ditado em 1997 – e persistente, em larga medida, até os dias de hoje –, impregnado de reservas de mercado e barreiras à entrada, foi um tanto preservado pela Lei nº 10.233/2001, embora de maneira contraditória com a então nova diretriz de promoção de um "ambiente de livre e aberta competição".

Eis uma intrigante questão: se as autorizações de serviços aquaviários deveriam *realmente* servir a uma "livre e aberta competição", como isto poderia conviver com a mantença das restrições à entrada no mercado brasileiro de cabotagem atinentes às operadoras, às embarcações, à força de trabalho e à vinculação das eventuais expansões de frota ao imperativo de apoio à indústria naval brasileira? Fato é que aquelas restrições, impregnadas na Lei nº 9.432/97, permaneceram, a despeito do estímulo à competição preconizado desde 2001.

Em prol da Lei nº 10.233/2001 pode-se dizer, por outro lado, que ao menos um novo xerife foi então criado – a Antaq – para gerenciar normativamente o setor, inclusive os transportes de cargas por navegação de cabotagem, e promover a isonomia de acesso e a competição entre os operadores. E também se pode lembrar que ao menos balizas mais isonômicas para autorizações de serviços de transporte marítimo de cargas, sempre inclusos os de cabotagem, foram então fixadas. Isto contrabalançou – pensando especificamente na disciplina da cabotagem – o certo contrassenso entre o mandato de estímulo à competição confiado ao xerife e a mantença de antigas barreiras.

---

[25] Seus arts. 33 e 43, nesse sentido, fixaram novas "características" da autorização sempre sob a advertência expressa de que estaria "ressalvado o disposto em legislação específica".

2 Da proposição de abertura do mercado à maior participação de embarcações estrangeiras

Diante deste quadro de persistência de barreiras legais de acesso ao mercado brasileiro de transporte de cargas por cabotagem, bem como à competição, apesar de haver uma diretriz também legal em contrário desde 2001, é legítimo indagar: as múltiplas camadas de proteção, estabelecidas como reservas ou barreiras, protegem *quem*? Ademais, têm elas efetivamente servido ao desenvolvimento do mercado brasileiro de cabotagem? Induzem à expansão e à melhoria dos serviços de transporte de cargas por esta modalidade de navegação?

O Governo federal, mediante a apresentação do PL nº 4.199/2020 ao Congresso Nacional, propôs o que poderíamos qualificar como uma quebra dessas barreiras. A proposição legislativa pretende instituir o chamado "Programa de Estímulo ao Transporte por Cabotagem" ou "BR do Mar", esta última denominação sendo aparentemente uma analogia com as rodovias federais.

Parece ter partido do diagnóstico de que é preciso *incrementar a participação da cabotagem na matriz logística brasileira*, com vistas a otimizar o escoamento das cargas que abastecem o mercado interno.

A navegação marítima de transporte de mercadorias, entre portos ou pontos da costa nacional, seria a alternativa a promover, reduzindo-se nalguma medida a dependência do transporte rodoviário de cargas. Mas não uma total substituição deste (transporte rodoviário) por aquela (cabotagem). Na reconfiguração pretendida da matriz logística brasileira, vislumbra-se um incremento do transporte de cargas por cabotagem para longas distâncias, de tal maneira que o transporte rodoviário de cargas passe a atender a transportes de curtas distâncias, cujo frete seja mais atrativo. Ao menos, esta é a argumentação constante da mensagem de encaminhamento do projeto de lei ao Congresso.[26] Difícil saber ao certo se a argumentação é mesmo procedente, pois há uma dúvida razoável, caso partamos do pressuposto de que, provavelmente, o incremento da cabotagem substituirá (por seus menores custos, caso se torne eficiente) parcela do transporte rodoviário de cargas.

Qual a estratégia definida para incrementar a cabotagem na matriz logística brasileira? Chegou-se à conclusão de que é preciso *estimular a participação de embarcações estrangeiras na cabotagem brasileira*. A estratégia é incrementar a quantidade de embarcações estrangeiras

---

[26] Cf. EMI nº 0016/2020 MINFRA ME SG-PR, 10.8.2020, item 35.

disponíveis para o transporte de cabotagem, operadas por empresas brasileiras de navegação.

Para incrementar a participação de embarcações estrangeiras na navegação de cabotagem brasileira, eis algumas das medidas previstas na proposição legislativa:

i) permitir que empresas brasileiras de navegação possam utilizar a frota das suas subsidiárias integrais no exterior para garantir a disponibilidade de frota no Brasil,[27] o que, segundo a mensagem de encaminhamento pelo Governo federal da proposição ao Congresso, permite uma disponibilidade "a custos adequados e mais próximos à realidade internacional";[28]

ii) permitir que novas empresas brasileiras de navegação sejam constituídas no Brasil utilizando como lastro de frota embarcações estrangeiras, afretadas de acordo com as regras da nova política brasileira de estímulo ao transporte por cabotagem;[29]

iii) determinar a aplicação das regras trabalhistas do pavilhão da embarcação estrangeira à tripulação da embarcação estrangeira afretada nos termos da nova política brasileira de estímulo ao transporte por cabotagem;[30]

iv) permitir a outorga de autorização de uso temporário de área portuária, dentro dos portos organizados, para fins de incentivo a operações especiais de cabotagem, assim compreendidas aquelas consideradas regulares para o transporte de cargas em tipo, rota ou mercado ainda não existente ou consolidado.[31]

Há outras medidas, mas estas nos parecem suficientes para o fim de ilustrar mudanças significativas em relação a alguns importantes regramentos atualmente vigentes. Todas essas são medidas voltadas a assegurar maior disponibilidade de navios na costa brasileira para atender à demanda nacional. Noutras palavras, para proporcionar um aumento imediato da frota disponível para o atendimento do mercado nacional.

---

[27] Cf. art. 5º do PL nº 4.199/2020.
[28] Cf. EMI nº 00016/2020 MINFRA ME SG-PR, 10.8.2020, item 17.
[29] Cf. EMI nº 00016/2020 MINFRA ME SG-PR, 10.8.2020, item 22.
[30] Cf. art. 12 do PL nº 4.199/2020.
[31] Cf. art. 16 c/c art. 5º, §1º, inc. VI, e §2º, inc. II, do PL nº 4.199/2020.

No geral, abrem o mercado a uma maior participação de embarcações estrangeiras. Observemos, nesse sentido, que parte da razão pela qual se trata de um mercado relativamente fechado deve-se à vinculação entre a política de navegação de cabotagem e a política de construção naval. Vincula-se uma à outra na atual legislação mediante regramentos que atrelam o afretamento de embarcações estrangeiras a casco nu, para cabotagem, a encomendas de embarcações de porte semelhante a estaleiros brasileiros instalados no país. Noutras palavras, atrela-se a participação de embarcações estrangeiras a certo lastro em embarcações próprias brasileiras ou encomendadas a estaleiros brasileiros instalados no país. Isto cairia por terra com o novo programa de estímulo ao transporte por cabotagem.

As medidas previstas na proposição legislativa encaminhada ao Congresso Nacional concretizam um conjunto de diretrizes do novo Programa de Estímulo ao Transporte por Cabotagem. Tais diretrizes, por sua vez, derivam de objetivos daquele programa. São diretrizes e objetivos focados, em suma, no *estímulo* à *concorrência no mercado de transporte por cabotagem no Brasil*.

Nesta linha, entre os objetivos do Programa "BR do Mar" estão os de ampliar a oferta e melhorar a qualidade do transporte por cabotagem; incentivar a concorrência e a competitividade na prestação do serviço de transporte por cabotagem; ampliar a disponibilidade de frota no território nacional; revisar a vinculação das políticas de navegação de cabotagem das políticas de construção naval; incentivar as operações especiais de cabotagem e os investimentos delas decorrentes em instalações portuárias, para atendimento de cargas em tipo, rota ou mercado ainda não existente ou consolidado na cabotagem brasileira.[32]

Merece especial destaque o objetivo de desvinculação entre as políticas de navegação de cabotagem, de um lado, e as de apoio à construção naval, de outro. Como visto, na atual legislação, esta vinculação constitui obstáculo de difícil transposição para o incremento da frota empregável por empresas brasileiras de navegação autorizadas para fins de cabotagem no país.

Entre as diretrizes do Programa "BR do Mar" em sintonia com a promoção da concorrência, podem-se destacar: a regularidade da prestação das operações de transporte; a otimização do uso de

---

[32] Cf. art. 1º, incs. I, II, III, VI e VII, do PL nº 4.199/2020.

embarcações afretadas; o incentivo ao investimento privado; e a promoção da livre concorrência.[33]

Para participar do programa, a empresa interessada deverá obter uma "habilitação", a ser concedida por ato do ministro de Estado da Infraestrutura.[34] Entre os requisitos para a obtenção desta habilitação está o de ter sido autorizada a operar como empresa brasileira de navegação no transporte de cargas por cabotagem. Outra é o de estar em situação regular com os tributos federais. Finalmente, há o requisito de ter assinado termo de compromisso pelo qual se obrigue a apresentar, periodicamente, informações relativas ao cumprimento de um conjunto de diretrizes.[35]

Entre as diretrizes a serem atendidas pelas empresas habilitadas no Programa "BR do Mar", vale aqui o destaque por estarem mais diretamente relacionadas ao objetivo maior de estímulo à concorrência as seguintes: expansão, modernização e otimização das suas atividades e da sua frota operante no país; aumento na oferta para o usuário do transporte por cabotagem; e práticas concorrenciais saudáveis, que garantam a competitividade e a condução dos negócios de forma eticamente responsável.[36]

Enfim, a proposição legislativa, nos seus objetivos e diretrizes, assim como na sua estratégia de fomentar e facilitar a participação de embarcações estrangeiras no mercado, atendidos os necessários condicionamentos, é, no geral, bastante positiva. Não pretendemos aqui avaliar individualmente as medidas preconizadas pela proposição, mas apenas ilustrar este seu sentido geral de abertura e promoção da competição. Diretriz que, como visto, em matéria de cabotagem, ainda está longe de ter se traduzida. Há muito que avançar, apesar da promessa de fomento à competição de 20 anos atrás.

3 Crítica ao esvaziamento das atribuições regulatórias da Antaq sobre a cabotagem

Tal qual ilustrado na seção anterior, é alvissareira a proposta de incrementar a participação da cabotagem na matriz logística brasileira. E a estratégia de rompimento das barreiras legais ao incremento da

---

[33] Cf. art. 2º, incs. III, IV, VI e VII, do PL nº 4.199/2020.
[34] Cf. art. 4º, *caput*, do PL nº 4.199/2020.
[35] Cf. art. 3º, incs. I, II e III, do PL nº 4.199/2020.
[36] Cf. art. 3º, inc. III, alíneas "a", "c" e "k", do PL nº 4.199/2020.

participação de embarcações estrangeiras na navegação de cabotagem para o transporte de cargas parece, também, razoável e adequada. Tudo mediante adesão, das empresas brasileiras de navegação interessadas, a um programa de estímulo legalmente estruturado, por meio do qual acessem condições mais vantajosas de afretamento de embarcações estrangeiras.

O que não se mostra razoável, porém, é a distribuição de competências na proposição legislativa, por falhar na fixação de parâmetros legais mais seguros, aptos a promover a necessária segurança jurídica ao novo programa de fomento.

Referimo-nos aos ditames da proposição que parecem afastar da Antaq o exercício de competências que atualmente lhe são próprias, deslocando-as, inexplicavelmente, para a esfera de competências da Presidência da República ou do atual Ministério da Infraestrutura.

Para percebermos este esvaziamento das atribuições da Antaq, convém passarmos em revista algumas das atribuições distribuídas à Presidência da República, ao Ministério da Infraestrutura e à Antaq no projeto de lei.

Assim, notemos que, segundo a proposição legislativa, diversos assuntos deverão ser disciplinados por "regulamento" ou "ato do Poder Executivo federal", bem como diversas medidas deverão ser tomadas pelo Poder Executivo federal:

 i) implementar o BR do Mar;[37]
 ii) monitorar e avaliar o BR do Mar, além de estabelecer os critérios a serem observados em seu monitoramento e avaliação;[38]
 iii) disciplinar a forma de outorga da autorização para operar como empresa brasileira de navegação no transporte de cargas de cabotagem, amparada em qualquer das hipóteses de afretamento previstas na lei;[39]
 iv) disciplinar a forma de concessão da habilitação, por ato do ministro de Estado da Infraestrutura, à empresa interessada em participar do Programa BR do Mar, já previamente autorizada a operar como empresa brasileira de navegação no transporte de cargas por cabotagem;[40]

---

[37] Cf. art. 1º, §1º, do PL nº 4.199/2020.
[38] Cf. art. 1º, §2º, do PL nº 4.199/2020.
[39] Cf. art. 3º, inc. I e §§1º e 2º, do PL nº 4.199/2020.
[40] Cf. art. 4º, §3º, do PL nº 4.199/2020.

v) estabelecer a quantidade máxima de embarcações afretadas, como proporção em relação à tonelagem de porte bruto das embarcações efetivamente operantes que arvorem bandeira brasileira, sobre as quais a empresa brasileira de navegação tenha domínio;[41]
vi) disciplinar a hipótese de afretamento por tempo, para atendimento exclusivo de contratos de transporte de longo prazo, de embarcações estrangeiras (a rigor, de embarcações estrangeiras pertencentes à subsidiária integral estrangeira de empresa brasileira de navegação);[42]
vii) dispor sobre as normas e os critérios para contratação e apresentação de garantias de execução da construção da embarcação no exterior e para fiscalização, acompanhamento e comprovação de sua evolução;[43]
viii) dispor sobre as normas, os critérios e as competências para estabelecimento dos limites máximos de tolerância para identificação da equivalência de tonelagem e porte das embarcações;[44]
ix) fixar termos, prazos e condições para a transferência da titularidade de contrato de uso temporário de áreas e instalações portuárias em operações especiais de cabotagem.[45]

Outros assuntos e ações, a seu turno, deverão ser regulamentados por "atos do ministro de Estado da Infraestrutura" ou ser por ele desempenhados:

i) monitorar e avaliar o BR do Mar, além de estabelecer os critérios a serem observados em seu monitoramento e sua avaliação;[46]
ii) conceder à empresa brasileira de navegação interessada, já autorizada a operar no transporte de cargas por cabotagem, observados os demais condicionamentos e requisitos preestabelecidos, a habilitação no BR do Mar;[47]
iii) estabelecer as cláusulas essenciais dos contratos de transporte de longo prazo e os tipos de cargas que poderão ser transportadas, na hipótese de afretamento por tempo de embarcações

---

[41] Cf. art. 7º, §1º, do PL nº 4.199/2020.
[42] Cf. art. 5º, §1º, V, do PL nº 4.199/2020.
[43] Cf. art. 15, inc. I, do PL nº 4.199/2020.
[44] Cf. art. 15, inc. II, do PL nº 4.199/2020.
[45] Cf. art. 16, §9º, do PL nº 4.199/2020.
[46] Cf. art. 1º, §2º, do PL nº 4.199/2020.
[47] Cf. art. 4º, *caput*, do PL nº 4.199/2020.

estrangeiras, pertencentes à subsidiária integral estrangeira de empresa brasileira de navegação;[48]

iv) estabelecer as hipóteses de afretamento de embarcação estrangeira consideradas de interesse público, para fins de regulamentar o disposto no inc. II do *caput* do art. 9º da Lei nº 9.432/1997, vale lembrar, justamente o dispositivo que prevê uma das hipóteses atualmente excepcionais de admissibilidade do afretamento de embarcação estrangeira, por viagem ou por tempo, para operar no transporte de mercadorias na navegação de cabotagem.[49]

Finalmente, outros assuntos ficarão sob a alçada da Antaq, entre os quais:

i) definir os critérios para o enquadramento de embarcação como efetivamente operante e como pertencente a um mesmo grupo econômico, especialmente para fins de definição, por ato do Poder Executivo federal, da quantidade máxima de embarcações afretáveis proporcionalmente à tonelagem das embarcações brasileiras, efetivamente operantes e pertencentes ao mesmo grupo econômico da empresa brasileira de navegação afretadora; e[50]

ii) dispor sobre os termos, os prazos e as condições para o uso temporário de áreas e instalações portuárias localizadas na poligonal do porto organizado, em operações especiais de cabotagem.[51]

Como se pode observar, se a Lei nº 10.233/2001 conferiu à Antaq competência para editar normas e regulamentos relativos à prestação de serviços, entre outros, de transporte de cargas por navegação de cabotagem,[52] bem como lhe conferiu competência para celebrar atos de outorga de autorização da prestação de serviços de transporte de cargas a empresas de cabotagem[53], a proposição legislativa parece não valorizar estas competências.

Antes, a proposição confere ao Poder Executivo federal – leia-se, em princípio, ao chefe do Poder Executivo – poderes normativos sobre os serviços de cabotagem que poderiam ser compreendidos como subjacentes à alçada da Antaq. Nesse sentido, será, por exemplo, que

---

[48] Cf. art. 7º, incs. I e II, do PL nº 4.199/2020.
[49] Cf. art. 19, do PL nº 4.199/2020.
[50] Cf. art. 14, incs. I e II c/c art. 5º, §1º, inc. I c/c art. 7º, §1º, do PL nº 4.199/2020.
[51] Cf. art. 16, §11, do PL nº 4.199/2020.
[52] Cf. art. 27, inc. IV, da Lei nº 10.233/2001.
[53] Cf. art. 27, inc. V, da Lei nº 10.233/2001.

caberia ao presidente da República disciplinar a forma de outorga da autorização para operar como empresa brasileira de navegação no transporte de cargas de cabotagem? Ou esta deveria ser uma atribuição da Antaq? Não resta claro o critério a partir do qual as atribuições são confiadas a este ou àquele órgão ou àquela entidade, na proposição legislativa. Se muito do programa de estímulo à cabotagem que se pretende estabelecer ficará sob a alçada do chefe do Poder Executivo e de seu Ministério da Infraestrutura, e se a habilitação neste programa vier a ser mesmo a porta de acesso a um conjunto de benefícios especiais, qual será, afinal, o papel da Antaq? Ficará a agência relegada a um segundo plano no gerenciamento do mercado de transporte de cargas por navegação de cabotagem no país? Não participará como protagonista do estímulo à cabotagem no Brasil?

Se, como diz a mensagem de encaminhamento da proposição ao Congresso Nacional, o Governo federal realmente "precisa de um Ministério que se concentre na formulação de políticas públicas que orientarão a expansão de seus setores tutelados",[54] então haveria de existir maior clareza sobre como a formulação e o planejamento de políticas públicas como esta, de estímulo ao transporte de cargas por cabotagem, afinal, serão realizados, distanciando-se das medidas de implementação.

De resto, seria importante que aspectos centrais ao procedimento de autorização para operar como empresa brasileira de navegação no transporte de cargas por cabotagem, ou, ainda, ao procedimento de concessão de habilitação de empresa no novo programa de estímulo, fossem delineados já no âmbito legal. Quando se diz que regulamento do Poder Executivo disciplinará a implementação do programa, e também disciplinará a forma de outorga da autorização para operar como empresa brasileira de navegação no transporte de cargas de cabotagem, suscita-se dúvida razoável quanto ao grau de discricionariedade, afinal, a ser manejado no exercício dessas atribuições. Será o ato de outorga da autorização um ato administrativo estritamente vinculado e, como tal, bastante adstrito aos requisitos legais, ou, em verdade, via regulamentação do tema, poderemos ser surpreendidos por exigências e parâmetros mais relacionados ao arbítrio da autoridade?

Esta insegurança deveria ser eliminada em âmbito legal. Ela existe ainda hoje e perder-se-á a oportunidade de saná-la se, afinal, a proposição legislativa não a endereçar a contento, mantendo a incógnita

---

[54] Cf. EMI nº 00016/2020 MINFRA ME SG-PR, 10.8.2020, item 44.

da Lei nº 9.432/97, que simplesmente se referiu à empresa brasileira de navegação "autorizada a operar pelo órgão competente",[55] sem esclarecer os termos e procedimentos para tal autorização.

É preciso lembrar dos preceitos subsequentes da Lei nº 10.233/2001, já citados neste estudo, que confiaram à Antaq competência para "elaborar normas e regulamentos relativos à prestação de serviços de transporte [...], garantindo isonomia no seu acesso [...], assegurando os direitos dos usuários e fomentando a competição entre os operadores".[56] E dos que, indo além da disciplina de 1997 e também já citados aqui, disciplinaram a autorização de exploração de serviços aquaviários (incluso o transporte de cargas por cabotagem) de modo a fixar-lhe as regras de que independe de licitação, é exercida em liberdade de preços e em ambiente de livre e aberta competição, e não prevê prazo de vigência ou termo final.[57] Será importante que um novo regulamento da forma de autorização do transporte de cargas por cabotagem a empresa brasileira de navegação observe todos esses parâmetros legais.

A lembrança de todos esses parâmetros, por esforço interpretativo, a conjugar múltiplos diplomas legais, permite a constatação de que será reduzida a margem legal de discricionariedade do Poder Executivo para ditar um regulamento sobre a autorização para o transporte de cabotagem, tal qual previsto no PL nº 4.199/2020. Mas seria melhor que a proposição legislativa sobre o estímulo à cabotagem já tivesse feito o serviço, consolidando e deixando mais claros os parâmetros legais e evidenciando o estreito campo regulamentar.

Considerações finais

Com o mérito de buscar estimular o desenvolvimento da navegação de cabotagem no Brasil, incrementando a sua participação na matriz logística brasileira, mediante necessárias estratégias de derrubada de barreiras ao afretamento de embarcações estrangeiras para tal fim, a proposição legislativa encaminhada pelo Governo federal ao Congresso Nacional padece, por outro lado, do vício de seguir esvaziando atribuições regulatórias da Antaq.

Importa, pois, aperfeiçoar a proposta, a partir de diagnóstico mais claro quanto aos papéis institucionais que se esperam dos órgãos

---

[55] Cf. art. 2º, V, da Lei nº 9.432/97.
[56] Cf. art. 27, inc. IV, da Lei nº 10.233/2001.
[57] Cf. art. 43, incs. I a III, da Lei nº 10.233/2001.

governamentais envolvidos, notadamente no plano da formulação de políticas públicas, envolvendo a Presidência da República e o Ministério da Infraestrutura, e no plano da sua implementação e gerenciamento normativo, envolvendo a Antaq.

Uma das razões da criação de uma agência reguladora independente com atribuições normativas sobre a prestação de serviços de transporte aquaviário, inclusive o de cargas por navegação de cabotagem, há vinte anos, foi justamente submeter tal prestação a uma regulação mais técnica e estável. Há que resgatar este espírito original, evitando-se que a criação de uma boa política de estímulo à navegação de cabotagem e de incentivo à competição entre operadores, reste, afinal, comprometida pela concentração de seu gerenciamento normativo quase integralmente na cúpula do Executivo, com os riscos de instabilidade e insegurança inerentes a esta opção.

Se, por um lado, a proposição avança no sentido de estímulo ao incremento da competição na cabotagem, é preciso que seja, por outro lado, aperfeiçoada quanto à alocação de competências entre agência reguladora, Poder Legislativo e cúpula do Poder Executivo. Uma alocação mais abalizada, a partir de um claro diagnóstico dos papéis institucionais no âmbito da política pública, será fator de incremento da segurança jurídica do programa.

Referências

BRASIL. Lei nº 10.233, de 5 de junho de 2001. *DOU*, 6 jun. 2001.

BRASIL. Lei nº 9.432, de 5 de janeiro de 1997. *DOU*, 9 jan. 1997.

BRASIL. Presidência da República. *EMI nº 00016/2020 MINFRA ME SG-PR, 10 de agosto de 2020*. Disponível em: https://www.camara.leg.br/proposicoesWeb/fichadetramitacao?idProposicao=2260433.

BRASIL. Presidência da República. *Projeto de Lei nº 4.199, de 13 de agosto de 2020*. Disponível em: https://www.camara.leg.br/proposicoesWeb/fichadetramitacao?idProposicao=2260433.

Informação bibliográfica deste texto, conforme a NBR 6023:2018 da Associação Brasileira de Normas Técnicas (ABNT):

SOUZA, Rodrigo Pagani de. A proposta de estímulo ao transporte por cabotagem no Brasil. *In*: TOJAL, Sebastião Botto de Barros; SOUZA, Jorge Henrique de Oliveira (Coord.). *Direito e infraestrutura*: portos e transporte aquaviário – 20 anos da Lei nº 10.233/2001. Belo Horizonte: Fórum, 2021. v. 1, p. 329-348. ISBN 978-65-5518-210-1.

PRORROGAÇÃO DOS CONTRATOS DE ARRENDAMENTO E A PORTARIA N° 530/2019 – MINFRA: LIMITES À DISCRICIONARIEDADE

SEBASTIÃO BOTTO DE BARROS TOJAL

DANIELLE DA SILVA FRANCO

1 Introdução

Ao longo dos últimos anos, o marco normativo portuário nacional sofreu diversas alterações, todas absolutamente indispensáveis para atrair os investimentos necessários à manutenção e ao desenvolvimento da competitividade nesse modal de transporte. A análise dessa legislação e dos atos normativos pertinentes permite uma multiplicidade de reflexões. Contudo, como ensina Pontes de Miranda, "o cindir é desde o início",[1] evidenciando a importância de se delimitar o objeto de análise para adequada abordagem dos diversos aspectos que um mesmo tema suscita.

Impõe-se, desse modo, a necessidade de circunscrever o âmbito do presente estudo. Por esta razão, em que pese a relevância e a controvérsia em torno de outros temas concernentes à infraestrutura portuária, o

---

[1] MIRANDA, Francisco Cavalcanti Pontes de. *O problema fundamental do conhecimento*. Rio de Janeiro: Borsoi, 1972. p. 54.

presente artigo tratará exclusivamente da prorrogação dos contratos de arrendamento portuário à luz da Portaria nº 530/2019 –MInfra para averiguar os limites da discricionariedade do Poder Concedente na avaliação dos pedidos de prorrogação. Não será objeto de análise, reconhecendo-se, todavia, sua relevância, a prorrogação contratual como instrumento de recomposição do equilíbrio econômico-financeiro do ajuste.

A edição do Decreto nº 9.048/2017, a posterior publicação do Acórdão nº 1446/2018 – TCU – Plenário e, especialmente, a edição da Portaria nº 530/2019, permitem divisar uma nova etapa na exploração dos arrendamentos portuários. Além da ampliação do prazo máximo de duração dos contratos, as novas regras buscaram trazer mais flexibilidade e segurança jurídica aos arrendatários que investem em infraestruturas localizadas dentro do porto organizado, ao mesmo tempo em que inovam ao sistematizar uma série de condições e requisitos para a prorrogação do prazo de vigência destes contratos.

O objetivo do presente trabalho, portanto, é analisar cada um dos preceitos da Portaria nº 530/2019 e o limite da liberdade do Poder Concedente na apreciação dos pleitos de prorrogação.

2 Breve histórico da legislação portuária

Desde a Constituição Federal de 1988, a exploração de infraestrutura portuária é compreendida como um serviço público[2] que compete exclusivamente à União Federal,[3] a qual poderá explorá-lo tanto de maneira direta quanto de maneira indireta, nos termos do art. 175 da Constituição Federal.

A edição da Lei nº 8.630/93 (também conhecida como "Lei de Modernização dos Portos") permitiu a ampliação da participação de empresas privadas na prestação de serviços públicos portuários[4] e a

---

[2] Marçal Justen Filho defende: "De modo geral, todos os pensadores pátrios acentuam que serviço público consiste na prestação, sob regime de direito público, de utilidades essenciais, fruíveis individualmente, pelos integrantes da comunidade" (JUSTEN FILHO, Marçal. *Teoria geral das concessões de serviços públicos*. São Paulo: Dialética, 2003. p. 20).

[3] "Competindo a União, e só a ela, explorar diretamente ou mediante autorização, concessão ou permissão, os portos marítimos, fluviais e lacustres, art. 21, XII, f, da CF, está caracterizada a natureza pública do serviço de docas" (STF. RE nº 172.816. Rel. Min. Paulo Brossard. *DJe*, 13 maio 1994). No mesmo sentido: RE nº 253.472. Rel. Min. Marco Aurélio. *DJe*, 1º fev. 2011 e Acórdão nº 2.896/2009 – TCU – Plenário.

[4] "Entre as atividades em que se pretende aumentar a participação da iniciativa privada, o segmento de serviços de infra-estrutura portuária é de singular importância para o desenvolvimento nacional, pois, além da locomoção de pessoas, é por meio da utilização

realização de elevados investimentos destinados à modernização de um setor historicamente precário.

A mudança drástica na legislação do setor decorreu da compreensão da necessidade de adoção de medidas menos centralizadoras em determinadas esferas econômicas (como o setor de infraestrutura), possibilitando uma participação maior da iniciativa privada em investimentos que o Poder Público não teria condições de prover nos patamares exigidos para elevar o padrão do serviço público às melhores práticas internacionais. Com isso, permitiu-se a participação do setor privado nos investimentos necessários à modernização das operações, ficando a cargo do Estado a regulamentação e a fiscalização da atividade.[5]

O advento da Lei nº 12.815/2013, entre outras alterações, encerrou o embate que havia ao tempo da Lei nº 8.630/93 acerca da movimentação de cargas de terceiros em terminais privativos. Sendo esta via logística responsável por 95% do fluxo do comércio exterior do país, e movimentando aproximadamente 14% do PIB nacional, a manutenção da competitividade nacional depende diretamente da expansão de sua infraestrutura e modernização da forma de gestão portuária, estimulando

---

desses serviços que é viabilizada a quase totalidade das operações do comércio nacional. Não obstante a relevância das modalidades terrestres e aérea, o transporte marítimo reveste-se de especial importância no caso brasileiro. A posição geográfica do País, sua continentalidade e seu extenso litoral dão aos transportes marítimos características próprias de indispensabilidade. Como elo fundamental dessa cadeia de transportes, os portos são as estruturas básicas para o intercâmbio comercial, interno e externo, pois é nas instalações portuárias que se desenvolvem as indispensáveis interligações modais entre transportes terrestres e marítimos, desempenhando importante função no desenvolvimento regional, com a geração de serviços auxiliares e de receitas tributárias. [...] Diante da necessidade de expansão da presença brasileira nos mercados internacionais, o desenvolvimento da atividade portuária é condição básica. Para isso, a modernização tecnológica e a introdução de novos métodos e processos de trabalho não são suficientes; os sistemas jurídicos regulatórios da atividade devem ser aprimorados, objetivando o aumento da competitividade dos produtos nacionais" (SOUZA JR., Suriman Nogueira de. *Regulação portuária* – A regulação jurídica dos serviços públicos de infra-estrutura portuária no Brasil. Rio de Janeiro: Saraiva, 2008. p. 2-3).

[5] "Percebe-se, portanto, que a chamada Lei dos Portos foi concebida num momento político em que os valores norteadores do Governo Federal alinhavam-se com os postulados de uma política neoliberal, por meio da qual pretendia-se o rompimento do monopólio da atividade portuária no Brasil, apenas exercida exclusivamente pelo Estado, para um modelo em que ao Estado caberia a fiscalização e normatização da atividade portuária, a qual, a partir de tal lei, os portos poderiam ser explorados por outras esferas do Governo, seja Estadual ou Federal, ou ainda pela iniciativa privada, mediante a concessão do governo Federal" (PASOLD, Cesar Luiz et al. A teoria tridimensional do direito como ferramenta aplicada à percepção jurídica da Lei Nacional dos Portos (n. 8.630, de 25.02.1993). *In*: CASTRO JUNIOR, Osvaldo Agripino de; PASOLD, Cesar Luiz (Coord). *Direito portuário, regulação e desenvolvimento*. Belo Horizonte: Fórum, 2010. p. 185-209).

ainda mais os investimentos do setor privado como forma de reduzir os custos da Administração Pública.[6] Neste contexto, a publicação da Lei n° 12.815/2013 e suas posteriores regulamentações buscaram, precipuamente, retomar a capacidade de planejamento do setor portuário, redefinir competências institucionais e aprimorar o marco regulatório.

3 Prorrogação dos contratos de arrendamento

Contratos de concessão de serviço público, dada a grandeza dos investimentos que são realizados para garantir a prestação de serviço adequado, não podem, via de regra, ser celebrados por prazos curtos, sob pena de inviabilizar a fixação de uma tarifa que atenda ao princípio da modicidade previsto na Lei n° 8.987/95, como aponta Maria Sylvia Zanella Di Pietro:

a fixação de prazos curtos é, em regra, incompatível com a concessão de serviços públicos, precedida ou não de obras públicas, uma vez que o valor da tarifa deve ser módico e razoável, de tal modo que concilie as possibilidades dos usuários com as exigências do concessionário, relativas à recuperação de seus investimentos, à manutenção de serviço adequado e à obtenção de lucro. A fixação do prazo fica, pois, a critério da Administração, quando não haja lei específica estabelecendo limites, devendo constar do edital de licitação, como elemento essencial à composição do equilíbrio financeiro da concessão.[7]

Por esta razão, o edital e o respectivo contrato de concessão, em atendimento aos princípios da vinculação ao instrumento convocatório e da igualdade entre os licitantes (art. 3° da Lei n° 8.666/93), deverão fixar não somente o prazo de duração da avença, que deverá ser suficiente para amortizar todos os investimentos realizados, como também a possibilidade de sua prorrogação[8] (art. 23, inc. I e XII da Lei

---

[6] Conforme Exposição de Motivos da Medida Provisória n° 595, de 6.12.2012, posteriormente convertida na Lei n° 12.815/2013.

[7] DI PIETRO, Maria Sylvia Zanella. *Parcerias na Administração Pública*. 5. ed. São Paulo: Atlas, 2005. p. 130.

[8] "A prorrogação, entretanto, só será possível se já prevista no edital e no contrato originais e desde que presente relevante interesse público, devidamente fundamentado pelo Poder concedente. A prorrogação somente será possível se ocorrem situações excepcionais devidamente justificadas, sob pena de se estar burlando o princípio de igualdade que deve imperar nos procedimentos licitatórios" (ROLIM, Luiz Antônio. *A Administração indireta, as concessionárias e permissionárias em juízo*. São Paulo: Revista dos Tribunais, 2004. p. 238-239).

de Concessões de Serviços Públicos) e as condições que deverão ser atendidas para que esta possa ser efetivada.⁹

Com os contratos de arrendamento portuário não seria diferente: a possibilidade de sua prorrogação já era prevista desde a Lei de Modernização de Portos, cujo decreto regulamentador (Decreto n° 6.620/08) apontava, no art. 28, a possibilidade de prorrogação por "uma única vez, por prazo máximo igual ao período originalmente contratado". A Lei n° 8.630/93, em consonância com a Lei Geral de Concessões, ainda estabelecia que uma das cláusulas essenciais do contrato era a que estabelecesse as "condições da exploração do serviço, com a indicação, quando for o caso, de padrões de qualidade e de metas e prazos para o seu aperfeiçoamento" (art. 4°, §4°, inc. II).

A Lei n° 12.815/2013 e o seu decreto regulamentador (Decreto n° 8.033/2013) mantiveram a obrigatoriedade de inserção de cláusulas no contrato de arrendamento destinadas à avaliação da "qualidade da atividade prestada, assim como às metas e prazos para o alcance de determinados níveis de serviço" (art. 5°, III, da Lei n° 12.815/2013, em sua redação original).¹⁰

---

⁹ A Lei n° 8.987/95 não fixa prazos mínimos e máximos para duração dos contratos de concessão. Já o Superior Tribunal de Justiça possui entendimento no sentido de que as cláusulas que dispõem sobre o prazo de duração e a possibilidade de prorrogação são regulamentares e devem ser estabelecidas no edital e respectivo contrato: "A prorrogação do contrato administrativo somente é possível quando previsto no edital e desde que em conformidade com a legislação vigente. A este respeito, Celso Antônio Bandeira de Mello tece algumas considerações: 'Entre as cláusulas essenciais do contrato deve constar a previsão das condições para sua prorrogação (art. 23, XII). Há de entender-se que: quando admitida tal circunstância no edital (ainda que a lei não haja anotado dita previsão entre as disposições que 'especialmente' conter-se-ão neste instrumento regulador do certame), pois, se dele nada constar ao respeito, obviamente, seria inviável qualquer dilatação do contrato, a menos que referida na minuta de contrato que integrar o edital.' [...] Além disso, deve-se asseverar que em se tratando de contrato administrativo, tem o Poder Público o direito de alterar e até mesmo extinguir o contrato antes de seu termo final. Como se extrai dos ensinamentos de Celso Antonio Bandeira de Mello, que diz: '36. Ao contrário do que se poderia pensar, o prazo da concessão não é elemento contratual do ato. Compreende-se nas cláusulas regulamentares, pelo quê o concedente pode, em razão de conveniência ou oportunidade - portanto, mesmo sem qualquer falta do concessionário - extinguir a concessão a qualquer momento, sem com isto praticar qualquer ilícito'" (STJ. AG n° 486.369/PR. Rel. Min. José Delgado. *DJ*, 31 mar. 2003). No mesmo sentido: "Diversamente do que alega a Impetrante, o prazo de duração do contrato de concessão não tem pertinência direta com a equação econômico-financeira; antes, é apenas uma das variáveis implicadas no cálculo e tem influência indireta e reflexa na definição do equilíbrio. Tal é a razão pela qual o prazo de prorrogação está disponível à regulamentação em cláusulas exorbitantes" (MS n° 23.042/DF. Rel. Min. Regina Helena Costa. *DJ*, 24 set. 2018); MS n° 21.465/DF. Rel. Min. Mauro Campbell Marques. *DJ*, 18 dez. 2017 e REsp n° 912.402/GO. Rel. Min. Mauro Campbell Marques. *DJ*, 19 ago. 2009.

¹⁰ O *caput* do art. 5° foi alterado pela Lei n° 14.047/2020, passando a ser cláusula essencial somente dos contratos de concessão da administração e exploração da infraestrutura pública

Quanto ao prazo e à possibilidade de prorrogação da avença, o art. 19, *caput* do Decreto nº 8.033/2013, previa em sua redação original que os contratos de arrendamento "terão prazo de até vinte e cinco anos, prorrogável uma única vez, por período não superior ao originalmente contratado, a critério do poder concedente".

Sob a vigência deste dispositivo, a Resolução Normativa nº 7/2016 da Agência Nacional de Transportes Aquaviários (Antaq) apontava que a manifestação de interesse na prorrogação deveria ser apresentada em até 24 meses antes do término do prazo original.[11]

Após a edição do Decreto nº 9.048/2017, o prazo máximo de duração dos contratos de arrendamento passou a ser de até 35 anos,[12] "prorrogável por sucessivas vezes, a critério do poder concedente, até o limite máximo de setenta anos, incluídos o prazo de vigência original e todas as prorrogações" (art. 19). O prazo a ser observado pelo arrendatário para formular o pedido de prorrogação ordinária (aquela prevista no contrato de arrendamento e requerida até cinco anos antes do término do prazo original) também foi alterado: o pedido deve ser encaminhado com antecedência de 60 meses (art. 19, §4º).

Verifica-se que, tanto antes quanto após a publicação do Decreto nº 9.048/2017, a legislação sempre foi muito clara quanto à possibilidade de prorrogação dos contratos de arrendamento, possibilidade esta que deve constar expressamente do edital convocatório e do respectivo contrato.

Assim, no tocante aos pedidos de prorrogação, compete ao Poder Concedente avaliar economicamente o empreendimento, observando não somente o prazo inicial, mas também o atendimento ao binômio interesse/necessidade na prorrogação das condições contratuais. Ademais, na hipótese de decidir pela extensão do prazo, deve fundamentar a vantagem da prorrogação em relação à realização de um novo certame[13] (art. 19, §1º, do Decreto nº 8.033/2013).

(porto organizado), e não mais dos contratos de arrendamento (exploração de infraestrutura pública localizada dentro do porto organizado).

[11] "Art. 24. A arrendatária deverá manifestar formalmente ao poder concedente, com ciência à administração do porto, seu interesse na prorrogação do contrato nos termos do art. 19 do Decreto nº 8.033, de 2013, com antecedência mínima de 24 (vinte e quatro) meses ao seu término". Previsão semelhante era veiculada pela Portaria nº 2.240/2011 – Antaq.

[12] Novamente, em razão do corte temático proposto no presente artigo, não será objeto de análise a questão da adaptação dos contratos de arrendamento às novas disposições do Decreto nº 9.048/2017, prevista no art. 2º, notadamente a possibilidade de revisão do prazo e realização de nova prorrogação em contratos que já foram estendidos antes da vigência da nova legislação.

[13] Sobre este tema, Maria Sylvia Zanella Di Pietro entende que a prorrogação de um contrato de concessão deverá ser objeto de uma análise acurada pelo administrador público, que deverá justificar adequadamente a preferência por manter a prestação do serviço ao longo

O Decreto n° 9.048/2017 permitiu, ainda, o escalonamento dos investimentos previstos ao longo da vigência contratual, de acordo com cronograma físico-financeiro previsto do Estudo de Viabilidade Técnico-Financeiro (EVTEA) a ser aprovado, medida esta que possibilita uma melhor distribuição dos investimentos ao longo da concessão.

O deferimento do pedido de prorrogação – seja a antecipada,[14] seja a ordinária[15] – dependerá não somente do interesse do Poder Público e da demonstração da vantajosidade em prolongar a avença com o mesmo particular, mas também do atendimento por parte do arrendatário a algumas condicionantes previstas no Decreto n° 8.033/2013 (art. 19) e, posteriormente, na Portaria n° 530/2019 (arts. 66 a 68). No caso das prorrogações antecipadas, o arrendatário deve ainda concordar com a realização de novos e imediatos investimentos, não amortizáveis durante a vigência original do contrato (art. 19-A, §2°, do Decreto n° 8.033/2013).

Esta última exigência poderia levar a uma primeira impressão de que somente em prorrogações antecipadas seria exigida/necessária a realização de novos investimentos que e, nas prorrogações ordinárias, não existiria qualquer obrigação do arrendatário em realizá-los.

Contudo, certo é que o deferimento do pedido de prorrogação ordinária deve levar em consideração a vantajosidade do prolongamento da avença em relação à abertura de novo procedimento licitatório. Essa análise envolverá, entre outros elementos, "a atratividade do plano de investimento" (art. 68, IV, da Portaria n° 530/2019), que deverá ser formulado "na forma do artigo 10" (art. 71, IV, da Portaria n° 530/2019), o qual exige a "descrição simplificada dos investimentos", bem como "dados e informações referentes à estimativa de capacidade e desempenho caso implementados os investimentos propostos".

Dessa maneira, evidente que mesmo no caso de prorrogações ordinárias o arrendatário terá a obrigação de realizar novos investimentos

---

dos anos com o mesmo particular em detrimento da realização de um novo procedimento licitatório: "Como os prazos das concessões são, em regra, bastante longos, a prorrogação somente se justifica em situações excepcionais, para atender ao interesse público devidamente justificado ou mesmo na hipótese em que o prazo originalmente estabelecido se revele insuficiente para amortização dos investimentos. De outro modo, a prestação do serviço poderá ficar indefinidamente nas mãos da mesma empresa, burlando realmente o princípio da licitação" (DI PIETRO, Maria Sylvia Zanella. *Parcerias na Administração Pública*. 5. ed. São Paulo: Atlas, 2005. p. 131).

[14] Prorrogações antecipadas são aquelas que ocorrem previamente ao último quinquênio de vigência do contrato – art. 19-A do Decreto n° 8.033/2013 e art. 65, parágrafo único, da Portaria n° 530/2019.

[15] Prorrogações ordinárias são aquelas realizadas após o último quinquênio do contrato, desde que pleiteadas dentro do prazo previsto na legislação.

para justificar o deferimento do pedido de prorrogação. Ademais, é certo que a principal diferença para com as prorrogações antecipadas é que, nestas últimas, os novos investimentos deverão ocorrer de forma imediata e não poderão ser amortizados dentro do período original do contrato.

A disciplina veiculada pelo Decreto nº 9.048 foi objeto de minuciosa análise pelo Tribunal de Contas da União, que identificou impropriedades em alguns dos seus dispositivos, bem como determinou a sua prévia regulamentação para aplicação de suas regras.

4 Acórdão nº 1.446/2018 – TCU – Plenário: obrigatoriedade de regulamentação do tema

Não obstante o recorte temático deste trabalho, impende destacar que o Decreto nº 9.048/2017 veiculou alterações substanciais em outros temas na legislação do setor portuário, notadamente: (i) nas regras para expansão de áreas arrendadas (art. 24 do Decreto nº 8.033/2013); (ii) nas regras para substituição de áreas dentro do porto organizado, sem a necessidade de licitação prévia (art. 24-A do Decreto nº 8.033/2013); (iii) estendeu o prazo inicial para arrendamentos de 25 para 35 anos, podendo o contrato ser prorrogado até o limite máximo de 70 anos (art. 19 do Decreto nº 8.033/2013); e (iv) autorizou a realização de investimentos em infraestrutura comum do porto, fora da área da arrendada, podendo este investimento ensejar reequilíbrio econômico-financeiro (art. 42-A do Decreto nº 8.033/2013).

Além dessas alterações, o decreto, quando da sua publicação, ainda indicou a possibilidade de os titulares de contratos de arrendamento em vigor pleitearem a adaptação de suas avenças às novas disposições e, assim, submeterem-se às novas regras previstas na legislação.

Estas inovações foram objeto de análise pelo Tribunal de Contas da União nos autos do TC nº 030.098/2017-3, destinado ao "[a]companhamento dos atos e procedimentos adotados pelo Ministério dos Transportes, Portos e Aviação Civil (MTPA) e pela Agência Nacional de Transportes Aquaviários (ANTAQ), tendo em vista as alterações normativas introduzidas pelo Decreto 9.048/2017".

A Secretaria de Fiscalização de Infraestrutura Portuária e Ferroviária (SeinfraPortoFerrovia) apontou, preliminarmente, os seguintes indícios de irregularidade: (*i*) possibilidade de extensão de vigência do contrato sem amparo legal; (*ii*) possibilidade de realização de investimentos fora da área arrendada; e (*iii*) possibilidade de substituição de área pública arrendada sem licitação prévia.[16]

Após a realização de diligências junto ao Ministério, à Casa Civil e à Antaq,[17] a área técnica do Tribunal – acompanhada posteriormente pelo voto do Ministro Bruno Dantas e dos demais ministros – entendeu que as alterações promovidas pelo Decreto n° 9.048/2017, sob o argumento de flexibilização das regras normativas para atração de novos investimentos, desrespeitaram os princípios constitucionais que norteiam os contratos administrativos e os limites legais para regulamentação das leis.[18]

Desta maneira, em que pese o art. 2° do Decreto n° 9.048/2017 possibilitar a adaptação dos contratos celebrados anteriormente, o Tribunal de Contas da União entendeu que as novas regras atinentes

---

[16] O à época ministro dos Transportes, Portos e Aviação Civil comprometeu-se "a não realizar os atos tendentes à assinatura dos termos aditivos de adaptação contratual em relação àqueles contratos celebrados sob a égide da Lei n° 8.630/93 até que a Corte de Contas manifeste-se, no mérito, quanto à matéria", o que tornou desnecessária a análise da sugestão cautelar proposta pela equipe técnica.

[17] A Casa Civil apontou, em defesa do decreto, entre outros argumentos, que: (*i*) a possibilidade de extensão dos prazos já era prevista na legislação administrativa geral (leis n°s 8.666/93, 8.987/95, 8.630/93 e 12.815/13); (*ii*) a possibilidade de alteração dos prazos teria natureza regulamentar e, portanto, poderia ser realizada unilateralmente pela Administração; (*iii*) não obstante o prazo seja cláusula essencial do contrato, isso não significaria sua imutabilidade, mas tão somente uma solenidade de forma, o que impediria a utilização do comando constitucional do ato jurídico perfeito para justificar a impossibilidade de mudanças no contrato que não fossem prejudiciais ao particular; (*iv*) os contratos administrativos seriam atos incompletos e, portanto, demandariam providências regulatórias que lhes impediriam de transplantar os conceitos de isonomia e vinculação ao instrumento convocatório às concessões portuárias; (*v*) outros setores – elétrico, telecomunicações e transportes terrestres – já permitiram a adaptação dos contratos com prorrogação do prazo; (*vi*) a realização de investimentos fora da área arrendada não implicaria contratação direta, mas sim investimento adicional em infraestrutura, sempre alinhado com o interesse público; (*vii*) os investimentos fora da área arrendada acabariam se incorporando ao patrimônio público, não implicando concessão de qualquer privilégio à arrendatária; (*viii*) a substituição de áreas seria um instrumento de concretização do plano de desenvolvimento e zoneamento do porto, não implicando riscos à segurança jurídica; (*ix*) o objeto do arrendamento não estaria atrelado à área físico-geográfica do porto público, o que permitiria a sua substituição como um instrumento de planejamento e gestão mais eficiente das áreas portuárias. O à época ministro dos Transportes, por sua vez, acrescentou que: (*i*) por se tratarem de contratos de longo prazo, seria importante que tivessem maior flexibilidade para permitir a adaptação às circunstâncias supervenientes – modernização e atualização tecnológica; (*ii*) a impossibilidade de substituição de áreas imporia à Administração a obrigação de conviver com um contrato de arrendamento ineficiente para, ao final, ter que encampar a instalação e realizar nova licitação, com enormes custos de transação; (*iii*) a substituição de área teria amparo no princípio da eficiência e da mutabilidade que são próprios do contrato de concessão.

[18] "266. Com efeito, ao alterar o termo final de avenças de maneira genérica e não justificada para cada caso concreto, o poder público compromete a previsibilidade das equações das concessões e arrendamentos, dificulta o planejamento de longo prazo e cria insegurança e incerteza com relação à isonomia e à consistência regulatória do setor".

ao prazo e ao número de prorrogações não poderiam ser aplicadas aos contratos de arrendamento em vigor, de modo que o prazo máximo de 70 anos somente seria aplicável aos contratos de arrendamento celebrados após a sua edição.[19] Os contratos celebrados anteriormente, havendo previsão no edital, podem ser prorrogados uma única vez, respeitado o prazo máximo previsto na avença original.

Esta prorrogação, na visão do Tribunal de Contas, dependia da criação de regulamentação específica que: (i) consolidasse todas as

---

[19] A discussão acerca da possibilidade de aplicação das novas regras aos contratos do arrendamento foi um tema intensamente debatido no Tribunal de Contas da União, que entendeu, conduzido pelo voto do Ministro Bruno Dantas, que a adaptação dos contratos de arrendamento vigentes para incluir a possibilidade de ampliação para o prazo máximo de 70 (setenta) anos seria irregular por afrontar os princípios da obrigatoriedade de licitar, a vinculação ao instrumento convocatório, a impessoalidade e a igualdade entre os licitantes, cabendo ao Poder Público a obrigatoriedade de analisar cada pedido de prorrogação, levando em consideração os princípios em questão, o prazo originalmente ajustado e a possibilidade de prorrogá-lo: "54. Para além disso tudo, no meu entender, a pretensão de adaptar os contratos atuais às novas regras do regulamento opera duas gravíssimas irregularidades. Em primeiro lugar, permitiria suprimir, por via regulamentar, o dever constitucional de licitar, pois nada impediria que subsequentes decretos sejam sendo editados de forma a estender ainda mais os prazos de vigência dos atuais contratos. 55. Refuto com veemência o argumento retórico de que a licitação não deve ser utilizada como um fim em si mesmo. Além de assegurar a obtenção da proposta mais vantajosa, esse instituto visa a garantir o princípio constitucional da impessoalidade e o da isonomia, os quais se tornariam letra morta caso se permitisse que, genérica e deliberadamente os contratos de arrendamento atuais pudessem ser prorrogados até o limite de setenta anos, em desacordo com as suas cláusulas originais. 56. Aceitar essa situação equivaleria a beneficiar o seleto grupo de arrendatários que já dispõem de contratos junto ao poder público, em detrimento da potencial entrada de novos agentes, ao arrepio do princípio da impessoalidade. 57. A segunda irregularidade gravíssima é que tal medida também possibilitaria fulminar a obrigação de celebrar contratos de concessão por prazo determinado, consoante o art. 2º, inciso II, da Lei 8.987/1995, c/c o art. 23, inciso I, da referida lei. Nada impediria que, de tempos em tempos, a via regulamentar fosse utilizada para modificar a vigência dos ajustes. [...] 74. Assim, particularmente, entendo que a celebração de termos aditivos de adaptação dos contratos atuais ao Decreto 9.048/2017, no que diz respeito à ampliação do prazo máximo de vigência para até setenta anos, nas hipóteses de prorrogação ordinária e antecipada, seria irregular por afrontar os arts. 37, caput, e 175 da Constituição Federal (dever de licitar e o princípio da impessoalidade), os arts. 2º, inciso II, 14, e 23 da Lei 8.987/1995 (princípios da igualdade, da vinculação ao instrumento convocatório e do prazo determinado) e o art. 3º da Lei 8.666/1993 (princípios da impessoalidade, da igualdade e da vinculação ao instrumento convocatório). 75. Contudo, como orientei logo no início desse voto, não pode essa Corte de Contas declarar a inconstitucionalidade do regulamento em caráter abstrato, retirando do mundo jurídico o dispositivo questionado. 76. Desse modo, entendo que a medida mais consentânea com o interesse público é expedir determinação ao Ministério para que, na análise dos casos concretos de pedidos de prorrogação de prazo de vigência original dos contratos de arrendamento portuário celebrados anteriormente à edição do Decreto 9.048/2017, nas hipóteses de prorrogação ordinária e antecipada, confira interpretação harmônica com os dispositivos constitucionais e legais mencionados neste voto e no relatório que o antecede, qual seja, aquela que considere como parâmetros o prazo original do ajuste e a possibilidade de prorrogá-lo, uma única vez, por um período igual ou inferior a esse prazo".

normas vigentes sobre o tema,[20] simplificando a análise e a propositura do pleito por parte dos arrendatários; (ii) incorporasse as novas disposições do Decreto nº 9.048/2017 à gestão dos contratos de arrendamento; (iii) atendesse às 70 determinações do TCU constantes dos acórdãos nº 774/2016[21] e nº 1.446/2018 – Plenário; (iv) apresentasse regras mais claras e objetivas ao setor e trouxesse maior segurança jurídica às relações, facilitando, assim, a realização de novos investimentos.

Neste cenário surge a Portaria nº 530, publicada pelo Ministério da Infraestrutura em 14.8.2019, estabelecendo normas e critérios para a prorrogação da vigência, a recomposição do equilíbrio econômico-financeiro e outras alterações nos contratos de arrendamento de instalações portuárias.

5 Portaria nº 530/2019 – MInfra: requisitos para prorrogação dos contratos de arrendamento vigentes

A análise dos elementos apresentados na nova regulamentação parte da premissa de que contratos de arrendamento – como típicos contratos de concessão de serviço público –, em razão do longo período de sua duração, precisam da constante vigilância quanto às novas

---

[20] As portarias SEP/PR nº 349/2014 (regulamentava o art. 57 da Lei nº 12.815, de 5.6.2013, que trata da prorrogação antecipada dos contratos de arrendamento portuário em vigor firmados sob a vigência da Lei nº 8.630, de 25.2.1993, que possuam previsão expressa de prorrogação ainda não realizada) e nº 499/2015 (estabelecia regras e procedimentos para a recomposição do equilíbrio econômico-financeiro de contratos de arrendamento de instalações portuárias e outras providências) foram revogadas pelo novo regramento, sendo algumas de suas regras incorporadas à nova regulamentação.

[21] Nos autos do TC nº 021.919/2015-1, foi respondida consulta feita pelo à época ministro chefe da Secretaria de Portos, suscitando dúvidas sobre: (i) unificação ou consolidação de contratos de arrendamento portuário; (ii) extensão do prazo de vigência de contratos de arrendamento portuário para fins de recomposição do equilíbrio econômico-financeiro. O Acórdão nº 774/2016 – Plenário apontou que "não é possível que o prazo de vigência do contrato unificado extrapole o menor prazo de vigência remanescente, considerando-se uma única prorrogação possível (quando prevista), dentre as avenças a serem consolidadas, pois tal situação feriria a limitação contida no art. 19 do Decreto 8.033/2013, bem como representaria burla ao dever de licitação de arrendamentos portuários, previsto no art. 4º da Lei 12.815/2013. Cabe destacar os requisitos mínimos a serem observados na unificação de contratos de arrendamento, tais como a verificação de interdependência das operações desenvolvidas e a demonstração de que a situação consolidada oferece ganhos reais de eficiência aos serviços portuários, sem prescindir de condições previamente impostas ao arrendatário, não acarretando ou agravando falhas de mercado, e atendendo aos critérios discricionários de conveniência e oportunidade; o prazo de vigência do contrato unificado deve ser aderente à nova equação econômico-financeira que restar configurada, levando-se em consideração as metas e condicionantes inicialmente previstas em cada um dos contratos" (item 9.2.1.1).

circunstâncias econômicas e tecnológicas que envolvem a prestação do serviço, não sendo incomum o arrendatário deparar-se com a necessidade de realizar novos investimentos, muitas vezes diversos dos previstos originariamente no contrato, com vistas a atender às demandas mercadológicas para a carga movimentada.[22]

Por esta razão, a prorrogação dos contratos de arrendamento deve, sim, contemplar a necessidade de ampliação da capacidade instalada e a adequação dos investimentos ao longo do segundo período contratual, investimentos estes que devem considerar as constantes mudanças tecnológicas, os ajustes para atendimento da demanda dos usuários, entre outras variáveis, de forma a permitir a otimização das operações desenvolvidas no terminal.

Neste sentido, a regulamentação dada pela nova portaria reforçou, no art. 68, inc. II, que um dos requisitos para a prorrogação do contrato de arrendamento é a demonstração da sua *vantajosidade* em relação à realização de uma nova licitação, vantajosidade esta que deverá ser demonstrada de maneira objetiva, de acordo com critérios estabelecidos na própria portaria.[23]

Por sua vez, a decisão da Administração Pública dependerá de um juízo de conveniência e oportunidade,[24] por meio do qual será

---

[22] O Tribunal de Contas da União também apontou que a implantação de um terminal portuário envolve diversas variáveis políticas e econômicas que devem ser constantemente revistas para se adaptarem às novas necessidades mercadológicas: "179. Deste traço específico [longo prazo], sobressaem dois elementos. O primeiro é a natural alteração das necessidades relacionadas com o bem público, a infraestrutura em questão, e com os serviços a ele associados. As necessidades dos usuários e do mercado podem variar substancialmente em 20-25 anos. Podem ocorrer fluxos migratórios, descontinuidade da produção de bens, fechamento/esgotamento de minas e fazendas, alteração de corredores de exportação, progresso científico, desenvolvimento de outros modais de transporte, crescimento ou retração econômica atípica, mudanças relevantes no cenário internacional ou em projeções cambiais, entre outros. 180. Além disso, a concessão terá de conviver, ao longo do tempo, com agentes públicos e governos diversos, que a cada mandato poderão ter percepção diferente de como as atividades devem ser organizadas e realizadas, seja pela mudança da demanda ou por nova compreensão política do mesmo problema. 181. Toda essa discussão conduz à quarta característica relevante dos contratos de concessão, o que se costuma denominar na doutrina como sua mutabilidade" (Acórdão nº 1.446/2018 – Plenário. Rel. Min. Bruno Dantas, j. 20.6.2018).

[23] "Parágrafo único. A vantajosidade da prorrogação será avaliada sob a ótica qualitativa e será atestada mediante análise dos seguintes aspectos: I - eficiência e desempenho do arrendatário na prestação de serviços aos usuários do porto; II - cumprimento das obrigações contratuais do arrendatário ao longo da vigência do contrato de arrendamento; III - cumprimento pelo arrendatário das normas regulatórias da Antaq; IV - atratividade do plano de investimento, se houver; e V - outros fatores considerados relevantes pelo poder concedente".

[24] Nas palavras de Diogenes Gasparini: "Há conveniência sempre que o ato interessa, convém ou satisfaz o interesse público. Há oportunidade quando o ato é praticado no momento adequado à satisfação do interesse público. São juízos subjetivos do agente

possível mensurar qual decisão trará mais benefício ao interesse público, cuidando sempre para que a justificativa da prorrogação não seja calcada apenas na ausência de tempo hábil para realização de novo certame, como adverte Bockmann Moreira:

> Muito pior é a "prorrogação fabricada", na qual as partes executam o contrato em sono profundo e, de repente, despertam para o fim do prazo sem que haja tempo útil para a licitação; assim, são constrangidas a alongar o prazo. Este fabrico da solução ilegal é situação que merece firme resposta negativa.[25]

A prorrogação dos contratos de arrendamento – tanto a antecipada, quanto a ordinária – é objeto de regulamentação pela nova portaria, notadamente no Capítulo III, nos arts. 65 a 79, os quais estabelecem: (i) as condições e requisitos para sua realização e (ii) o procedimento para sua propositura, análise e formalização.

Qualquer pleito de prorrogação contratual deverá atender a condições e requisitos prévios que possam atestar que o contrato de arrendamento vem sendo fielmente cumprido e que a arrendatária possui condições de assumir a prestação do serviço público por igual período futuramente.

Assim, o contratado deverá manter a habilitação jurídica, as qualificações técnica e econômico-financeira, a regularidade fiscal e trabalhista, bem como o cumprimento ao disposto no art. 7º, XXXIII, da Constituição Federal[26] (art. 66, inc. I). Ademais, tanto a contratada quanto as pessoas jurídicas direta ou indiretamente controladas ou controladoras deverão estar adimplentes junto à Administração do porto organizado em que esteja localizada a instalação portuária e junto à Antaq (art. 66, incs. II e III), e o projeto deverá continuar em consonância

---

competente sobre certos fatos e que levam essa autoridade a decidir de um ou outro modo. O ato administrativo discricionário, portanto, além de conveniente, deve ser oportuno. A oportunidade diz respeito com o momento da prática do ato. O ato é oportuno ao interesse público agora ou mais tarde? Já ou depois? A conveniência refere-se à utilidade do ato. O ato é bom ou ruim, interessa ou não, satisfaz ou não o interesse público?" (GASPARINI, Diogenes. Direito administrativo. São Paulo: Saraiva, 2009. p. 97).

[25] MOREIRA, Egon Bockmann. Direito das concessões de serviço público: inteligência da Lei 8.987/1995 (Parte Geral). São Paulo: Malheiros, 2010. p. 132.

[26] "Art. 7º São direitos dos trabalhadores urbanos e rurais, além de outros que visem à melhoria de sua condição social: [...] XXXIII - proibição de trabalho noturno, perigoso ou insalubre a menores de dezoito e de qualquer trabalho a menores de dezesseis anos, salvo na condição de aprendiz, a partir de quatorze anos; [...]".

com as diretrizes e planejamento de uso e ocupação estabelecidas no plano de desenvolvimento e zoneamento do porto[27] (art. 66, inc. IV).

Além destas condições precedentes, o contrato de arrendamento deverá conter cláusula prevendo a possibilidade de prorrogação, respeitado o limite máximo de vigência previsto na legislação (art. 68, inc. I). Neste ponto, vale relembrar que, nos termos do acórdão do Tribunal de Contas da União, o prazo máximo de vigência dos contratos em vigor quando da edição do Decreto n° 9.048/2017 será o previsto no instrumento e não o prazo máximo atualmente autorizado pela legislação (até setenta anos).

Por fim, deverá ser comprovada a vantajosidade da prorrogação e aprovado o plano de investimentos pelo Poder Concedente e o EVTEA pela Antaq (art. 68, incs. II a IV).

A inauguração do pleito de prorrogação dependerá de requerimento expresso do arrendatário, que deverá formulá-lo com antecedência mínima de 60 meses em relação ao encerramento da vigência (art. 69, *caput*), prazo este em consonância com o art. 19, §4°, do Decreto n° 8.033/2013. Caso o prazo de vigência original ou de prorrogação anterior tenha sido inferior a 10 anos, o requerimento de prorrogação poderá ser apresentado com antecedência mínima de 24 meses em relação ao prazo final de vigência (art. 69, parágrafo único). O pedido poderá, também, ser cumulado com requerimento de alteração de outras condições contratuais ou, ainda, com recomposição do equilíbrio por evento pretérito (art. 70, *caput*), sendo que, nesta última hipótese, a exclusão do pedido de reequilíbrio implicará o reconhecimento da arrendatária de que a avença está equilibrada.

O pedido deverá obedecer não somente às condições e requisitos acima indicados, como também atender às exigências da Resolução Antaq n° 3.220/2014, que estabelece procedimentos para a elaboração de projetos de arrendamentos e recomposição do equilíbrio econômico-financeiro dos contratos de arrendamento.

Recebido o pedido pela Secretaria Nacional de Portos e Transportes Aquaviários, serão solicitadas informações à administração do porto sobre a eficiência e o desempenho do arrendatário na prestação dos serviços, a atratividade do plano de investimentos proposto e a compatibilidade do pleito com o planejamento de uso e ocupação da área.

---

[27] "§11. A compatibilidade com as diretrizes e o planejamento de uso e ocupação da área será certificada pelo poder concedente".

A Antaq, por sua vez, informará sobre a adimplência da arrendatária, o cumprimento das obrigações contratuais e normas regulatórias.

Atendidos todos os requisitos elencados na Portaria n° 530/2019 pelo arrendatário, a decisão preliminar acerca da aprovação do requerimento é de competência do Secretário Nacional de Portos (art. 74), que encaminhará os autos à Antaq para análise do equilíbrio econômico-financeiro e aprovação do EVTEA (art. 75). Após este procedimento, o pedido retorna ao ministério para decidir pela celebração de termo aditivo (art. 77), que fixará não somente o novo prazo contratual (prazo este adequado para amortização dos investimentos previstos – arts. 77, §1°, e 79), como também cláusulas destinadas ao controle da sua realização e ao atingimento dos níveis de desempenho operacional esperados em decorrência da sua realização.

Desde a edição da Portaria n° 530/2019 até o presente momento,[28] foram aprovados, nove EVTEA[29] pela Antaq, e assinados quatro termos aditivos de prorrogação[30] entre Ministério da Infraestrutura, Antaq, autoridades portuárias e arrendatários. As prorrogações propostas serão responsáveis por elevados investimentos na infraestrutura dos respectivos terminais, elo importante da cadeia logística nacional. Considerando que o ano de 2020 foi absolutamente atípico em decorrência da eclosão da pandemia de Covid-19, o que implicou a diminuição e/ou paralisação de diversas atividades, a quantidade de pleitos analisados e aditivos assinados ainda assim é significativa.

As medidas propostas pela nova portaria possibilitam que arrendatários adimplentes, prestadores de serviços de excelência, mantenham a continuidade de projetos benéficos à Administração

---

[28] Dados obtidos em 28.1.2021 junto à Antaq por meio da Lei de Acesso à Informação.

[29] 1) Contrato DP/16.2000 (Marimex Despachos, Transportes e Serviços Ltda.), no Porto de Santos; 2) Contrato ASSJUR 016/98 (Terminal de Vila Velha – TVV), no Porto de Vitória; 3) Contrato DP/028.98 (Ecoporto Santos S.A.), no Porto de Santos; 4) Contrato 98/020/00 (Fertilizantes do Nordeste Ltda. – Fertine), no Porto de Recife; 5) Contrato 067/1998-APPA (Coamo Agroindustrial Cooperativa), no Porto de Paranaguá; 6) Contrato 013/99 (Pasa – Paraná Operações Portuárias S.A.), também no Porto de Paranaguá; 7) Contrato 27/1993 (Braskem S.A.), no Porto de Aratu; 8) Contrato CA-SUPRG 02/1997 (Terminal Graneleiro S.A. – Tergrasa), no Porto de Rio Grande; e 9) Contrato CDP/APPV/ 96/001/00 (Hermasa Navegação da Amazônia S.A.), no Porto de Porto Velho.

[30] 1) Contrato CDP 14/2001 (Sociedade Fogás Ltda.), destinado à movimentação de granéis líquidos, gasosos e carga geral no Porto de Santarém – contrato prorrogado até 5.6.2031; 2) Contrato 013/99 (Pasa – Paraná Operações Portuárias S.A.), destinado à movimentação de granéis sólidos vegetais – contrato prorrogado até 7.3.2049; 3) Contrato ASSJUR 016/98 (Terminal de Vila Velha – TVV), destinado à movimentação de contêineres, carga geral e veículos – contrato prorrogado até 10.9.2023; 4) Contrato CA-SUPRG 02/1997 (Terminal Graneleiro S.A. – Tergrasa), destinado à movimentação de granéis sólidos – contrato prorrogado até novembro de 2035.

Pública e aos usuários do serviço prestado. Estes contratos não só podem como devem ser conservados e alongados pelo máximo tempo possível para a continuidade dos investimentos, cabendo à autoridade competente fiscalizar constantemente para que o nível seja mantido ao longo do segundo período contratual.

Por outro lado, os requisitos e condições elencados na portaria permitem afastar aqueles arrendatários que não executam a contento suas obrigações, descurando da atualidade e qualidade do serviço prestado. Nestas hipóteses, o indeferimento do pedido de prorrogação e a consequente abertura de procedimento licitatório são mandatórios ao Poder Concedente, o que permitirá a otimização da exploração das áreas portuárias com a concessão do serviço a um novo particular.

6 Prorrogação do contrato de arrendamento: discricionariedade ou vinculação?

Realizada a análise das normas de regência dos pedidos de prorrogação dos contratos de arrendamento, cumpre agora avaliar os limites à atuação do Poder Concedente na apreciação destes pleitos.

A Portaria nº 530/2019 utiliza a expressão "decidirá" ao se referir à deliberação acerca da assinatura do termo aditivo destinado à prorrogação, o que denota o entendimento, ao menos em uma primeira leitura, de que esta decisão gozaria de uma discricionariedade[31] plena do administrador público, não se tratando, portanto, de ato administrativo vinculado.[32]

Reflexão mais detida, no entanto, conduz à conclusão oposta, notadamente ao levar-se em consideração a necessidade de melhor atender ao interesse público naquele momento.

A atividade econômica desempenhada pelos terminais portuários é marcada pelo aporte de elevados investimentos destinados à atualização e à padronização das operações realizadas, imprescindíveis para manter a compatibilidade e competitividade nacional ante os demais portos. O

---

[31] Na definição de Maria Sylvia Zanella Di Pietro, a discricionariedade dada ao administrador público pelo regramento se verifica quando: "a lei deixa certa margem de liberdade de decisão diante do caso concreto, de tal modo que a autoridade poderá optar por uma dentre várias soluções possíveis, todas válidas perante o direito" (DI PIETRO, Maria Sylvia Zanella. *Parcerias na Administração Pública*. 5. ed. São Paulo: Atlas, 2005. p. 205).

[32] Diogenes Gasparini aponta que os atos vinculados são aqueles "praticados pela Administração sem a menor margem de liberdade". "A lei, nestes casos, encarrega-se, em tese, de prescrever, com detalhes, se, quando e como a Administração deve agir" (GASPARINI, Diogenes. *Direito administrativo*. São Paulo: Saraiva, 2009. p. 81).

adequado aparelhamento do setor, além de complexo e demorado (em especial as soluções de engenharia), envolve quantias que demandam anos para serem adequadamente amortizadas, o que justifica o fato de estas avenças serem marcadas por longos prazos de duração.

Essa característica marcante do setor deve ser levada em consideração quando da análise do pedido de prorrogação do contrato, dado que variáveis como o aporte de investidores no empreendimento e o cálculo do valor final dos valores cobrados dos usuários, entre outras, estão diretamente relacionadas ao prazo que o arrendatário terá à disposição para amortizar os investimentos e obter o adequado retorno financeiro no empreendimento.

Luis Manuel Fonseca Pires, ao analisar os limites da discricionariedade administrativa, aponta que suas dimensões devem ser mais restritas nas hipóteses em que o exercício da função administrativa interferir na esfera jurídica de direitos do administrado, sob pena de violar os princípios da segurança jurídica e legalidade.[33]

No caso dos contratos de arrendamento portuário, reconhecida a previsão contratual para a prorrogação (previsão esta fundamentada legalmente), a decisão sobre sua realização não pode ser divorciada da análise das peculiaridades da atividade e do interesse público decorrente da manutenção de condições que, até aquele momento, mostram-se amplamente satisfatórias, restringindo, sobremaneira, a liberdade de decisão do administrador.

Tércio Sampaio Ferraz e Juliano de Souza Maranhão entendem que "[o] respeito a prazo contratualmente estabelecido, incluindo-se aí o prazo da prorrogação, quando cumpridas as exigências contratuais pelo concessionário, constitui direito adquirido e faz parte da proteção do ato jurídico perfeito e acabado".[34]

---

[33] PIRES, Luis Manuel Fonseca. *Controle judicial da discricionariedade administrativa*: dos conceitos jurídicos indeterminados às políticas públicas. Rio de Janeiro: Elsevier, 2009. p. 181.

[34] FERRAZ JR., Tercio Sampaio; MARANHÃO, Juliano Souza de Albuquerque. Separação estrutural entre serviços de telefonia e limites ao poder das agências para alteração de contratos de concessão. *RDPE*, Belo Horizonte, v. 8, out./dez. 2004. No mesmo sentido entende Celso Ribeiro Bastos: "No entanto, um contrato suscetível de uma prorrogação não é contrato por prazo indeterminado. Ele tem o prazo perfeitamente delimitado, dependendo tão-somente da vontade subjetiva das partes em fazerem transcorrer o prazo de vencimento sem o exercício que o contrato lhes confere de prorrogá-lo por data certa. Portanto, o prazo, nos dois casos, é determinado. O que varia tão-somente é o exercício da prerrogativa das partes em proceder a sua prorrogação, faculdade esta assegurada pelo contrato e pelas garantias constitucionais do direito adquirido e do ato jurídico perfeito" (BASTOS, Celso Ribeiro. Concessões e permissões do serviço público. *Revista de Direito Constitucional e Internacional*, v. 41, p. 311-322, out./dez. 2002).

Ainda que não se sustente no presente trabalho que a prorrogação seria um "direito adquirido" do arrendatário, há de se considerar que a Administração Pública possui, sim, o ônus de justificar e demonstrar claramente as razões pelas quais a prorrogação do contrato não é mais vantajosa para o interesse público, levando em consideração o comportamento do arrendatário até aquele momento (se cumpriu todas as exigências contratuais), as diretrizes e os investimentos previstos para o setor e quais são as suas necessidades naquele momento.[35]

O entendimento de que a prorrogação dos contratos de arrendamento não é uma decisão discricionária do administrador público assenta-se na necessária reflexão sobre as implicações decorrentes da manutenção por longos anos (até setenta, de acordo com a legislação atualmente em vigor) de contrato que contribui expressivamente com a economia nacional e sobre as consequências que este longo período pode implicar.

A defesa aqui realizada parte da premissa de que o serviço vem sendo adequadamente prestado pelo arrendatário, que se preocupa em manter a sua atualidade e a competitividade do setor, apresentando em seu pleito de prorrogação elementos que demonstrem economicamente que a manutenção do seu serviço atenderá às necessidades do setor adequadamente ao longo dos próximos anos.

Desta forma, tem-se que, atendidos pelo arrendatário os requisitos estabelecidos pela legislação, o deferimento do pedido de prorrogação seria uma decisão praticamente vinculada do administrador público, levando-se sempre em consideração que a exploração de atividades portuárias objetiva "aumentar a competitividade e o desenvolvimento do País" (art. 3º, *caput*, da Lei nº 12.815/2013), por meio da "expansão, modernização e otimização da infraestrutura" (art. 3º, I, da Lei nº 12.815/2013), e do "estímulo à modernização e ao aprimoramento da gestão dos portos organizados e instalações portuárias" (art. 3º, III, da Lei nº 12.815/2013).

---

[35] Como ensina o Professor Arnold Wald: "Assim, desde que tenha havido execução adequada do serviço pelo concessionário e sido cumpridas todas as suas obrigações e não ocorra interesse público na retomada – que pode existir em qualquer momento, justificando até a encampação do serviço antes do término do prazo da concessão –, a única possibilidade de não renovação está vinculada à falta de acordo quanto ao valor a ser pago pelo concessionário. Ora, como vimos, na atual redação, tal montante não sofre qualquer restrição, sendo ilimitado o valor que poderá ser exigido pela Administração" (WALD, Arnold. Da necessidade legal e econômica de prefixação das condições financeiras da prorrogação do prazo das concessões do serviço móvel celular. *Revista Trimestral de Direito Público*, São Paulo, n. 21/89).

Observar essas diretrizes retira o administrador da posição de mero gestor burocrático e o força a adotar uma nova postura, mais centrada nos resultados do serviço e no melhor gerenciamento do tempo e dos recursos disponíveis, o chamado "Direito Administrativo dos Negócios", como bem define Carlos Ari Sundfeld.[36] Por estas razões, pleitos de prorrogação com (*i*) previsão expressa em edital e contrato, (*ii*) proposta de novos investimentos, (*iii*) calcados em estudos que demonstrem que tais investimentos irão manter a modernização da infraestrutura explorada, (*iv*) mantendo a competitividade do terminal e, que, precipuamente, (*v*) atendam a todas as exigências apresentadas pela legislação, em especial com o plano de desenvolvimento e zoneamento (PDZ) do porto, certamente, não podem ser admitidos como discricionários. Ao revés: sua adoção vai ao encontro da necessidade de adaptar as condições contratuais para manutenção da atualidade do serviço público.[37]

Eventual decisão pela não prorrogação destes contratos deve ser adequadamente motivada, criando-se um verdadeiro ônus para a Administração,[38] dado que, atendidos todos os requisitos acima

---

[36] "Direito administrativo do clips (DAC) é o da Administração de papelaria, que age por autos e atos, trata direitos e deverem em papel, é estatista, desconfia dos privados, despreza a relação tempo, custos e resultados, não assume prioridade. [...] Ao DAC se opõe o direito administrativo dos negócios (DAN), o dos que se focam em resultados e, para obtê-los, fixam prioridades, e com base nelas gerenciam a escassez de tempo e de recursos. Para esse âmbito, valem práticas opostas às do DAC: aumenta a informalidade nos procedimentos; a inação é o pior comportamento possível do agente; soluções devem ser encontradas o mais rápido; acordos são desejáveis; evitar e eliminar custos é fundamental; só se envolvem na decisão agentes e órgãos indispensáveis; riscos devem ser assumidos sempre que boa a relação custo-benefício, etc." (SUNDFELD, Carlos Ari. O direito administrativo entre os clips e os negócios. In: ARAGÃO, Alexandre Santos de; MARQUES NETO, Floriano de Azevedo (Org). *Direito administrativo e seus novos paradigmas*. São Paulo: Fórum, 2008. p. 87-93).

[37] Neste sentido cabe destaque ao argumento do Ministro Mauro Campbell Marques no julgamento do Mandado de Segurança nº 21.465/DF, acerca da prorrogação de prazo de concessão de uma usina geradora de energia elétrica: "Com efeito, a definição das condições de competitividade do mercado, bem como a avaliação da viabilidade das políticas públicas setoriais estão adstritas ao conceito de discricionariedade técnica, a cargo exclusivo da Administração Pública, na fase de elaboração do modelo a ser adotado. Transformado em lei, os atos daí doravantes, necessários a sua implementação, serão vinculados" (MS nº 21.465. *DJ*, 18 dez. 2017). Na mesma linha, cabe destaque à seguinte passagem do voto da Ministra Regina Helena Costa nos autos do Mandado de Segurança nº 23.042/DF: "Uma vez promulgada a lei, esgotou-se a discricionariedade administrativa; não caberia mais aos órgãos do Executivo deliberar se as diretrizes fixadas são adequadas e eficientes, incumbindo-lhes apenas dar concretude à política pública" (MS nº 23.042/DF. *DJ*, 24 set. 2018). Ainda nesse passo: MS nº 23.652/MG. Rel. Min. Regina Helena Costa. *DJ*, 8 out. 2018.

[38] Ao analisar as prorrogações no setor ferroviário, Armando Castelar Pinheiro e Leonardo Coelho reconhecem, de igual modo, o ônus aqui defendido, ao apontarem que "A decisão por prorrogar ou realizar nova licitação importará em ônus argumentativo à administração

indicados, forma-se presunção relativa de que a prorrogação do contrato de arrendamento é a alternativa que melhor atende ao interesse público.[39]

7 Conclusões

O setor portuário é, sem sombra de dúvidas, um dos elos mais importantes da cadeia logística nacional. Responsável por praticamente toda a movimentação do comércio exterior brasileiro, a manutenção de um serviço de qualidade neste setor deve ser preocupação constante dos agentes responsáveis pela sua fiscalização.

Suas características únicas – elevados investimentos, inovações tecnológicas constantes e necessidade de compatibilidade com os demais portos e os navios que recebe – exigem do prestador do serviço atualização e injeção de valores ininterruptos, obrigações estas que requerem, ao mesmo tempo, a segurança de que os esforços empreendidos terão o retorno esperado.

Partindo desta premissa, buscou-se analisar no presente artigo se as previsões veiculadas pela Portaria nº 530/2019 para prorrogação de contratos de arrendamento atendem aos anseios tanto do Poder Concedente, quanto dos arrendatários e dos usuários.

A leitura e a reflexão destas novas disposições permitem concluir que a portaria, ao atender a todas as determinações do Tribunal de Contas da União para regulamentação do Decreto nº 9.048/2017, possibilita o aproveitamento otimizado de avenças que se mostrem vantajosas a todas as partes envolvidas no serviço público.[40]

---

pública, de modo a fundamentar a decisão que venha tomar como sendo a melhor para a boa manutenção de serviço público ferroviário em específico" (PINHEIRO, Armando Castelar; RIBEIRO, Leonardo Coelho. *Regulação das ferrovias*. Rio de Janeiro: Editora IBRE, 2017. p. 143).

[39] A Professora Odete Medauar propõe uma nova reflexão sobre o conceito de "interesse público" do direito administrativo, cabendo no atual momento uma repartição destas responsabilidades entre Estado e sociedade: "Sua hierarquização e avaliação é difícil e incerta e, assim, a sua pretensão de objetivação entra em crise. A distinção rígida, portanto, seria mito do século XIX. Sendo assim, após uma concepção da Administração detentora do monopólio do interesse público, emerge entendimento de que a Administração deve compartilhar tal atribuição com a sociedade. É o conglomerado de associações e organizações que assume o controle e o perfil do que se deva entender por interesse público, indicando ao Estado a política a ser desenvolvida e estabelecendo a ordem de prioridades" (MEDAUAR, Odete. *O direito administrativo em evolução*. 2. ed. São Paulo: Revista dos Tribunais, 2003. p. 191).

[40] "Se enfatizarmos a busca da melhor relação qualidade/custo para a Administração Pública, a exigência de prévia licitação deve ser flexibilizada na situação em que a realização de aditivo contratual claramente tenha por efeito a obtenção de uma melhor relação qualidade/custo para a Administração Pública, o que nos levaria a uma investigação mais detida da relação entre ganhos decorrentes da competição e custos de transação da realização de

É inegável que procedimentos licitatórios de terminais portuários são custosos e assaz alongados (em média três anos entre a abertura do processo administrativo e o recebimento da área arrendada). Ao mesmo tempo, o país precisa viabilizar e estimular a realização de investimentos para desenvolvimento da economia, e o Estado não possui condições de manter, sozinho, o nível de qualidade de que este setor necessita para manter a competitividade mundial.

Neste sentido, a prorrogação dos contratos com fundamento nas novas regras editadas pelo Ministério da Infraestrutura possibilitará a realização destes investimentos por particulares que verdadeiramente se comprometam com a realização de serviços de qualidade no setor. Desse modo, preenchidos os requisitos destacados acima, o indeferimento do pedido da prorrogação demanda profunda e acurada fundamentação por parte do Poder Concedente, não sendo admitida irrestrita discricionariedade do administrador.

Referências

AGUIAR, Manoel Pinto de. *A abertura dos portos*. Salvador: Livraria Progresso, 1960.

BASTOS, Celso Ribeiro. Concessões e permissões do serviço público. *Revista de Direito Constitucional e Internacional*, v. 41, p. 311-322, out./dez. 2002.

BLANCHET, Luiz Alberto. *Concessões de serviços públicos*. 2. ed. Curitiba: Juruá, 2000.

BOTTALLO, Eduardo Domingos. *Lições de direito público*. São Paulo: Dialética, 2005.

DI PIETRO, Maria Sylvia Zanella. *Parcerias na Administração Pública*. 5. ed. São Paulo: Atlas, 2005.

FERRAZ JR., Tercio Sampaio; MARANHÃO, Juliano Souza de Albuquerque. Separação estrutural entre serviços de telefonia e limites ao poder das agências para alteração de contratos de concessão. *RDPE*, Belo Horizonte, v. 8, out./dez. 2004.

GASPARINI, Diogenes. *Direito administrativo*. São Paulo: Saraiva, 2009.

JUSTEN FILHO, Marçal. *Teoria geral das concessões de serviços públicos*. São Paulo: Dialética, 2003.

MARQUES NETO, Floriano de Azevedo. *Concessões*. Belo Horizonte: Fórum, 2015.

MEDAUAR, Odete. *O direito administrativo em evolução*. 2. ed. São Paulo: Revista dos Tribunais, 2003.

---

certame licitatório, conforme item 5.2.2.1 abaixo" (RIBEIRO, Maurício Portugal; PRADO, Lucas Navarro. *Alteração de contratos de concessão e PPP por interesse da administração pública*: problemas econômicos, limites teóricos e dificuldades reais. p. 19. Disponível em https://portugalribeiro.com.br/wp-content/uploads/alteracao-de-contratos-administrativos.pdf. Acesso em: 14 fev. 2021).

MIRANDA, Francisco Cavalcanti Pontes de. *O problema fundamental do conhecimento*. Rio de Janeiro: Borsoi, 1972.

MOREIRA, Egon Bockmann. *Direito das concessões de serviço público*: inteligência da Lei 8.987/1995 (Parte Geral). São Paulo: Malheiros, 2010.

PASOLD, Cesar Luiz et al. A teoria tridimensional do direito como ferramenta aplicada à percepção jurídica da Lei Nacional dos Portos (n. 8.630, de 25.02.1993). *In*: CASTRO JUNIOR, Osvaldo Agripino de; PASOLD, Cesar Luiz (Coord). *Direito portuário, regulação e desenvolvimento*. Belo Horizonte: Fórum, 2010.

PINHEIRO, Armando Castelar; RIBEIRO, Leonardo Coelho. *Regulação das ferrovias*. Rio de Janeiro: Editora IBRE, 2017.

PIRES, Luis Manuel Fonseca. *Controle judicial da discricionariedade administrativa*: dos conceitos jurídicos indeterminados às políticas públicas. Rio de Janeiro: Elsevier, 2009.

RIBEIRO, Maurício Portugal; PRADO, Lucas Navarro. *Alteração de contratos de concessão e PPP por interesse da administração pública*: problemas econômicos, limites teóricos e dificuldades reais. Disponível em https://portugalribeiro.com.br/wp-content/uploads/alteracao-de-contratos-administrativos.pdf. Acesso em: 14 fev. 2021.

ROLIM, Luiz Antônio. *A Administração indireta, as concessionárias e permissionárias em juízo*. São Paulo: Revista dos Tribunais, 2004.

SOUZA JR., Suriman Nogueira de. *Regulação portuária* – A regulação jurídica dos serviços públicos de infra-estrutura portuária no Brasil. Rio de Janeiro: Saraiva, 2008.

STEIN, Alex Sandro. *Curso de direito portuário*. São Paulo: LTR, 2002.

SUNDFELD, Carlos Ari. O direito administrativo entre os clips e os negócios. *In*: ARAGÃO, Alexandre Santos de; MARQUES NETO, Floriano de Azevedo (Org). *Direito administrativo e seus novos paradigmas*. São Paulo: Fórum, 2008.

VIEIRA, Luiz Francisco Modenese. *Análise e avaliação da organização institucional e da eficiência de gestão do setor portuário brasileiro*. São Paulo: Booz & Company, 2012.

WALD, Arnold. Da necessidade legal e econômica de prefixação das condições financeiras da prorrogação do prazo das concessões do serviço móvel celular. *Revista Trimestral de Direito Público*, São Paulo, n. 21/89.

Informação bibliográfica deste texto, conforme a NBR 6023:2018 da Associação Brasileira de Normas Técnicas (ABNT):

TOJAL, Sebastião Botto de Barros; FRANCO, Danielle da Silva. Prorrogação dos contratos de arrendamento e a Portaria nº 530/2019 – MInfra: limites à discricionariedade. *In*: TOJAL, Sebastião Botto de Barros; SOUZA, Jorge Henrique de Oliveira (Coord.). *Direito e infraestrutura*: portos e transporte aquaviário – 20 anos da Lei nº 10.233/2001. Belo Horizonte: Fórum, 2021. v. 1, p. 349-370. ISBN 978-65-5518-210-1.

REGULAÇÃO E CONTROLE EXTERNO DO CONTRATO DE USO TEMPORÁRIO NO SETOR PORTUÁRIO

SÉRGIO GUERRA

Com a revogação expressa da Lei dos Portos (Lei nº 8.630/93), a Lei nº 12.815/2013 passou a disciplinar a exploração direta e indireta pela União de portos e instalações portuárias e as atividades desempenhadas pelos operadores portuários. Essa normativa foi precedida pela Medida Provisória nº 595/2012, que manteve em grande parte a estrutura, o regime jurídico e o conteúdo normativo da norma revogada.

A lei estabeleceu, como premissa básica, que a exploração indireta do porto organizado e das instalações portuárias nele localizadas ocorrerá mediante concessão e arrendamento de bem público; por outro lado, dispôs que a exploração indireta das instalações portuárias localizadas, fora da área do porto organizado, ocorrerá mediante autorização.

Além das regras atinentes à concessão e arrendamento do serviço público portuário e da autorização de (i) terminal de uso privado; (ii) estação de transbordo de carga; (iii) instalação portuária pública de pequeno porte; e (iv) instalação portuária de turismo; a referida normativa não disciplinou[1] a forma de contratação para a utilização de área do porto organizado em caráter excepcional (temporário).

---

[1] A ausência de disciplinamento de determinada matéria em lei setorial, criando um vácuo normativo, não se confunde com a deslegalização. Conforme já tivemos oportunidade de sustentar doutrinariamente: "Deslegalizar, no sentido ora enfocado, significa não estarem perfeitamente indicados na lei os meios para atuação dos agentes estatais responsáveis

Com isso, a norma criou, de forma aberta (*standard*), espaços normativos para a criação de outras categorias jurídicas para a exploração do porto organizado por meio de normas regulatórias – que não se confundem com a função regulamentar –[2] expedidas pela Agência Nacional de Transporte Aquaviário – Antaq.

Sob a égide das mencionadas normas legais, tanto o Tribunal de Contas da União quanto o Poder Judiciário examinaram a juridicidade da celebração dos contratos de uso temporário de áreas e instalações do setor portuário, sem a realização de processo licitatório, disciplinados pela Antaq. Esses contratos foram antecedidos pelos contratos operacionais, que também objetivavam a cessão temporária de áreas ociosas nos portos organizados.

Em 2020 foi editada a Lei nº 14.047, dispondo sobre medidas temporárias para enfrentamento do Covid-19 no âmbito do setor portuário, e, de forma inédita, houve a positivação do contrato de uso temporário de áreas e instalações portuárias.

O presente artigo tem por objeto investigar as origens dos contratos de uso temporário, adotados desde longa data no setor portuário inicialmente sob a forma de "contratos operacionais", e cotejar a sua evolução até a edição da Lei nº 14.047/2000, examinando,

---

pela regulação de subsistemas sensíveis ao equilíbrio das ambivalências sociais. Também não corresponde ao "cheque em branco" associado ao instituto da discricionariedade administrativa, que se sustenta em bases axiológicas próprias do administrador público, impermeável à atuação dos regulados e da sociedade em geral. Representa, isso sim, um avanço na possibilidade de se acompanhar a necessária abertura e o crescimento dos espaços para a atuação do Poder Executivo na busca de soluções para o equilíbrio cíclico dos subsistemas e do exercício legítimo de políticas distributivas, com a redução da escolha discricionária e inconclusivos debates acerca da impossibilidade ou limitação da sindicância dessas escolhas pelo Poder Judiciário" (GUERRA, Sérgio. *Discricionariedade, regulação e reflexividade*: uma nova teoria sobre as escolhas administrativas. 5. ed. Belo Horizonte: Fórum, 2018. p. 251).

[2] Nesse sentido, cumpre trazer a distinção entre regulamentação e regulação apresentada por Diogo de Figueiredo Moreira Neto: "A regulamentação, é cometida a chefes de Estado ou Governo, é uma função política, que visa impor regras de caráter secundário em complementação às normas legais, com o objetivo de explicitá-las e dar-lhes execução. A regulação é uma função administrativa, que não decorre da prerrogativa do poder político, e sim, da abertura da lei para que o agente regulador pondere, de forma neutra, os interesses concorrentes em conflitos setoriais, sejam eles potenciais ou efetivos" (MOREIRA NETO, Diogo de Figueiredo. *Direito regulatório*: a alternativa participativa e flexível para a administração pública de relações setoriais complexas no estado democrático. Rio de Janeiro: Renovar, 2003. p. 132-133). Nesse mesmo sentido, Marcos Juruena Villela Souto afirma que, enquanto a regulação é técnica, a regulamentação é política, havendo legitimidade eleitoral para tanto. O mesmo não ocorre na regulação, que se limita a implementar a decisão política. A regulação atende a interesses coletivos (setoriais), enquanto que a regulamentação a interesses públicos, gerais (SOUTO, Marcos Juruena Villela. *Direito administrativo regulatório*. Rio de Janeiro: Lumen Juris, 2002. p. 233).

durante esse percurso, a normatização pela Antaq, as manifestações do Tribunal de Contas da União e o impacto do controle realizado pelo Poder Judiciário que levou à positivação do instituto em lei.

1 Origem dos contratos operacionais (1966 – 1993)

O contrato de arrendamento portuário é uma modalidade de contrato administrativo, regido pelas regras de direito público. Por essas regras incidem prerrogativas a favor do contratante público ("cláusulas exorbitantes").

Diversamente do contrato de arrendamento portuário, foram celebrados, durante muito tempo, o contrato operacional, cujo objeto se refere à cessão temporária de áreas ociosas nos portos organizados, mediante o compromisso de investimentos e movimentação mínima de cargas. Essa modalidade contratual não foi disciplinada na Lei dos Portos (1993), tampouco foi detalhada na Lei n° 12.815, de 5.6.2013.

Com efeito, essa espécie de contrato foi muito utilizada pelas autoridades portuárias a partir do disposto no Decreto-Lei n° 5, de 4.4.1966, que estabeleceu normas para a recuperação econômica dos portos nacionais. A fim de acelerar a recuperação econômico-financeira do país, a premissa positivada naquela norma era no sentido de que as autoridades portuárias deveriam reduzir o custo operacional e aumentar as rendas, promovendo-se a autorização de uso de espaços, por prazo determinado ou não, de áreas nos portos organizados mediante a formalização de contrato operacional:

> Art. 27. Poderão ser locados ou arrendados a seus usuários ou a outrem os terrenos, armazéns e outras instalações portuárias, tendo preferência na locação ou arrendamento a longo prazo, os que se dispuserem a investir para completar, expandir ou aparelhar as instalações, ressalvados os interêsses da segurança nacional.
> Art. 28. Nos portos organizados, poderão ser executados por entidades estivadoras ou por terceiros, nas condições estabelecidas em regulamento, os serviços de movimentação de mercadorias e de armazenagem interna, o seu transporte de um para outro ponto das instalações, inclusive pelas vias férreas do pôrto, bem como todos os demais serviços portuários incumbidos às administrações de portos.
> Parágrafo único. A regulamentação a que se refere êste artigo obedecerá, entre outros, aos seguintes princípios: [...]

b) a utilização, total ou parcial, das instalações portuárias dependerá de contrato, que poderá ser a prazo ou para operação de carga ou descarga de navio; [...]

d) as entidades estivadoras ou terceiros, quando arrendatários ou locatários de instalações portuárias, ficam sujeitos, no que couber, aos preceitos legais que disciplinam as administrações dos portos.

Diversos dirigentes de autoridades portuárias, com base no Decreto-Lei nº 5, de 4.4.1966, firmaram inúmeros contratos operacionais, inclusive com base nos seus estatutos sociais com previsão expressa quanto à competência da diretoria para assinarem contratos operacionais.[3]

Também em 1966, por meio do Decreto nº 59.832, detalharam-se as operações portuárias, prevendo-se, expressamente, a possibilidade de locação pelo prazo máximo de 5 (cinco) anos e/ou arrendamento por até 10 (dez) anos, de terrenos e instalações, e fixando-se demais condições, por meio das quais se daria a correlata operação.

Notadamente em relação às normas gerais de concorrência, embora o Decreto-Lei nº 200 de 1967 impusesse a licitação como regra para a contratação da Administração, havia amplo grau de autonomia e discricionariedade na aplicação dos conceitos de segurança e interesse nacional, justificando-se, em larga medida, a condução de procedimentos informais de contratação em diferentes instâncias governamentais.

2 Atipicidade dos contratos operacionais (1993 – 2001)

A Lei dos Portos de 1993, editada há quase três décadas, antes mesmo da Lei de Concessões de Serviços Públicos e do atual modelo de regulação estatal descentralizado por agências reguladoras, era imprecisa, criando um vácuo legislativo acerca de determinadas matérias

---

[3] A título exemplificativo, o estatuto social da Companhia Docas do Rio de Janeiro: "Art. 16 À Diretoria-Executiva, sem exclusão de outros casos previstos em lei, compete: [...] XI - aprovar contratos operacionais, praticando preços que viabilizem agregação de novas receitas" (Disponível em: http://www.portosdobrasil.gov.br/assuntos-1/gestao/administracao-portuaria-1/arquivos-estatutos-docas/cdrj.pdf). No mesmo sentido, o estatuto social da Companhia Docas do Estado do Ceará: "Art. 16º À Diretoria-Executiva, sem exclusão de outros casos previstos em lei, compete: [...] j. aprovar Contratos Operacionais, praticando preços que viabilizem a agregação de novas receitas" (Disponível em: http://www.portosdobrasil.gov.br/assuntos-1/gestao/administracao-portuaria-1/arquivos-estatutos-docas/cdc.pdf). Também no estado de São Paulo: "Artigo 13 - Ao Conselho de Administração, sem exclusão de outras atribuições previstas em lei, compete: [...] XXX) homologar contratos operacionais, praticando preços que viabilizem a agregação de novas receitas" (Disponível em: http://www.portodesantos.com.br/geral_documentos/reps/outros/EstatutoCodesp.pdf).

afetas ao setor portuário, conforme apontou o estudo promovido pelo BNDES:

> Em suma, não há consistência na utilização dos institutos jurídicos de direito administrativo na Lei dos Portos (e, por consequência, na legislação infralegal), o que traz certa confusão na sua aplicação. Como destacado, é possível que essa falta de consistência derive também da ausência de uma clareza conceitual quando da elaboração da Lei dos Portos.[4]

Uma dessas matérias se refere aos contratos operacionais. Com efeito, mesmo após a edição dessa lei, diversas operadoras portuárias adotaram os contratos operacionais como mecanismo de eficiência na ocupação temporária de áreas ociosas no porto organizado e agregação de novas receitas, cuja natureza não comporta licitação pública.

É possível inferir que a compreensão dos operadores portuários sobre essa atipicidade contratual era no sentido de que não se aplicariam as regras legais e regulamentares relativas ao processo licitatório, estabelecido na Lei dos Portos. Com efeito, o objeto do contrato operacional não se enquadrava na delegação de serviço público e, sim, configurava autorização de uso de área para o exercício temporário – e não exclusivo – inerente ao desenvolvimento de atividade econômica.

Tratando-se de contratação para o exercício de atividade econômica temporária, em área do porto organizado, a licitação seria inviável pela impossibilidade de se proceder de acordo com os complexos procedimentos do certame licitatório e, até mesmo, imprestável[5] e desnecessária, quando da possibilidade de autorização de uso temporário de outras áreas no porto organizado para eventuais interessados.

Nesse sentido, Carlos Ari Sundfeld[6] preconiza que "a invocação do princípio da igualdade, como razão de ser da obrigação de licitar, já indica quais são as operações que, apesar de gerarem vínculos entre

---

[4] VIEIRA, Luiz Francisco Modanese et al. *Análise e avaliação da organização institucional e da eficiência de gestão do setor portuário brasileiro*. São Paulo: Booz & Company, 2012. v. I. p. 249. Disponível em: https://web.bndes.gov.br/bib/jspui/handle/1408/7668. Acesso em: 16 dez. 2020.

[5] Valendo trazer a advertência de Marçal Justen Filho: "A inviabilidade de competição não é um conceito simples, que corresponda a uma ideia única. Trata de um gênero comportando diferentes modalidades. [...] Quando existe uma única solução e um único particular em condições de executar a prestação, a licitação é imprestável" (JUSTEN FILHO, Marçal. *Curso de direito administrativo*. 8. ed. São Paulo: Atlas, 2012. p. 491-492).

[6] SUNDFELD, Carlos Ari. Terminais portuários de uso privativo misto: as questões da constitucionalidade e das alterações regulatórias. *Revista de Direito Público da Economia – RDPE*, Belo Horizonte, ano 10, n. 37, jan./mar. 2012.

Administração e particular, independem, por razões lógicas, de licitação". E completa ser "inviável a licitação se impossível de realização do procedimento ou a competição entre interessados".

O critério da livre escolha justificada do direito público francês muito influenciou o direito administrativo brasileiro a propósito dos contratos firmados pela Administração Pública, designados de *marchés publics*. A exposição clássica de André de Laubadère[7] elucida a evolução por que passou essa relevante matéria, que deixou de sujeitar-se ao princípio da competição absoluta para adotar o regime de livre escolha justificada, segundo convier aos interesses da Administração Pública. Em textual:

> Le régime de conclusion des marchés publics a fait l'objet d'une évolution depuis que les bases en ont été posées au XIXème siècle. C'est que des considérations diverses s'opposent en la matière: l'intérêt financier de l'État est que le marché soit conclu aux conditions les plus économiques et par conséquent que l'administration soit obligée de l'atribuer au cocontractant éventuel le moins exigeant; au contraire, l'intérêt administratif de l'État est que le marché soit confié à celui qui est le plus apte et le plus habile à l'exécuter, et par conséquent, que l'administration ait le maximum de liberté dans le choix du contractant.[8]

Os contratos operacionais, como dito, eram firmados pelas autoridades portuárias com fulcro no Decreto-Lei n° 5, de 4.4.1966, revogado pela Lei dos Portos. Nesse contexto, é jurídico inferir que o fundamento para a celebração dos contratos operacionais, após a revogação do Decreto-Lei n° 5/66, inseriu-se na discricionariedade administrativa detida pelo administrador público para consentir que o administrado utilizasse bem público de modo privativo, atendendo, remotamente, ao interesse público.[9]

---

[7] LAUBADÈRE, André de et al. *Traité de droit administratif*. 12. ed. Paris: Libraire Générale de Droit et de Jurisprudence, 1992. t. 1. p. 669.

[8] Em tradução livre: "O regime de contratação na Administração Pública tem evoluído desde as bases estabelecidas no século XIX. Várias questões estão em jogo: o interesse financeiro do Estado é que o contrato seja mais eficiente do ponto de vista econômico e, portanto, a administração está obrigada a escolher o contratante não vinculado, apenas, à forma; ao contrário, o interesse estatal é celebrar contrato com quem possa atuar de forma adequada e eficiente na execução do contrato, tendo a administração, para tanto, liberdade nessa escolha".

[9] Sobre os espaços conferidos pela lei ao administrador público, já tivemos oportunidade de apontar em sede doutrinária: "Foi Hans Kelsen, em sua teoria pura do direito, que doutrinou acerca da vinculação positiva (positive Bindung) da Administração à legalidade. Averbou, o mestre da Escola de Viena, sobre a relativa indeterminação do ato de aplicação do Direito, que a relação entre um escalão inferior da ordem jurídica é uma relação de determinação ou

Conforme assentado na doutrina:

> autorização de uso é o ato administrativo pelo qual o Poder Público consente que determinado indivíduo utilize bem público de modo privativo, atendendo primordialmente a seu próprio interesse. [...] A autorização de uso só remotamente atende ao interesse público, até porque esse objetivo é inarredável para a Administração Pública [...] Sendo assim, o consentimento dado pela autorização de uso não depende de lei nem exige licitação prévia.[10]

Portanto, nesses casos não há que se cogitar a obrigatoriedade do procedimento licitatório, por tratar-se de enquadramento na seara dos contratos de direito privado, que "são aplicados quando a utilização tem por finalidade direta e imediata atender ao interesse privado do particular".[11]

Assim, "o interesse público é apenas indireto, assegurando a obtenção de renda ao Estado e permitindo a adequada exploração do patrimônio público, no interesse de todos".[12] Como leciona Marçal Justen Filho,[13] "a discricionariedade da autorização [de uso de bem público] reflete-se, inclusive, na ausência de obrigatoriedade de prévia licitação". Só será devido quando da "existência de uma pluralidade de interessados em usufruir benefícios idênticos, acarretando a impossibilidade de atendimento a todos".

A ausência de clareza conceitual da Lei dos Portos de 2003, editada antes mesmo da Lei nº 8.987/95 (Lei das Concessões de Serviços

---

vinculação, ou seja, a norma do escalão superior regula o ato por meio do qual é produzida a norma do escalão inferior. Para Kelsen, esta determinação nunca é completa, pois a norma do escalão superior não pode vincular em todas as direções — sob todos os aspectos — o ato por meio do qual é ampliada. Tem sempre de ficar uma margem, ora maior ora menor, de livre apreciação, de tal forma que a norma do escalão superior tem sempre, em relação ao ato de produção normativa ou de execução que a aplica, o caráter de um quadro ou uma moldura a preencher por este ato. Mesmo uma ordem, o mais pormenorizada possível, tem de deixar àquele que a cumpre ou executa uma pluralidade de determinações a fazer. Nesse contexto, a Administração Pública pode usar de sua discricionariedade, sua livre autonomia, decorrente de uma ´delegação consciente´ para a "concretização paulatina da norma", em todos aqueles casos em que a lei não tenha disciplinado de forma absolutamente vinculada, atuando, dessa forma, no espaço livre da lei" (GUERRA, Sérgio. *Discricionariedade, regulação e reflexividade*: uma nova teoria sobre as escolhas administrativas. 5. ed. Belo Horizonte: Fórum, 2018. p. 80).

[10] CARVALHO FILHO, José dos Santos. *Manual de direito administrativo.* 31. ed. São Paulo: Atlas, 2017. p. 1250.
[11] Sobre as diversas acepções da autorização, ver DI PIETRO, Maria Sylvia Zanella. *Direito administrativo.* 20. ed. São Paulo: Atlas, 2007. p. 757.
[12] DI PIETRO, Maria Sylvia Zanella. *Direito administrativo.* 20. ed. São Paulo: Atlas, 2007.
[13] JUSTEN FILHO, Marçal. *Curso de direito administrativo.* 8. ed. São Paulo: Atlas, 2012. p. 1070.

Públicos), que, inclusive, revogou o Decreto-Lei n° 5/66, ocasionou um vácuo normativo validando as condutas adotadas pelos administradores portuários na celebração de contratos operacionais.

É assinalável que em 2011, com alterações promovidas em 2016, a Antaq disciplinou o contrato de uso temporário de área portuária, próximo à estrutura dos denominados "contratos operacionais".

3 Regulação dos contratos de uso temporário pela Antaq (2011 – 2017)

Em 5.6.2001 foi editada a Lei n° 10.233, que dispõe, entre outras questões, acerca da restruturação dos transportes aquaviários e criou a Agência Nacional de Transporte Aquaviário – Antaq como entidade integrante da Administração Federal indireta, submetida ao regime autárquico especial e vinculada ao Ministério dos Transportes. Sua esfera de atuação compreende a navegação fluvial, lacustre, de travessia, de apoio marítimo, de apoio portuário, de cabotagem e de longo curso; os portos organizados; os terminais portuários privativos e o transporte aquaviário de cargas especiais e perigosas.

A Antaq, no exercício de sua função normativa, deliberou disciplinar a figura do contrato operacional. Com efeito, adotando outra terminologia, a Antaq disciplinou a questão por meio da Resolução n° 2.240/2011, conforme esclarece o amplo estudo sobre o setor portuário brasileiro, antes citado neste parecer, produzido pelo BNDES:[14]

> É interessante observar que a Resolução 2.240/2011 criou a figura jurídica praticamente idêntica a dos contratos operacionais considerados inválidos pelo TCU. Consiste no contrato de uso temporário de instalações portuárias, que será celebrado "com o interessado na movimentação de cargas não consolidadas no porto, ou com o detentor de titularidade de contrato para atendimento de plataformas offshore" (art. 36 da Resolução). Tal contrato, conforme a Resolução, não demanda licitação pública, mas mero procedimento de seleção simplificado, a ser aplicado apenas quando houver mais de um interessado na utilização de áreas e instalações portuárias e se inexistir disponibilidade física para alocá-los concomitantemente.

---

[14] VIEIRA, Luiz Francisco Modanese *et al*. *Análise e avaliação da organização institucional e da eficiência de gestão do setor portuário brasileiro*. São Paulo: Booz & Company, 2012. v. I. p. 249. Disponível em: https://web.bndes.gov.br/bib/jspui/handle/1408/7668. Acesso em: 16 dez. 2020.

Conforme artigo jurídico de autoria do Procurador Federal Carlos Afonso Rodrigues Gomes, a Resolução Antaq n° 2.240/2011 configura norma regulatória (técnica) que busca:

> máxima efetividade da exploração de áreas e instalações portuárias, sob gestão das administrações portuárias no âmbito dos portos organizados, mormente pelo dinamismo da atividade ocorrente na espécie; de lado outro, a norma é decorrente do exercício do poder regulamentar (Inciso IV, art. 27, da Lei 10.233).[15]

Segundo o autor:

> na "exposição de motivos" para a revisão da norma [Resolução 2.240/2011], o Regulador destacou que a finalidade era estabelecer a importância para o planejamento e a adequação da destinação das áreas integrantes da poligonal dos portos públicos, inclusive com a inclusão de novas modalidades de ocupação, com o fim de atender às necessidades do mercado.[16]

Releva notar que essa normativa foi substituída pela Resolução Antaq n° 7/2016, análoga à Resolução Antaq n° 2.240/2011, que manteve a estrutura dos denominados contratos de uso temporário das áreas e instalações portuárias.

4 Nulidade dos contratos de uso temporário por decisão judicial (2017 – 2020)

A norma regulatória expedida pela Antaq (Resolução n° 7/2016) para disciplinar os contratos temporários de uso de áreas e estruturas portuárias vigorou até 2017. Em 2016 o Ministério Público Federal ingressou com ação civil pública em face da Antaq, com pedido liminar, sendo distribuída ao juízo da 3ª Vara Federal Cível da Seção Judiciária do Espírito Santo.

O MPF sustentou que a Resolução Normativa n° 7/2016 da Antaq revogou a Resolução n° 2.240/2011, que era objeto de impugnação pelo

---

[15] GOMES, Carlos Afonso Rodrigues. Da adequação do contrato de uso temporário ao regime jurídico dos portos públicos. *Conteúdo Jurídico*, Brasília, 27 fev. 2013. Disponível em: http://www.conteudojuridico.com.br/?artigos&ver=2.42207&seo=1. Acesso em: 27 nov. 2020.

[16] GOMES, Carlos Afonso Rodrigues. Da adequação do contrato de uso temporário ao regime jurídico dos portos públicos. *Conteúdo Jurídico*, Brasília, 27 fev. 2013. Disponível em: http://www.conteudojuridico.com.br/?artigos&ver=2.42207&seo=1. Acesso em: 27 nov. 2020.

MPF por meio da ACP nº 000664760.2014.4.02.5001, o que teria acarretado a perda superveniente do objeto da referida ACP. Ademais, alegou que a nova resolução, análoga à revogada, violaria princípios constitucionais por possibilitar a utilização temporária de áreas e instalações portuárias sem processo licitatório.

O pedido formulado pelo MPF ao juízo foi para que:

> (i) comunique a todos os Portos Organizados no país, pelas vias usuais, a suspensão da eficácia dos dispositivos questionados; (ii) publique em seu sítio na internet o teor da decisão, para amplo conhecimentos dos usuários; (iii) determine aos Portos Organizados no país a suspensão de todos os processos de seleção simplificada, em curso e com contratos ainda não assinados, que tenham por objeto o uso temporário de áreas e instalações portuárias, localizadas dentro da poligonal dos portos; e (iv) adote medidas a impedir a renovação de contratos de uso temporário de áreas e instalações portuárias, localizadas dentro da poligonal dos Portos Organizados, outorgados mediante processos de seleção simplificada, em desconformidade com a lei.

Houve indeferimento do pedido liminar e, após toda a instrução do feito, decidiu-se pelo provimento ao pedido do MPF, por sentença de 20.10.2017. O magistrado entendeu que a Lei nº 12.815/13 seria clara ao dispor que os terrenos localizados dentro dos portos organizados e utilizados na movimentação de cargas e pessoas são explorados apenas por meio de contratos de concessão ou arrendamento precedidos necessariamente de licitação; e que a autorização – para a qual não se exige licitação – só seria cabível nas instalações portuárias localizadas fora da área do porto organizado.

Desse modo, o magistrado concluiu pelo provimento da ação sob o fundamento de que o uso temporário de áreas e instalações portuárias, previsto na Resolução Antaq nº 7/2016, contrariava a legislação vigente, pois autorizava a cessão de uso de área dentro do porto organizado. Por fim, entendeu que que a Lei nº 12.815/13 não previu a figura do contrato de uso temporário, de modo que não competiria à Antaq expedir normas para além do que o Poder Legislativo dispôs:

> Firmadas essas premissas, a agência reguladora não tem autonomia para legislar, ou seja, sua atuação não supre a lei, devendo apenas complementar a lei, o que não observamos no caso em tela, pois a Resolução emanada da ANTAQ inova no ordenamento jurídico, tornando desnecessário o procedimento licitatório, contrariando a lei 12.815/13, que exige o procedimento licitatório para a exploração de áreas e instalações

localizadas dentro do porto organizado. Portanto, sendo a Resolução ANTAQ nº 7/2016 (norma secundária), no que tange ao contrato de uso temporário, incompatível com a lei primária (Lei Federal n. 12.815/13), a procedência do pedido autoral é de rigor, sendo fundamento bastante para o afastamento da norma infralegal por padecer de vício de nulidade (contrariedade à lei).

Em 6.2.2019, a sentença foi confirmada pela 6ª Turma do Tribunal Regional Federal da 2ª Região, com a ementa: "Apelação cível. Antaq. Resolução normativa 7/2016. Uso temporário de portos. Ilegalidade. Dispensa indevida de licitação. Desrespeito à Lei 8.666 e à Lei 12.815 de 2013. Eficácia da ACP em todo território nacional. Recurso improvido". A Antaq interpôs recurso especial e recurso extraordinário contra o acórdão da 6ª Turma, sendo ambos inadmitidos em 10.4.2020, pela vice-presidente do TRF – 2ª Região.

5 Positivação dos contratos de uso temporário de bens e instalações do setor portuário (2020)

Considerando que o ponto central que levou à nulidade da Resolução Antaq nº 7/2016 pelo Poder Judiciário foi a alegada ausência de atribuição de "discricionariedade técnica"[17] e/ou por ter havido contrariedade entre a norma primária (lei) e secundária (escolha regulatória), o Poder Executivo, juntamente com a atuação do Congresso Nacional, deliberou positivar o uso temporário de áreas e instalações localizadas no porto organizado, mediante dispensa de licitação.

Com efeito, na conversão da Medida Provisória nº 945, em 24.8.2020 foi editada a Lei nº 14.047, dispondo sobre medidas temporárias para o enfrentamento do Covid-19 no âmbito do setor portuário. Entre outras questões, a norma disciplinou, expressamente, a dispensa de licitação para a celebração, por meio de autorização, de contratação de uso temporário de áreas e instalações portuárias localizadas na poligonal do porto organizado nos moldes deliberados anteriormente pela Antaq.

Havendo mais de um interessado na área e não havendo disponibilidade física para acomodação concomitante, a norma prevê a instituição de processo seletivo simplificado, entre outros aspectos e

---

[17] Nossas críticas sobre a discricionariedade técnica podem ser encontradas em GUERRA, Sérgio. *Discricionariedade, regulação e reflexividade*: uma nova teoria sobre as escolhas administrativas. 5. ed. Belo Horizonte: Fórum, 2018. p. 203 e ss.

procedimentos a serem objeto de regulamento pelo chefe do Poder Executivo.

6 Controle de contas sobre a regulação dos contratos de uso temporário

Os contratos operacionais foram celebrados para a autorização de uso de áreas ociosas nos portos, mediante o compromisso de investimentos e movimentação mínima de cargas. Esse aspecto foi devidamente pontuado pelo Tribunal de Contas da União – TCU e registrado em profundo estudo desenvolvido pelo Banco Nacional de Desenvolvimento Econômico e Social – BNDES, em 2012, quando aquela entidade de fomento investigou a gestão e eficiência do setor portuário brasileiro:

> Ressalte-se que algumas autoridades portuárias têm utilizado a figura dos "contratos operacionais" para afastar a licitação pública de terminais portuários. Estes contratos, que não possuem caracterização na Lei dos Portos e são celebrados por um período curto de tempo "destinam-se à concessão de áreas, exigem movimentação mínima ou autorizam investimentos, que podem ou não ser amortizados via desconto nas tarifas devidas pela utilização do porto" (relatório do Acórdão 2.896/2009 – Plenário do TCU).[18]

A primeira auditoria realizada pelo Tribunal de Contas da União sobre os aspectos examinados neste artigo, envolvendo a juridicidade dos contratos operacionais, ocorreu em 2009, materializada no Acórdão nº 2.896.

6.1 Posicionamento do TCU em 2009 (Acórdão nº 2.896)

De fato, e como citado no estudo do BNDES, durante auditoria realizada pelo Tribunal de Contas da União – TCU, em 2009, no exercício de sua competência constitucional fiscalizatória, examinou-se a adoção dos contratos operacionais para autorização temporária de uso de área portuária.

---

[18] VIEIRA, Luiz Francisco Modanese *et al*. *Análise e avaliação da organização institucional e da eficiência de gestão do setor portuário brasileiro*. São Paulo: Booz & Company, 2012. v. I. p. 223. Disponível em: https://web.bndes.gov.br/bib/jspui/handle/1408/7668. Acesso em: 16 dez. 2020.

Nesse momento a Corte de Contas chegou a concluir no sentido de que tais contratos operacionais, malgrado sua corrente e reiterada utilização por diversos operadores portuários, visando à otimização das áreas ociosas do porto organizado para a agregação de novas receitas, ofenderia o disposto no art. 4º, I, da Lei nº 8.630/1993:

> Art. 4º Fica assegurado ao interessado o direito de construir, reformar, ampliar, melhorar, arrendar e explorar instalação portuária, dependendo: I - de contrato de arrendamento, celebrado com a União no caso de exploração direta, ou com sua concessionária, sempre através de licitação, quando localizada dentro dos limites da área do Porto Organizado; [...].

O caso em comento, examinado e julgado pelo TCU em 2009, alcançou grande repercussão por envolver o Ministério dos Transportes, a Secretaria Especial de Portos (SEP), a Agência Nacional de Transportes Aquaviários (Antaq) e nada menos que 15 (quinze) operadores portuários: Companhia Docas de São Paulo (Codesp), Companhia Docas do Espírito Santo (Codesa), Companhia Docas do Ceará (CDC), Companhia Docas do Rio de Janeiro (CDRJ), Companhia Docas da Bahia (Codeba), Companhia Docas do Pará (CDP), Empresa Pública Estadual Suape (Complexo Industrial Portuário), Porto de Recife S.A., Empresa Maranhense de Administração Portuária (Emap), Superintendência de Portos do Rio Grande do Sul (SUPRG), Companhia Docas de Imbituba (CDI), Superintendência do Porto de Itajaí, Administração dos Portos de Paranaguá e Antonina (Appa), Companhia Docas de Santana (CDSA) e Sociedade de Navegação, Portos e Hidrovias (SNPH).

Num primeiro momento, a manifestação do TCU concluiu pelo enquadramento dessas contratações operacionais na categoria de delegação de serviço público e que, por conseguinte, só poderiam ser formalizadas por meio de contrato de arrendamento submetido ao prévio processo licitatório:[19]

> 21. O art. 28 do Decreto-Lei nº 5/1966 previa, ainda, que a movimentação de mercadorias e a armazenagem das mesmas, dentro dos limites do porto, poderiam ser feitas por 'terceiros' desde que observados os

---

[19] Processo nº TC 021.253/2008-2, Grupo II – Classe V – Assunto: Auditoria Operacional, Interessados: Secretaria Especial de Portos (SEP), Agência Nacional de Transportes Aquaviários (Antaq) e Ministério dos Transportes; Relator Ministro Walton Alencar Rodrigues; data da sessão: 2.12.2009; código eletrônico para localização na página do TCU na internet: AC-2896-51/09-P; ministros presentes: Ubiratan Aguiar (presidente), Valmir Campelo, Walton Alencar Rodrigues (relator), Benjamin Zymler, Aroldo Cedraz, Raimundo Carreiro, José Jorge e José Múcio Monteiro.

princípios definidos no parágrafo único. Merece destaque a exigência de que fosse firmado contrato para a utilização, total ou parcial, de instalações portuárias. Esse contrato poderia ser a prazo ou para operação de carga e descarga de navio. Depreende-se ser essa a origem dos contratos operacionais utilizados, ainda hoje, pelas autoridades portuárias para abreviar a contratação de operadores portuários.

22. É importante frisar, contudo, que essa previsão foi revogada quando da edição da Lei dos Portos. A partir da definição contida no parágrafo 18, constata-se que somente o arrendamento é aplicável à exploração das áreas e instalações portuárias, de propriedade da União e localizadas nos limites do Porto Organizado. [...]

24. Atualmente, o setor portuário está regulamentado pelo Decreto nº 6.620/2008, que veio trazer as normas aplicáveis à concessão de portos, arrendamento e autorização de instalações portuárias marítimas. Nesse sentido, define arrendamento como a "cessão onerosa de instalação portuária dentro da área do Porto Organizado" (art. 2º, V). Ao tratar sobre os procedimentos para licitação do arrendamento (art. 29, IV), fixa como aplicáveis os preceitos da Lei nº 8.666/1993 (Lei Geral de Licitações) e da Lei nº 8.987/1995, que dispõe sobre o regime de concessão e permissão de serviços públicos.

25. No que se refere à operação portuária prestada por meio de arrendamento, trata-se de serviço público, como se pretende demonstrar.

Segundo entendimento do TCU, contido na referida decisão de 2009, antes da promulgação da Lei dos Portos havia duas formas de contratação para a utilização de instalações portuárias: a) contratos operacionais e b) contratos de arrendamento. Nesse sentido, e após a Lei dos Portos, a interpretação da norma legal pelo TCU foi no sentido de que deveria haver licitação para todos os contratos, agora exclusivamente sob a forma de arrendamento, haja vista que, supostamente, o objeto se enquadrava na categoria de serviço público.

Ou seja, no entendimento do TCU, após a edição da Lei nº 8.630/1993, não mais seria jurídica a adoção da modalidade de autorização de uso temporário de áreas do porto organizado por contrato operacional. Para melhor identificação das premissas adotadas pelo TCU, acerca dos referidos contratos operacionais, permite-se trazer os seguintes aspectos da decisão:

> 110. Com efeito, o arrendamento sempre foi o mecanismo adotado pelo setor portuário para possibilitar a terceiros a movimentação e armazenagem de cargas. O Decreto-Lei nº 5/1966 previa, ademais, a possibilidade de se firmar contrato para operação de carga ou descarga de navio, como especifica o art. 28, parágrafo único, 'b'. Constata-se,

portanto, que na vigência desse fundamento legal, existiam dois tipos de contrato: o contrato de arrendamento, que justificava-se no longo prazo; e o contrato para operação de carga ou descarga de navio.

111. Muito embora não se encontre na doutrina qualquer comentário sobre esse segundo tipo de contrato, percebe-se que se assemelha aos contratos operacionais ainda hoje em uso no setor. De fato, tal instrumento foi expressamente reconhecido por 12 dos 15 portos consultados e, como se pode verificar, ele tem sido utilizado para suprimir o procedimento licitatório exigido para viabilizar o arrendamento portuário e são firmados em prazos reduzidos (entre um e cinco anos). Como estão sendo utilizados segundo a necessidade de cada autoridade portuária, sua modelagem apresenta os mais variados formatos.

112. De porto a porto, os contratos operacionais firmados destinam-se à concessão de áreas, exigem movimentação mínima ou autorizam investimentos, que podem ou não ser amortizados via desconto nas tarifas devidas pela utilização do porto. Em alguns casos, os contratos operacionais possuem, inclusive, normatização em resoluções do Porto (RS e ES), onde estão delimitadas suas características. Constata-se, assim, que os ditos contratos operacionais assemelham-se, na essência, aos contratos de arrendamento.

113. Toda essa liberalidade, contudo, não possui amparo legal haja vista que o contrato para operação de carga e descarga de navios, previsto no art. 28, parágrafo único, 'b', do Decreto-Lei n° 5/1966 foi revogado expressamente pela Lei n° 8.630/1993, que instituiu o contrato de arrendamento como único meio para exploração das áreas e instalações portuárias. [...]

118. A realidade dos portos brasileiros demonstra que, independentemente da denominação adotada, tais instrumentos possuem sempre o mesmo objetivo: propiciar ao particular a movimentação e/ou armazenagem de cargas sem o necessário procedimento licitatório. Por essa razão, é devido determinar ao Ministério dos Transportes, à SEP e à Antaq que, conjuntamente, adotem as medidas necessárias para, no prazo de 180 dias; identificar todos os contratos operacionais, ou qualquer outro instrumento destinado a permitir a movimentação e armazenagem de cargas por terceiros, firmados, no âmbito dos portos marítimos brasileiros, após a edição da Lei n° 8.630/1993 e sem o devido procedimento licitatório, haja vista que tais ajustes contrariam o disposto no art. 4°, I, da Lei n° 8.630/1993; comunicar os resultados obtidos a este Tribunal; e iniciar os procedimentos para anulação dos contratos que contrariam o citado dispositivo legal.

Diante da manifestação técnica do TCU, podem-se extrair algumas conclusões acerca da interpretação adotada e que refletia a visão da

Corte de Contas quando da análise e do enquadramento dos contratos operacionais em cotejo com a Lei dos Portos:
a) todas as atividades exploradas no porto organizado *constituem serviço* público e devem seguir as regras estabelecidas em contrato administrativo regido pelo direito público, aplicando-se-lhe, supletivamente, a legislação que rege as contratações e concessões;
b) os contratos operacionais foram previstos no Decreto-Lei nº 5/69, revogado pela Lei nº 8.630/93 (Lei dos Portos);
c) os contratos operacionais foram firmados por diversos operadores portuários em todo o Brasil;
d) os contratos operacionais destinam-se à autorização de uso de áreas, exigem movimentação mínima ou autorizam investimentos, que podem ou não ser amortizados via desconto nas tarifas devidas pela utilização do porto;
e) a Lei dos Portos (nº 8.630/1993) instituiu o contrato de arrendamento como único meio legal para exploração das áreas e instalações portuárias, ainda que temporárias.

Diante dos aspectos acima indicados, naquela oportunidade em 2009 o TCU decidiu que os denominados contratos operacionais, firmados por mais de uma dezena de operadores portuários, em todo país, deveriam ser "regularizados":

> 9.5. recomendar à Secretaria Especial de Portos – SEP, e à Agência Nacional de Transportes Aquaviários – Antaq, com amparo no art. 250, III, do Regimento Interno do TCU, que: [...]
> 9.5.2. no âmbito de suas competências, avaliem a pertinência de desenvolver novas metodologias e procedimentos para viabilizar a operacionalização das cargas em consolidação, resultantes de novo negócio e demandas temporárias no âmbito dos portos marítimos; [...].

Essa conclusão foi alterada em 2013, após normativa expedida pela Antaq.

6.2 Posicionamento do TCU em 2013 (Acórdão TCU nº 1.514)

Com efeito, e após a edição da Resolução Antaq n º 2.240/2011, o tema retornou ao TCU em representação formulada pela Secretaria de Controle Externo em Alagoas. O objetivo era avaliar contrato supostamente irregular que promoveu a autorização de uso de área portuária no interior do Porto de Maceió, levada a efeito pela Administração do Porto de Maceió (APMc), entidade vinculada à Companhia Docas do Rio Grande do Norte (Codern). Aquela autoridade portuária autorizou o uso de áreas do Porto de Maceió, com extensão de 26.500 m², à empresa Jaraguá Equipamentos Industriais Ltda. sem procedimento prévio de licitação. A representação, submetida ao TCU, buscava a sanção dos administradores da APMc sob o argumento de que não teria sido observado o *caput* do art. 2º, c/c o inc. I do art. 4º da Lei nº 8.630/1993 e o *caput* do art. 2º da Lei nº 8.666/1993:

> Refere o Secretário que foi promovida cessão de direito real de uso de área pública para atividade sem prévia licitação, quando a Lei dos Portos expressamente a exigia. Isso fere o princípio da legalidade, ao violar o caput do art. 2º, c/c inciso I do art. 4º da Lei 8.630/1993 e caput do art. 2º da Lei 8.666/93; bem assim, desrespeita o também constitucional princípio da isonomia, visto que não atendeu o interesse público ao não proceder à licitação.

O Colegiado do TCU assim se manifestou no Acórdão nº 1.514/2013, em sessão realizada no dia 19.6.2013, sendo relator o Ministro Aroldo Cedraz, prevendo, inclusive, a repercussão dessa decisão em outros contratos operacionais firmados por diversas autoridades portuárias:

> Anoto, por oportuno, que a tese defendida pela Secex/AL, ou seja, a inconstitucionalidade e a ilegalidade da Resolução Antaq 2.240/2011, replicará seus efeitos em cessões onerosas de uso temporário realizadas nos Portos de São Sebastião (SP), Paranaguá e Antoninas (PR), Santana (AP), Rio Grande (RS) e Recife (PE), exemplificativamente.
> 3. Dito isso, a tese da Unidade Técnica é a de que a Resolução Antaq nº 2.240/2011, ou seja, a autorização para firmar contrato para uso temporário de área portuária no interior de Porto Organizado viola o que prevê o art. 37, inciso XXI, da Constituição Federal, c/c o caput do art. 2º, da Lei 8.666/1993, o art. 4º, inciso I, da antiga Lei 8.630/1993, e os arts. 1º, §1º, e 4º, *caput*, da MP 595/2012. [...]
> 5. Temos, portanto, a modalidade de uso temporário, que difere das de concessão, permissão, autorização e arrendamento, este último previsto nos artigos 4º, inciso I, e 34 da Lei nº 8.630/1993 e objeto do Acórdão nº 2.896/2009 – Plenário (o arrendamento como modalidade de serviço público). De fato, o contrato de uso temporário não está previsto na referida Lei dos Portos, hoje decaída, entretanto, dada sua natureza distinta do arrendamento (o uso temporário caracteriza-se pela exploração de área por empresa e para as suas específicas atividades empresariais),

trata-se de atividade econômica e não de serviço público. Aí está um primeiro cuidado hermenêutico: a Antaq foi criada em 2001 por conduto da Lei nº 10.233, ou seja, até então não havia órgão regulador para tratar das coisas da regulação.

6. O segundo cuidado hermenêutico prévio é o de olhar as coisas da administração dos portos não pelas lentes do inciso XXI do art. 37 da Constituição Federal, mas sim pelo capítulo constitucional que lhe é específico e condizente: o Capítulo I do Título VII, ou seja, Dos Princípios Gerais da Ordem Econômica. Volto às concepções dos modernamente denominados Direito Privado Administrativo e Direito Econômico Administrativo, aos quais fiz referência em outras assentadas como razões jurídicas de decidir.

7. Daí advém uma diferenciação essencial ou o terceiro e último cuidado hermenêutico: uma coisa é administrar bens imóveis públicos ociosos para fins meramente arrecadatórios ou para simples destinação por força da mencionada ociosidade; outra, completamente distinta, é o uso de bens imóveis públicos para as atividades de incentivo e planejamento da atividade econômica (art. 174 da Constituição Federal).

8. Reconheço que esses cuidados são pouco utilizados na prática do direito administrativo brasileiro. [...] A compulsão de ter a licitação como um fim em si, equiparado aos demais princípios constitucionais substantivos, deverá ser substituída pela concepção instrumental de ver a licitação tão somente como meio, entre tantos outros, de administrar a infraestrutura nacional para a construção de uma sociedade livre, justa e solidária. Enfim, onde houver possibilidade de licitar que se faça. Por outro lado, devem ser dados espaços discricionários à Administração quando exigidos pela governança ou pelas próprias condições intrínsecas da atividade e pelos caminhos mais eficientes e eficazes conduzidos pela realidade. O que se requer é a implementação do controle por princípios e pela razoabilidade. [...]

14. Dito isso, não se pode falar que a Resolução Antaq nº 2.240/2011 inova primariamente no ordenamento, mas apenas disciplina o uso provisório, de caráter excepcional, por qualquer interessado, de instalações portuárias arrendadas ou concedidas. [...]

14.1. Tais espaços legais propositadamente pouco densificados estão conforme a opção constitucional e legal pela regulação por conduto de agências autônomas, ou seja, a troca das opções políticas pelas decisões técnicas. Com isso, a reserva absoluta de lei não convive com os fundamentos legitimadores das agências reguladoras. Tal competência dispositiva inerente à ideia das agências (poderes implícitos ou imanentes), ou mesmo deixada explicitamente no texto da Lei 12.8125/2013 especificamente para a Antaq, é plenamente aceita no direito comparado, [...].

15. Ademais, tecnicamente, a Antaq não editou lei em sentido estrito. Trata-se, em verdade, da chamada regulação geral-concreta, pois determinada por um círculo de destinatários preciso (os portos organizados) e objeto determinado (finalidades coordenadas pelos interesses público e econômico).
16. Ora, diante de espaços ociosos dentro dos Portos Organizados, até estrategicamente deixados para fins de suprir necessidades decorrentes da mobilidade dos mercados, seria melhor deixá-los ociosos ao invés de flexibilizar e agilizar normas de "uso temporário" com prazos bastante reduzidos (18 a 60 meses) em relação aos arrendamentos e concessões? Seria necessária uma licitação quando não existem outros interessados manifestos, apenas para cumprir uma formalidade inexigível e fadada ao fracasso? A falta de razoabilidade das questões precedentes, mais ainda quando estamos a falar de Direito Econômico Administrativo, falam a favor da tese dos "espaços de legítima discricionariedade" normativa das agências reguladoras. [...]
18. Como demonstrado acima, a resolução da Antaq transita no legítimo espaço de discricionariedade reservado às agências reguladoras. Portanto, o controle que se faz sobre o referido diploma é de conformação a princípios e do exercício do referido poder normativo.

Por fim, e quanto à Resolução Antaq nº 2.240/2011, cuja juridicidade foi confirmada pelo TCU, releva destacar que, prestigiando o princípio da segurança jurídica, a Antaq validou todos os contratos operacionais firmados até a data da sua edição.[20] Com efeito, assim dispõem os artigos constantes das disposições gerais e transitórias daquela norma regulatória:

> Art. 84. A Administração do Porto deverá promover o levantamento de todas as áreas e instalações portuárias operacionais e não operacionais, sob sua gestão, localizadas dentro da poligonal do Porto Organizado, com vistas a regularizar sua exploração e utilização, por meio de repactuação, alteração unilateral ou rescisão dos contratos vigentes, de modo a adequá-los às disposições contidas nesta Norma.

---

[20] Caso similar ocorreu, no setor portuário, com a edição do Decreto nº 1.912, de 21.5.1996, ao dispor: "Art. 3º Os contratos de arrendamento de instalações portuárias de uso público firmados antes da vigência da Lei nº 8.630, de 1993, permanecerão válidos pelo prazo de 24 meses, contado da data de publicação deste Decreto, de conformidade com o disposto no §2º do art. 42 da Lei nº 8.987, de 13 de fevereiro de 1995. §1º O Ministério dos Transportes publicará no Diário Oficial da União a relação dos contratos de arrendamento celebrados nos termos deste artigo. §2º Se, no prazo previsto neste artigo, não tiver sido possível a realização de licitação, o Ministério dos Transportes ou a administração do porto poderá prorrogá-lo por período não superior a três anos. §3º A vigência do alfandegamento das instalações portuárias de que trata este artigo corresponderá à do respectivo contrato".

§1º. A regularização de que trata o caput aplica-se à exploração e utilização de áreas e instalações portuárias na forma de uso temporário, passagem, cessão de uso onerosa e cessão de uso não onerosa, inclusive mediante a celebração dos instrumentos contratuais pertinentes; e, ainda, aos contratos de arrendamento vigentes na data da entrada em vigor desta Norma, para fins de adequação às disposições da Lei nº 8.630, de 25 de fevereiro de 1993, quando for o caso. [...]

Art. 85. A Administração do Porto deverá proceder ao levantamento e à repactuação ou alteração de que trata o artigo anterior no prazo de 12 (doze) meses contados da data da publicação desta Norma.

Art. 86. No período de adaptação dos contratos a que se refere o artigo anterior, permanecem válidos os direitos e as obrigações decorrentes dos contratos celebrados antes da vigência desta Norma.

Diante do exposto, pode-se, agora, resumir o acórdão do TCU, proferido em 2013, após a expedição da Resolução Antaq nº 2.240/2011, que disciplinou os "contratos operacionais", e que evoluíram para a denominação de "contratos de uso temporário", nos seguintes tópicos:

a) a modalidade de uso temporário é diferente daquelas previstas na Lei dos Portos: concessão, permissão, autorização e arrendamento;
b) o contrato de uso temporário não está disciplinado na Lei dos Portos, hoje revogada; contudo, trata-se de atividade econômica e não de serviço público;
c) uma coisa é administrar bens públicos ociosos; outra, o uso de bens públicos para incentivo e planejamento da atividade econômica (art. 174, CF);
d) a compulsão de ter a licitação como um fim em si mesmo deverá ser substituída pela concepção instrumental de ver a licitação como meio;
e) devem ser dados espaços discricionários à Administração quando exigidos pela governança ou pelas condições intrínsecas da atividade;
f) dentro do porto organizado convivem serviços públicos e exploração privada da atividade econômica;
g) a licitação é necessária quando da delegação, por concessão ou permissão de serviço público; em se tratando de atividade econômica, dentro do porto organizado, abre-se o caminho constitucional para a ausência de licitação;
h) a nova Lei dos Portos (nº 12.815/2013) explicitou o óbvio, implícito no inc. IV do art. 27 da Lei nº 10.233/2001: "Art.

7º A Antaq poderá disciplinar a utilização em caráter excepcional, por qualquer interessado, de instalações portuárias arrendadas ou exploradas pela concessionária, assegurada a remuneração adequada ao titular do contrato";
i) a resolução Antaq não inova primariamente no ordenamento legal. Trata-se de discricionariedade reservada às agências reguladoras;
j) a lei permite certa flexibilidade inerente ao modelo de economia regulada;
k) a reserva absoluta da lei não convive com os fundamentos legitimadores das agências reguladoras;
l) a norma expedida pela Antaq é de caráter geral, determinada a um círculo de destinatários precisos (os portos organizados) e com objetivo determinado (finalidades coordenadas pelos interesses público e econômico);
m) o objeto do uso temporário tem submissão do interesse econômico a interesse público e à realização dos princípios gerais constitucionais da ordem econômica;
n) os princípios da imparcialidade e da isonomia se configuram como limites internos do poder discricionário, não se podendo considerá-los realizáveis unicamente pela licitação pública.

Em resumo, em 2009, o TCU havia entendido, de forma equivocada, que os contratos operacionais, firmados sem se submeter a processo licitatório, seriam ilegais, pois a Lei dos Portos (1993) teria previsto o contrato de arrendamento como sendo o único meio legal para a exploração do porto organizado. Naquele momento, recomendou que a Antaq adotasse providências no âmbito de sua competência regulatória visando solucionar a questão que afetava mais de uma dezena de portos brasileiros.

A Antaq, por seu turno e no âmbito de sua competência normativa, editou a Resolução Normativa nº 2.240/2011, posteriormente substituída pela Resolução Normativa nº 7/2016, que: (i) disciplinou os contratos de uso temporário de área, e (ii) validou todos os contratos operacionais anteriormente firmados, até que fossem regularizados.

O TCU ratificou a constitucionalidade da escolha regulatória, inserida na função estatal de regulação, de acordo com a moderna doutrina do direito administrativo econômico. Esse posicionamento foi ratificado em 2020, com base em estudos elaborados antes mesmo da edição da Lei nº 14.047/2020.

6.3 Posicionamento do TCU em 2020 (Acórdão TCU nº 2.711)

Em 2020 o Tribunal de Contas da União voltou ao tema, no Acórdão nº 2.711, relatado pelo Ministro Bruno Dantas, em relatório de auditoria operacional sobre limitações dos portos organizados em comparação com os terminais de uso privado – TUP. Partindo de uma análise de portos internacionais, apontou-se uma série de vantagens da celebração de contratos em regime mais próximo do direito privado, a exemplo dos contratos operacionais e dos contratos de uso temporário, estes disciplinados por resoluções da Antaq cuja nulidade foi declarada pelo Poder Judiciário:

> 116. Outro aspecto do modelo de exploração da atividade portuária em portos públicos que foi apontado como limitação é o fato de o arrendamento – com todas as suas dificuldades – ser a única forma de contratualização entre a autoridade portuária e os terminais para uso das áreas operacionais do porto. O questionário aplicado mostrou que 92% das APs concordam que a limitação a outras formas de contratação com o setor privado (além do arrendamento) é uma das causas de ociosidade nos portos públicos.
> 117. Além disso, 100% das APs concordam que a possibilidade de celebrar contratos em áreas operacionais em regime mais próximo do direito privado contribuiria para mitigar as dificuldades. Há, entre as respostas das autoridades portuárias (peça 29), diversas menções às possíveis vantagens de se aplicarem outros tipos de contratos, como os contratos de uso temporário e os contratos operacionais, que foram utilizados pelo setor no passado, e procedimentos simplificados de licitação, como alternativas para conferir maior agilidade e flexibilidade às contratações e um melhor aproveitamento do uso do espaço.

Diante do conflito judicial sobre a validade das normas regulatórias expedidas pela Antaq, os estudos desenvolvidos no âmbito do TCU – e materializados pelo Acórdão nº 2.711/2020 – apontavam para a positivação do instituto do contrato de uso temporário, o que veio efetivamente a ocorrer com a edição da Lei nº 14.047/2020.

Conclusão

O contrato de arrendamento portuário é uma modalidade de contrato administrativo, regido pelas regras de direito público. Por essas regras, e respeitada a garantia de preservação do equilíbrio econômico e financeiro do pacto, incidem prerrogativas a favor do contratante público.

O arrendamento portuário possui natureza de uma concessão de serviço público, aplicando-se, inclusive, as disposições da Lei nº 8.987/95 e, subsidiariamente, a Lei nº 8.666/93. Em sentido contrário, o objeto dos contratos operacionais e, posteriormente, os contratos de uso temporário de áreas e instalações portuárias enquadra-se na categoria de atividade econômica (autorização temporária de uso de bem público), sendo inviável a licitação pública.

Esta é necessária quando da delegação, por concessão ou permissão de serviço público; se o contrato se destina a autorizar o uso temporário de bem público para o exercício de atividade econômica, dentro do porto organizado, abre-se o caminho constitucional para a ausência de licitação.

Diversos dirigentes de autoridades portuárias firmaram contratos operacionais com base nos seus estatutos sociais. Os contratos foram firmados com fulcro no Decreto-Lei nº 5, de 4.4.1966, revogado pela Lei dos Portos de 1993. Essa mesma lei não disciplinou os contratos operacionais para a autorização temporária de uso de áreas localizadas no porto organizado, levando a questão para um vácuo legislativo.

O fundamento jurídico para a celebração dos contratos operacionais, após a revogação do Decreto-Lei nº 5/66, inseriu-se na discricionariedade administrativa detida pelo administrador público para consentir que o administrado utilize bem público de modo privativo atendendo, primariamente, ao interesse privado e, remotamente, ao interesse público.

Considerando as competências das agências reguladoras para a edição de normas regulatórias a partir da moldura aberta da lei, a Antaq, no exercício da sua função normativa outorgada pelo art. 27 da Lei nº 10.233/2001 e seguindo orientação do TCU, disciplinou os novos contratos de uso temporário de áreas portuárias e validou os contratos operacionais anteriormente firmados pelas administradoras portuárias.

A nova Lei dos Portos (nº 12.815/2013) trouxe maior densidade à norma de criação da Antaq, ao prever no art. 7º que aquela autarquia especial poderá disciplinar a utilização de área portuária, em caráter excepcional, por qualquer interessado (fora do modelo de arrendamento).

O TCU, que antes havia se posicionado contrariamente aos contratos operacionais, proferiu o Acórdão nº 1.514/2013, decidindo favoravelmente à Resolução Antaq nº 2.240/2011, alterada pela Resolução Antaq nº 7/2016, por entender que a normativa não inova, primariamente, no ordenamento legal considerando os espaços normativos deslegalizados reservados às agências reguladoras.

Em 2017 o Poder Judiciário decidiu que a escolha regulatória materializada inicialmente em norma de 2011 e renovada por outra resolução análoga em 2016 era inválida, levando o Congresso Nacional em 2020, a partir de medida provisória, a positivar – e validar – os contratos de uso de área e infraestrutura portuária nos termos indicados pelo TCU.

Referências

CARVALHO FILHO, José dos Santos. *Manual de direito administrativo*. 31. ed. São Paulo: Atlas, 2017.

DI PIETRO, Maria Sylvia Zanella. *Direito administrativo*. 20. ed. São Paulo: Atlas, 2007.

GOMES, Carlos Afonso Rodrigues. Da adequação do contrato de uso temporário ao regime jurídico dos portos públicos. *Conteúdo Jurídico*, Brasília, 27 fev. 2013. Disponível em: http://www.conteudojuridico.com.br/?artigos&ver=2.42207&seo=1. Acesso em: 27 nov. 2020.

GUERRA, Sérgio. *Discricionariedade, regulação e reflexividade*: uma nova teoria sobre as escolhas administrativas. 5. ed. Belo Horizonte: Fórum, 2018.

JUSTEN FILHO, Marçal. *Curso de direito administrativo*. 8. ed. São Paulo: Atlas, 2012.

LAUBADÈRE, André de et al. *Traité de droit administratif*. 12. ed. Paris: Libraire Générale de Droit et de Jurisprudence, 1992. t. 1.

MOREIRA NETO, Diogo de Figueiredo. *Direito regulatório*: a alternativa participativa e flexível para a administração pública de relações setoriais complexas no estado democrático. Rio de Janeiro: Renovar, 2003.

SOUTO, Marcos Juruena Villela. *Direito administrativo regulatório*. Rio de Janeiro: Lumen Juris, 2002.

SUNDFELD, Carlos Ari. Terminais portuários de uso privativo misto: as questões da constitucionalidade e das alterações regulatórias. *Revista de Direito Público da Economia – RDPE*, Belo Horizonte, ano 10, n. 37, jan./mar. 2012.

VIEIRA, Luiz Francisco Modanese et al. *Análise e avaliação da organização institucional e da eficiência de gestão do setor portuário brasileiro*. São Paulo: Booz & Company, 2012. v. I. Disponível em: https://web.bndes.gov.br/bib/jspui/handle/1408/7668. Acesso em: 16 dez. 2020.

Informação bibliográfica deste texto, conforme a NBR 6023:2018 da Associação Brasileira de Normas Técnicas (ABNT):

GUERRA, Sérgio. Regulação e controle externo do contrato de uso temporário no setor portuário. *In*: TOJAL, Sebastião Botto de Barros; SOUZA, Jorge Henrique de Oliveira (Coord.). *Direito e infraestrutura*: portos e transporte aquaviário – 20 anos da Lei nº 10.233/2001. Belo Horizonte: Fórum, 2021. v. 1, p. 371-394. ISBN 978-65-5518-210-1.

20 ANOS DA REGULAÇÃO INDEPENDENTE DO SETOR DE LOGÍSTICA: AVANÇOS E PERSPECTIVAS

VITOR RHEIN SCHIRATO

LUIZA NUNES

1 Introdução

O aniversário de 20 anos de vigência da Lei Federal n° 10.233/2001 enseja importante reflexão ao setor nacional de infraestrutura – em especial, a regulação das infraestruturas de logística. Considerando as experiências obtidas até o momento na área federal de transporte, mostra-se relevante identificar e endereçar os desafios a serem enfrentados para que seja aprimorada a atuação de duas das principais agências reguladoras do setor no Brasil, quais sejam, a Agência Nacional de Transportes Terrestres – ANTT e a Agência Nacional de Transportes Aquaviários – Antaq.

Especificamente, entende-se que é preciso examinar a necessidade de essas duas agências constituírem entidades segregadas, ao invés de uma única; bem como as principais falhas de mercado que, em linhas gerais, lhes caberia resolver – ou, ao menos, mitigar – no exercício de suas funções regulatória e gestora de serviços e infraestruturas de transporte.

Para tanto, serão brevemente analisados o histórico da Lei Federal n° 10.233/2001 e o papel da regulação realizada pela ANTT e pela Antaq no campo da logística nacional. Por fim, serão apresentadas as conclusões obtidas quanto à separação das competências de referidas agências em entidades diversas, assim como apreciados os gargalos considerados centrais em sua atuação, tendo em vista o objetivo de desenvolvimento das áreas de logística e transporte do setor brasileiro de infraestrutura.

2 A origem da ANTT e da Antaq e os bens jurídicos por elas tutelados

Conforme concebida em novembro de 1999,[1] a Lei Federal nº 10.233/2001 previa a instituição de agência reguladora multimodal, dotada das competências atualmente atribuídas à ANTT e à Antaq. Tal agência seria intitulada "Agência Nacional dos Transportes – ANT" e teria a forma de autarquia especial vinculada ao então Ministério dos Transportes – MT – atualmente, Ministério da Infraestrutura – MInfra –,[2] cabendo-lhe regular a prestação dos serviços de transporte rodoviário, ferroviário e aquaviário em âmbito interestadual e internacional, além de disciplinar a exploração de rodovias federais, ferrovias, portos e hidrovias.

Caberia à ANT, também, editar e autorizar a celebração e efetivamente celebrar os contratos para exploração dos serviços e infraestruturas respectivos;[3] controlar, acompanhar e proceder à revisão e ao reajuste das tarifas aplicáveis à prestação dos serviços públicos submetidos à sua regulação e gestão; e fiscalizar a prestação dos serviços e a exploração das infraestruturas supramencionadas, entre outras atividades.[4]

---

[1] A versão original do Projeto de Lei nº 1.615/1999, que deu origem à Lei Federal nº 10.233/2001, foi encaminhada pelo então Ministério dos Transportes ao Congresso Nacional por meio da Mensagem nº 1.268, de 2.11.1999.

[2] Nos termos da Lei Federal nº 13.844, de 18.6.2019, e do Decreto Federal nº 10.368, de 22.5.2020, o Ministério da Infraestrutura desempenha, hoje, o papel anteriormente atribuído ao Ministério dos Transportes. Dessa forma, as menções normativas ao Ministério dos Transportes serão, neste artigo, substituídas por menções ao MInfra.

[3] No que diz respeito à exploração de serviços e infraestruturas rodoviários e ferroviários, a competência para edição, autorização da pactuação e efetiva celebração dos contratos em comento permanece sob a competência da ANTT. No que se refere aos serviços e infraestruturas aquaviários, por sua vez, a responsabilidade pela celebração de contratos está, atualmente, a cargo da Secretaria Nacional de Portos e Transportes Aquaviários – SEP – integrante do MInfra –, nos termos da Lei Federal nº 12.815, de 5.6.2013.

[4] Nessa toada, vejam-se os seguintes dispositivos do Projeto de Lei nº 1.615/1999, referentes às competências da ANT consideradas mais relevantes para os fins deste artigo: "Art. 2º Constituem objetivos da ANT: I - regular a exploração dos serviços de transporte; II - assegurar a prestação adequada dos serviços, assim entendidos aqueles que satisfaçam as condições de regularidade, eficiência, segurança, atualidade, generalidade, cortesia na sua prestação

Desse modo, competiria à ANT exercer funções regulatórias, deliberativas, executivas e fiscalizatórias nas áreas de logística e transporte do setor nacional de infraestrutura, concentrando atribuições federais nesse âmbito. Contudo, tal modelo foi alvo de diversas críticas durante as discussões sobre o Projeto de Lei n° 1.619/1999 realizadas pela Comissão Especial da Câmara dos Deputados à época de sua apresentação pelo MT.

Isso porque boa parte dos interessados entendia que a criação de uma mesma agência para execução das atividades acima elencadas implicaria a maior concentração da entidade reguladora na organização, no planejamento, na gestão e na fiscalização da exploração de serviços e infraestruturas do transporte rodoviário, do que em relação ao aquaviário. Afinal, tendo em conta o histórico da logística e mobilidade brasileiras, entendia-se que a Administração Pública possuiria uma "mentalidade

---

e modicidade nas suas tarifas; e III - garantir a harmonia entre os interesses dos usuários, concessionários, permissionários, autorizatários, arrendatários e delegatários do setor de transportes. Art. 3° Compete à ANT regular os aspectos econômicos e de qualidade dos serviços de transporte rodoviário interestadual e internacional de passageiros, das rodovias federais concedidas ou delegadas, das ferrovias, portos e hidrovias. Parágrafo único. A atividade regulatória da ANT será exercida, em especial, sobre: I - transporte rodoviário; II - rodovias federais; III - transporte ferroviário; IV - ferrovias; V - transporte aquaviário; VI - portos; e V - hidrovias. Art. 4° No exercício de suas atividades, à ANT compete: III - celebrar e gerir contratos e demais instrumentos congêneres nas áreas e modais de transporte sob sua regulação, bem como revisar, no âmbito de suas competências, todos os instrumentos já celebrados antes da vigência desta Lei, resguardando os direitos das partes; IV - editar normas relativas aos serviços de transportes; Art. 5° Compete à ANT adotar as medidas necessárias para o atendimento do interesse público e para o desenvolvimento do setor de transporte e, especialmente: I - implementar a política nacional de transportes; II - propor ao Ministério dos Transportes o plano geral de outorgas de infraestrutura e de serviços de transporte e executa-lo; IV - editar atos de outorga e extinção de direito de exploração de infraestrutura e dos serviços de transporte; VI - autorizar e permitir a exploração de transporte rodoviário interestadual e internacional de passageiros; VII - controlar, acompanhar e proceder à revisão e ao reajuste de tarifas dos serviços prestados no regime público, podendo fixá-las, bem como homologa-las, com a prévia manifestação da área econômica, ressalvado o disposto no inciso VIII do art. 30 da Lei n° 8.630, de 25 de fevereiro de 1993; VIII - autorizar o funcionamento de empresas de navegação hidroviária de interior, de cabotagem e de longo curso, bem assim o de empresas de apoio marítimo e portuário; IX - autorizar pedidos de afretamento de embarcações e de liberação de cargas prescritas; X - autorizar a exploração de terminais portuários privativos, fora da área do porto organizado; XI - habilitar o Operador de Transporte Multimodal; XII - habilitar o transportador rodoviário internacional de carga; XIII - autorizar projetos e investimentos em infraestrutura no âmbito da outorga estabelecida; XIV - fiscalizar os ativos federais concedidos, delegados, arrendados, permitidos ou cedidos; XVIII - fiscalizar a prestação dos serviços; XIX - acompanhar o resultado das políticas de exploração dos portos; XX - acompanhar a arbitragem de conflitos nos portos; XXI - estabelecer padrões e normas técnicas relativas a manutenção de bens arrendados; e XXII - fixar diretrizes para o transporte rodoviário de cargas".

rodoviarista" – isto é, mais voltada ao transporte rodoviário do que aos demais modos. Embora tal concepção naturalmente resultasse no entendimento de que as atividades da ANT em relação ao transporte ferroviário também seriam preteridas àquelas relativas ao transporte rodoviário, a similaridade das características técnicas e operacionais do primeiro às do segundo acabaram por não resultar na arguição da necessidade de divisão da ANT em três agências, ao invés de duas. Considerando as particularidades do transporte aquaviário, porém, os interessados contrários à instituição da ANT sustentaram que a agência responsável pela regulação, gestão e fiscalização da exploração dos serviços e infraestruturas afetos a esse modo de transporte deveria contar com alto grau de especialização, de modo que não fossem prejudicados o funcionamento e o desenvolvimento da área.[5]

No âmbito dessas discussões, então, foram propostas e realizadas variadas modificações ao Projeto de Lei nº 1.615/1999,[6] que veio a ser sancionado pelo Presidente da República na forma de Lei Federal nº 10.233/2001, publicada na edição do *Diário Oficial da União* de 6 de junho daquele ano, quando entrou em vigor.

---

[5] Nesse trilhar, confira-se os excertos a seguir da transcrição das discussões mantidas na Comissão: "A proposta deste trabalho, diria relativamente até com certa audácia, é que o setor de transportes aquaviários, englobando transporte marítimo internacional e nacional, o apoio marítimo e portuário e o transporte hidroviário no interior, contasse com a formação de uma agência que tratasse especificamente dele. Essa é a nossa visão. O tratamento em uma estrutura complexa como a Agência Nacional de Transportes, no momento, parece que relegaria o setor de transporte internacional a uma posição um pouco subalterna e traria ao seu relacionamento com os próprios órgãos do governo uma série de dificuldades. Achamos que o setor tem importância e justificativa suficiente para ter relativa independência, com a criação de uma agência específica que cuide desses assuntos, agregando a eles evidentemente as atividades do fundo de marinha mercante. [...] Já os trabalhadores marítimos, representados pelo Sindicato Nacional dos Oficiais da Marinha Mercante (Sindmar) e o presidente da CONTTMAF, defenderam a criação de uma agência específica para os transportes aquaviários. Argumentaram, da mesma maneira, que essa atividade era singular (pois sofreria influência de políticas externas, próxima dos assuntos relativos ao comércio exterior) e que a criação de uma agência multimodal, conforme proposto pelo Ministério dos Transportes, constituir-se-ia em um obstáculo ao desenvolvimento do transporte de mercadorias sobre águas devido ao predomínio da 'mentalidade rodoviarista'" (BRASIL. Câmara dos Deputados. *PL 1615/1999*. Disponível em: https://www.camara.leg.br/proposicoesWeb/fichadetramitacao?idProposicao=16976. Acesso em: 30 jan. 2021).

[6] O Projeto de Lei nº 1.615/1999 foi objeto de 238 emendas, 1 substitutivo e 438 emendas ao substitutivo no âmbito da Comissão Especial da Câmara dos Deputados. O Plenário da Câmara aprovou o PL em 6.12.2000, já prevendo a instituição da ANTT e da Antaq, ao invés da ANT. Em 15.12.2000, o Projeto de Lei nº 1.615 foi enviado ao Senado Federal, sendo aprovado pelo Plenário em 26.4.2001, nos termos aprovados pela Câmara dos Deputados.

Nos termos da Lei Federal n° 10.233/2001, a ANTT e a Antaq possuiriam *competências paralelas*,[7] compartilhando objetivos e ações. Destarte, é finalidade comum de referidas agências implementar, em suas respectivas esferas de atuação, as políticas formuladas pelo MInfra[8] e regular ou supervisionar a prestação de serviços e a exploração de infraestruturas de transporte.

No âmbito da regulação e fiscalização desses serviços, cabe à ANTT e à Antaq garantir a movimentação de pessoas e bens em cumprimento a padrões de eficiência, segurança, conforto, regularidade, pontualidade e modicidade nos fretes e tarifas; e harmonizar os objetivos dos delegatários com os dos usuários, preservando o interesse público. Para dar cabo a essas atribuições, cabe às agências, inclusive, arbitrar conflitos de interesse e impedir situações que configurem competição imperfeita ou infração à ordem econômica em seu campo de atuação.

Nesse contexto, a competência que foi atribuída à ANTT e à Antaq, dentro de cada um dos respectivos recortes do mercado de logística, foi garantir o funcionamento adequado das atividades econômicas subjacentes, equilibrando os interesses existentes e, pois, assegurando o atendimento dos interesses públicos verificados. De forma muito genérica, essas agências têm a obrigação de ponderar os interesses do Estado de uma infraestrutura eficaz, eficiente, universal e a custos módicos, os interesses dos atores econômicos do mercado, de ter uma justa remuneração por seus investimentos *vis-à-vis* as obrigações assumidas e os interesses dos usuários de utilizar infraestruturas e receber serviços de boa qualidade, a preços acessíveis. O principal ponto de equilíbrio nesta complexa balança de três pratos é o encontro de mecanismos que permitam a realização de investimentos com custos aceitáveis e distribuídos adequadamente pela sociedade.

---

[7] Nesse sentido, verifiquem-se os ensinamentos de Alexandre Santos de Aragão sobre o tema: "A Agência Nacional de Transportes Terrestres – ANTT e Agência Nacional de Transportes Aquaviários – ANTAQ foram criadas pela Lei n° 10.233/01, possuindo modelos e competências paralelas, cada uma no seu âmbito competencial, atuando com independência administrativa, observadas, contudo, as políticas formuladas pelo Conselho Nacional de Integração de Políticas de Transporte e pelo Ministério dos Transportes (arts. 20 e 21, §2°)" (ARAGÃO, Alexandre Santos de. *Agências reguladoras e evolução do direito administrativo econômico*. Rio de Janeiro: Forense, 2002. p. 106).

[8] Até a publicação da Lei Federal n° 13.844/2019, o objetivo comum da ANTT e da Antaq em referência compreendia a implementação das políticas formuladas pelo Conselho Nacional de Integração de Políticas de Transporte. Contudo, este órgão foi extinto pela Lei Federal n° 13.844/2019.

3 Acertos e erros: o que vimos em 20 anos?

A partir do que expusemos no tópico precedente é de se reparar que as funções acometidas à ANTT e à Antaq longe estão de ser triviais ou simples. E, ainda, são absolutamente estratégicas. Isso ocorre porque encontrar o ponto ideal entre os custos da infraestrutura, a remuneração dos atores econômicos, a concorrência e a constrição do abuso de poder econômico e os direitos dos usuários é das tarefas mais complexas.

Nesse trilhar, pudemos ver, ao longo dos últimos 20 anos, alguns avanços e diversos problemas, que deveriam estar na agenda da melhoria da qualidade regulatória do Brasil.

No que concerne aos acertos, parece evidente que a criação de uma estrutura técnica, autônoma e independente, para supervisionar o mercado é extremamente alvissareira, eis que (i) permite uma cultura regulatória própria, capaz de evoluir e catalisar a experiência necessária para o longo prazo; (ii) confere individualidade e estabilidade à atividade regulatória, evitando-se a constante movimentação de pessoal e órgãos, ínsita à estrutura dos ministérios; e (iii) assegura a existência de maior foco e dedicação, dentro da Administração Pública, à gestão e à fiscalização dos setores regulados.

Contudo, infelizmente, a experiência demonstra que, nos últimos 20 anos, os equívocos superam os acertos. Como já tivemos a oportunidade de manifestar em outras oportunidades, o mau uso dos instrumentos de regulação independente pode ser mais pernicioso do que a inexistência dessa regulação. Por conseguinte, o alcance dos objetivos pretendidos quando da concepção da Antaq e da ANTT demanda alguma correção de rota, que passamos a anotar.

O primeiro ponto a ser destacado concerne ao fato de que o objeto da atuação regulatória da Antaq e da ANTT é o mesmo: logística. Por mais que haja razões para a separação dessa atuação regulatória em duas entidades – notadamente, a já destacada mentalidade "rodoviarista", que vem desde o mandato de Washington Luís, ainda na década de 1920 –,[9] não se pode conceber a logística como um mercado segregado, devendo-se atuar constantemente pela maior integração possível.

Não por outra razão, a Lei Federal nº 10.233/2001 prevê que tanto a ANTT quanto a Antaq deverão se articular com as demais agências

---

[9] Aqui nos referimos ao Presidente Washington Luís, 13º Presidente da República, que governou o Brasil entre 1926 e 1930, cuja política central era a construção de estradas. Completando frase célebre de Afonso Penna, Washington Luís costumava afirmar que: "Governar é povoar; mas, não se povoa sem se abrir estradas, e de todas as espécies; Governar é, pois, fazer estradas!".

reguladoras e operadores de transporte – sejam entidades e órgãos públicos ou agentes privados – para promoção de *multimodalidade* e *integração* no âmbito dos serviços e infraestruturas submetidos à sua regulação, gestão e fiscalização. Por "multimodal" ou "intermodal" entende-se, conforme a definição dada pela Convenção de Genebra sobre Transporte Multimodal Internacional de Mercadorias, de 1980:

> [...] [o] transporte de mercadorias pelo menos por dois modos de transportes diferentes baseado no contrato multimodal de transporte, desde um local em um país de onde a carga é enviada sobre a responsabilidade do operador de transporte multimodal para um lugar designado para entrega situado em um país diferente.[10]

Note-se que o conceito de "multimodalidade" ou "intermodalidade" se aplica especificamente ao transporte de cargas, sendo especialmente relevante sob a perspectiva de logística. No âmbito do transporte de passageiros e mobilidade, utiliza-se, com significado similar, o termo "integração", correspondente, precisamente, à *coordenação* da exploração de diferentes modos de serviço e infraestruturas de transporte para aproveitamento conjunto de suas respectivas funcionalidades e otimização das pertinentes atividades.

Logo, embora submetidas a regimes jurídicos diversos,[11] a multimodalidade e a integração se traduzem, essencialmente, na articulação

---

[10] É o que consta da página 8 do relatório de identificação de entraves burocráticos e exigências legais e tributárias e recomendações de ações de racionalização para o desenvolvimento da multimodalidade no país, elaborado pela ANTT e pela Universidade Brasília – UnB e apresentado em agosto de 2011 (ANTT – AGÊNCIA NACIONAL DE TRANSPORTES TERRESTRES; ENC/UNB – DEPARTAMENTO DE ENGENHARIA CIVIL E AMBIENTAL DA UNIVERSIDADE DE BRASÍLIA. *Entraves burocráticos, exigências legais e tributárias do transporte multimodal*. Brasília: ANTT; ENC/UnB, 2011. Disponível em: https://portal.antt.gov.br/documents/359159/377663/Entraves+Burocr%C3%A1ticos%2C+Exig%C3%AAncias+Legais+e+Tribut%C3%A1rias+do+Transporte+Multimodal.pdf/328ab0ff-410d-e2c7-7726-f45da146ac88?t=1593198740130. Acesso em: 29 jan. 2021).

[11] Para além da Lei Federal nº 10.233/2001, as principais normas aplicáveis ao transporte multimodal de cargas constam da Lei Federal nº 9.611, de 19.2.1998, e do Decreto Federal nº 3.411, de 12.4.2000. Em igual sentido, as principais normas adicionais aplicáveis à integração entre diferentes modos de transporte de passageiros, por sua vez, constam da Lei Federal nº 12.587, 3.1.2012. As diferenças entre os regimes jurídicos aplicáveis à multimodalidade e à integração do transporte são diversas, destacando-se, porém, que a primeira depende de operador de transporte multimodal – OTM, agente responsável pela movimentação de carga mediante mais de um modo de transporte, incluindo a assunção dos riscos de perda da carga, de danos presentes nessa e de atraso no cumprimento dos prazos de entrega, conforme o respectivo contrato unificado; enquanto a última depende da articulação de variados agentes, comumente delegatários de variados modos de transporte, que, em determinada medida, atuam em conjunto.

entre diferentes modos de transporte para elevação da eficiência na exploração dos serviços e infraestruturas em questão, diminuindo perdas e elevando os ganhos econômico-financeiros, cronológicos e sociais decorrentes dessas atividades. Em atendimento à Lei Federal nº 10.233/2001, então, cumpriria à ANTT e à Antaq tomar as providências cabíveis para *exploração coordenada* dos serviços e infraestruturas de transporte rodoviário, ferroviário e aquaviário de cargas e pessoas, de modo que as atividades brasileiras de logística e mobilidade fossem desenvolvidas com menores custos e maior agilidade, em benefício da população, em última instância.

Para tanto, caberia às agências emitir atos regulatórios, gerenciais e fiscalizatórios sistematizados entre si, que previssem, por exemplo, um regime de utilização de infraestruturas rodoviárias e ferroviárias para prestação de serviços aquaviários; incentivos à multimodalidade e à integração, mediante o abatimento de preços e tarifas; regras de organização de áreas portuárias que repelissem fluxos rodoviários e ferroviários deficitários ou excessivos, mitigando prejuízos à regular exploração dos pertinentes serviços e infraestruturas; e ferramentas para constante diálogo entre delegatários, para garantia de efetiva multimodalidade e integração.

Todavia, os atos normativos emitidos pela ANTT e pela Antaq são, em sua maioria, *independentes* – isto é, dissociados uns dos outros, conversando em pouca ou nenhuma medida. Esta situação ganha especial relevo diante do fato de que a Lei Federal nº 10.233/2001 é bastante vaga ao disciplinar a política tarifária aplicável à exploração de serviços e infraestruturas de transporte, bem como as diretrizes a serem observadas pela ANTT e pela Antaq no exercício de suas funções.

A atuação destas agências é, pois, pautada, em boa medida, pela *discricionariedade* dos agentes que as integram, dotados de considerável liberdade – ao menos, formal – para determinar o regramento aplicável à exploração dos diferentes serviços e infraestruturas de transporte, como, aliás, deve ser a regulação estatal independente. Embora, idealmente, seja benéfico que o regulador conte com autonomia no desempenho de suas atividades, na medida em que corresponderia a agente altamente qualificado para exercer suas funções com imparcialidade, fato é que, em um cenário no qual a articulação entre ANTT e Antaq se faz imprescindível ao desenvolvimento das condições de logística e mobilidade no país, tal autonomia não deveria implicar sua atuação descoordenada.

É certo que, para além da Lei Federal nº 10.233/2001, há outros atos e diplomas que compõem o arcabouço normativo aplicável ao transporte rodoviário, ferroviário e aquaviário[12] e orientam as atividades desempenhadas pela ANTT e pela Antaq. Entretanto, tais atos e diplomas costumam dispor sobre a organização, o planejamento, a gestão e a fiscalização da exploração de serviços e infraestruturas de transporte sob perspectivas isoladas, mencionando-se a multimodalidade e a integração sem a previsão de mecanismos e ferramentas que lhes garantam efetividade.

O segundo ponto a ser destacado – que, inclusive, nos parece mais grave e demandante de reparos urgentes – consiste na *falta de independência e autonomia decisória das agências*, em face das decisões emanadas pela esfera política do Governo (atualmente, no caso, o MInfra).

Explicamos: analisando-se essas duas primeiras décadas de existência da ANTT e da Antaq, pode-se, claramente, verificar que muitas das decisões tomadas, notadamente no campo de processos de outorga e da contratação de projetos não emanam da agência, mas, sim, de decisões ministeriais, que são apenas ratificadas pelas entidades reguladoras. Com isso, o campo de separação entre a formulação de políticas públicas (concentrado no ministério) e a regulação do setor para seu adequado funcionamento acaba completamente turvado, o que impede que seja colhido o principal fruto da regulação independente: a blindagem contra as intempéries e estabilidades do mundo político. As agências acabam sendo apenas um centro de ratificação de decisões prévias, quase sem uma vida própria.

É o que bem comentam Carlos Ari Sundfeld e Guilherme Jardim Jurksaitis ao tratarem, especificamente, da ANTT:

> A síntese a respeito de toda essa experiência é que, no processo de construção do programa de concessões rodoviárias federais, a entidade originalmente concebida para ser uma agência reguladora independente, e que adota rituais formalmente destinados a dar transparência, transformou-se na prática em instrumento para ocultar a verdadeira mecânica decisória. Está claro que o colegiado da agência apenas formaliza decisões políticas tomadas fora dela, mas tudo o mais é obscuro.
> Além disso, esse sistema heterodoxo impede a formação de políticas gerais, pois elas simplesmente não existem; o que há é solução caso a caso, para cada edital de licitação, para cada concessão. A cada novo processo e situação, tudo pode mudar.

---

[12] O arcabouço normativo aplicável a estes modos de transporte é composto, entre outros diplomas, pela supracitada Lei Federal n° 12.587/2012 e pela Lei Federal n° 12.815/2013, por exemplo.

A experiência do setor rodoviário comprova o perigo da simples previsão, muito aberta e inespecífica, na lei setorial, de que o Executivo fixará "políticas e diretrizes" e a agência reguladora as seguirá. Essa vagueza estimulou o Executivo a não ser transparente nas decisões políticas, a não construir políticas gerais e estáveis, válidas para várias concessões, e a sabotar reflexamente a autonomia da agência de regulação.[13]

Em outras palavras, a regulação casuística e emanada da esfera política do Governo acerca da exploração de serviços e infraestruturas de transporte tem resultado, no plano concreto, na determinação de regimes substancialmente diversos para execução de objetos similares – muitas vezes, em virtude de decisões políticas segregadas das políticas setoriais vigentes. Para além da insegurança jurídica ocasionada por esta situação, tem-se, novamente, prejuízo à promoção de multimodalidade e integração na área de transporte, uma vez que os empreendimentos em comento são tratados como negócios autônomos, isolados.

Segundo uma lógica setorial organizada, caberia ao ministério competente (hoje, o MInfra, como já ressaltado) delinear sobre as prioridades de logística para o país e os projetos para tanto estruturantes, devendo caber às agências o delineamento das outorgas, *com vistas* às *características do mercado e* à *política regulatória consolidada*. Ao simplesmente aceitar determinações ministeriais, como vêm fazendo ao longo das últimas décadas, as agências impedem a criação de uma política regulatória e de um método de trabalho nas contratações públicas, o que é muito pouco desejável para garantir a estabilidade de investimentos de longo prazo.

O que se verifica a partir da execução dos atuais termos da legislação e da regulação aplicáveis à atuação da ANTT e da Antaq é um cenário de significativa insegurança, devido à falta de direcionamento expresso na implementação e na execução de uma política logística e a partir da forte sujeição das agências aos comandos ministeriais.

Outro, por exemplo, não é o entendimento de doutrinadores como Alexandre Santos de Aragão:

> Ao crescimento da intervenção estatal na economia (não necessariamente em sua modalidade de gestão direta pela Estado, que se encontra em

---

[13] SUNDFELD, Carlos Ari; JURKSAITIS, Guilherme Jardim. Concessão de rodovias e desenvolvimento: a inconsistência jurídica dos programas. In: RIBEIRO, Leonardo Coelho; FEIGELSON, Bruno; FREITAS, Rafael Véras de (Coord.). *A nova regulação da infraestrutura e da mineração*: portos, aeroportos, ferrovias, rodovias. Belo Horizonte: Fórum, 2015. p. 421-422.

refluxo), ao pluralismo da sociedade, ao tecnicismo e complexidade das atividades econômicas, correspondeu à especialização setorial da regulação e dos órgãos incumbidos de desenvolvê-la. Se o fenômeno, por um lado é inevitável, por outro, impõe-se a necessidade de coordenação entre estas várias instâncias.[14] [...]

A multiplicação e setorização das sedes regulatórias acarreta a inevitável necessidade de coordenação entre elas, o que vem sendo efetivado das mais diversas formas, raramente, no entanto, com recurso a meios hierárquicos poucas vezes, que obstariam a apreciação pluralista de todos os aspectos e interesses setoriais envolvidos mediante a imposição pura e simples da vontade do superior hierárquico. Noutras palavras, via de regra prescinde-se de mecanismos verticais de solução dos conflitos de competência positivos ou negativos entre diversos organismos reguladores e entre o conteúdo das suas regras, conflito este bastante comum em razão da vagueza dos valores e objetivos que visam a implementar.[15]

De todo modo, repise-se que é viável – e, mais do que isso, necessário – que diferentes agências reguladoras se articulem e atuem coordenadamente para suprir falhas de mercado e proporcionar o desenvolvimento nacional. Logo, ANTT e Antaq podem coexistir cada qual com seu mercado, mas é necessário repensar a atual dinâmica de atuação, com vista à multimodalidade e à integração da logística, com uma política regulatória consolidada e reforçada independentemente dos câmbios políticos do Governo central. É o que afirmam Diogo de Figueiredo Moreira Neto e Rafael Véras de Freitas:

> Malgrado os inegáveis benefícios deste Marco Regulatório para o setor portuário, não houve avanços nos processos de integração intermodal, em especial com os segmentos ferroviário e rodoviário, dando origem a enormes gargalos de acesso aos portos, observados em todo o País. A ausência de planejamento, com uma visão regulatória sistêmica e integrada da infraestrutura brasileira permanecia um problema crônico da administração pública brasileira.[16]

---

[14] ARAGÃO, Alexandre Santos de. *Agências reguladoras e evolução do direito administrativo econômico*. Rio de Janeiro: Forense, 2002. p. 105.
[15] ARAGÃO, Alexandre Santos de. *Agências reguladoras e evolução do direito administrativo econômico*. Rio de Janeiro: Forense, 2002. p. 106.
[16] MOREIRA NETO, Diogo de Figueiredo; FREITAS, Rafael Véras de. *A nova regulação portuária*. Belo Horizonte: Fórum, 2015. p. 14.

Assim, dada a superficialidade da Lei Federal n° 10.233/2001 quanto aos aspectos em comento – o que, saliente-se, pode ter sido uma escolha consciente do legislador, com o intuito de garantir à ANTT e à Antaq uma autonomia salutar –, são mecanismos possíveis de mitigação das atuais falhas regulatórias do mercado de logística: (i) o desenvolvimento de sistemática qualificada de análise de impacto regulatório no âmbito das agências, com articulação entre si; e (ii) um reforço da independência das agências, a fim de que tenham autonomia par implementar os projetos postos sob sua cúria de forma independente, cunhada a partir de uma *política regulatória* consolidada. A partir disto, seria possível compatibilizar sua atuação com o restante do ordenamento, repelindo a tomada de medidas divergentes sobre temas similares e permitindo o diálogo entre as referidas agências, além da instituição de uma política regulatória, gerencial e fiscalizatória consistente.[17]

4 O papel da regulação na área de logística e as responsabilidades da ANTT e da Antaq

Em conformidade com o item anterior, conclui-se que o papel da regulação na área de logística do setor brasileiro de infraestrutura pode ser resumido à promoção de eficiência na execução das pertinentes atividades, com transparência e consistência, para que seja dado lugar ao seu desenvolvimento.

Para tanto, entende-se que é preciso regular com clareza as competências atribuídas a um e outro órgão ou entidade, de modo que

---

[17] Nesse diapasão, confira-se as lições de Rafael Véras de Freitas e Sérgio Guerra: "Na verdade, a AIR deve funcionar como mecanismo de compliance, apto a melhorar a aderência do regulador às diretrizes políticas estabelecidas nas leis de criação destas entidades; tudo sempre permeado pela participação e pelo controle do setor regulado. Mas não é só. A instituição desse procedimento deve servir como um instrumento de controle da discricionariedade dos atos regulatórios, no que se tange à sua compatibilidade com as diretrizes políticas dos órgãos democraticamente eleitos. [...] Diante do exposto, é possível concluir esse item no sentido de que o instrumento da AIR, caso venha a ser adotado, representará uma relevante ferramenta de controle político da atividade reguladora da ANTAQ, sem que, para tanto, fossem transferidas competências técnicas desta Agência Reguladora para a SEP. Trata-se, a propósito, de uma vertente da Análise de Impacto Regulatório que, se utilizada, reduz a assimetria de informações existente entre os órgãos do governo central e as demais agências reguladoras" (FREITAS, Rafael Véras de; GUERRA, Sérgio. O Modelo Institucional do setor portuário: os institutos da análise do impacto regulatório (AIR) e da conferência de serviços como mecanismos de equalização do controle político sobre as agências reguladoras. *In*: RIBEIRO, Leonardo Coelho; FEIGELSON, Bruno; FREITAS, Rafael Véras de (Coord.). *A nova regulação da infraestrutura e da mineração*: portos, aeroportos, ferrovias, rodovias. Belo Horizonte: Fórum, 2015. p. 112-113).

não restem dúvidas quanto às responsabilidades de cada autoridade; as ferramentas existentes para que se garanta o atendimento aos termos pactuados entre a Administração Pública e a iniciativa privada; e a previsão de diretrizes e normas qualificadas para nortear a atuação de autoridades, resolvendo, ou, no mínimo, mitigando comportamentos arbitrários e desconexos. Note-se que todas estas medidas se voltam à garantia de segurança jurídica, imprescindível para atração de investimentos e evolução da área, consequentemente.[18]

Especificamente no âmbito da regulação do transporte, este papel se traduz, em especial, na determinação de políticas contínuas e consistentes, que não se resumam a casos específicos ou a projetos de governo; e na instituição de mecanismos que permitam a prestação de serviços e a exploração de infraestruturas com multimodalidade e integração, na medida em que, assim, agrega-se valor não só à área, mas a todas as demais que requeiram o aproveitamento dos referidos serviços e infraestruturas para funcionamento.[19] Trata-se de elementos cada vez

---

[18] Sobre o tema, confiram-se os ensinamentos de Martin Lodge et al.: "The goal of enhancing infrastructure capacity in Brazil was impeded by a range of obstacles, ranging from legacy effects to features of the political system which at the time of writing (2016 - 2017), was going through a period of sustained turmoil, relating both to political personnel and inter-institutional relationships. Recent changes, as illustrated in the previous chapter, sought to address some of the underlying problems in attracting investment to enhance capacity. However, they only addressed the core challenges to some extent. The central challenge for Brazil in developing capacity to attract investment in its logistics infrastructure and to benefit from these capacity enhancements in sustainable ways was to develop regulatory governance and capacity. [...] As noted, key challenges in regulatory governance can be distinguished across four key dimensions for regulatory design. Taken together, the way these challenges are responded to directly affects confidence in investment in infrastructures. A. Decision-making challenge: the allocation of overall responsibilities in decision-making to decide on issues of regulatory design; B. Commitment challenge: the capacity to overcome time inconsistency problems; C. Agency challenge: the capacity to avoid discretionary behaviour by regulatory agencies that goes beyond initial intent; D. Uncertainty challenge: the capacity to address underlying changes that affect the flow of benefits and costs across different constituencies. [...] Alternative devices to support reduced decision-costs would include the adoption of protocolized decision-making frameworks (so-called coordination or cooperation protocols) that would seek to establish a clearer set of mutual understandings of roles and responsibilities among actors. Such protocols, however, would need to address the existing concerns among different actors, especially in terms of the relationship between the Casa Civil, the sectoral ministries and the agencies" (LODGE, Martin et al. Regulation of logistics infrastructure in Brazil. RAND Corporation and LSE, 2017. p. 31-33. Disponível em: https://www.rand.org/pubs/research_reports/RR1992.html. Acesso em: 16 jan. 2021).

[19] Nesse sentido, veja-se o seguinte trecho do relatório de identificação de entraves burocráticos e exigências legais e tributárias e recomendações de ações de racionalização para o desenvolvimento da multimodalidade no país, elaborado pela ANTT e pela Universidade Brasília – UnB e apresentado em agosto de 2011: "O valor agregado pelo transporte é função do grau de integração do sistema de transporte com outras funções logísticas. Sendo assim, qualquer modo de transporte contribui com o aumento do valor agregado quando as operações se realizam em um sistema multimodal bem estruturado" (ANTT – AGÊNCIA

mais necessários à operação de um sistema de transporte alinhado à realidade internacional de globalização e crescimento tecnológico, como bem asseverado, novamente, por Alexandre Santos de Aragão:

> No mundo de hoje os mecanismos tradicionais de regulação econômica se mesclam e interagem com instrumentos contemporâneos que se encontram em pleno processo de aperfeiçoamento, consolidação e ampliação.
>
> O Estado deve valendo-se do conjunto de mecanismos regulatórios que a história lhe deu, com criatividade, proporcionalidade, eficiência e legitimidade, buscar permanentemente não apenas suprir as falhas do mercado, como, sobretudo, propiciar o desenvolvimento harmônico integrado da sociedade preconizado pelos arts. 1º, 3º e 170 da Constituição Federal.[20]

No que diz respeito à ANTT e à Antaq, portanto, cabe, em consonância com a exposição feita no item anterior, emitir atos sistematizados para que os modos de transporte rodoviário, ferroviário e aquaviário não sejam organizados, geridos e operados segundo critérios casuísticos e dissociados, muitas vezes decorrentes de direcionamento essencialmente político. Para que se tenha um saldo ainda mais proveitoso de execução da Lei Federal nº 10.233/2001 nos próximos anos, cumprirá a estas agências desenvolver novas ferramentas de diálogo, de sorte que se institua uma política coesa de transporte no Brasil.

Repise-se que, com isso, não seria promovida a generalização da regulação aplicável aos diferentes modos de transporte, em detrimento de sua especialização. Simplesmente seriam conciliadas as particularidades de cada modo, para que se institua um sistema coordenado de transporte, ocasionando ganhos de variadas ordens para o crescimento econômico do país e, consequentemente, para o atingimento do interesse público no plano da área em comento.

Como é assente, a regulação independente esteia-se sobre o recebimento de competências de uma lei-quadro que contempla essencialmente

---

NACIONAL DE TRANSPORTES TERRESTRES; ENC/UNB – DEPARTAMENTO DE ENGENHARIA CIVIL E AMBIENTAL DA UNIVERSIDADE DE BRASÍLIA. *Entraves burocráticos, exigências legais e tributárias do transporte multimodal*. Brasília: ANTT; ENC/UnB, 2011. p. 9. Disponível em: https://portal.antt.gov.br/documents/359159/377663/Entraves+Burocr%C3%A1ticos%2C+Exig%C3%AAncias+Legais+e+Tribut%C3%A1rias+do+Transporte+Multimodal.pdf/328ab0ff-410d-e2c7-7726-f45da146ac88?t=1593198740130. Acesso em: 29 jan. 2021).

[20] ARAGÃO, Alexandre Santos de. *Agências reguladoras e evolução do direito administrativo econômico*. Rio de Janeiro: Forense, 2002. p. 115.

finalidades públicas a serem alcançadas. Para tanto, há autonomia e discricionariedade em medida proporcional ao cumprimento das metas impostas. Tolher das agências a capacidade de estruturar os respectivos mercados (de forma conjunta e coesa, principalmente) para realizar interesses eleitos pela esfera política do Governo é, ao nosso ver, simplesmente, abdicar de um instrumento precioso para permitir investimentos em infraestrutura e, portanto, o desenvolvimento do país.

Assegurar que Antaq e ANTT tenham autonomia e independência para criar suas políticas regulatórias e, assim, implantar os projetos que venham a ser identificados como prioritários pelo Governo trará enorme ganhos para Brasil, sobretudo quando investimentos de grande escala e de longo prazo são tão demandados.

5 Conclusões

Ante o exposto, resta claro que há muito o que se aprimorar na execução da Lei Federal n° 10.233/2001, especialmente no que se refere à efetiva garantia de independência e autonomia da Antaq e da ANTT e à implementação de mecanismos de multimodalidade e integração e à instituição de políticas racionais de transporte, que objetivem o alcance de finalidades coerentes de curto, médio e longo prazo.

Ao que nos parece evidente, é um enorme acerto a construção de unidades independentes, autônomas e especializadas para regular a implantação e a execução das atividades de logística no país. Contudo, para que os benefícios desse acerto possam ser mais intensamente sentidos, é fundamental deles extrair o que têm de melhor, que é a capacidade de criar políticas de longo prazo e uniformes.

O que se viu, até hoje, é a formação orgânica de bons centros de regulação na Antaq e na ANTT, porém ainda sujeitos a enormes influências do Governo central no que se refere a temas centrais da política regulatória, como a política tarifária, as normas de amortização de investimentos realizados e a integração da infraestrutura nacional. Enquanto esse cenário se mantiver, Antaq e ANTT terão um verniz de agência reguladora independente, com um cerne de departamento ministerial sujeito a todos os câmbios inerentes ao centro político do poder.

Portanto, para que a Lei Federal n° 10.233/2001 seja executada com maior sucesso, tendo em vista o atual contexto de globalização e tecnologia crescentes, é preciso que se adapte o modelo atual de regulação da exploração de serviços e infraestruturas federais de transporte, prezando-se pela independência, pela autonomia e pela multimodalidade e integração, tudo isso construído sobre uma política regulatória perene e adequada.

Informação bibliográfica deste texto, conforme a NBR 6023:2018 da Associação Brasileira de Normas Técnicas (ABNT):

SCHIRATO, Vitor Rhein; NUNES, Luiza. 20 anos da regulação independente do setor de logística: avanços e perspectivas. In: TOJAL, Sebastião Botto de Barros; SOUZA, Jorge Henrique de Oliveira (Coord.). Direito e infraestrutura: portos e transporte aquaviário – 20 anos da Lei nº 10.233/2001. Belo Horizonte: Fórum, 2021. v. 1, p. 395-410. ISBN 978-65-5518-210-1.

RESTRIÇÕES DE PARTICIPAÇÃO EM LICITAÇÕES COM BASE EM PODER DE MERCADO

VINICIUS MARQUES DE CARVALHO

EDUARDO FRADE

ANNA BINOTTO

1 Introdução

O tema de restrições regulatórias à concorrência é recorrente e relativamente amplo.[1] Um debate particularmente importante diz respeito àquelas restrições que afetam a concorrência em licitações públicas.

Evidentemente, uma série de condicionamentos pode impactar a concorrência em certames licitatórios, e vários deles são usuais e legítimos. É o caso, por exemplo, de exigências de mínima capacidade técnica, prévia experiência e assim por diante. Tais exigências diminuem o número de agentes passíveis de participar daquela licitação, potencialmente reduzindo a concorrência pelo seu objeto. É razoável argumentar, contudo, que em grande parte dos casos é preciso, de fato, garantir

---

[1] Ver, por exemplo, JORDÃO, Eduardo Ferreira. *Restrições regulatórias à concorrência*. Belo Horizonte: Fórum, 2009.

que o prestador daquele serviço tenha condições de fazê-lo de forma adequada. O desenho da licitação deve, assim, buscar esse equilíbrio, o que nem sempre é fácil. Presume-se, é claro, que, atendidas as exigências mínimas, existe uma série de amplos benefícios derivados de mais concorrência em uma licitação, como maior pagamento de valores de outorga, oferta de menores tarifas e atração de ofertantes mais eficientes.

Um tipo de restrição à participação em certames públicos, a princípio não tão comum, mas que tem sido utilizada em certas licitações recentes no setor portuário, será discutida neste artigo: a vedação à participação de agentes sob argumento de deterem poder de mercado elevado.

Trata-se de um regramento particularmente complexo. O que se quer com esse tipo de restrição, normalmente, é evitar que um agente que já detenha uma posição dominante ou *market share* elevado no mercado objeto da licitação se sagre vencedor de um certame que lhe dará ainda mais poder de mercado pós-licitação. Foi o caso, por exemplo, de algumas rodadas de concessões de aeroportos – o edital licitatório vedou que o ganhador da concessão do Aeroporto de Guarulhos/SP pudesse também ser o ganhador das concessões dos aeroportos de Viracopos/SP e Brasília/DF, e vice-versa. Isso também foi replicado em rodadas posteriores, com adaptações. É também o que ocorreu, recentemente, nas licitações dos terminais para movimentação de celulose no Porto de Santos, do terminal para movimentação de automóveis no Porto de Paranaguá, e dos terminais de granéis líquidos no Porto de Belém – o edital de licitação vedou que empresas que já detivessem certo poder de mercado (40%, no caso) em terminais portuários de celulose se sagrassem vencedoras dos novos certames.

A questão é complexa de um ponto de vista concorrencial pois o objetivo central desse tipo de restrição é garantir ou encorajar maiores níveis de concorrência naquele mercado pós-licitação. Mas para isso, sacrificam-se maiores níveis de concorrência na licitação em si. Em prol de uma concorrência *ex-post*, sacrifica-se a concorrência *ex-ante*. É um dilema.

Voltando aos exemplos concretos, no caso dos aeroportos, o poder concedente quis garantir uma pluralidade de concessionários, e incentivar uma concorrência entre os aeroportos – concorrência por cargas, concorrência por voos em conexão, concorrência por rotas internacionais etc. Para isso, porém, deliberadamente excluiu a possibilidade de um agente importante participar dos certames, sacrificando esse pedaço potencial de concorrência. Foi uma escolha calculada (na medida do possível), baseada em uma expectativa razoável de concorrência suficiente na licitação (mesmo com a adoção dessa restrição), de um lado, e em um desejo de política pública de incentivar pluralidade e concorrência entre concessionários no mercado de aeroportos pós-licitação, tomando-se este valor como algo importante para o setor. No caso dos portos, sacrificou-se a participação na licitação de ao menos um agente de mercado importante, em prol da busca de maior concorrência no mercado de celulose *ex-post*.

Vê-se, desde logo, a complexidade dessas escolhas e do dilema colocado. O que será mais importante em cada caso, a concorrência *ex-ante* ou a concorrência *ex-post*, e como garantir o equilíbrio adequado? Cabe ao Poder Público avaliar com extremo cuidado, de um lado, se de fato a concorrência no mercado pós-licitação *precisa* daquela restrição, ou seja, avaliar se de fato permitir que dado agente seja vencedor da licitação gerará um problema concorrencial grave no mercado *ex-post*, a ponto de sacrificar uma maior concorrência na licitação em si. Nessa mesma análise, de outro lado, cabe ao Poder Público avaliar, também com muito cuidado, se impor tal restrição à participação de certo agente (ou agentes) no certame não irá prejudicar em demasia, ou mesmo inviabilizar, a concorrência na própria licitação.

Um cálculo equivocado desse equilíbrio pode gerar consequências sérias. Errar para um lado pode significar comprometer a concorrência saudável em um dado mercado *ex-post*. Errar para o outro lado pode inviabilizar a licitação em si ou, desnecessariamente, sacrificar uma concorrência *ex-ante* que geraria melhores tarifas, maiores valores de outorga ou serviços mais eficientes. Tais erros, evidentemente, geram resultados econômicos e sociais ruins. Mas também, de um ponto de vista jurídico, podem significar ilegalidades de diversos tipos – direcionamento de licitação (ao beneficiar um agente específico excluindo seu concorrente da licitação), mácula ao caráter competitivo dos certames, incentivos à colusão, e assim por diante.

Isso apenas para falar do *mérito* de tais restrições. Porque, evidentemente, o procedimento que leva ao desenho, implementação e execução de tais restrições também importa muito. Como qualquer restrição em uma licitação, é esperado que seja implementada de forma fundamentada, seguindo procedimento previamente estabelecido, com participação dos órgãos competentes, com ampla publicidade, e com garantias de contraditório e ampla defesa dos licitantes potenciais e terceiros interessados.

A experiência recente desse tipo de restrição no setor portuário mostra que aprimoramentos, tanto de mérito quanto de procedimento, são necessários. Para efetivar esse debate, o presente artigo usará como base inicial de reflexão a experiência das concessões aeroportuárias, e em seguida fará uma comparação com o ocorrido nas licitações de terminais portuários.

2 As restrições nas concessões de aeroportos

O processo de concessão à gestão privada dos aeroportos brasileiros ilustra um exemplo importante em que as licitações para concorrência pública foram desenhadas de forma a incentivar que, após as concessões, houvesse pluralidade de agentes de concorrência no setor aeroportuário. Para tanto, as licitações se valeram de cláusulas restritivas.

Tal exemplo é relevante tanto para ilustrar a discussão de mérito que justificou a restrição, quanto também o procedimento adotado para a efetivar.

O Decreto nº 6.780/2009, que aprovou a Política Nacional de Aviação Civil, previa que a Secretaria Nacional de Aviação Civil (SAC) deveria acompanhar a implementação da política. À Agência Nacional de Aviação Civil (Anac) cabia, segundo a Lei nº 11.182/2005, atuar como poder concedente da exploração da infraestrutura aeroportuária. O Decreto nº 7.624/2011, que dispunha sobre as condições de exploração pela iniciativa privada da infraestrutura aeroportuária, previa explicitamente a possibilidade de o poder concedente estabelecer restrições quanto à obtenção da concessão de forma a assegurar as condições de concorrência no setor.[2]

Partindo do permissivo do órgão elaborador da política pública setorial, a autoridade concedente – a Anac – passou a prever nos editais de licitação das concessões determinadas previsões que restringiam a propriedade acionária cruzada entre sociedades e consórcios, bem como a assunção de mais de um contrato de concessão aeroportuária por uma mesma empresa ou grupo. Essa decisão, embora fundada em orientações de política pública setorial, foi sustentada por ampla análise concorrencial, desempenhada por uma sucessão de agentes públicos

---

[2] Cf. Art. 15: "A fim de assegurar as condições de concorrência, o poder concedente poderá estabelecer as seguintes restrições quanto à obtenção e à exploração da concessão, dentre outras, observadas as atribuições do Sistema Brasileiro de Defesa da Concorrência: I - regras destinadas a preservar a concorrência entre aeródromos; II - disposições para a atuação do concessionário na prestação de serviços auxiliares às empresas prestadoras de serviços de transporte aéreo; e III - regras de atuação do concessionário relativas à cessão de áreas às empresas prestadoras de serviços de transporte aéreo".

competentes: SAC, Anac, Secretaria de Acompanhamento Econômico do Ministério da Fazenda (Seae), Advocacia-Geral da União (AGU), Tribunal de Contas da União (TCU) e outros.

Um exemplo é a 4ª rodada de concessões aeroportuárias, para privatização dos aeroportos de Salvador, Porto Alegre, Florianópolis e Fortaleza, que sucedeu a concessão de outros aeroportos nas primeiras fases de desestatização do setor.

A primeira etapa do processo de privatização desses aeroportos foi realizada pelo Departamento de Regulação e Concorrência da Secretaria de Política Regulatória de Aviação Civil, da SAC, e buscava, essencialmente, identificar se "i) em um mesmo lote o vencedor da licitação por um dos aeroportos escolhidos também poderá consagrar-se vencedor do outro; e ii) se os Concessionários dos Aeroportos de Natal, Brasília, Viracopos, Guarulhos, Galeão e Confins, poderão participar do processo de concessão dos Aeroportos de Salvador, Fortaleza, Florianópolis e Porto Alegre", os quais já haviam sido objeto de outras rodadas de concessão.[3] Vale lembrar que, também nesses casos anteriores, considerações similares foram identificadas, levando, também à determinação de restrições ao processo de concorrência pública.[4]

Segundo nota técnica emitida pelo Departamento de Regulação e Concorrência da SAC, quando da concessão da operação dos aeroportos de Florianópolis, Porto Alegre, Fortaleza e Salvador,[5] haveria diferentes camadas de concorrência entre aeroportos – por local compartilhado (quando aeroportos se localizam relativamente próximos entre si, compartilhando área de influência), por tráfego de conexão (considerando a formação de *hubs* e atração de passageiros em voos de conexão), por tráfego de carga (sobretudo para recebimento de carga internacional), por destino (afetando a atratividade de determinada localidade, seja do ponto de vista turístico, seja do de negócios), por contratos (por exemplo, para atração de companhias aéreas *low cost*). Nesse sentido, por mais que, no objeto do contrato de concessão, o ente privado responsável pela operação de um aeroporto atue – naturalmente – em regime de

---

[3] *Vide* Nota Técnica nº 21/DERC/SPR/SAC-PR.
[4] *Vide*, por exemplo, as análises realizadas pelo TCU no contexto da primeira rodada de concessões (acórdãos nºs 2.466/2013, 2.666/2013 e 3.026/2013 – TCU – Plenário). Sobretudo nos dois últimos, restou consignado que determinadas restrições ao processo competitivo seriam técnica e juridicamente embasadas, admitindo-se certa relativização da livre concorrência *ex ante* para, no caso de concentração de mercados, preservar a higidez do mercado privado pós-privatização.
[5] Nota Técnica nº 21/DERC/SPR/SAC-PR. Seguindo a experiência passada da concessão dos aeroportos de São Gonçalo, Brasília, Viracopos, Guarulhos, Galeão e Confins.

monopólio, haveria ganhos relevantes em restringir a concentração dos contratos de concessão de diferentes aeroportos nas mãos de um mesmo agente.

Avaliando experiências estrangeiras, a Anac concluiu que uma despreocupação com a propriedade comum de diversos aeroportos poderia gerar subinvestimento e dificuldade da ação regulatória pela concentração da geração de informações sobre as atividades reguladas,[6] com efeitos deletérios ao desenvolvimento do setor. Foram, então, realizadas análises minuciosas sobre a concorrência atual e potencial entre aeroportos localizados com proximidade regional, em todos os âmbitos acima elencados, considerados, um a um, mercados relevantes distintos da perspectiva do produto. Considerando, por exemplo, a potencial concorrência entre os aeroportos de Florianópolis e Porto Alegre, de um lado, e Fortaleza e Salvador, de outro, justificou-se a inclusão, nos editais de licitação, da previsão de restrições a que um mesmo agente vencesse as licitações referentes a estes aeroportos, bem como restrições à participação minoritária cruzada entre concessionárias responsáveis pela operação destes aeroportos.[7]

Veja-se, por outro lado, que não foi vedado que o vencedor da concessão dos aeroportos do Nordeste participasse das licitações dos aeroportos do Sul, e vice-versa – ou seja, restringiu-se a concorrência *ex-ante* apenas no que se entendeu ser o mínimo necessário para garantir a concorrência visada *ex-post*. Buscou-se um equilíbrio e, conquanto tais análises possam sempre ser passíveis de debate, é certo que a restrição foi minuciosamente pensada, estudada e debatida pelos órgãos técnicos especializados (em aeroportos e aviação) antes de ser implementada.

Passada a manifestação da SAC, a Anac abriu chamada da Audiência Pública nº 09/2016, em que toda a sociedade foi chamada a se manifestar sobre os editais de licitação, os quais continham as restrições indicadas acima. Ou seja, foi concedida ampla publicidade, transparência e possibilidade de contraditório. Manifestou-se, no contexto das audiências públicas, a Seae – órgão responsável pela

---

[6] Isso porque, da perspectiva de política estatal e regulatória, era extremamente relevante garantir que houvesse incentivos ao investimento na infraestrutura aeroportuária, na ampliação da capacidade dos diferentes componentes dos aeroportos, permitindo, portanto, maior oferta de voos e empresas, maior concorrência, mais possibilidades de escolha para os passageiros e menores preços das passagens, com melhores serviços.

[7] Segundo as experiências precedentes, sugeriu-se que, no caso em que uma participação cruzada minoritária de menos de 15% fosse permitida, fosse vedada a possibilidade de participação do sócio privado minoritário que detenha participação em um desses aeroportos no conselho de administração do outro aeroporto.

advocacia da concorrência do país, nos termos da Lei nº 12.529/2011 (Lei de Defesa da Concorrência), que publicou os pareceres nº 174/2016 e nº 175/2016 sobre o tema. Passada a primeira rodada de manifestações, a Anac promoveu nova audiência pública (nº 24/2016), para discutir pontos adicionais aos documentos técnicos e jurídicos da licitação. Paralelamente às audiências públicas, manifestou-se, ainda, o TCU, que analisou as minutas de editais em mais de uma oportunidade.[8] A todo o momento, o processo também foi supervisionado pela AGU.

Ou seja, apenas após minucioso processo de análise, seguindo procedimentos usuais previamente estabelecidos, e respeitando os princípios básicos que regem as licitações públicas, é que as limitações à participação de agentes privados nas referidas licitações com fundamento em restrições concorrenciais *ex-post* foram efetivamente incluídas nos editais finais, ao final de 2016, por meio do Aviso de Licitação – Leilão/Edital nº 1/2016.

As experiências recentes no setor portuário mostraram alguns desvios desse padrão.

3 O caso dos leilões do setor portuário

O caso do leilão para arrendamento do terminal PAR12, para movimentação de veículos no Porto de Paranaguá, é um exemplo recente da introdução de restrição à participação de agentes com poder de mercado prévio. No Edital nº 01/2020/APPA, foi incluída previsão de vedação de concentração horizontal resultante do leilão –[9] ou seja, grupos econômicos que já tivessem qualquer participação de mercado no âmbito do Porto de Paranaguá só poderiam se sagrar vencedores do leilão caso não houvesse outras interessadas. No caso, tal previsão foi incluída por provocação do TCU, que indicou que havia apenas dois terminais operando no porto para a movimentação de cargas *roll-on/roll-off*, de forma que, caso um mesmo agente econômico concentrasse a operação dos terminais, poderia haver incentivo de utilização do poder de mercado para aumentar os preços praticados nesse mercado (considerando que o edital não estipulava tarifa teto para o certame).[10]

No caso dos leilões nºs 11-15/2018, para arrendamento dos terminais de granéis líquidos do Porto de Miramar/PA, o edital previa

---

[8] *Vide* acórdãos nºs 925/2016, 956/2016, 957/2016 e 2.915/2016 – Plenário.
[9] *Vide* cláusulas 9.1 e 22.14 do edital.
[10] *Vide* Acórdão nº 122/2018 – Plenário.

que uma mesma licitante só poderia ser declarada vencedora de dois dos cinco leilões. Segundo o ato justificatório, tal medida servia para garantir que houvesse ao menos três agentes concorrendo no mercado de movimentação de granéis líquidos. O TCU não encontrou irregularidade sobre tal previsão.[11]

No caso do Leilão nº 02/2019, que tinha como objeto o arrendamento da área do terminal STS13-A, voltado à movimentação de granéis líquidos no Porto de Santos/SP, similarmente, o edital previa que "empresas ou grupos econômicos com participação de mercado relevante só poderão ser declaradas vencedoras na hipótese de não haver outro Proponente que tenha apresentado proposta válida". No caso, também houve manifestação do TCU, indicando potenciais riscos de concentração no mercado de movimentação de granéis líquidos. Entretanto, diferentemente do caso do PAR12, em que havia essencialmente dois terminais responsáveis, respectivamente, por 56% e 44% da demanda por serviços de movimentação, no caso do STS13-A, a preocupação da corte de contas estava relacionada ao potencial de o mesmo agente econômico, que já detinha capacidade nos terminais de granéis líquidos no complexo de Santos, passasse a deter cerca de 44%, embora houvesse ao menos outros três concorrentes atuando naquele mercado.[12] Ao que consta da manifestação do TCU, a Agência Nacional de Transportes Aquaviários (Antaq) prontamente incluiu a mencionada cláusula no edital de forma a impedir o aumento da concentração do mercado pelo leilão.

Veja-se que, nesse caso, parece menos evidente o risco *ex-post* à concorrência do que aquele identificado no caso da área do PAR12 e dos terminais do Porto de Miramar, em que havia clara intenção de garantir a multiplicidade de agentes atuando no mercado relevante. No caso do STS13-A, não só já havia outros agentes atuantes, como a justificativa de restrição foi vaga – determinando a restrição a qualquer empresa com "participação de mercado relevante", sem indicar qual seriam os parâmetros para tal definição. Pela manifestação do TCU, entretanto, fica claro que a restrição do edital estava voltada especialmente para um *player* específico que já operava capacidade de cerca de 40% do terminal.

O mais recente caso de restrição à aplicação ao processo de concorrência pública no setor portuário, na linha dos últimos casos relatados, previu uma restrição editalícia também questionável, mas

---

[11] *Vide* Acórdão nº 2.732/2018 – Plenário.
[12] *Vide* Acórdão nº 490/2019 – Plenário.

contestável, ainda, considerado o procedimento que resultou em sua previsão.

Em 2020, a Antaq publicou os editais dos leilões n° 1-2/2020, referentes aos contratos de exploração dos terminais STS14 e STS14-A do Porto de Santos, vocacionados à movimentação de celulose. A publicação dos editais sucedeu a realização da Audiência Pública n° 09/2019 pela Antaq. Na minuta de edital apresentada em audiência pública, havia previsão, similar àquela do leilão dos terminais de Miramar/PA, de que empresas com "participação de mercado relevante" somente poderiam sagrar-se vencedoras caso não houvesse outro proponente com proposta válida. Ocorre que na versão final dos editais, distinta daquela inicialmente apresentada em audiência pública, a Antaq incluiu uma cláusula que estabelecia que os licitantes que detivessem participação de mercado superior a 40% no mercado relevante de celulose do Porto de Santos somente poderiam ser declarados vencedores caso não houvesse outro proponente com proposta válida no certame. No caso, tal restrição foi prevista sob o argumento de que a operação dos terminais de celulose em atividade no Porto de Santos estaria concentrada na mão de algumas poucas empresas, o que seria prejudicial à concorrência no mercado de celulose.

Desde logo, se vê uma aparente incongruência nos argumentos que sustentaram a inclusão da restrição. De modo diferente dos casos anteriormente relatados, em que a restrição da concorrência *ex-ante* foi justificada pela necessidade de se garantir competitividade *ex-post* no mercado de serviços de transporte e movimentação *portuária*, no caso dos terminais STS14 e STS14-A, a preocupação estava na competitividade do mercado de *celulose* – mercado que evidentemente extrapola a competência e expertise das autoridades do setor portuário.

Além disso, por exemplo, chama a atenção que o edital tenha determinado que a restrição se aplicasse a agentes que tivessem participação de mercado na produção de celulose superior a 40% sem mais explicações. Trata-se de valor aparentemente discricionário e não fundamentado.

Ainda, a Secretaria de Portos analisou o *market share* dos potenciais licitantes, adotando como mercado relevante "terminais portuários para movimentação de celulose no porto de Santos". Trata-se, contudo, de definição que não converge com a definição de produto usualmente adotada pelo órgão antitruste brasileiro, o Cade, para analisar o mercado de transporte portuário na perspectiva do produto.[13] Além disso, não há qualquer consideração sobre a possibilidade de concorrência interportos, questão que, como indicado acima, foi aventada pelo Cade diversas vezes.[14] Assim, por exemplo, não houve qualquer análise a respeito da rivalidade potencial exercida por outros portos da região Sul e Sudeste, no que diz respeito à exportação de celulose, como os terminais de São Francisco do Sul e Paranaguá, em que há exportação do produto.

Também não foram feitas análises que levassem em conta eventuais eficiências relacionadas à integração vertical entre o mercado de produção de celulose e a operação dos terminais portuários. Considerando a especificidade dos terminais licitados, dificilmente operadores portuários independentes teriam incentivos para tomar todos os riscos e obrigações de assunção dos terminais, sem que, eles próprios, garantissem uma produção e oferta volumosa de celulose para ocupar a capacidade dos terminais. A verticalização, portanto, entre

---

[13] Historicamente, o Cade analisou o mercado de transporte portuário, adotando diferentes dimensões de mercado relevante que, pela natureza dos serviços prestados – o transporte que, naturalmente, integra a cadeia de distribuição de algum produto –, sempre levou em consideração o tipo de carga movimentado nos terminais portuários. Em geral, a autoridade segrega terminais que movimentam (i) cargas líquidas; (ii) granéis sólidos de origem vegetal; (iii) outros tipos de cargas sólidas; (iv) carga geral e (v) contêineres. Conforme, mais recentemente, Ato de Concentração n° 08700.004085/2018-57 (requerentes: Suzano Papel e Celulose S.A. e Fibria Celulose S.A.). Ver também Ato de Concentração n° 08700.001596/2015-74 (requerentes: BNDES Participações S.A. e Rocha Terminais Portuários e Logística S.A.); e Ato de Concentração n° 08700.000419/2015-71 (requerentes: Andorsi Participações Ltda. e ADM Portos do Pará S.A.). De outro lado, a jurisprudência do Cade afastava a possibilidade de uma definição mais restrita, que limitasse a concorrência a terminais voltados a um tipo específico de produto, como é o caso da celulose, conforme posicionamento da autoridade no Ato de Concentração n° 08700.004085/2018-57 (requerentes: Suzano Papel e Celulose S.A. e Fibria Celulose S.A.).

[14] Da perspectiva geográfica, a jurisprudência do Cade alternou-se entre a delimitação da área de concorrência em torno de um único porto, considerando, nesse sentido, que há concorrência entre diferentes terminais (concorrência intraporto); e a identificação de um mercado relevante geográfico mais amplo, incluindo também um cenário de concorrência interportos. Ver, por exemplo, Ato de Concentração n° 08012.000777/2011-16 (requerentes: Terminal Portuário Movimentação e Armazenagem Participações, S.A., Portos e Serviços Logísticos Adjacentes Participações S.A., Paranaguá Movimentação de Contêineres Participações S.A. e Terminal de Contêineres de Paranaguá S.A.) e Ato de Concentração n° 08012.004482/2011-19 (requerentes: Porto Norte S.A. e Terminal Portuário Mearim S.A.). Ver também indicação feita no documento *Cadernos do Cade – Mercado de Serviços Portuários* (2017) no sentido de que "houve casos em que essa regra foi flexibilizada, de forma que a abrangência geográfica desses mercados envolveu mais de um porto, geralmente localizados em uma mesma unidade da federação" e que "os primeiros atos de concentração relativos a portos julgados pelo Cade, onde se adotou por critério as zonas de influências dos portos determinadas em estudo técnico do Departamento de Portos do Ministério dos Transportes. Assim, no AC n° 08012.007362/1998-35, a abrangência do mercado incluía os estados do Rio de Janeiro, Espírito Santo e São Paulo, e no AC n° 08012.007405/1998-47, o mercado incluía os estados do Rio de Janeiro e Espírito Santo".

produção e escoamento portuário, poderia ser não apenas eficiente, mas, neste caso, provavelmente necessária.[15]

Por fim, e de forma especialmente relevante, não foi feita nenhuma análise concorrencial tradicional ou aprofundada sobre quais seriam, afinal, os alegados problemas concorrenciais no mercado de celulose que justificariam a restrição de participação nos leilões. Como tratado anteriormente, essa é, ou deveria ser, a justificativa central e essencial para fundamentar uma restrição na licitação, proibindo agentes do mercado de participar do certame.

Isso significa que, em tese, mesmo após análise de possibilidade e probabilidade de eventual exercício de poder de mercado pelos agentes operadores dos terminais após a licitação, seria condizente com uma análise antitruste tradicional que eventuais riscos concorrenciais decorrentes do certame fossem sopeados com relação a (i) incentivos para investimento e operação especializada advindos da integração vertical, com potenciais efeitos positivos e pró-competitivos no mercado; e (ii) riscos criados na exclusão de determinados agentes do processo de disputa pelos contratos, como debatido anteriormente – na prática, a decisão de adotar a cláusula restritiva fez com que apenas dois agentes disputassem a licitação por dois terminais, criando uma situação teoricamente subótima e arriscada sob a perspectiva concorrencial.[16]

---

[15] Talvez por isso, as últimas licitações de terminais portuários de celulose, historicamente, não tiveram a participação de operadores independentes. Nesse sentido, vide o Leilão n° 03/2015, para o arrendamento da área STS07, arrematado pelo Grupo Fibria (atual Suzano), Leilão n° 03/2018, referente à área IQI18, no Porto de Itaqui, arrematado pelo Grupo Suzano, e Leilão n° 03/2019, vencido pela Klabin S.A., para arrendamento da área PAR01 em Paranaguá, todas produtoras de celulose.

[16] Vale lembrar que o Cade analisou preocupações relacionadas aos riscos de integração vertical no setor portuário diversas vezes. Veja-se, por exemplo, as amplas análises empreendidas na instrução do Ato de Concentração n° 08700.005719/2014-65 (requerentes: Rumo Logística Operadora Multimodal S.A. e ALL – América Latina Logística S.A.) e do Ato de Concentração n° 08700.003468/2014-84 (requerentes: Copersucar S.A. e Cargill Agrícola S.A.), que analisaram a integração vertical entre os mercados de movimentação de granéis sólidos e exportação de açúcar; e do Ato de Concentração n° 08700.009465/2014-54 (requerentes: Monts Holdings S.A., Terminal de Cargas de Sarzedo Ltda. e Terminal de Cargas de Paraopeba Ltda.); e do Ato de Concentração n° 08700.007101/2018-63 (requerentes: Vale S.A. e Ferrous Resources Ltda.) que analisaram, respectivamente, a integração vertical entre a movimentação de granéis sólidos e serviços de logística intermodal de movimentação e armazenagem de minérios e serviços de transporte portuário e a produção e comercialização de minério de ferro. Análises aprofundadas foram realizadas também em sede de processos administrativos para apuração de infração à ordem econômica, como o Processo Administrativo n° 08012.000504/2005-15, que investigou alegações de imposição de restrições no acesso a terminais portuários de granéis sólidos; do Processo Administrativo n° 08012.006504/2005-29, que investigou alegações de conduta exclusionária no mercado de movimentações de carga, e do Processo Administrativo n° 08012.004397/2005-02, que

O procedimento que antecedeu a inclusão de tal restrição nos editais pode ter contribuído para as deficiências na análise de mérito apontadas acima. Primeiramente, as cláusulas restritivas não foram submetidas à consulta pública, conforme indicado anteriormente, o que evidentemente desencadeia uma série de problemas.

Interessante notar, também, que previamente à inclusão da nova cláusula restritiva, a Secretaria de Portos consultou, como de costume, a Seae, órgão de defesa da concorrência brasileiro, que não viu problemas concorrenciais nem recomendou a inclusão da cláusula restritiva. Porém, posteriormente, a Secretaria de Portos oficiou à Superintendência-Geral do Cade, consultando a área técnica da autoridade antitruste sobre eventual ilegalidade concorrencial da disposição.[17] Consultas ao Cade nessas situações não são usuais – conquanto não sejam proibidas. Ocorre que a consulta ao Cade foi feita de forma confidencial, o que novamente prejudicou a transparência e o contraditório do procedimento. Para além disso, e talvez justamente porque a autoridade antitruste usualmente não é consultada sobre tais matérias, tampouco existe um procedimento claro de como tais demandas devem correr dentro da autarquia. No caso, por exemplo, o curto parecer do órgão antitruste não passou pelo Tribunal da autoridade, tampouco passou por crivos de publicidade, instrução e ampla defesa.

Similarmente, o Tribunal de Contas da União somente tomou conhecimento sobre as restrições existentes nos editais dos leilões após provocação de agentes do mercado que se sentiram lesados por tais previsões.[18] O TCU destaca o procedimento faltoso que antecedeu a previsão da restrição mencionada, indicando, por exemplo, que a nota técnica que a Secretaria de Portos produziu para justificar os objetivos da limitação do certame não foi disponibilizada no *site* da Antaq, tampouco foi publicizado o encaminhamento feito ao Cade. Destacou, ainda, que a cláusula restritiva teve sua redação alterada após as fases de audiência pública e análise pelo TCU e baseou-se em "critérios que não foram devidamente explicados quando de sua publicização". Concluiu, nesse sentido que é

> essencial para a legalidade da restrição que sua motivação não exista apenas como documento interno, mas que seja disponibilizada de

---

investigou alegações de recusa de movimentação de cargas de terceiros no mercado de movimentação de minério de ferro.

[17] Ofício nº 17/2020/CGMP/DNOP-SNPTA/SNPTA.
[18] *Vide* Processo nº TC 005.515/2020-5.

forma transparente para a sociedade [...] [e] não deve ser buscada pela Administração apenas a motivação dos critérios, mas a delimitação exata do contexto fático e dos objetivos que se pretendem com eles.[19]

Ao final, contudo, também sem maior discussão de mérito, o TCU permitiu a cláusula.

4 Reflexões e conclusões

As experiências reportadas indicam algumas premissas básicas que, possivelmente, deveriam nortear a eventual adoção, em licitações públicas, de cláusulas restritivas à participação de agentes com poder de mercado, com o fim de coibir cenários concorrenciais ruins no mercado pós-licitação.

De um ponto de vista de mérito, é essencial que tais restrições sejam excepcionais, e só ocorram diante de situações concorrenciais que efetivamente demandem tais medidas. Tal necessidade deve ser precedida de análises profundas, por especialistas no mercado-alvo, e com base em técnicas de análise concorrencial adequadas. Nota-se, aqui, desde logo, potenciais vícios de certos casos no setor portuário, relatados anteriormente.

Ainda de um ponto de vista de mérito, é importante sopesar os efeitos da eventual restrição sobre a concorrência na própria licitação, fazendo uma análise de custo-benefício adequada, evitando medidas restritivas que sacrifiquem demasiadamente o nível competitivo do certame, ou mesmo o inviabilizem. Trata-se de achar o equilíbrio adequado entre a necessidade de concorrência *ex-post versus* a concorrência *ex-ante*.

O procedimento também importa. A imposição de restrições dessa natureza deve obedecer a procedimentos usuais e previamente estabelecidos, que comportem os princípios básicos da licitação pública, como transparência, publicidade, ampla participação (tanto de órgãos técnicos e fiscalizadores quanto de oportunidade de manifestação aos agentes privados), ampla defesa e contraditório. São medidas com valor concreto, na medida em que permitem oportunidades para eliminar eventuais falhas no desenho da restrição.

Também sob este aspecto verifica-se que a colocação desse tipo de restrição em licitações do setor portuário é passível de melhorias.

---

[19] *Vide* Acórdão nº 2.287/2020 – Plenário.

Há evidências de que os procedimentos têm variado, não seguindo um cronograma uniforme preestabelecido. Em alguns casos, também deixaram de ser seguidos ritos importantes de publicidade e ampla participação. Há amplo espaço, portanto, para melhorias.

Referências

BRASIL. Secretaria de Aviação Civil da Presidência da República. *Nota Técnica n° 21/ DERC/SPR/SAC-PR*.

BRASIL. Secretaria Nacional de Portos e Transportes Aquaviários. *Ofício n° 17/2020/ CGMP/DNOP-SNPTA/SNPTA*.

BRASIL. Tribunal de Contas da União. *Acórdão 122/2018*. Plenário. Min. Rel. Bruno Dantas. Sessão 24.1.2018.

BRASIL. Tribunal de Contas da União. *Acórdão 2.666/2013*. Plenário. Min. Rel. Augusto Sherman. Sessão 02.10.2013.

BRASIL. Tribunal de Contas da União. *Acórdão 2287/2020*. Plenário. Min. Rel. Bruno Dantas. Sessão 26.08.2020.

BRASIL. Tribunal de Contas da União. *Acórdão 2466/2013*. Plenário. Min. Rel. Ana Arraes. Sessão 11.09.2013

BRASIL. Tribunal de Contas da União. *Acórdão 2732/2018*. Plenário. Min. Rel. Ana Arraes. Sessão 28.11.20118.

BRASIL. Tribunal de Contas da União. *Acórdão 3.026/2013*. Plenário. Min. Rel. Weder de Oliveira. Sessão 13.11.2013.

BRASIL. Tribunal de Contas da União. *Acórdão 490/2019*. Plenário. Min. Rel. Ana Arraes. Sessão 13.03.2019.

JORDÃO, Eduardo Ferreira. *Restrições regulatórias à concorrência*. Belo Horizonte: Fórum, 2009.

Informação bibliográfica deste texto, conforme a NBR 6023:2018 da Associação Brasileira de Normas Técnicas (ABNT):

CARVALHO, Vinicius Marques de; FRADE, Eduardo; BINOTTO, Anna. Restrições de participação em licitações com base em poder de mercado. *In*: TOJAL, Sebastião Botto de Barros; SOUZA, Jorge Henrique de Oliveira (Coord.). *Direito e infraestrutura*: portos e transporte aquaviário – 20 anos da Lei n° 10.233/2001. Belo Horizonte: Fórum, 2021. v. 1, p. 411-424. ISBN 978-65-5518-210-1.

SOBRE OS AUTORES

Alexandre de Moraes
Ministro do Supremo Tribunal Federal e do Tribunal Superior Eleitoral. Doutor em Direito do Estado e livre-docente em Direito Constitucional pela Faculdade de Direito da USP, em que é professor-associado. Professor titular pleno da Universidade Presbiteriana Mackenzie e das Escolas Paulista da Magistratura e Superior do Ministério Público de São Paulo.

Alexandre Jorge Carneiro da Cunha Filho
Doutor e Mestre em Direito do Estado. Professor da Escola Paulista da Magistratura – EPM. Pesquisador vinculado ao Cedau. Juiz de Direito em São Paulo.

Alexandre Santos de Aragão
Professor Titular de Direito Administrativo da Universidade do Estado do Rio de Janeiro – UERJ. Doutor em Direito do Estado pela Universidade de São Paulo – USP. Mestre em Direito Público pela UERJ. Procurador do Estado do Rio de Janeiro. Árbitro. Advogado.

André Petzhold Dias
Mestre e Doutor em Direito Processual pela Universidade de São Paulo. Advogado da União. Procurador-Chefe da Procuradoria da União no Amazonas. Professor Universitário na Universidade Estadual do Amazonas e no Centro Universitário Fametro.

André Rosilho
Professor da FGV Direito SP. Coordenador do Observatório do TCU da FGV Direito SP + Sociedade Brasileira de Direito Público. Doutor pela Faculdade de Direito da USP. Mestre pela Escola de Direito da FGV Direito SP.

Anna Beatriz Savioli
Mestra em Direito do Estado pela FDUSP. Advogada.

Anna Binotto
Doutoranda em Direito Comercial na FDUSP. Bacharel em Direito pela mesma universidade. Advogada.

Bruno de Oliveira Pinheiro
Mestre em Regulação e Defesa da Concorrência. Especialista em Regulação da Antaq. Atual Superintendente de Regulação da Antaq.

Casemiro Tércio Carvalho
Executivo do Mercado de Infraestrutura. Foi presidente da Autoridade Portuária de Santos e São Sebastião e diretor da Hidrovia Tietê Paraná.

Clèmerson Merlin Clève
Professor titular de Direito Constitucional da UFPR e UniBrasil. Advogado. Parecerista. Sócio-Fundador do Escritório Clèmerson Merlin Clève Adv. Ass.

Danielle da Silva Franco
Advogada. Especialista em Direito Constitucional, Administrativo e Contratual.

Eduardo Frade
Advogado. Ex-Superintendente-Geral do Cade. Mestre em Direito pela UnB. *Visiting scholar* da George Mason University.

Fabio Barbalho Leite
Mestre em Direito do Estado pela PUC-SP. Advogado.

Floriano de Azevedo Marques Neto
Doutor e Livre-Docente em Direito Público pela Faculdade de Direito da Universidade de São Paulo (USP). Professor titular da Faculdade de Direito da Universidade de São Paulo (FDUSP), instituição na qual ocupa, atualmente, o cargo de diretor. Autor de diversos livros e artigos. Advogado.

Heloísa Armelin
Advogada. Especialista em Direito Constitucional pela Pontifícia Universidade Católica de São Paulo – PUC-SP. Pós-Graduanda em Direito Administrativo pela Escola de Direito de São Paulo da Fundação Getúlio Vargas – FGV.

Igor Sant'Anna Tamasauskas
Doutor e Mestre em Direito do Estado pela Universidade de São Paulo. Subchefe Adjunto para Assuntos Jurídicos da Presidência da República (2005-2007). Advogado.

Isadora Cohen
Foi Secretária Executiva do Programa de Desestatização do Estado de São Paulo e responsável pela Unidade de Parcerias Público-Privadas no mesmo estado. Fundadora do Infracast. Presidente do Infra Women Brazil. Especialista em Direito da Infraestrutura.

Jacintho Arruda Câmara
Professor da Faculdade de Direito da PUC-SP e da Pós-Graduação *Lato Sensu* da FGV Direito SP. Doutor e Mestre em Direito pela PUC-SP. Vice-Presidente da Sociedade Brasileira de Direito Público.

Jéssica Loyola Caetano Rios
Advogada especialista em Direito Administrativo pela Queen Mary University of London (em curso). MBA em Direito da Infraestrutura pelo Cedin (em curso).

João Henrique de Moraes Goulart
Bacharel em Direito pela FDUSP. *Maîtrise* em Direito Público pela Universidade de Paris II – Panthéon-Assas. Advogado.

Jorge Henrique de Oliveira Souza
Especialista em Direito Tributário pelo IBET/IBDT. Mestre em Direito do Estado pela PUC-SP. Procurador Geral do Município de Santo André (2003-2005). Professor. Advogado.

Luiza Nunes
Especialista em Direito Administrativo pela FGV Direito SP (FGV Law). Advogada.

Marcos Augusto Perez
Professor associado na Faculdade de Direito da Universidade de São Paulo (FDUSP). Advogado.

Mário Povia
Formado em Direito. Pós-Graduado em Administração de Empresas, Direito Processual e do Trabalho. MBA em Regulação de Serviços Públicos. Foi Diretor-Geral da Agência Nacional de Transportes Aquaviários – Antaq e Presidente do Conselho de Autoridade Portuária – CAP do Porto de São Sebastião. Atualmente é membro do Conselho Superior de Infraestrutura – Coinfra da Federação das Indústrias do Estado de São Paulo – Fiesp e Diretor de Gestão Portuária da Companhia Docas do Rio de Janeiro – CDRJ.

Matheus Silva Cadedo
Estudante de Direito da Fundação Getúlio Vargas.

Melina Breckenfeld Reck
Professora de Direito Econômico e Procuradora-Geral do UniBrasil. Mestre em Direito do Estado pela UFPR. Advogada.

Rodrigo Pagani de Souza
Professor Doutor do Departamento de Direito do Estado da Faculdade de Direito da USP. Mestre e Doutor pela USP. *Master of Laws* pela Universidade de Yale, Estados Unidos. Advogado. Membro da Comissão de Infraestrutura da OAB-SP e da Comissão de Direito Administrativo do IASP.

Sandro José Monteiro
Mestre em Engenharia pela Universidade de São Paulo (USP). Pós-Graduado em Gestão Pública pela Escola Nacional de Administração Pública (Enap) e em Direito Econômico pela Fundação Getúlio Vargas (FGV). Titular do cargo de Especialista em Regulação na Antaq.

Sebastião Botto de Barros Tojal
Advogado. Doutor e Mestre em Direito do Estado. Professor da Faculdade de Direito da Universidade de São Paulo.

Sérgio Guerra
Visiting Researcher na Yale Law School. Pós-Doutor em Administração Pública pela FGV/Ebape. Diretor e Professor Titular de Direito Administrativo da FGV Direito Rio. Coordenador-Geral do Curso Internacional Business Law da University of California – Irvine. Embaixador da Yale University no Brasil. Vogal da Comissão de Arbitragem e Árbitro da Câmara FGV de Mediação e Arbitragem. Árbitro

da Câmara de Arbitragem da Federação da Indústria do Paraná e do Centro Brasileiro de Mediação e Arbitragem – CBMA. Também atua como árbitro em procedimentos arbitrais perante a Câmara de Comércio Internacional – CCI em arbitragens envolvendo a Administração Pública.

Vera Monteiro
Professora da FGV Direito SP e da Sociedade Brasileira de Direito Público. Doutora pela Faculdade de Direito da USP. Mestre pela Faculdade de Direito da PUC-SP.

Vinicius Marques de Carvalho
Professor de Direito Comercial na Universidade de São Paulo. Doutor em Direito Comercial pela FDUSP e em Direito Público Comparado pela Universidade Paris I (Pantheon-Sorbonne). É *Lemann Fellow* e integrou o *Yale Greenberg World Fellow*. Bacharel em Direito pela USP. Ex-Presidente do Cade. Advogado

Vitor Rhein Schirato
Professor Doutor de Direito Administrativo na Faculdade de Direito da USP. Doutor em Direito do Estado pela Faculdade de Direito da USP. LL.M. em Direito Administrativo Econômico pela Faculdade de Direito da Universität Osnabrück, Alemanha. Advogado.

Esta obra foi composta em fonte Palatino Linotype, corpo 10
e impressa em papel Pólen Bold 70g (miolo) e Supremo 250g (capa)
pela Gráfica Laser Plus.